高等职业教育“十二五”规划教材
高职高专建筑工程技术专业系列教材

建筑构造与设计

袁雪峰　主编

张玉菊　马晓霞　赵　玲　副主编

科学出版社
北　京

内 容 简 介

本书作为“高职高专建筑工程技术专业系列教材”之一，主要讲述了民用建筑和工业建筑的建筑构造和建筑设计。

针对高职高专的教学特点，本书以实用为主，理论联系实际，突出了新材料、新技术、新方法的运用，在编写时采用了现行最新规范、规程和标准。

本书主要针对高职高专土建类专业学生的学习要求编写，同时可作为建筑类其他相关专业的教材和教学参考书，也可供从事土建专业设计的人员和施工人员以及成人教育的师生参考。

图书在版编目(CIP)数据

建筑构造与设计/袁雪峰主编．—北京：科学出版社，2014
（高等职业教育“十二五”规划教材·高职高专建筑工程技术专业系列教材）
ISBN 978-7-03-041503-5

Ⅰ.①建… Ⅱ.①袁… Ⅲ.①建筑构造-高等职业教育-教材②建筑设计-高等职业教育-教材 Ⅳ.①TU2

中国版本图书馆CIP数据核字(2014)第173968号

责任编辑：张雪梅/责任校对：刘玉靖
责任印制：吕春珉/封面设计：耕者设计工作室

科学出版社出版
北京东黄城根北街16号
邮政编码：100717
http://www.sciencep.com
三河市骏杰印刷有限公司印刷
科学出版社发行　各地新华书店经销
*
2014年8月第 一 版　开本：787×1092　1/16
2018年8月第三次印刷　印张：15 3/4
字数：357 000

定价：38.00元（含光盘）

（如有印装质量问题，我社负责调换〈骏杰〉）
销售部电话 010-62138454　编辑部电话 010-62135397-2021（VA03）

前　言

为了满足教学的需要，我们针对高职高专学生的特点，在总结多年教学经验的基础上，根据课程教学大纲及其对高职高专学生的培养目标要求，以及国家现行规范、规程和标准编写了本书。全书包括民用建筑构造和设计以及工业建筑构造和设计共十一个章节，以民用建筑构造为重点。

全书图文并茂，通俗易懂。每章均有知识点、学习要求、小结、思考与练习题。本书在编写过程中，密切联系设计、施工等方面的实际，突出了新材料、新技术、新方法的运用，结合高职高专的特点强调适用性和实用性。另外，针对我国幅员辽阔，各地气候、材料、施工等方面不尽相同的特点，本教材力求兼顾地域特色，使内容较为全面和系统。

本书按64学时的教学内容编写。各章学时分配如下：绪论2学时；第1章2学时；第2章4学时；第3章8学时；第4章6学时；第5章8学时；第6章8学时；第7章4学时；第8章8学时；第9章6学时；第10章8学时。

参加本书内容编写的人员有袁雪峰（绪论、第8、9章）、马晓霞（第1、3章）、张玉菊（第2、4章）、戴杰（第5、6章）、赵玲（第7、10章）。参与课件制作的人员有张玉菊、马晓霞、戴杰。全书由袁雪峰统稿。一级注册建筑师李效梅博士、王斌高工审阅了本书，并提出了中肯的建议，在此表示感谢。

由十编者的水平和能力所限，书中难免有不足之处，恳请读者批评指正。

目　录

绪　论

【知识点】

1. 建筑的基本概念
2. 建筑构成三要素
3. 建筑按不同方式进行分类和等级划分
4. 建筑工程设计的内容、阶段和依据

【学习要求】

1. 掌握建筑的基本概念、建筑的构成要素、建筑的分类和等级划分
2. 了解建筑设计的内容、阶段和依据

0.1　建筑的基本概念与构成要素

0.1.1　建筑的基本概念

“建筑”，通常认为是建筑物和构筑物的总称。其中，供人们生产、生活或进行其他活动的房屋或场所都叫做“建筑物”，如住宅、学校、办公楼、影剧院、体育馆、工厂的车间等，人们习惯上也将建筑物称为建筑。而人们不在其中生产、生活的建筑，则称为“构筑物”，如水坝、水塔、蓄水池、烟囱等。从本质上讲，建筑是一种人工创造的空间环境，是人们劳动创造的财富。建筑具有实用性，属于社会产品；建筑又具有艺术性，反映特定的社会思想意识，因此建筑又是一种精神产品。

本课程分为民用建筑和工业建筑两部分，每一部分又包括建筑构造和建筑设计。

建筑构造：研究一般房屋的组成，各组成部分的构造原理和构造方法。构造原理研究各组成部分的要求，以及满足这些要求的理论；构造方法则研究在构造原理指导下，用建筑材料和制品构成构件和配件，以及构配件之间连接的方法。

建筑设计：研究一般房屋的设计原则和设计方法，包括总平面布置、平面设计、剖面设计、立面处理等方面的问题。

0.1.2　建筑的构成要素

人类从最早的洞穴、巢居，直至后来用土石草木等天然材料建造的简易房屋，和当今的时代建筑，从建筑起源而成为文化，经历了千万年的变迁，建筑从形制、结构、施工技术、艺术形象等各方面也随着历史、政治、人事、自然条件以及科学技术的发展而发展。总结人类的建筑活动经验，建筑的构成要素有建筑功能、建筑技术和建筑形象。

1. 建筑功能

建筑功能是指建筑物在物质和精神方面必须满足的使用要求。

不同类别的建筑具有不同的使用要求。例如，交通建筑要求人流线路流畅，观演建筑要求有良好的视听环境，工业建筑必须符合生产工艺流程的要求等；同时，建筑必须满足人体尺度和人体活动所需的空间尺度，以及人的生理要求，如良好的朝向、保温隔热、隔声、防潮、防水、采光、通风条件等。

2. 建筑技术

建筑技术是建造房屋的手段，包括建筑材料与制品技术、结构技术、施工技术、设备技术等。建筑不可能脱离技术而存在。其中材料是物质基础，结构是构成建筑空间的骨架，施工技术是实现建筑生产的过程和方法，设备是改善建筑环境的技术条件。

3. 建筑形象

构成建筑形象的因素有建筑的体型、内外部空间的组合、立面构图、细部与重点装饰处理、材料的质感与色彩、光影变化等。建筑形象是功能和技术的综合反映，建筑形象处理得当，就能产生良好的艺术效果与空间氛围，给人以美的享受。

建筑的三要素是辩证的统一体，是不可分割的，但又有主次之分。建筑功能是第一要素，起主导作用；建筑技术是达到目的的手段，技术对功能又有约束和促进作用；建筑形象是功能和技术的反映，但如果充分发挥设计者的主观作用，在一定的功能和技术条件下可以把建筑设计得更加美观。

0.2　建筑的分类和等级划分

0.2.1　建筑的分类

1. 按使用性质分类

1）工业建筑。指为工业生产服务的生产车间、辅助车间、动力用房、仓储用房等。

2）农业建筑。供农业、牧业生产和加工用的建筑，如温室、畜禽饲养场、水产品养殖场、农畜产品加工厂、农产品仓库、农机修理厂（站）等。

3）民用建筑。指供人们工作、生活、学习、居住的非生产性建筑，包括居住建筑和公共建筑。居住建筑指提供家庭和集体生活起居用的建筑场，如住宅、宿舍、公寓等。公共建筑指提供人们进行各种社会活动的建筑物，如行政办公建筑、文教建筑、托幼建筑、医疗建筑、商业建筑等。

2. 按规模和数量分类

1）大量性建筑。指建造数量较多的建筑，如住宅、中小学教学楼、医院等。

2）大型性建筑。指建造数量少，但单体建筑规模大的建筑，如大型火车站、大型体育馆、大型剧场、大型展览馆、机场候机厅等。

3. 按高度分类

依据《建筑设计防火规范》，民用建筑按高度分为单层、多层和高层建筑(表0.1)。

高层建筑是指高度大于27m的住宅建筑和其他建筑高度大于24m的非单层建筑。高层建筑根据建筑高度、楼层面积和重要性分为一类和二类。

表0.1 民用建筑按高度的分类

名称	高层民用建筑		单层或多层民用建筑
	一类	二类	
住宅建筑	建筑高度大于54m的住宅建筑	建筑高度大于27m，但不大于54m的住宅建筑	建筑高度不大于27m的住宅建筑
公共建筑	1. 建筑高度大于50m的公共建筑 2. 建筑高度24m以上任一楼层建筑面积大于1000m^{2}的商店、展览、电信、邮政、财贸金融建筑和综合建筑 3. 医疗建筑、重要公共建筑 4. 省级及以上的广播电视和防灾指挥调度建筑、网局级和省级电力调度 5. 藏书超过100万册的图书馆、书库	除一类外的非住宅高层民用建筑	1. 建筑高度大于24m的单层公共建筑 2. 建筑高度不大于24m的其他民用建筑

建筑高度和建筑层数的计算应符合如下规定。

(1) 建筑高度的计算

- 为坡屋面时，应为建筑室外设计地面到其檐口与屋脊的平均高度。
- 为平屋面（包括有女儿墙的平屋面）时，应为建筑室外设计地面到其屋面面层的高度。
- 同一座建筑有多种屋面形式时，建筑高度应按上述方法分别计算后取其中最大值。
- 局部突出屋顶的瞭望塔、冷却塔、水箱间、微波天线间或设施、电梯机房、排风和排烟机房以及楼梯出口小间等，可不计入建筑高度内。
- 对于住宅建筑，其底部设置的高度不超过2.2m的自行车库、储藏室、敞开空间和室内外高差以及建筑的地下室、半地下室的顶板面高出室外设计地面的高度小于等于1.5m的部分，不计入其建筑高度。

(2) 建筑层数的计算

- 建筑的地下室、半地下室的顶板面高出室外设计地面的高度不大于1.5m者，可不计入建筑层数内。

- 设置在建筑底部且室内净高不大于 2.2m 的自行车库、储藏室、敞开空间，可不计入建筑层数内。
- 建筑屋顶上突出的局部设备用房、出屋面的楼梯间等，可不计入建筑层数内。

4. 按结构类型分类

结构类型是以建筑的承重结构或构件所选用材料与制作方式、传力方式的不同而划分的，一般分为四种：

1）砖混结构。是一种竖向采用砖墙来承重，水平向采用钢筋混凝土楼板的混合结构形式。砖混结构适合开间进深较小，房间面积小，多层或低层的建筑。

2）框架结构。这种结构的承重部分是用钢筋混凝土或钢材制作的梁、板、柱形成的空间骨架，墙体只起围护和分隔作用。这种结构空间划分灵活，可以用于多层和高层建筑中。

3）混凝土板墙结构。这种结构的竖向承重构件和水平承重构件均采用钢筋混凝土制作，施工时可以在现场浇筑，通常称为大模建筑；也可在工厂预制，现场吊装，通常被称为大板建筑。这种结构可以用于多层和高层建筑。

4）空间结构。它包括悬索结构、壳体结构、折板结构、拱结构等形式。这种结构多用于大跨度的公共建筑中，如体育馆、大剧院、航空港等。

0.2.2 建筑的等级划分

建筑的功能不同，更新周期也不一样，因此建筑需要划分为不同的等级，以充分发挥投资效益，避免造成浪费。民用建筑一般根据建筑设计使用年限和耐火性能进行划分。

1. 按建筑的设计使用年限分类

建筑按设计使用年限分为四级。

一级： 耐久年限为 100 年以上，适用于纪念性建筑和特别重要的建筑。

二级： 耐久年限为 50 年，适用于普通建筑和构筑物。

三级： 耐久年限为 25 年，适用于易于替换结构构件的建筑。

四级： 耐久年限为 5 年以下，适用于临时性建筑。

2. 建筑物的耐火等级

人们日常生活离不开火和其他能源，因此每一幢建筑物都存在着失火的可能性。为了提高建筑对火灾的抵抗能力，在建筑构造上采取措施控制火灾的发生和蔓延是非常重要的。现行《建筑设计防火规范》依据房屋主要构件的燃烧性能和耐火极限，将普通建筑的耐火等级划分为四级。不同耐火等级建筑物相应构件的燃烧性能和耐火极限不应低于表 0.2 的规定。

提示

一级的耐火性能最好，四级最差。性质重要的或规模宏大的或具有代表性的建筑，通常按一、二级耐火等级进行设计；大量性的或一般的建筑按二、三级耐火等级设计，很次要的或临时建筑按四级耐火等级设计。

表 0.2 不同耐火等级民用建筑构件的燃烧性能和耐火极限 （普通建筑，单位 h）

构件名称		耐火等级			
		一级	二级	三级	四级
墙	防火墙	不燃烧体 3.00	不燃烧体 3.00	不燃烧体 3.00	不燃烧体 3.00
	承重墙	不燃烧体 3.00	不燃烧体 2.50	不燃烧体 2.00	不燃烧体 0.50
	非承重外墙	不燃烧体 1.00	不燃烧体 1.00	不燃烧体 0.50	燃烧体
	楼梯间、前室的墙、电梯井的墙、住宅单元之间的墙和分户墙	不燃烧体 2.00	不燃烧体 2.00	不燃烧体 1.50	不燃烧体 0.50
	疏散走道两侧的隔墙	不燃烧体 1.00	不燃烧体 1.00	不燃烧体 0.50	不燃烧体 0.25
	房间隔墙	不燃烧体 0.75	不燃烧体 0.50	难燃烧体 0.50	难燃烧体 0.25
柱		不燃烧体 3.00	不燃烧体 2.50	不燃烧体 2.00	难燃烧体 0.50
梁		不燃烧体 2.00	不燃烧体 1.50	不燃烧体 1.00	难燃烧体 0.50
楼板		不燃烧体 1.50	不燃烧体 1.00	不燃烧体 0.50	燃烧体
屋顶承重构件		不燃烧体 1.50	不燃烧体 1.00	燃烧体 0.50	燃烧体
疏散楼梯		不燃烧体 1.50	不燃烧体 1.00	不燃烧体 0.50	燃烧体
吊顶（包括吊顶搁栅）		不燃烧体 0.25	难燃烧体 0.25	难燃烧体 0.15	燃烧体

（1）构件的耐火极限

构件的耐火极限是指构件在标准耐火实验条件下，建筑构件、配件或结构从受到火的作用时起，到失去稳定性、完整性或绝热性时止的这段时间，用小时表示。

（2）构件的燃烧性能

构件的燃烧性能分为三类，即不燃烧体、难燃烧体和燃烧体。

不燃烧体是指用不燃材料做成的建筑构件，如天然石材、人工石材、金属材料等。

难燃烧体是指用难燃材料做成的建筑构件或用可燃材料做成而用不燃材料做保护层的建筑构件，例如沥青混凝土构件、木板条抹灰的构件均属于难燃烧体。

燃烧体是指用可燃材料做成的建筑构件，如木材等。

0.3 建筑工程设计的内容、阶段和依据

0.3.1 设计内容

建筑设计是指建筑物在建造之前，设计者按照建设任务要求，遵循有关的法律与法规，把施工与使用过程中所存在或可能发生的问题，提前做好全面设想，拟定好解决问题的方法与方案，用图纸和文件表达出来的一种过程与结果。

每一项建筑工程从拟定计划到建成使用都要经过下列几个环节：编制设计任务书、设计指标及方案审定、选址及场地勘测、建筑工程设计、施工招标与组织、配套及装修工程、试运行及交付使用和回访总结。

建筑工程设计是指设计一幢建筑物或建筑群所要做的全部工作，包括建筑设计、结构设计、设备设计三个方面的内容。人们习惯上将这三部分统称为建筑设计。从专业分工的角度确切地说，建筑设计是指建筑工程设计中由建筑师承担的那一部分设计工作。

1. 建筑设计

建筑设计包括总体和个体设计两方面，一般是由注册建筑师来完成。根据审批下达的设计任务书和国家有关政策规定，综合分析其建筑功能、建筑规模、建筑标准、材料供应、施工水平、地段特点、气候条件等因素，运用科学技术知识和美学方案，正确处理各种要求之间的相互关系，为创造良好的空间环境提供方案和建造蓝图。建筑设计在整个工程设计中起着主导和先行的作用。

2. 结构设计

结构设计是根据建筑设计选择切实可行的结构布置方案，进行结构计算及构件设计，一般由结构工程师完成。

3. 设备设计

设备设计主要包括给水排水、电气照明、采暖通风空调、动力等方面的设计，由有关专业的工程师配合建筑设计来完成。

以上几方面的工作既有分工，又密切配合，形成一个整体。各专业设计的图纸、计算书、说明书及预算汇总构成一项建筑工程的完整文件，作为建筑工程施工的依据。

0.3.2 设计阶段

由于建造房屋是一个比较复杂的物质生产过程，影响因素很多，在施工前必须划分必要的设计阶段，才能做好建筑设计。民用建筑工程一般分为方案设计、初步设计和施工图设计三个阶段。对于技术要求简单的民用建筑工程，经有关主管部门同意，并且合同中有不做初步设计的约定时，可在方案设计审批后直接进入施工图设计。

1. 方案设计阶段

民用建筑工程的方案设计文件用于办理工程建设的有关手续，是必不可少的。方案设计文件应满足编制初步设计文件的需要。

方案设计文件包括设计总说明，总平面图以及建筑设计图纸，设计委托或合同规定的透视图、鸟瞰图、模型等。

2. 初步设计阶段

初步设计文件应满足编制施工图设计文件的需要。初步设计是供政府和（或）建设方审批而提供的文件。若无审批需求，经有关主管部门同意，可不进行初步设计，直接进入施工图设计。初步设计文件包括：

1）设计说明书。主要说明工程设计的主要依据，工程建设的规模和设计范围，设计指导思想和设计特点，总用地面积、总建筑面积等指标，其他相关技术经济指标等总指标，提请在设计审批时需解决或确定的主要问题等。

2）有关专业的设计图纸。包括总平面图、建筑专业图纸以及根据工程复杂程度提供的结构、建筑电气、给水排水、采暖通风与空气调节、热能动力等专业的相关图纸。

3）概算书。

4）根据合同约定的鸟瞰图或模型。

3. 施工图设计阶段

施工图设计是建筑设计的最后阶段，它的主要任务是满足施工要求，即在方案设计或初步设计的基础上，综合建筑、结构、设备各工种，相互交底，核实核对，深入了解材料供应、施工技术、设备等条件，把满足工程施工的各项具体要求反映在图纸中，做到整套图纸齐全统一、明确无误。

施工图设计的图纸及设计文件有：

1）建筑总平面。常用比例 1∶500、1∶1000、1∶2000，应详细标明基地上建筑物、道路、设施等所在位置的尺寸、标高，并附说明。

2）建筑各层平面、各个立面及必要的剖面。常用比例 1∶100、1∶200。除表达方案设计或初步设计内容以外，还应详细标出墙段、门窗洞口及一些细部尺寸、详细索引符号等。

3）建筑构造节点详图。根据需要可采用 1∶1、1∶2、1∶5、1∶20 等比例尺。主要包括檐口、墙身和各构件的连接点，楼梯、门窗以及各部分的装饰大样等。

4）各工种相应配套的施工图纸。如基础平面图和基础详图、楼板及屋顶平面图和详图、结构构造节点详图等结构施工图；建筑电气、给水排水、采暖通风与空气调节、热能动力等设备相关的完整施工图纸。

5）总平面、建筑、结构、设备等专业设计的说明书。

6）总平面、建筑、结构、设备等专业设计的计算书（供内部使用）。

7）工程预算书。

0.3.3 设计依据

1. 使用功能

1）人体尺度及活动空间尺度。

2）家具、设备尺寸和使用它们所需的空间。

2. 自然条件

（1）气象条件

气象条件一般包括温度、湿度、日照、雨雪、风向和风速等。气象条件对建筑设计有较大影响，例如我国南方多是湿热地区，建筑风格多以通透为主，北方干冷地区建筑风格趋向闭塞、严谨。日照与风向通常是确定房屋朝向和间距的主要因素。雨雪量的多少对建筑的屋顶形式与构造也有一定影响。

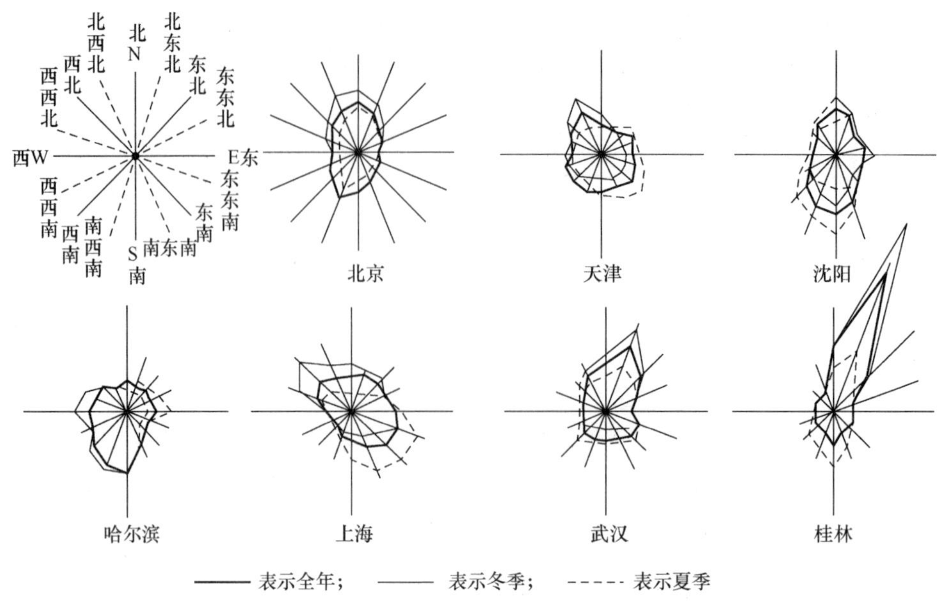

图 0.1 我国部分城市风向频率玫瑰图

图 0.1 是我国部分城市的风向频率玫瑰图（简称风玫瑰图）。风向是指由外吹向地区中心。风玫瑰图是依据该地区多年来统计的各个方向吹风的平均日数的百分数按比例绘制而成，一般用 16 个罗盘方位表示。

（2）地形、地质条件、地震烈度

基地的平缓起伏、地质构成及地下水位、土壤特性与承载力的大小对建筑物的平面组合、结构布置与造型都有明显的影响。坡地建筑常结合地形错层建造，复杂的地质条件要求基础采用不同的结构和构造处理等。地震对建筑的破坏作用也很大，有时是毁灭性的。这就要求我们从建筑的体形组合到细部构造设计必须考虑抗震措施，才能保证建筑的使用年限与坚固性。

3. 技术条件

建筑设计应遵循国家制定的标准、规范、规程以及各地或各部门颁发的标准，如建筑设计防火规范、住宅建筑设计规范、采光设计标准等，以提高建筑科学管理水平，保证建筑工程质量，加快基本建设步伐，这体现了国家的现行政策和经济技术水平。

4. 建筑模数

设计标准化是实现建筑工业化的前提。只有设计标准化，做到构件定型化，减少构配件规格、类型，才有利于大规模采用工厂生产及施工的工业化，从而提高工业化水平。为此，建筑设计应实行国家规定的《建筑模数协调统一标准》。

建筑模数是选定的尺寸单位，作为尺度协调中的增值单位，也是建筑设计、建筑施工、建筑材料与制品、建筑设备、建筑组合件等各部门进行尺度协调的基础。根据《建筑模数协调统一标准》，基本模数是模数协调中选用的基本尺寸单位，其数值定为 100mm，符号为 M，即 1M＝100mm。同时，由于建筑设计中建筑部位或构件、缝隙等的尺度大小不同，设计时采用导出模数，即扩大模数或分模数。

扩大模数是基本模数的整倍数，有3M、6M、12M、15M、30M、60M六个。

分模数是基本模数的分数值，有1/10M、1/5M、1/2M三个。

5. 经济条件

建造房屋是一个复杂的物质生产过程，需要大量人力、物力和资金。在房屋的设计和建造过程中，要因地制宜、就地取材，尽量做到节省劳动力，节约建筑材料和资金。建筑设计要依照经济条件，进行周密的计划和核算，讲究经济效果，使建筑的使用功能和技术措施与相应的造价、建筑标准统一起来。

6. 整体规划

单体建筑是整体规划的组成部分，单体建筑应符合整体规划提出的要求。建筑设计还要充分考虑和周围环境的关系，例如原有建筑的状况、道路的走向、基地面积大小以及绿化等方面和拟建建筑物的关系。新建设的单体建筑应使所在基地形成协调的室外空间组合、良好的室外环境。

小 结

1. 建筑是一种人工创造的空间环境，是建筑物和构筑物的总称。其中，供人们生产、生活或进行其他活动的房屋或场所都叫做“建筑物”，而人们不在其中生产、生活的建筑则称为“构筑物”。建筑构造研究一般房屋的组成，各组成部分的构造原理和构造方法。建筑设计研究一般房屋的设计原则和设计方法，包括总平面布置、平面设计、剖面设计、立面处理等方面的问题。

2. 建筑的基本构成要素有建筑功能、建筑技术和建筑形象三个方面。建筑的三要素是不可分割的辩证的统一体。

3. 建筑按使用性质分为工业建筑、农业建筑和民用建筑；按规模和数量分为大量性建筑和大型性建筑；按高度分为为单层、多层和高层建筑；按结构类型可分为砖混结构、框架结构、混凝土板墙结构、空间结构四种。

4. 建筑按设计使用年限分为四级。建筑的耐火等级依据构件的耐火极限和燃烧性能进行划分，普通建筑分为四级，高层建筑分为两级。

5. 建筑工程设计是指设计一幢建筑物或建筑群所要做的全部工作，包括建筑设计、结构设计、设备设计三个方面的内容。民用建筑工程一般分为方案设计、初步设计和施工图设计三个阶段。对于技术要求简单的民用建筑工程，可在方案设计审批后直接进入施工图设计。建筑设计的依据有使用功能、自然条件、技术条件、建筑模数、经济条件、整体规划等。

思考与练习题

0.1 名词解释

(1) 建筑：

(2) 建筑构造：

(3) 耐火极限：

(4) 建筑模数：

0.2 填空题

(1) 构成建筑的基本要素包括__________、__________和__________，其中__________起主导作用。

(2) 建筑按使用性质分为__________、__________和__________。

(3) 建筑按规模和数量分为__________和__________。

(4) 高层建筑指高度__________的住宅和其他建筑高度__________的非单层建筑。

(5) 建筑物的耐久性能依据建筑设计使用年限分为__________级。其中二级和三级建筑的设计使用年限分别是__________年和__________年。

(6) 普通建筑物的耐火等级依据构件的__________和__________分为______级。

(7) 建筑工程设计的内容包括__________、__________和__________。

(8) 建筑工程设计包括__________、__________和__________三个阶段。

0.3 简述题

(1) 方案设计阶段和施工图设计阶段的设计文件各有哪些?

(2) 建筑设计的依据有哪些?

0.4 实训题

(1) 观察本校园内的建筑，举例说明哪些是砖混结构建筑，哪些是混凝土板墙结构建筑，哪些是框架结构建筑。

(2) 选2～3个建筑，分别描述其按使用功能、按层数或总高度、按结构类型来说各属于哪一类。

第 1 章　民用建筑构造概述

【知识点】

1. 建筑物的基本组成
2. 影响建筑构造的因素及设计原则
3. 定位轴线及其编号

【学习要求】

1. 掌握定位轴线及其编号方法
2. 了解建筑物各组成部分的作用及受力特点
3. 了解影响建筑构造的因素及设计原则

1.1　建筑物的构造组成

就常见的民用建筑而言，其功能不尽相同，形体也多种多样，但一般都由基础、墙或柱、楼地层、楼梯、屋顶、门窗六大部分组成，除此之外还有许多其他构件和配件，如阳台、雨篷、台阶等（图 1.1）。

1）基础。基础位于建筑物的最下部，埋于自然地坪以下，承受上部传来的所有荷载，并把这些荷载传给下面的土层（地基）。基础是房屋的主要受力构件，其构造要求是坚固、稳定、耐久，能经受冰冻、地下水及所含化学物质的侵蚀，保持足够的使用年限。

2）墙和柱。墙和柱是房屋的竖向承重构件，它承受着由屋顶、楼层和楼梯等构件传来的各种荷载，并把这些荷载传给基础。作为分隔构件，外墙分隔建筑内外空间，并抵御风霜雪雨及寒暑对室内的影响；内墙分隔建筑内部空间，避免内部空间相互干扰。所以，墙和柱应有足够的强度、稳定性以及保温、隔热、隔声、防潮、防水、防火、节能等性能。

3）楼地层。楼地层指楼板层和地坪层。楼板层是建筑的竖向分隔构件；作为水平承重构件，直接承受着各楼层上的家具、设备、人体荷载和楼层自重等竖向荷载，并把荷载传给墙和柱；同时对墙或柱有水平支撑传力的作用，以增加墙和柱的稳定性。要求楼板层有足够的强度和刚度，以及良好的隔声、防火、防渗漏性能。地坪层是底层房间与土壤的隔离构件，它承受底层房间的荷载并把荷载传给地基，要求地坪层具有耐磨、防潮、防水、保温等性能。

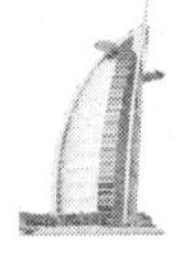

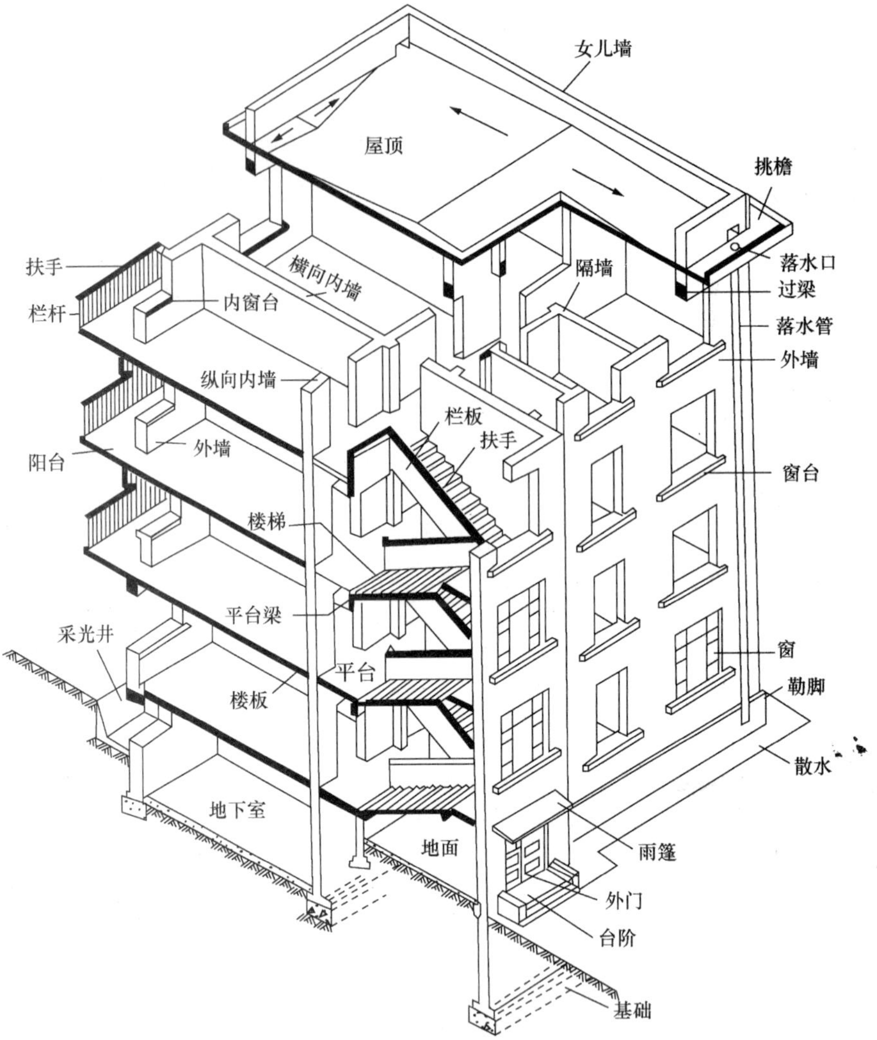

图 1.1　民用房屋的构造组成

4）屋顶。屋顶既是承重构件又是围护构件。用以抵御自然界风霜雪雨、太阳辐射、寒暑等的影响。它承受作用于屋顶的各种荷载，并把这些荷载传给墙或柱，同时在房屋顶部起着水平支撑和传力的作用。要求屋顶具有足够的强度、刚度及防水、保温、隔热等性能。

5）楼梯。楼梯是建筑的竖向交通设施，供人们上下楼层和紧急疏散，故要求楼梯有足够的通行能力，足够的强度和刚度，并且应满足防火、防滑、耐磨等要求。

6）门窗。门与窗属于非承重构件，门主要供人们交通出入、联系和分隔内部与外部或各内部空间；窗的作用是采光、通风、分隔、眺望。外门窗又是围护构件的一部分。对门窗还有保温、隔热、隔声、防水、防火等要求。

1.2　建筑构造设计原则

1.2.1　影响建筑构造的因素

建筑物处于自然界之中，都受到自然和人为环境的影响以及条件的制约，大致可

归纳为四个方面。

1. 自然环境的影响

自然界的风霜雨雪、冷热寒暖、太阳辐射、大气腐蚀等都时时作用于建筑物，对建筑物的使用质量和使用寿命有着直接的影响。不同的地域有着不同的自然环境特点，在构造设计时常采取相应的防水、防冻、保温、隔热、防风、防雨雪、防潮湿、防腐蚀等措施。有时也可将一些自然特点加以利用，例如北方利用太阳辐射热可提高室内温度，南方利用自然通风改善室内空气质量。

2. 外力的影响

外力的形式多种多样，如风力、地震作用、构配件的自重力、温度变化、热胀冷缩产生的内应力以及正常使用中人群、家具设备作用于建筑物上的各种力等。在构造设计时，必须考虑这些力的作用形式、作用位置和力的大小，以便决定构件的用材用料、尺寸形状及连接方式。

3. 人为因素的影响

人们在生产生活中常伴随着产生一些不利于环境的负效应，诸如噪声、机械振动、化学腐蚀、烟尘，有时还有可能产生火灾等，对这些因素设计时要认真分析，采取相应的防范措施。

4. 技术经济条件的影响

所有建筑构造措施的具体实施，必将受到材料、设备、施工方法、经济效益等条件的制约。同一建筑环节可能有不同的构造设计方案，设计时应对这些方案综合比较，如哪个能充分满足功能要求，哪个在现有技术条件下更便于实施，哪个能获得最好的经济效益等。尽可能降低材料消耗、能源消耗和劳动力消耗。

1.2.2 构造设计的基本原则

1. 满足使用要求

建筑物的使用要求和所处的环境不同，对构造设计就有不同的要求，因此在构造设计时要合理选择构造方案，以保证使用方便，这也是整个设计的根本目的。

2. 确保结构安全可靠

房屋设计不仅要对其进行必要的结构计算，在构造设计时也要认真分析荷载的性质、大小，合理确定构件尺寸，确保强度和刚度，并保证构件间连接可靠。

3. 应用先进技术

在进行建筑构造设计时，应改革传统的建筑方式，从材料、结构、施工等方面引进先进技术，改善劳动条件。

4. 经济合理

各种构造设计均要注意建筑物的整体经济效益，既要降低建筑造价，减少材料的能源消耗，又要有利于降低经常运行、维修和管理费用，还要保证工程质量，不能单纯追求效益而偷工减料，降低质量标准。

5. 注意美观

建筑形象主要取决于建筑设计中的体型和立面设计，但有时一些细部构造，如栏杆的形式、室内外的细部装修、各种交接处的处理，都会影响建筑物的美观效果，所以构造方案应符合人们的审美观念。

1.3 定位轴线及其编号

一幢建筑由诸多构件及配件组成，这些构件彼此间的位置关系都是由定位轴线确定的，所以定位轴线既是确定各构件相互位置的基准线，也是施工放线的重要依据。

建筑物在平面对结构构件的定位用平面定位轴线标注，轴线间的尺寸单位为毫米(mm)。建筑物竖向结构构件（如楼板、梁）的定位用标高标注，标高单位为米（m）。

1.3.1 平面定位轴线及其编号

平面定位轴线应设横向定位轴线和纵向定位轴线。横向定位轴线的编号应从左至右用阿拉伯数字注写，纵向定位轴线的编号应自下向上用拉丁字母编写，如图 1.2 所示。其中 I、O、Z 不得用于轴线编号，以免与数字 1、0、2 混淆。如字母数字不够，可用 A_A、B_A、…或 A_1、B_1 等标注。定位轴线也可分区注写，注写形式为“分区号-该区轴线号”，如图 1.3 所示。附加轴线应用分数表示，如图 1.4 所示。

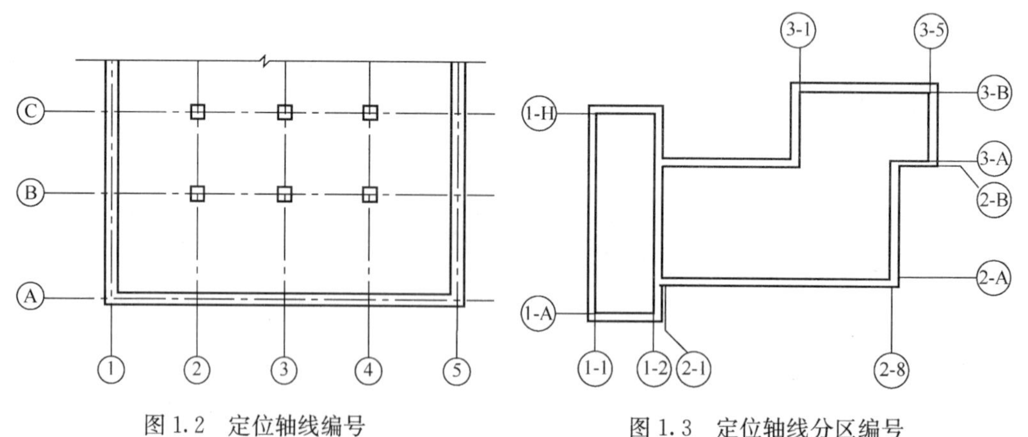

图 1.2 定位轴线编号　　图 1.3 定位轴线分区编号

1. 砖混结构建筑

砖混结构建筑的楼板目前多采用现浇钢筋混凝土楼板，其墙体在建筑设计中一般按承重墙考虑。外墙定位轴线一般距顶层墙身内缘 120mm。内墙定位轴线一般与顶层墙身中心线相重合，如图 1.5 所示。

B
A
1
1/1
2/1
2
或1/02
或2/02

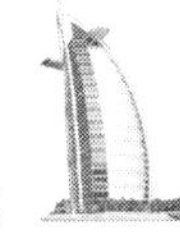

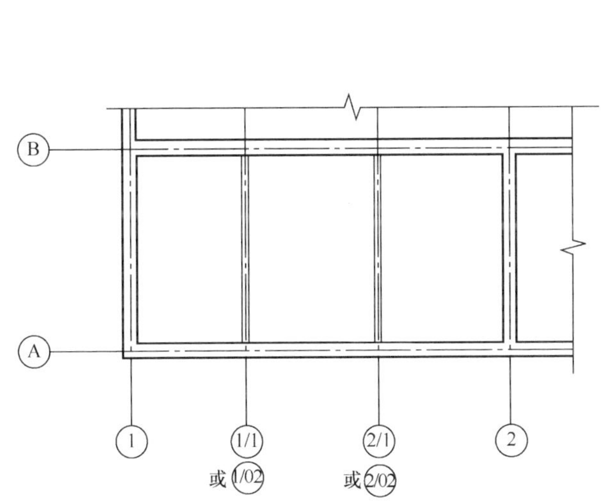

图 1.4　附加定位轴线编号

注：1/1、2/1分别表示 1 轴后第一条、第二条定位轴线；

1/02、2/02分别表示 2 轴前第一条、第二条定位轴线

120 t−120
t/2 t/2
屋顶楼板
内
外
t
t
楼层楼板
(a) 内墙
(b) 外墙

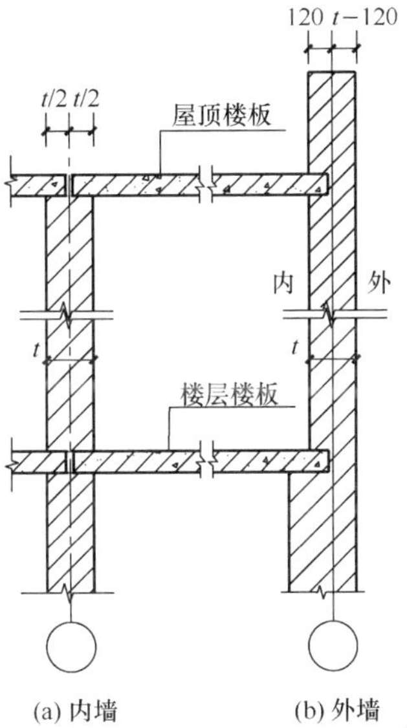

图 1.5　混合结构墙体定位轴线

2. 框架结构建筑

框架结构建筑中柱定位轴线一般与顶层柱截面中心线相重合，如图 1.6（a）所示。边柱定位轴线一般与顶层柱截面中心线重合或距柱外缘 250mm，如图 1.6（b）所示。

250
(a)
(b)

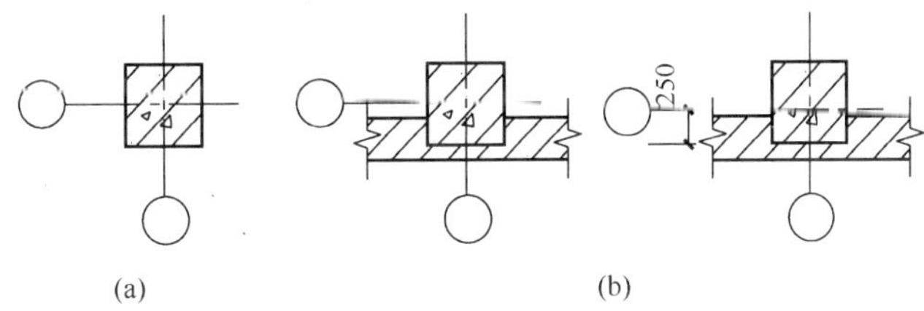

图 1.6　框架结构柱定位轴线

1.3.2 标高

标高用来确定建筑构件的竖向位置，建筑工程一般根据需要采用相对标高。通常将建筑物底层主要地面定为相对标高的零点，用±0.000 表示，其他构件与零点的相对距离为该构件的标高，零点以上为正，但“+”号不写，零点以下为负，注写“−”号，如零点以上 3 米处的标高为“3.000”，零点以下 0.6 米处的标高为“−0.600”。

各构件的建筑标高规定如下：

1）楼地层。楼地层的建筑标高应标在楼地面的面层上表面（图 1.7）。上下楼层之间的竖向距离称为层高。

2）屋顶。平屋顶的建筑标高应标在屋顶的结构层上表面；坡屋顶的建筑标高常标在屋顶结构层上表面与外墙定位轴线的相交处（图 1.8）。

3）门窗洞口。门窗洞口的建筑标高应标在结构层表面。

4）檐口。檐口的建筑标高应标在面层的上表面。

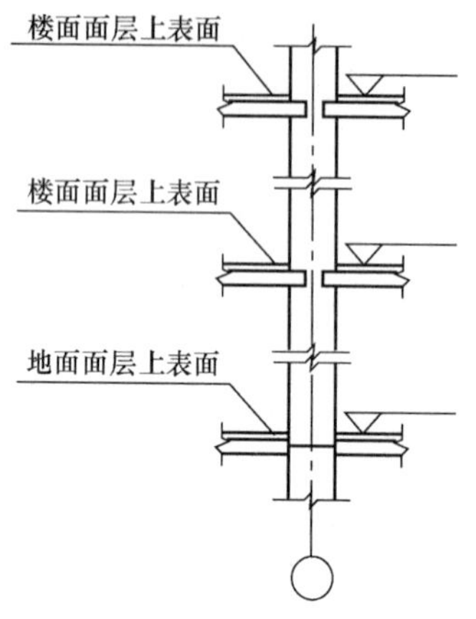

图 1.7　楼地层竖向定位

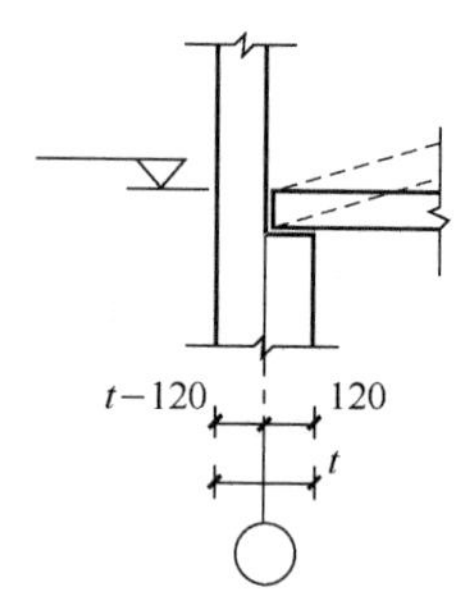

图 1.8　屋顶竖向定位

小　结

1. 一幢建筑物一般由基础、墙或柱、楼地层、楼梯、屋顶和门窗六大部分组成。它们各处在不同的部位，发挥着各自的作用。

2. 影响建筑构造的因素包括自然环境、外力、人为因素、技术经济条件等。建筑构造设计应满足使用、结构、技术、经济和美观等方面的要求。

3. 定位轴线是确定各构件相互位置的基准线，也是施工放线的重要依据，包括平面定位和竖向定位（即标高）。

思考与练习题

1.1　填空题

（1）横向定位轴线用__________进行编号，纵向定位轴线用__________进行编号，定位轴线分区编号时注写形式为__________，D 轴线后面第二条附加轴线编号为______，5 轴线前面第一条附加轴线编号为______。

（2）砖混结构建筑外墙平面定位轴线一般在__________，内墙平面定位轴线一般在__________。框架结构建筑中柱平面定位轴线一般在__________，边柱平面定位轴线一般在__________或__________。

（3）相对标高的零点一般取在__________，用__________表示。零点以上 3.3 米处的标高表示为__________；零点以下 1 米处的标高表示为__________。

（4）楼地层的建筑标高应标在__________；平屋顶的建筑标高应标在__________；坡屋顶的建筑标高常标在__________的相交处；门窗洞口的建筑标高应标在__________；檐口的建筑标高应标在__________。

1.2　简述题

（1）民用建筑的六大组成部分是什么？各有何作用？

(2) 影响建造构造的因素有哪些?

(3) 建筑构造设计原则有哪些?

1.3　画图题

在图 1.9 中表示承重外墙的定位轴线，并标注相关尺寸。

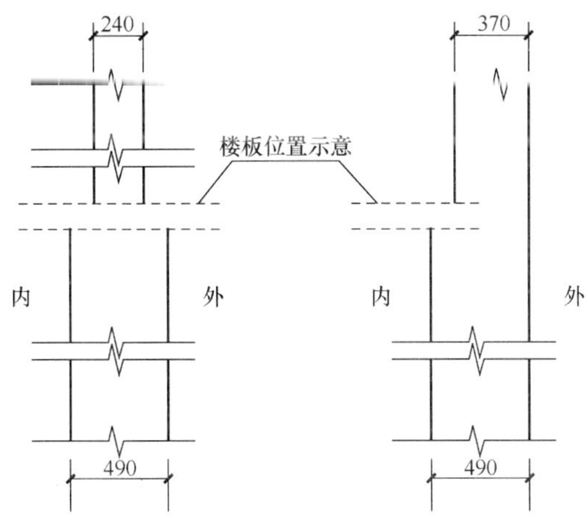

图 1.9　承重外墙示意图

第 2 章　基础与地下室构造

【知识点】

1. 地基与基础的概念和设计要求
2. 基础埋深及其影响因素
3. 基础按材料受力特点和构造形式分类
4. 地下室类型与防潮、防水构造

【学习要求】

1. 掌握基础埋深的概念及选择埋深的方法
2. 掌握地下室的防潮、防水构造
3. 了解地基与基础的概念和设计要求
4. 了解基础按材料受力的特点和构造形式的分类

2.1　地基与基础的概念

2.1.1 地基和基础

建筑物与土层直接接触的部分称为基础。基础是建筑物的墙或柱埋在地下的扩大部分，属于隐蔽工程。基础的作用是承受上部结构的全部荷载，通过自身的调整，把它传给地基。地基是指基础底面以下受到荷载作用影响范围内的土层。基础是建筑物的组成部分，而地基则不是，如图 2.1 所示。

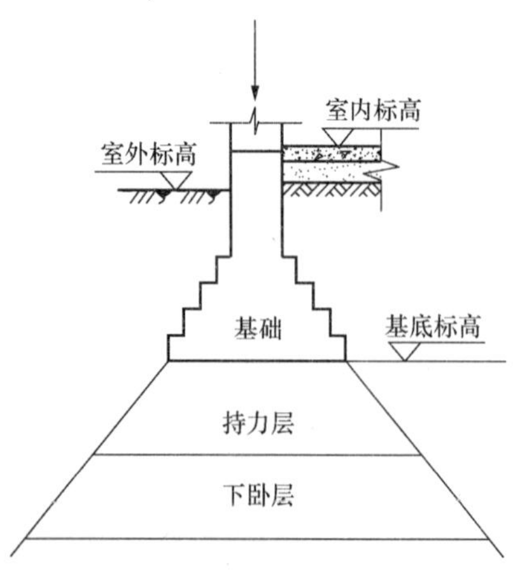

图 2.1　基础与地基

2.1.2 基础与地下室构造

地基按土层性质不同可分为天然地基和人工地基。天然地基是指天然状态下即可满足承载力要求，不需人工处理的地基。可做天然地基的土层包括岩石、碎石、砂土、黏性土等。当达不到上述要求时，可以对地基进行补强和加固。经人

工处理的地基称为人工地基，处理方法有压实法、换填法、打桩法、强夯法、振冲法、深层搅拌法等。

压实法是利用重锤、碾压机等挤压土壤，并将土壤中的空气排走，提高土壤的密实性，以达到地基土的承载力要求。

换填法是指将淤泥、杂填土等软弱土挖去，换以砂、石、素土、灰土等强度较高的材料，并在回填土时采用机械逐层压实。

打桩法是将钢筋混凝土桩打入或灌入土中，把土壤挤实或把桩打入地下的岩土层中，从而提高土壤的承载能力。

2.1.3 基础埋深

基础埋深即基础的埋置深度，是指从设计室外地面至基础底面的垂直距离，如图 2.2所示。基础按其埋置深度大小分为浅基础和深基础。基础埋深不超过 5m 时称为浅基础。基础埋深大于或等于 5m 时称为深基础。一般情况下基础应尽量浅埋，但不要小于 0.5m。

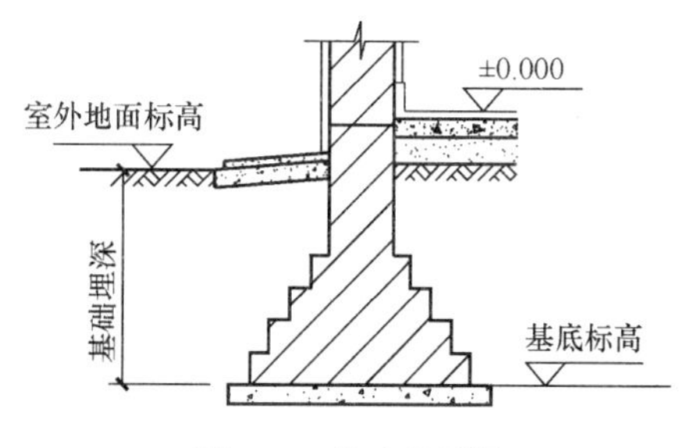

图 2.2　基础的埋深

基础埋深的大小关系到地基是否可靠、施工难易及造价的高低。影响基础埋深的因素很多，主要影响因素如下。

（1）建筑物的使用要求、基础形式及荷载

当建筑物设置地下室、设备基础或地下设施时，基础埋深应满足其使用要求；一般高层建筑的基础埋深为地上部分总高度的1/10以上，才能满足稳定性要求；荷载较大或受向上拔力的基础，应加大基础埋深。

（2）工程地质和水文地质条件

基础应尽量选择常年未经扰动且坚实平坦的土层，俗称“老土层”。而在接近地表的土层内，常带有大量植物根、茎的腐殖质或垃圾等，不宜作为地基。存在地下水时，一般应考虑将基础埋于设计最高地下水位以上不小于 200mm 处。

（3）土的冻结深度的影响

粉砂、粉土和黏性土等细粒土具有冻胀现象，冻胀会将基础向上拱起。土层解冻，基础又下沉，使基础处于不稳定状态。冻融的不均匀使建筑物产生变形，严重时产生开裂等破坏情况，因此基础应埋置在冰冻层以下不小于 200mm 处。

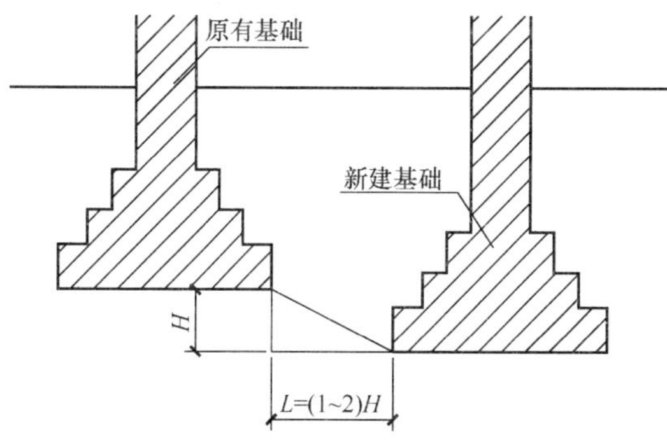

图 2.3　基础埋深与相邻基础的关系

（4）相邻建筑物的埋深

新建建筑物基础埋深不宜大于相邻原基础埋深。当埋深大于原有建筑物基础时，基础间的净距应根据荷载大小和性质等确定，一般为相邻基础底面高差的 1～2 倍，如图 2.3 所示。

如不能满足时应采取加固原有地基或分段施工、设临时加固支撑、打板桩、设置地下连续墙等施工措施。

(5) 其他

为保护基础，一般要求基础顶面低于设计地面不少于 0.1m，地下室或半地下室基础的埋深则要结合建筑设计的要求确定。

2.1.4 地基与基础的设计要求

1. 地基应具有足够的承载力和均匀程度

建筑物应尽量选择承载力较高而且均匀的地基，如岩石、碎石等。地基土质不均匀或处理不当，会使建筑物发生不均匀沉降，引起墙体开裂，甚至影响建筑物的正常使用。

2. 基础应具有足够的强度和耐久性

基础是建筑物的重要承重构件，它承受着上部结构的全部荷载，是建筑物安全的重要保证，因此基础必须有足够的强度，才能保证其将建筑物的荷载可靠地传给地基。因基础埋于地下，建成后检查和维修困难，所以在选择基础的材料与构造形式时应考虑其耐久性。

3. 经济要求

基础工程约占建筑总造价的 10%～40%，降低基础工程造价是减少建筑总投资的有效方法。这就要求选择土质好的地段，以减少地基处理的费用。需要特殊处理的地基，也要尽量选用地方材料及合理的构造形式。

2.2 基础的类型与构造

2.2.1 按材料及受力特点分类

基础按所用材料及其受力特点可分为刚性基础和柔性基础（即钢筋混凝土基础）。刚性基础又包括砖基础、毛石基础、混凝土基础等。

1. 刚性基础

砖石、毛石、素混凝土、灰土等材料抗压强度高而抗拉、抗剪强度很低，这些材料在受到上部墙体（或柱）的压力后，将上部荷载沿一定的角度向下扩散传给地基，这个扩散角度与垂直线之间的夹角称为刚性角，如图 2.4 中的 α 角。刚性角的大小是由材料自身的特性决定的。受刚性角限制的基础叫刚性基础。刚性基础放宽的角度不应超过刚性角，否则基础的内力就会超过其抗拉和抗剪强度而发生折裂破坏。为设计施工方便，将刚性角 α 换算成其正切值 b/h，即宽高比。

提示

如混凝土的刚性角为 45°，其允许宽高比 b/h 为 1∶1。砖基础的大放脚允许宽高比为 1∶1.5，故大放脚的做法一般采用每两皮砖挑出 1/4 砖或每两皮砖挑出 1/4 砖（宽高比为 1∶2）与一皮砖挑出 1/4 砖相间砌筑（宽高比为 1∶1.5）。

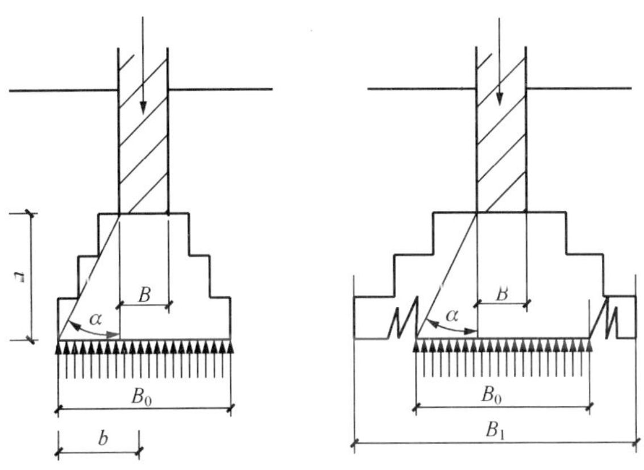

图 2.4　刚性基础的受力、传力特点

2. 柔性基础

当建筑物上部荷载较大，或地基承载力不高时，如按刚性角逐步放大，则需要很大的基础埋深，这在土方工程量和材料使用上很不经济。在这种情况下，宜采用钢筋混凝土基础以承受较大的弯矩，基础就可以不受刚性角限制。钢筋混凝土基础不仅能承受压应力，还能承受较大的拉应力，不受材料的刚性角限制，故叫做柔性基础，如图 2.5 所示。

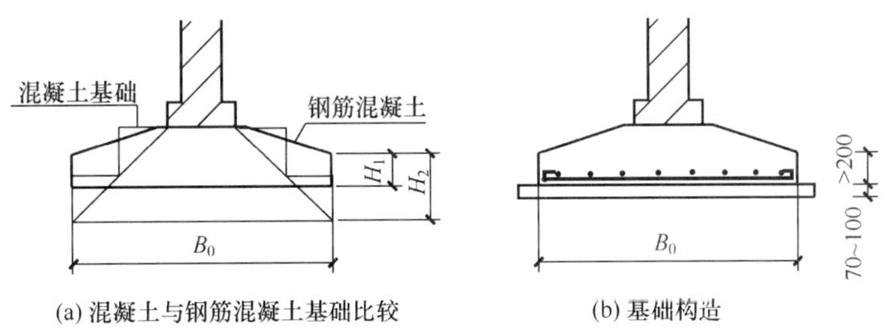

(a) 混凝土与钢筋混凝土基础比较　　(b) 基础构造

图 2.5　钢筋混凝土基础

2.2.2 基础按构造形式分类

基础按构造形式分为单独基础、条形基础、片筏基础、箱形基础、桩基础等。

1. 单独基础

单独基础呈独立的块状，常用断面形式有踏步形、锥形、杯形，常用于柱下。其材料通常采用钢筋混凝土、素混凝土等。当柱为预制时，则将基础作成杯口形，然后将柱子插入，并嵌固在杯口内，故称杯口基础，如图 2.6 所示。

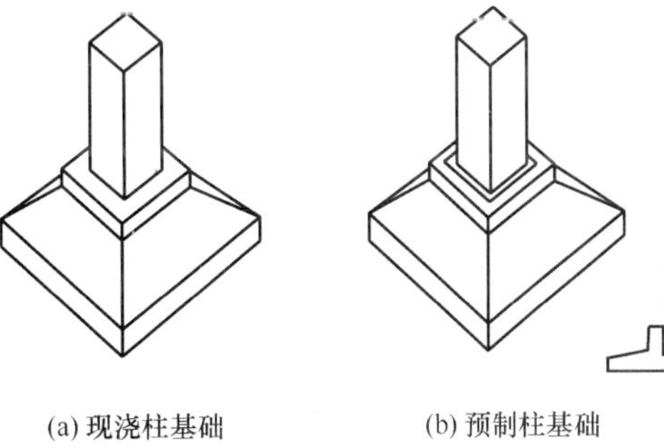

(a) 现浇柱基础　　(b) 预制柱基础

图 2.6　单独基础

2. 条形基础

基础是连续带形，也称带形基础，有墙下条形基础和柱下条形基础。

1）墙下条形基础。一般用于多层混合结构的承重墙下，低层或小型建筑常用砖、混凝土等刚性条形基础。如上部为钢筋混凝土墙，或地基较差，荷载较大时，可采用钢筋混凝土条形基础（图 2.7）。

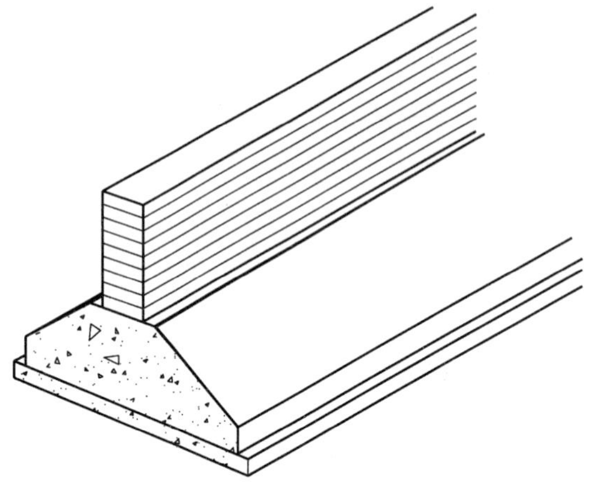
图 2.7 条形基础示意图

2）柱下条形基础。当上部结构为框架结构或排架结构，荷载较大或荷载分布不均匀，地基承载力偏低，为增加基底面积或增强整体刚度，以减少不均匀沉降，常用钢筋混凝土条形基础，将各柱下基础用基础梁相互连接成一体，形成井格基础（图 2.8）。

3. 片筏基础

建筑物的基础由整片的钢筋混凝土板组成，板直接由地基土承担，称为片筏基础。片筏基础的整体性好，可以跨越基础下的局部软弱土。

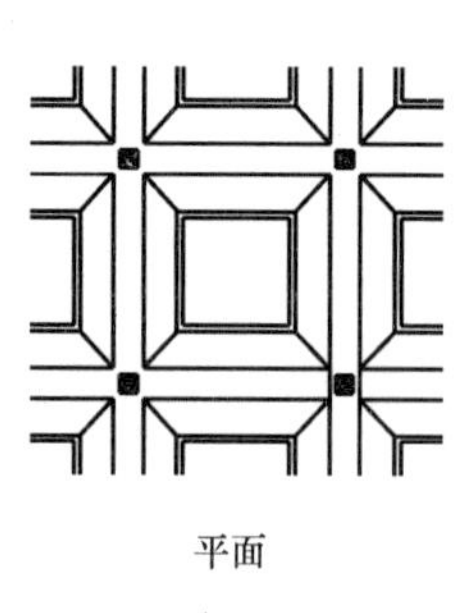

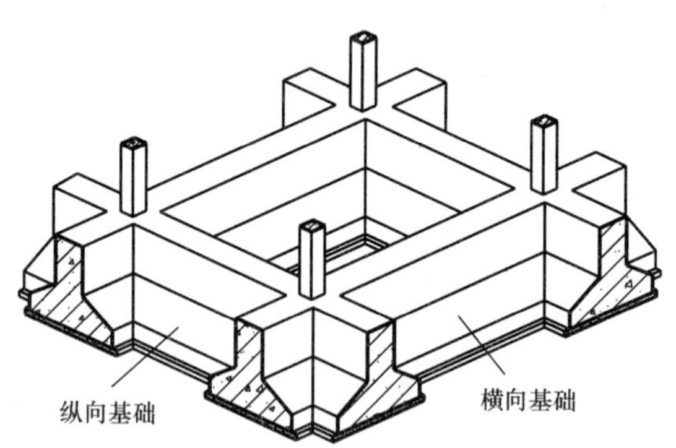

图 2.8 井格基础

片筏基础常用于地基软弱的多层砌体结构房屋的墙下和框架结构、剪力墙结构以及上部结构荷载较大且不均匀和地基承载力低的情况，按其结构布置分为梁板式和无梁式，其受力特点与倒置的楼板相似（图 2.9）。

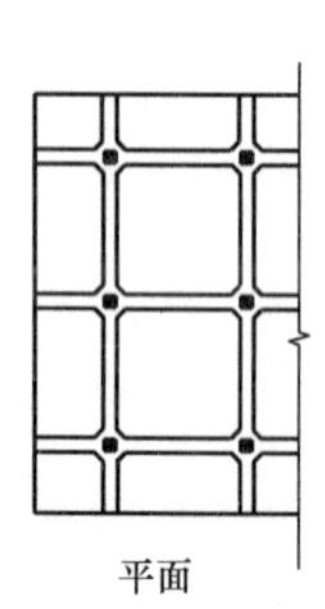

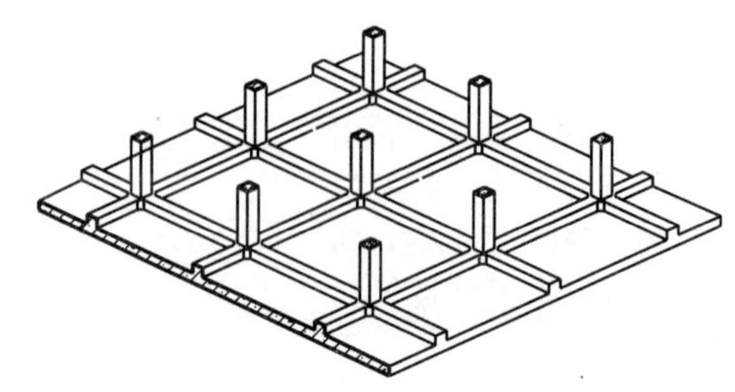
图 2.9 片筏基础

4. 箱形基础

当上部建筑物为荷载大、对地基不均匀沉降要求严格的高层建筑、重型建筑以及软弱土地基上多层建筑，为增加基础刚度，将地下室的底板、顶板和墙整体浇成箱子状的基础，称为箱形基础。

箱形基础的刚度较大，且抗震性能好，有较好的地下空间可以利用，能承受很大的弯矩，可用于特大荷载且需设地下室的建筑，如图 2.10 所示。

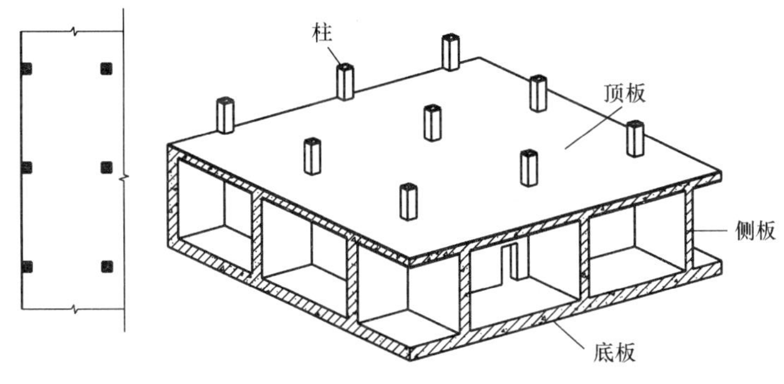

图 2.10　箱形基础

5. 桩基础

当浅层地基不能满足建筑物对地基承载力和变形的要求，而又不适宜采取地基处理措施时，就要考虑以下部坚实土层或岩层作为持力层的深基础，其中桩基础应用最为广泛。

桩基础一般由设置于土中的桩身和承接上部结构的承台组成，见图 2.11。桩基是按设计的点位将桩身置于土中，桩的上端灌注钢筋混凝土承台梁，承台梁上接柱或墙体，以便使建筑荷载均匀地传递给桩基。在寒冷地区，承台梁下一般铺设 100～200mm 厚的粗砂或焦渣，以防土壤冻胀引起承台的反拱破坏。

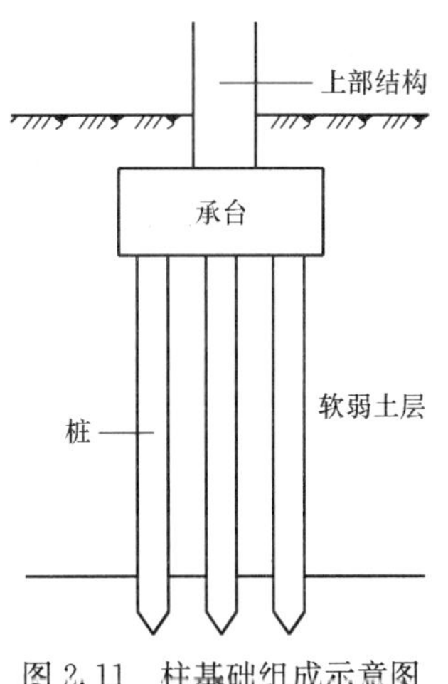

图 2.11　桩基础组成示意图

2.3　地下室构造

2.3.1　地下室的组成与分类

地下室是建筑物首层下面的房间。利用地下空间，可节约建设用地。地下室可用作设备间、储藏房间、旅馆、餐厅、商场、车库以及用作战备人防工程。高层建筑常利用深基础，如箱形基础，建造一层或多层地下室，既增加了使用面积，又省掉室内填土的费用。

地下室一般由墙体、底板、顶板、门窗、楼电梯五大部分组成。

地下室按使用功能分，有普通地下室和防空地下室；按顶板标高分，有半地下室

（地下室地面到室外地坪的距离为地下室净高的1/3～1/2）和全地下室（地下室地面到室外地坪的距离为地下室净高的1/2以上）；按结构材料分，有砖混结构地下室和钢筋混凝土结构地下室。图2.12为地下室示意图。

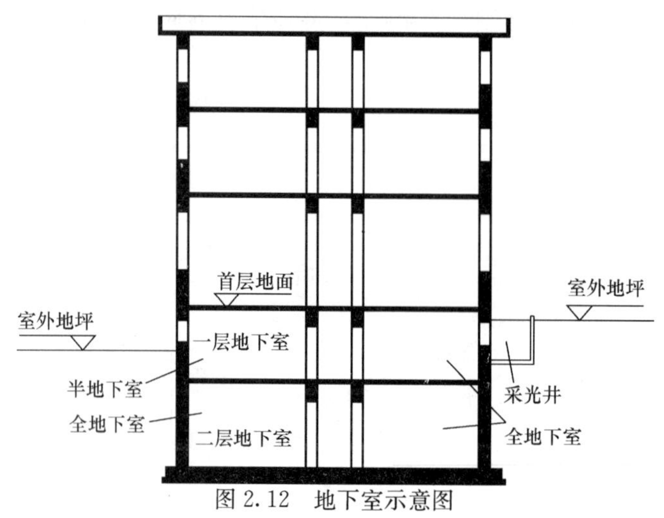

图2.12　地下室示意图

2.3.2 地下室防潮构造

当设计最高地下水位低于地下室底板，且无滞水可能时应采取防潮措施。

地下室防潮是在外墙外侧设垂直防潮层，具体做法是：在外墙外测先抹1∶2.5水泥砂浆找平、然后刷冷底子油一道和热沥青两道（至散水底），最后在防潮层外侧回填低渗透性土壤（黏土、灰土等），并逐层夯实，底宽500mm左右。此外，地下室所有墙体，必须设两道水平防潮层，一道设在底层地坪附近，另一道设在室外地面散水以上150～200mm处，使整个地下室防潮层连成整体，以防地潮沿地下室墙身或勒脚处渗入室内，见图2.13。

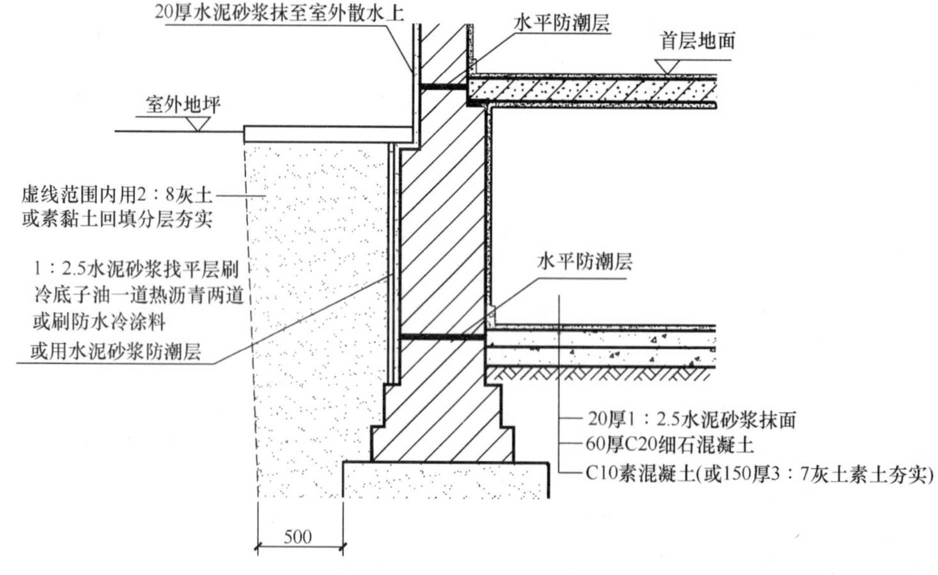

图2.13　地下室防潮构造

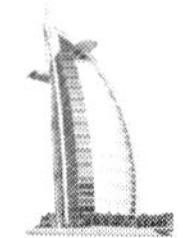

2.3.3 地下室防水构造

当设计最高地下水位高于地下室底板，或地下室周围土层属弱透水性土存在滞水可能，应采取防水措施，做好地下室和外墙的防水处理。目前常采用混凝土自防水和材料防水两类。

1. 防水混凝土自防水

防水混凝土的制备可采用集料级配法和防水外加剂法。集料级配法就是将石子骨架相对减弱，适当增加砂率和水泥用量，水泥砂浆除满足充分粘结作用外，还能在粗骨料周围形成一定数量的、质量好的包裹层，将粗骨料分隔开，以提高混凝土的密实性和抗渗性。防水外加剂法是指在混凝土内掺入一定量的外加剂，如引气剂、减水剂、三乙醇胺、氯化铁、明矾、UEA 等膨胀剂，以提高混凝土自身的防水性能。

由防水混凝土作外墙和底板，使承重、围护、防水功能三者合一。这种防水措施施工较为简便。

2. 材料防水

材料防水是在外墙和底板表面敷设防水材料，如卷材、涂料、防水砂浆等，以阻止地下水的渗入。卷材是常用的一种防水材料，根据卷材与墙体的关系，可分为外防水和内防水。

外防水是将卷材防水层设在地下工程围护结构外侧（即迎水面），这种方法防水效果较好，应用普遍，如图 2.14 所示。内防水是将卷材粘贴于结构内表面，这种做法防水效果较差，但施工简单，便于修补，常用于修缮工程。

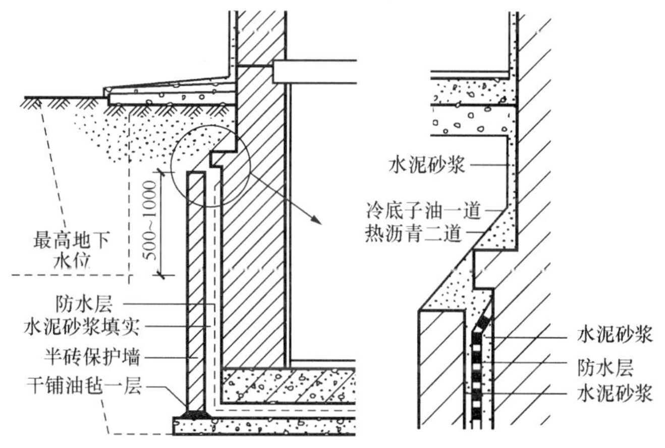

图 2.14　地下室材料防水构造

工程提示：外防水的具体做法

1. 在抹好水泥砂浆找平层的混凝土垫层四周用石灰砂浆砌筑临时保护墙。

2. 做水平防水层。在地坪垫层上做水泥砂浆找平层，涂冷底子油，铺贴卷材防水层（四周需留出足够长度，搭在临时保护墙上，以便与墙身垂直防水卷材搭接），其上浇筑细石混凝土或水泥砂浆保护层和钢筋混凝土底板。

3. 施工墙体，拆除临时保护墙，并在做好水泥砂浆找平层和冷底子油的墙外侧铺贴卷材防水层。注意卷材在底板与墙身转角处的搭接，在设计水位以上0.5～1m处收头，防水层以上的地下室侧墙应抹水泥砂浆并涂热沥青两道，直至室外散水处。

4. 做永久性保护墙，并回填黏土等隔水层。120砖保护墙下部需干铺一层卷材作为隔离层，并沿长度方向每隔3～5m设一通高竖缝，以保证紧压防水层。保护墙也可采用聚苯板等软材料，称为软保护墙。

小　　结

1. 基础与地基是不同的概念。基础是建筑物的一部分，而地基则不是。地基可分为天然地基和人工地基。

2. 基础埋深是指从设计室外地面至基础底面的垂直距离。基础的埋深与上部结构的特点以及地质水文条件、冻土深度、相邻基础的位置等有关。

3. 基础按材料及受力特点分为刚性基础和柔性基础，按形式可分为单独基础、条形基础、片筏基础、箱形基础、桩基础等。

4. 地下室经常受到下渗地表水、土壤中的潮气和地下水的侵蚀，应妥善处理地下室的防潮和防水构造。当最高地下水位低于地下室地坪且无滞水可能时，地下室一般只做防潮处理。当最高地下水位高于地下室地坪时，对地下室必须采取防水处理。根据防水材料的不同，地下室防水可以采用防水混凝土自防水和卷材等材料防水。

思考与练习题

2.1　名词解释

(1) 基础埋深：

(2) 刚性角：

2.2　填空题

(1) 地基按土层性质不同，可分为＿＿＿＿＿和＿＿＿＿＿。

(2) 基础埋深不超过＿＿＿＿＿时称为浅基础。浅基础的埋深不宜小于＿＿＿＿＿。

(3) 基础按所用材料及其受力特点可分为＿＿＿＿＿和＿＿＿＿＿。

(4) 基础按构造形式分为＿＿＿＿＿、＿＿＿＿＿、＿＿＿＿＿、＿＿＿＿＿、＿＿＿＿＿等。

(5) 当设计最高地下水位＿＿＿＿＿地下室底板，且＿＿＿＿＿时，应采取防潮措施。当设计最高地下水位＿＿＿＿＿地下室底板，应采取防水措施。

2.3　简述题

(1) 地基和基础的设计要求有哪些？

(2) 影响基础埋深的因素有哪些？

(3) 地下室防潮如何处理？

(4) 地下室卷材外防水构造如何？

第3章　墙体构造

【知识点】

1. 墙体的类型和设计要求
2. 砖墙、砌块墙、隔墙的构造
3. 建筑节能与墙体保温构造
4. 墙面装修

【学习要求】

1. 掌握砖墙的构造，与砖墙对照理解砌块墙的不同构造
2. 掌握墙体保温构造
3. 了解墙体类型和设计要求
4. 了解隔墙构造，以骨架隔墙为主
5. 了解墙面装修做法

3.1　墙体的类型及设计要求

3.1.1 墙体的类型

根据墙体在建筑物中的位置、受力情况、材料选用、构造施工方法的不同，可将墙体分为不同类型。

1. 按位置分类

墙体按所处的位置不同分为外墙和内墙，外墙又称外围护墙。墙体按布置方向又可以分为纵墙和横墙。沿建筑物长轴方向布置的墙称为纵墙，沿建筑物短轴方向布置的墙称为横墙，外横墙又称山墙。另外，窗与窗、窗与门之间的墙称为窗间墙，窗洞下部的墙称为窗下墙，屋顶上部的墙称为女儿墙等，见图3.1。

2. 按受力性质分类

根据墙体的受力情况不同可分为承重墙和非承重墙。凡直接承受楼板、屋顶等传来荷载的墙称为承重墙；不承受这些外来荷载的墙称为非承重墙。

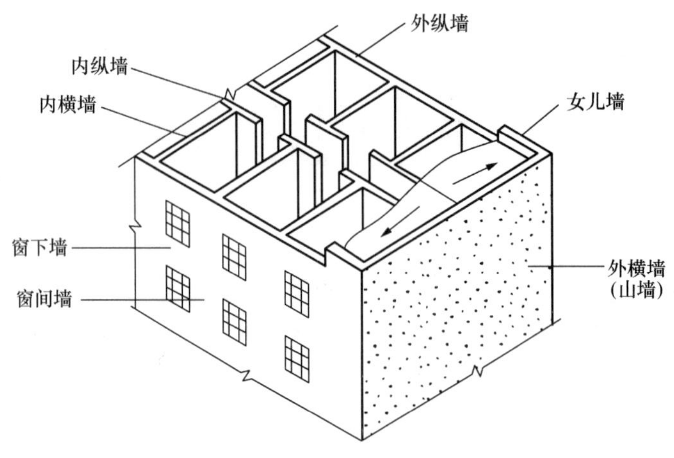

图 3.1　墙体各部位名称

在非承重墙中，不承受外来荷载，仅承受自身重量并将其传至基础的墙称为自承重墙；仅起分隔空间作用，自身重量由楼板或梁来承担的墙称为隔墙；在框架结构中，填充在柱子之间的墙称为填充墙，内填充墙是隔墙的一种；悬挂在建筑物外部的轻质墙称为幕墙，有金属幕、玻璃幕等。幕墙和外填充墙虽不能承受楼板和屋顶的荷载，但承受着风荷载，并把风荷载传给骨架结构。

3. 按构造形式分类

按构造形式不同，墙体可分为实体墙、空体墙和复合墙三种。实体墙由单一材料组成，如砖墙、砌块墙等；空体墙也由单一材料组成，内部空腔可以靠组砌形成（如空斗墙），也可用带孔的材料建造墙（如空心砌块墙）；复合墙由两种以上材料组合而成，如混凝土、加气混凝土复合板材墙，其中混凝土起承重作用，加气混凝土起保温隔热作用。

4. 按施工方法分类

根据施工方法不同墙体可分为块材墙、板筑墙和板材墙三种。块材墙是用砂浆等胶结材料将砖、石、砌块等组砌而成，如实砌砖墙。板筑墙是在施工现场立模板现浇而成的墙体，如现浇混凝土墙。板材墙是预先制成墙板，在施工现场安装而成的墙体，如预制混凝土大板墙、各种轻质条板隔墙。

3.1.2 墙体的设计要求

1. 具有足够的强度和稳定性

墙体的强度是指墙体承受荷载的能力，它与所采用的材料、材料强度等级、墙体的截面积、构造和施工方式有关。作为承重墙的墙体必须具有足够的强度，以保证结构安全。

墙体稳定性与墙的高度、长度和厚度及纵横向墙体间的距离有关，可通过增加墙厚、提高砌筑砂浆强度等级以及增加墙垛、构造柱、圈梁、墙内加筋等办法来达到。

2. 满足防火要求

在墙体材料选择上应符合燃烧性能和耐火极限的规定。当建筑的占地面积或长度较大时，还应按防火规范要求设置防火墙，防止火灾蔓延。

3. 具有保温与隔热等热工方面的性能

我国北方地区气候寒冷，要求外墙具有较好的保温能力，以减少室内热损失，同时应防止外墙内表面与保温材料内部出现凝结水现象，构造上要防止“冷桥”的产生。

我国南方地区气候炎热，外墙应具有一定的隔热性能，除设计中考虑朝向、通风外，还可通过选择密实度高的墙体材料、浅色而平滑的外饰面、设置遮阳设施、利用植被降温等措施提高墙体的隔热能力。

4. 满足隔声要求

为保证建筑的室内有一个良好的声学环境，墙体必须具有一定的隔声能力。设计中可通过选用容重大的材料、加大墙厚、在墙中设空气间层等措施提高墙体的隔声能力。

5. 满足防水和防潮要求

卫生间、厨房、实验室等用水房间的墙体以及地下室的墙体应满足防水防潮要求。通过选用良好的防水材料及恰当的构造做法，保证墙体的坚固耐久和良好的卫生环境。

6. 采用新工艺，降低成本

在大量性民用建筑中，墙体工程量占着相当的比重，同时劳动力消耗大，施工工期长，可通过墙体工业化，提高机械化施工程度，提高工效，降低劳动强度，并采用轻质高强的墙体材料，以减轻自重、降低成本。

3.2　砖墙构造

3.2.1　砖墙的组砌方式

砖墙是由砖和砂浆按一定的规律和组砌方式砌筑而成的砌体。组砌是指砌块在砌体中的排列。

提示

为了保证墙体的强度，满足保温、隔声等使用要求，砌筑时砖缝砂浆应饱满，厚薄均匀，并且应保证砖缝横平竖直、上下错缝、内外搭接，避免形成竖向通缝。当外墙面不抹灰、作清水墙时，组砌还应考虑墙面图案美观。

我国现行实心黏土砖的规格为 240mm×115mm×53mm，KP1 空心黏土砖的规格为 240mm×115mm×90mm。其中包括 10mm 厚灰缝，其长宽之比为 2∶1，这为砖的错缝搭接带来方便。组砌时为错缝搭接而将砖长去掉 1/4，称为七分头（厂家配制）。在砖墙组砌中，长边平行于墙面砌筑的砖称为顺砖，垂直于墙面砌筑的砖称为丁砖。实体砖墙通常采用全顺式、一顺一丁式、多顺一丁式、十字式（也称梅花丁）等砌筑方式，如图 3.2 所示。

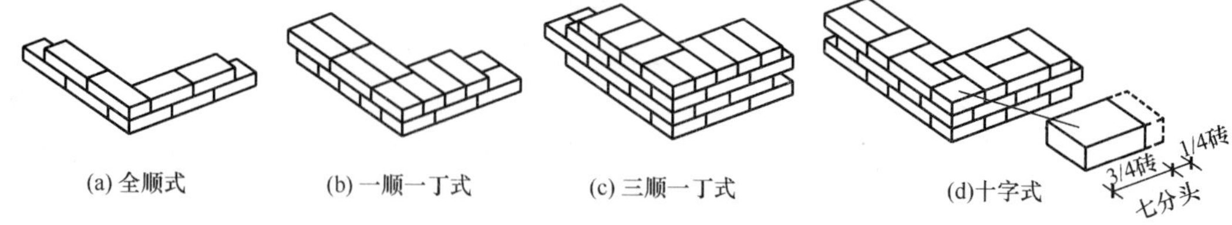

图 3.2　砖墙的组砌方式

3.2.2 砖墙尺寸

砖墙尺寸主要包括砖墙的厚度、墙段长度等方面。

1. 墙体厚度的尺寸

以标准砖为例，砖墙的厚度由砖的长宽高组合而成，习惯上以砖长为基数来称呼，如半砖墙、一砖墙、一砖半墙等。工程上以它们的标志尺寸来称呼，如 12 墙、24 墙、37 墙等。墙厚与砖规格的关系见表 3.1。

表 3.1　砖墙厚度的组成

砖墙断面					
尺寸组成	115×1	115×1+53+10	115×2+10	115×3+20	115×4+30
构造尺寸	115	178	240	365	490
标志尺寸	120	180	240	370	490
工程称谓	一二墙	一八墙	二四墙	三七墙	四九墙
习惯称谓	半砖墙	3/4 砖墙	一砖墙	一砖半墙	两砖墙

2. 墙段长度和洞口尺寸

由于普通黏土砖墙的砖模数为 125mm，墙段长度和洞口宽度都应以此为递增基数，即墙段长度为（125n—10）mm，洞口宽度为（125n+10）mm。这样，符合砖模数的墙段长度（mm）系列为 115、240、365、490、615、740、865、990 等；符合砖模数的洞口宽度（mm）系列为 135、260、385、510、635、760、885、1010 等。但在实际工程中房屋的开间、进深、门窗采用了 300mm 的倍数，墙段长度很难符合砖模数，解决这一矛盾的办法是调整灰缝大小（竖缝宽度为 8～12mm）。若灰缝少、难以调整时，往往结合构造柱用细石混凝土代替部分砖加以调整。

3.2.3 砖墙的细部构造

1. 墙脚构造

（1）墙身防潮层

为防止土壤中的水分沿基础墙上升，必须在内外墙脚部位连续设置防潮层。构造

形式上有水平防潮层和垂直防潮层。

1）防潮层的位置。水平防潮层一般设在室内地面不透水垫层（如混凝土）范围以内，通常在室内地面以下 60mm 处，而且至少要高于室外地坪 150mm，以防雨水溅湿墙身。当地面垫层为透水材料（如碎石、炉渣等）时，水平防潮层的位置应平齐或高于室内地面 60mm，即在 0.060m 标高处。当两相邻房间之间室内地面有高差时，应在墙身内设置高低两道水平防潮层，并在靠土壤一侧设置垂直防潮层，以避免回填土中的潮气侵入墙身。墙身防潮层位置如图 3.3 所示。

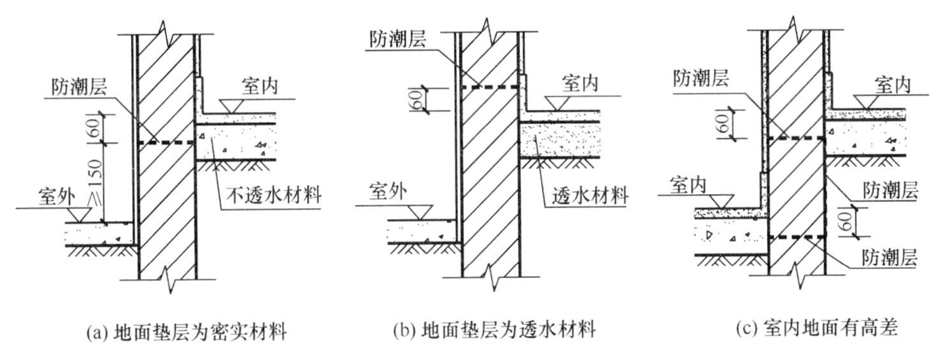

(a) 地面垫层为密实材料　(b) 地面垫层为透水材料　(c) 室内地面有高差

图 3.3　墙身防潮层的位置

2）防潮层的做法。

① 水平防潮层。水平防潮层可采用油毡、水泥砂浆、细石混凝土进行防潮，如图 3.4所示。油毡防潮层一般为干铺油毡一层或用沥青粘贴一毡二油，防潮性能好，但日久易老化失效，同时由于油毡使墙体隔离，削弱了砖墙的整体性和抗震能力。水泥砂浆防潮层构造简单，但砂浆开裂或不饱满时影响防潮效果。细石混凝土防潮层有一定的防水性能，并与砌体结合紧密，故适用于整体刚度要求较高的建筑中。

② 垂直防潮层。在需设垂直防潮层的墙面（靠回填土一侧）先用水泥砂浆抹面，刷上冷底子油一道，再刷热沥青两道；也可以采用掺有防水剂的砂浆抹面。

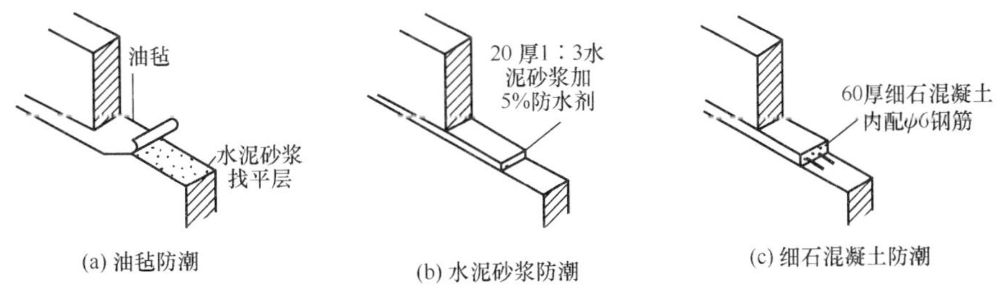

(a) 油毡防潮　(b) 水泥砂浆防潮　(c) 细石混凝土防潮

图 3.4　水平防潮层做法

（2）勒脚

底层室内地坪以下、基础以上的这段墙体称作墙脚，外墙的墙脚又称勒脚。勒脚的作用是防止外界碰撞，防止地表水对墙脚的侵蚀，增强建筑物立面美观，所以要求勒脚坚固、防水和美观。一般采用以下几种构造做法（图 3.5）。

1）勒脚表面抹灰。对一般建筑，可采用 20mm 厚 1∶3 水泥砂浆抹面，1∶2 水泥

白石子水刷石或斩假石抹面。

2）勒脚贴面。标准较高的建筑，可用花岗石、水磨石等天然石材或人造石材贴面。

3）整个墙脚采用强度高、耐久性和防水性好的材料砌筑，如条石、混凝土等。

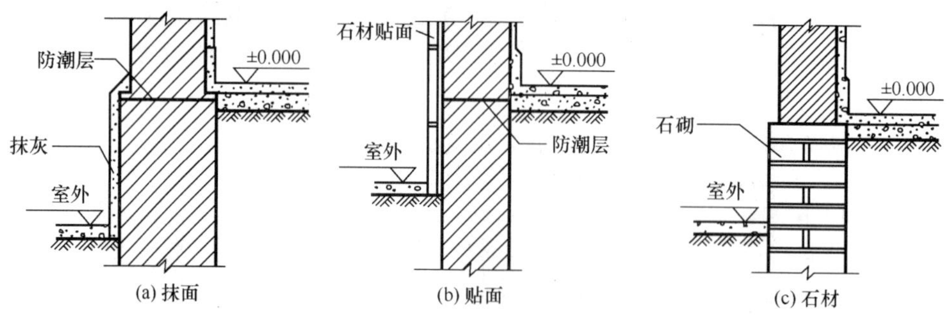

图 3.5　勒脚构造做法

（3）散水与明沟

为保护墙基不受雨水的侵蚀，常在外墙四周做散水或明沟，见图 3.6。

1）散水。散水（又称排水坡或护坡）是沿建筑物外墙设置的倾斜坡面，坡度一般为 3%～5%。散水可用水泥砂浆、混凝土、砖、块石等材料做面层，其宽度一般为 600～1000mm，当屋面为自由落水时，其宽度应比屋檐挑出宽度大 150～200mm。散水适用于降雨量较小的地区。

2）明沟。明沟是设置在外墙四周的排水沟，将水有组织地导向集水井并流入排水系统。明沟一般用素混凝土现浇，或用砖石铺砌后再用水泥砂浆抹面。沟底应有不小于 1%的坡度，以保证排水通畅。明沟适合于降雨量较大的地区。

散水和明沟都是在建筑外墙面装修完成后施工的，因为建筑物在使用过程中发生沉降，若散水和明沟与主体建筑之间紧密连接，很容易被拉裂，所以散水和明沟与主体之间应留有缝隙。散水沿纵向每隔 6～12m 应做一道伸缩缝，在墙体转角处散水坡面的交线也应设缝。缝内填粗砂或米石子，用油膏嵌缝，以防渗水。

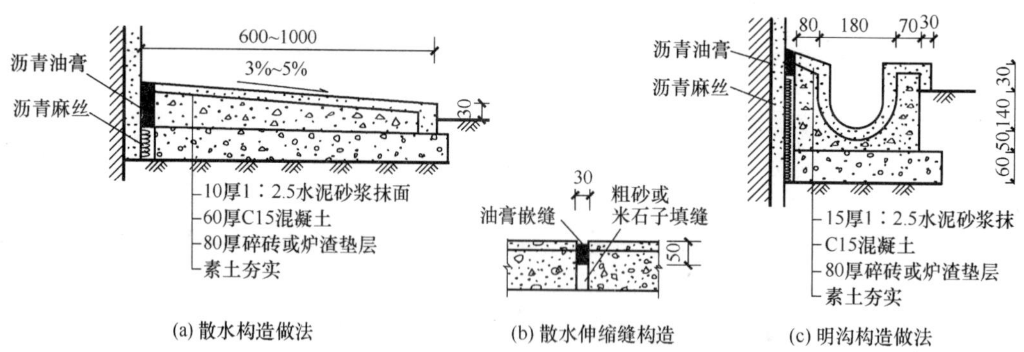

图 3.6　散水与明沟的构造做法

2. 门窗洞口构造

门窗洞口处的细部构造包括洞口上部的过梁、下部的窗台，有时根据建筑外观需要设置窗套和腰线。

（1）过梁

过梁是用来支承门窗洞口上部的砌体和楼板荷载的承重构件，根据材料和构造方式不同，有钢筋混凝土过梁、砖砌平拱过梁和钢筋砖过梁等。但在较大振动荷载，或可能产生不均匀沉降，或有抗震设防要求的建筑中，不宜采用砖砌平拱过梁和钢筋砖过梁。

1）钢筋混凝土过梁。钢筋混凝土过梁承载力强，一般不受跨度的限制。预制装配过梁施工速度快，是最常用的一种。过梁宽度一般同墙厚，高度及配筋应由计算确定，但为了施工方便，梁高应与砖的皮数相适应，如 60mm、120mm、180mm、240mm 等。过梁在洞口两侧伸入墙内的长度不应小于 240mm。为了防止雨水沿门窗过梁向外墙内侧流淌，过梁底部的外侧抹灰时要做滴水。

过梁的断面形式有矩形和 L 形，如图 3.7 所示。矩形多用于内墙和混水墙［图 3.7（a）］，L 形多用于外墙和清水墙（砖墙直接用水泥浆勾缝形成的一种墙面装修做法），形成窗套的上部［图 3.7（b）］。图 3.7（c）中带窗楣的过梁主要是为了遮阳。钢筋混凝土的导热系数大于砖的，在寒冷地区，为防止过梁产生“冷桥”问题，常采用 L 形断面，使外露部分面积减小，或全部把过梁包起来［图 3.7（d）］。

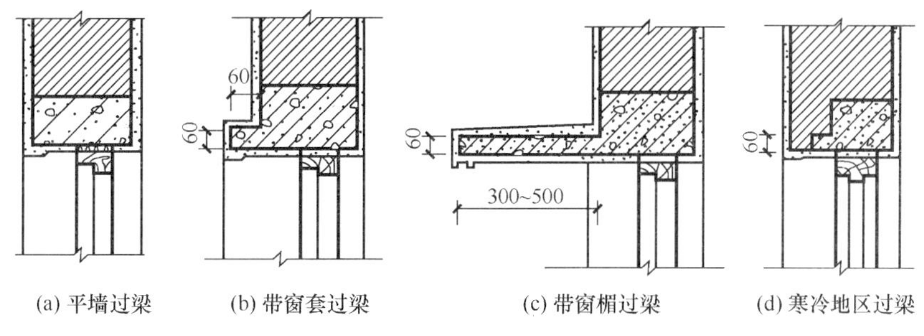

图 3.7　钢筋混凝土过梁形式

2）砖砌平拱过梁。这种过梁是由竖砖砌筑而成的，它利用灰缝上大下小，使砖向两边倾斜，相互挤压形成拱的作用来承担荷载。砖砌平拱的高度多为一砖长，净跨应不超过 1.2m（图 3.8）。

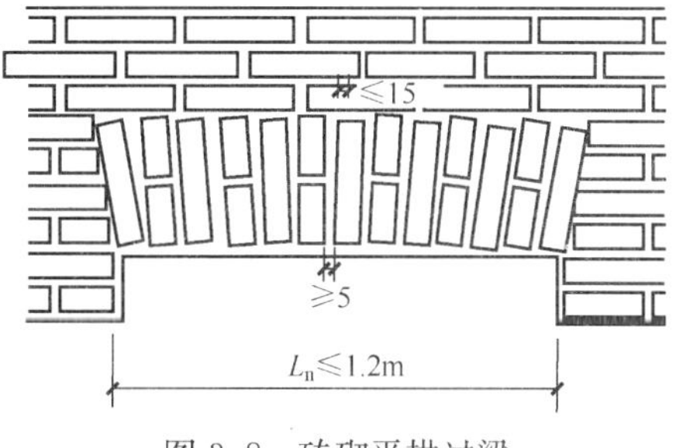

图 3.8　砖砌平拱过梁

3）钢筋砖过梁。通常将间距小于 120mm 的 ϕ6 钢筋埋在梁底部厚度为 30mm 的水泥砂浆层内，钢筋伸入洞口两侧墙内的长度不应小于 240mm，并设 90°直弯钩，埋在墙体的竖缝内。在洞口上部不小于 1/4 洞口跨度的高度范围内（且不小于 5 皮砖），用不低于 M10 的砖和不低于 M5 的砂浆砌筑，净跨不应超过 1.5m（图 3.9）。

（2）窗台

窗台有室外部分和室内部分，其构造见图 3.10。

外窗台应设置排水构造，其目的是防止雨水积聚在窗下，侵入墙身和向室内渗透。因此，外窗台应有不透水的面层，并向外形成不小于 20%的坡度。外窗台有悬挑窗台和不悬挑窗台两种。处于阳台等处的窗不受雨水冲刷，可不必设挑窗台；外墙面材料为贴面砖时，也可不设挑窗台。悬挑窗台常采用顶砌一皮砖出挑 60mm 或将一砖侧砌并出挑 60mm，也可采用钢筋混凝土出挑。挑窗台抹灰时底部边缘处应做宽度和深度均

不小于 10mm 的滴水线或滴水槽。

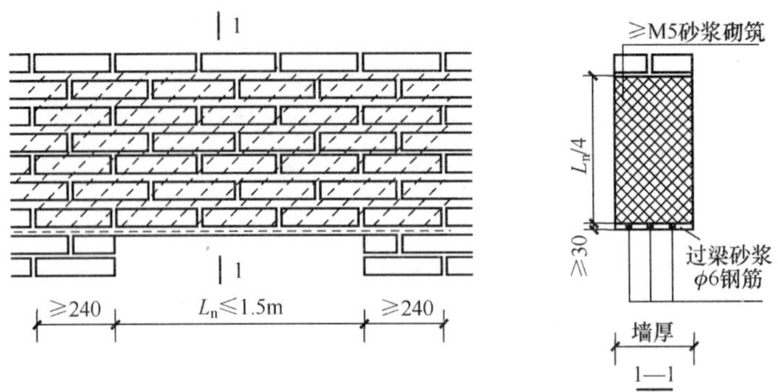

图 3.9　钢筋砖过梁

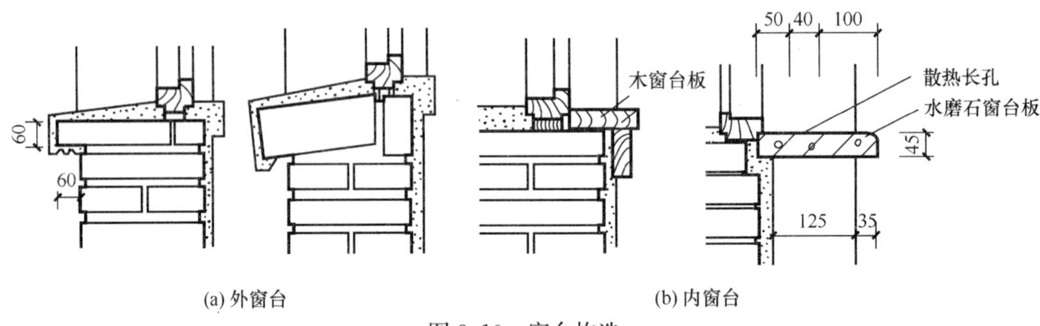

图 3.10　窗台构造

内窗台一般为水平放置，通常结合室内装修做成水泥砂浆抹灰、木板大理石、面砖等多种饰面形式。在寒冷地区室内如为暖气采暖时，为节省空间，窗台下常预留凹龛。此时应采用预制水磨石板或预制钢筋混凝土板等形成内窗台。

(3) 窗套、腰线

窗套与腰线都是建筑外立面的装饰线（图 3.11）。

窗套沿窗口四周的外轮廓设置，一般由出挑 60mm×60mm 的 L 形过梁、外窗台和洞口侧墙构成，然后外抹灰刷涂料。

腰线指建筑墙面上的水平装饰线，通常是在窗口的上沿或下沿（也可以在其他部位）将砖挑出 60mm×120mm，做成一条通长的横带。也可不出挑砖，而用不同的装饰材料或不同的颜色来做腰线。

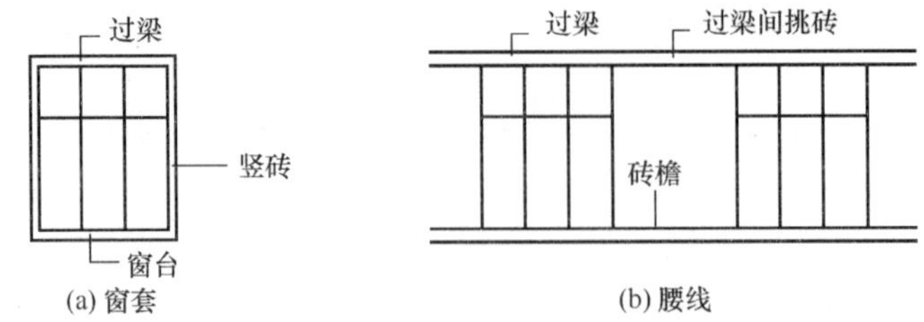

图 3.11　窗套与腰线

3. 墙身加固构造

对于多层砖混结构的承重墙，由于可能承受上部集中荷载、开洞以及其他因素，会造成墙体的强度及稳定性有所降低，要考虑对墙身采取加固措施。

（1）圈梁

圈梁是沿外墙四周及部分内墙设置的处于同一水平面内连续封闭的梁［图 3.12（a）］。

1）作用。圈梁配合楼板共同作用可提高建筑物的空间刚度及整体性；增加墙体的稳定性；减少不均匀沉降引起的墙身开裂。在抗震设防地区，圈梁与构造柱一起形成骨架，可提高抗震能力。

2）位置。当只设一道圈梁时，应设在屋面檐口下面；当设几道时，可分别设在檐口下面、楼板底面或基础顶面。有时为了节约材料可以将圈梁与门窗过梁合并处置。

3）构造。圈梁常采用钢筋混凝土圈梁，宽度同墙厚且不小于 180mm，高度一般不小于 120mm。圈梁是墙体的一部分，与墙体共同承重，不单独承重，只要根据地震设防烈度进行构造配筋，纵向钢筋不小于 4ϕ10，箍筋不小于 ϕ6@250。

4）附加圈梁。在特殊情况下，当遇有门窗洞口致使圈梁局部截断时，应在洞口上部增设相应截面的附加圈梁［图 3.12（b）］。附加圈梁断面不小于圈梁，与圈梁搭接长度不应小于其垂直间距的两倍，且不得小于 1m，但对有抗震要求的建筑物，圈梁不宜被洞口截断。

(a) 钢筋混凝土圈梁

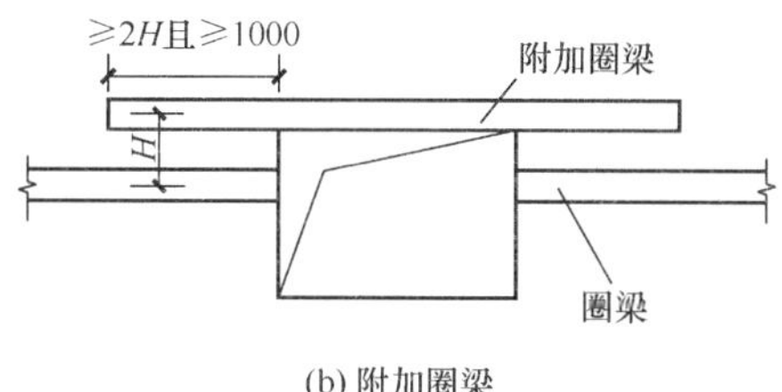

(b) 附加圈梁

图 3.12　钢筋混凝土圈梁与附加圈梁

（2）构造柱

钢筋混凝土构造柱是从抗震角度考虑设置的，一般设在外墙转角、内外墙交接处、较大洞口两侧及楼梯、电梯四角等。由于房屋的层数和地震烈度不同，构造柱的设置要求也有所不同。构造柱必须与圈梁紧密连接形成空间骨架，以增强房屋的整体刚度，提高墙体抵抗变形的能力，并使砖墙在受震开裂后也能裂而不倒。

构造柱的最小截面尺寸为 240mm×180mm；构造柱的最小配筋量是纵向钢筋 4ϕ12，箍筋 ϕ6@200。构造柱下端应伸入地梁内，无地梁时应伸入底层地坪下 500mm 处。为加强构造柱与墙体的连接，该处墙体宜砌成马牙槎，砌墙前放置构造柱钢筋骨架，并应沿墙高每隔 500mm 设 2ϕ6 拉结钢筋，每边伸入墙内不少于 1m，随着墙体的升高而逐段现浇混凝土构造柱柱身（图 3.13）。

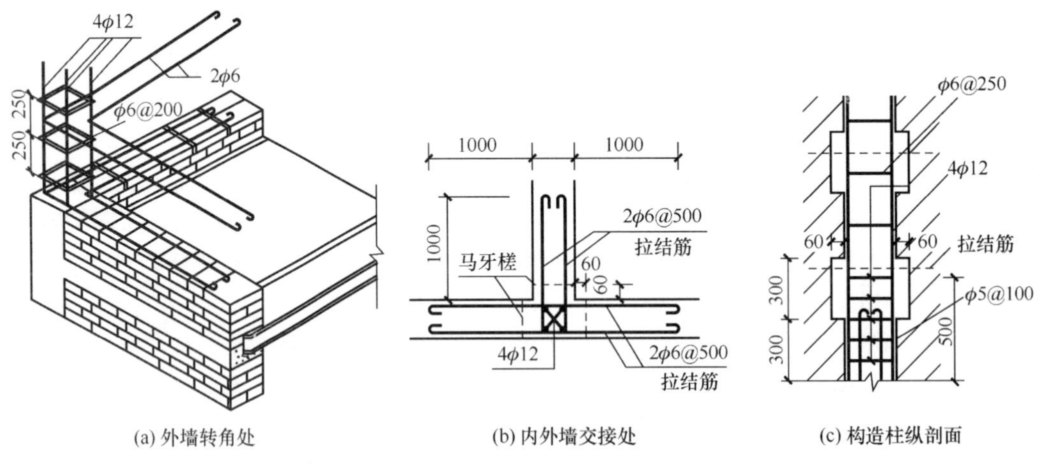

(a) 外墙转角处　　(b) 内外墙交接处　　(c) 构造柱纵剖面

图 3.13　砌体中的构造柱

（3）壁柱和门垛

当墙体承受集中荷载，强度不能满足要求，或由于墙体长度和高度超过一定限度而影响墙体稳定性时，常在墙身局部适当位置增设壁柱，使之和墙体共同承担荷载并稳定墙身。壁柱突出墙面的尺寸应符合砖规格，一般为 120mm×370mm、240mm×370mm、240mm×490mm。

当在墙体转角处或在丁字墙交接处开设门窗洞口时，为了保证墙体的承载力及稳定性和便于门窗框安装，应设门垛。门垛凸出墙面不少于 120mm，宽度同墙厚，见图 3.14。

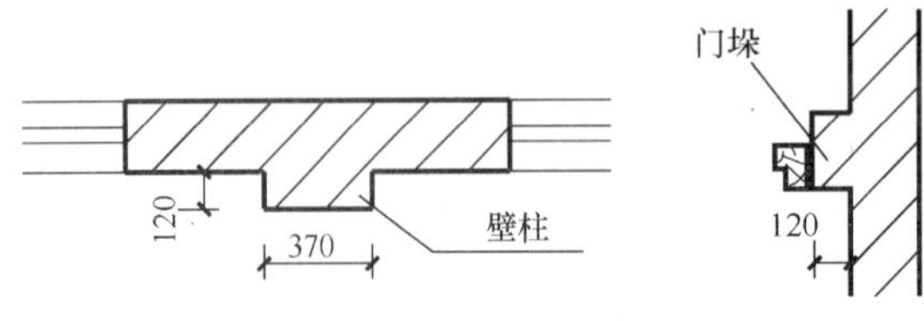

图 3.14　壁柱和门垛

4. 变形缝构造

为防止建筑物由于温度变化、地基不均匀沉降以及地震等外界因素的影响发生裂缝或破坏，在设计中事先将房屋划分成若干独立单元，使各部分能自由变化，这种将建筑物垂直分开的预留缝称为变形缝。变形缝包括伸缩缝、沉降缝和防震缝。

（1）变形缝的设置

1）伸缩缝。为防止建筑物受温度变化而出现裂缝或破坏，沿建筑物长度方向每隔一定间距设置的垂直缝称为伸缩缝或温度缝。伸缩缝的间距与结构类型和房屋的屋盖类型以及有无保温层和隔热层有关，砖石墙体伸缩缝间距一般为 50～75m。伸缩缝的宽度一般为 20～30mm。

工程提示：变形缝设置要求

伸缩缝要求建筑物将基础以上的构件（墙体、楼板层、屋顶等）全部分开，基础埋于地下，受温度变化影响较小，可不分开。

沉降缝要求建筑物从基础到屋顶都要断升。

防震缝应沿建筑物全高设置，基础可不断开。防震缝应与伸缩缝、沉降缝协调布置。地震区需设伸缩缝和沉降缝时，须按防震缝构造要求处理。

2）沉降缝。为防止建筑物各部位由于地基不均匀沉降引起房屋破坏而设置的垂直缝称为沉降缝。沉降缝一般设置在地基不均匀、建筑平面形状复杂、建筑物高度或荷载相差很大、结构形式或基础类型不同、分期建造的房屋连接部位。沉降缝的宽度与地基性质及建筑物高度有关，一般为30～70mm。

3）防震缝。在抗震设防烈度 6～9 度的地区，当建筑物体型复杂，结构刚度、高度相差较大时，应在变形敏感部位设置防震缝，将建筑物分成若干个体型简单、结构刚度均匀的独立单元。防震缝的最小宽度应根据不同的结构类型和体系以及设计裂度确定，砖混结构的防震缝宽度一般取 50～100mm；多（高）层钢筋混凝土框架结构和剪力墙结构，建筑高度在≤15m 时防震缝宽度最小分别取 70mm 和 50mm，当建筑高度超过 15m 时应加大缝宽。

（2）变形缝构造

因墙厚不同，墙身变形缝可做成平缝、错缝或企口缝等形式。

变形缝的构造要保证建筑物各独立部分能自由变形而不破坏。三种缝的构造做法基本相同，但外墙沉降缝通常用金属调节板盖缝，保证建筑物两个独立单元在竖向能自由变形；防震缝不应做错缝和企口缝。外墙变形缝的嵌缝材料必须具有防水、防腐、有弹性、耐久性好等特点，如沥青麻丝、塑料条、橡胶条、金属调节片等。对内墙和外墙内侧的伸缩缝，从室内美观的角度考虑，通常以装饰性木板或金属调节板遮挡，木盖板一边固定在墙上，另一边悬托着，以便于适应伸缩变形，如图 3.15 所示。

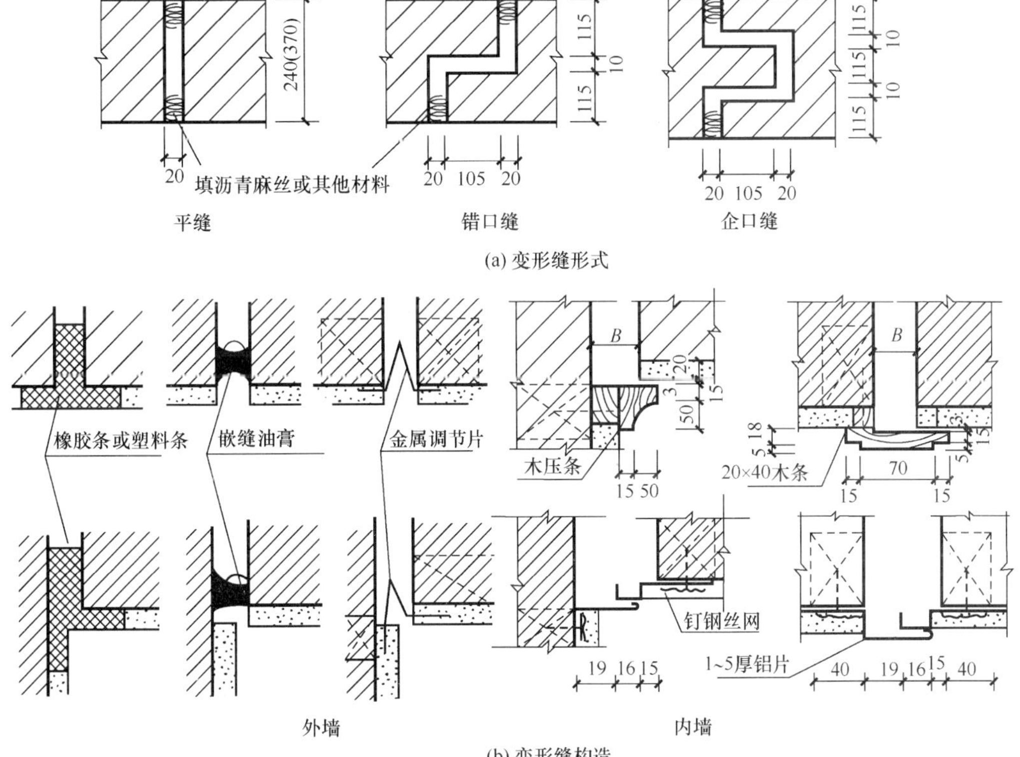

图 3.15 墙身变形缝的形式与构造

3.3 砌块墙构造

砌块墙是采用预制块材按一定技术要求砌筑而成的墙体。预制砌块利用工业废料和地方材料制成，既不占用耕地又解决了环境污染，具有生产投资少、见效快、生产工艺简单、节约能源等优点。采用砌块墙是我国目前墙体改革的主要途径之一。

3.3.1 砌块的类型

砌块按单块重量和幅面大小分为小型砌块、中型砌块和大型砌块。小型砌块高度为 115～380mm，单块重量不超过 20kg，便于人工砌筑。中型砌块高度为 380～980mm，单块重量为 20～350kg。大型砌块高度大于 980mm，单块重量大于 350kg。大中型砌块必须采用起重运输设备施工。我国目前采用的砌块以中型和小型为主。砌块形式分为实心砌块和空心砌块，空心砌块有单排方孔、单排圆孔和多排扁孔，如图 3.16所示。

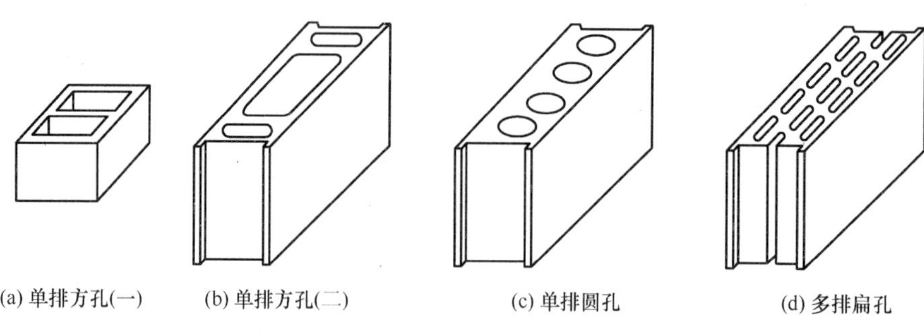

(a) 单排方孔(一)　(b) 单排方孔(二)　(c) 单排圆孔　(d) 多排扁孔

图 3.16　空心砌块的形式

3.3.2 砌块墙的排列与组合

砌块的尺寸比较大，砌筑不够灵活，因此在设计时应做出砌块的排列，并给出砌块排列组合图，施工时按图进料和安装。砌块排列组合图一般有各层平面图、内外墙立面分块图（图 3.17）。在进行砌块的排列组合时，应按墙面尺寸和门窗布置对墙面进行合理的分块，正确选择砌块的规格尺寸，尽量减少砌块的规格类型，优先采用大规格的砌块做主要砌块，并且尽量提高主要砌块的使用率，减少局部补填砖的数量。

3.3.3 砌块墙构造

1. 砌块墙的接缝处理

砌块在厚度方向大多没有搭接，因此砌块的长向错缝搭接要求比较高。中型砌块上下皮搭接长度不小于砌块高度的 1/3，且不小于 150mm。小型空心砌块上下皮搭接长度不小于 90mm。当搭接长度不足时，应在水平灰缝内设置不小于 2ϕ4 的钢筋网片，网片每端均超过该垂直缝不小于 300mm。

砌筑砌块一般采用强度不低于 M5 的水泥砂浆。灰缝的宽度主要根据砌块材料和规格大小确定，一般情况下，小型砌块为 10～15mm，中型砌块为 15～20mm。当竖缝宽

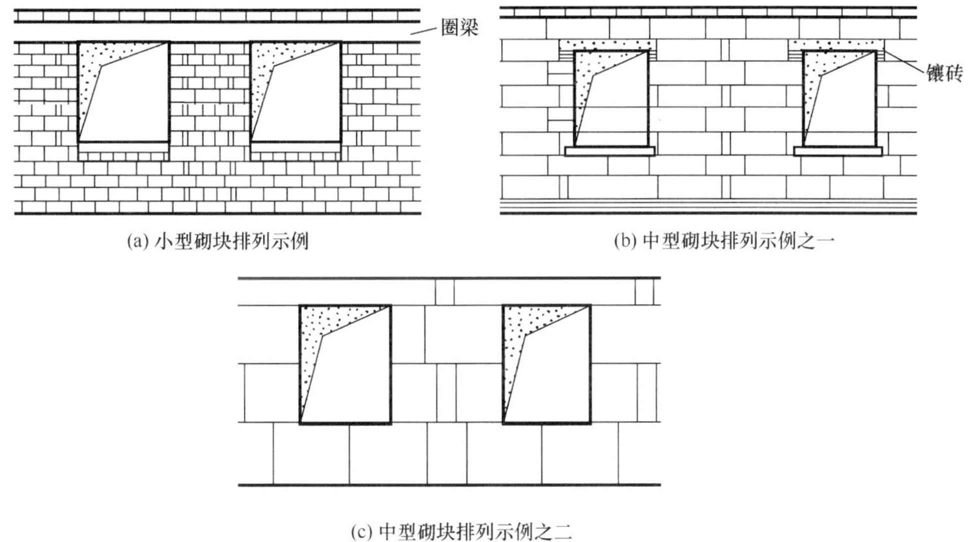

(a) 小型砌块排列示例

(b) 中型砌块排列示例之一

(c) 中型砌块排列示例之二

图 3.17　砌块的排列组合

大于 30mm 时，须用 C20 细石混凝土灌实。

2. 圈梁

为加强砌块墙的整体性，砌块建筑应在适当的位置设置圈梁和构造柱。

当圈梁与过梁位置接近时，往往用圈梁取代过梁。圈梁分现浇和预制两种。现浇圈梁整体性好，对加固墙身有利，但施工复杂。预制圈梁一般采用 U 形预制块代替模板，然后在凹槽内配筋，再现浇混凝土（图 3.18）。

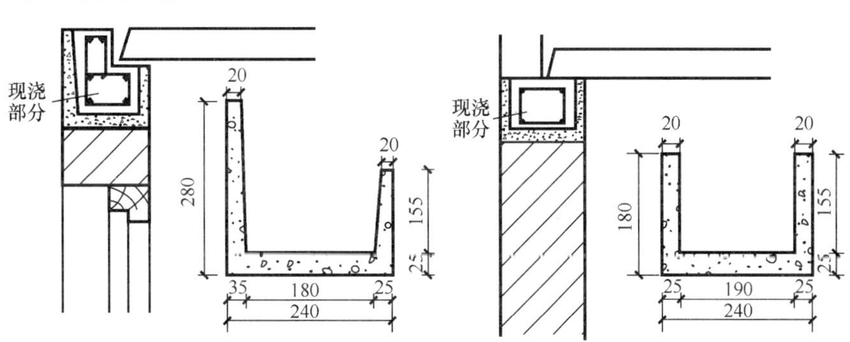

图 3.18　砌块预制圈梁

3. 构造柱

砌块墙的竖向加强措施是在外墙转角以及内外墙交接处增设构造柱（芯柱），将砌块在垂直方向连成整体。构造柱多利用空心砌块上下孔洞对齐，并在孔中用 ϕ12～14 的钢筋分层插入，再用 C20 细石混凝土分层灌实。构造柱与砌块墙连接处的拉结钢筋网片每边伸入墙内不小于 1m（图 3.19）。

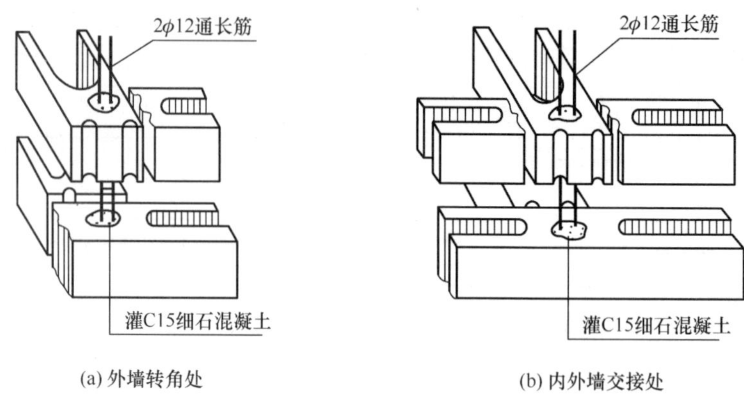

图 3.19　砌块墙芯柱构造

4. 防潮构造

砌块吸水性强，易受潮，在易受水部位，如檐口、窗台、勒脚、落水管附近，应做好防潮处理。特别是在勒脚部位，除了应设防潮层以外，通常应选用密实而耐久的材料，如密实混凝土砌块、实心砖、石材等。

3.4 隔墙构造

在建筑中用于分隔室内空间的非承重内墙统称为隔墙。隔墙为非承重墙，其自身重量由楼板或墙下小梁承受，因此设计时要求隔墙重量轻、厚度薄、便于安装和拆卸，同时还要具备隔声、防火、防潮和防火等性能特点，以满足建筑的使用功能。由于隔墙布置灵活，可以适应建筑使用功能的变化，在现代建筑中应用广泛。

隔墙按构造方式分为块材隔墙、骨架隔墙和板材隔墙等。

3.4.1 块材隔墙

块材隔墙是指用普通砖、空心砖、加气混凝土砌块等块材砌筑的墙，常用的有普通砖隔墙和砌块隔墙。

1. 普通砖隔墙

普通砖隔墙一般采用半砖隔墙，由普通砖顺砌而成。半砖隔墙坚固耐久，隔声性能较好，但自重大，湿作业量大，不易拆装。

提示

由于墙体轻而薄，稳定性较差，构造上要求隔墙与承重墙或柱之间连接牢固，一般沿高度每隔 0.5m 砌入 2φ4 钢筋，还应沿隔墙高度每隔 1.2m 设一道 30mm 厚水泥砂浆层，内放 2φ6 钢筋。

为了保证隔墙不承重，在隔墙顶部与楼板相接处应将砖斜砌一皮，或留约 30mm 的空隙塞木楔打紧，然后用砂浆填缝。

隔墙上有门时，需预埋防腐木砖、铁件，或将带有木楔的混凝土预制块砌入隔墙中，以便固定门框（图 3.20）。

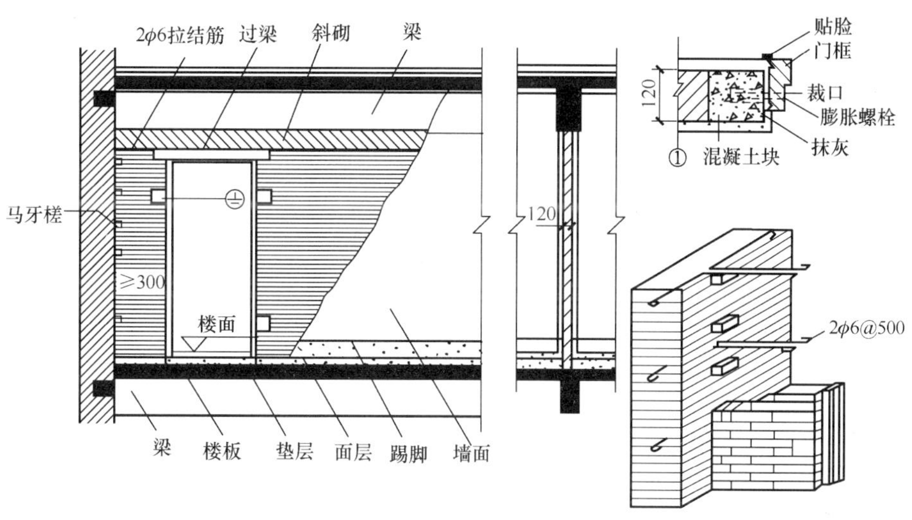

图 3.20 半砖隔墙

2. 砌块隔墙

砌块隔墙厚由砌块尺寸决定，一般为 90～120mm。砌块墙吸水性强，故在砌筑时应先在墙下部实砌 3～5 皮黏土砖再砌砌块。砌块不够整块时宜用普通黏土砖填补。砌块隔墙其他加固构造方法与普通砖隔墙类似。

3.4.2 骨架隔墙

骨架隔墙也称立筋式隔墙，它是以木材、钢材或其他材料构成骨架（龙骨），把面层钉结、涂抹或粘贴在骨架上形成的隔墙，所以隔墙由骨架和面层两部分组成。

1. 骨架（龙骨）

骨架有木骨架、轻钢骨架、石膏骨架、石棉水泥骨架和铝合金骨架等。为节约木材，木骨架已较少采用。

石膏骨架、石棉水泥骨架和铝合金骨架是利用工业废料和地方材料及轻金属制成的，具有良好的使用性能，同时可以节约木材和钢材，应推广采用。

目前采用普遍的轻钢骨架由各种各样的薄壁型钢制成，它具有强度高、刚度大、重量轻、整体性好、易于加工和大批量生产、防火防潮性能好，还可根据需要拆卸和组装。常用的薄壁型钢有 0.8～1mm 厚的槽钢或工字钢，其安装过程是先用射钉将沿地龙骨和沿顶龙骨（也称导向骨架）固定在楼板上，然后安装竖向龙骨和横撑龙骨，间距为 400～600mm，龙骨上留有走线孔，如图 3.21 所示。

2. 面层

骨架隔墙的面层常用人造板材面层，如胶合板、纤维板、石膏板、塑料板等。胶合板、硬质纤维板以木材为原料，多采用木骨架。石膏板多采用石膏或轻金属骨架。

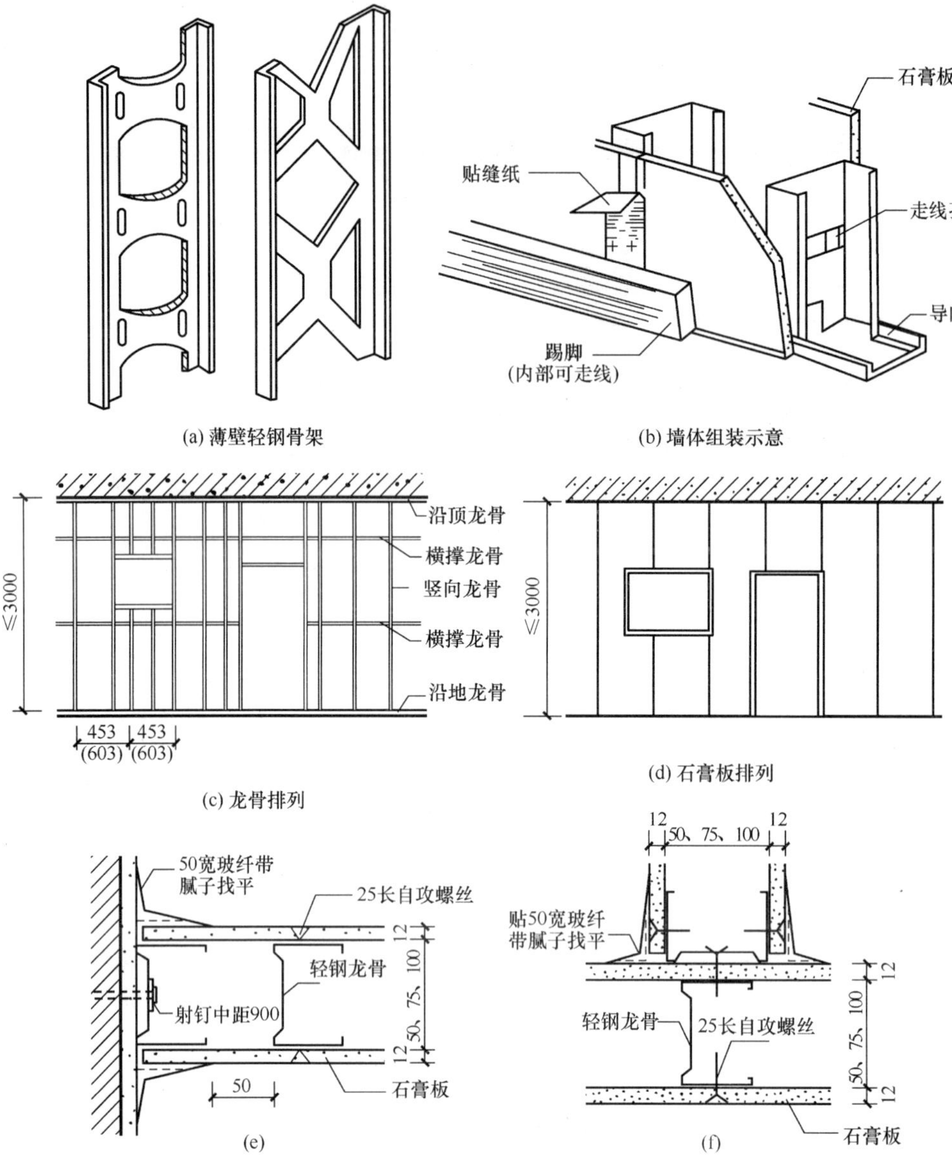

(a) 薄壁轻钢骨架　(b) 墙体组装示意

(c) 龙骨排列　(d) 石膏板排列

(e)　(f)

图 3.21　薄壁型钢骨架隔墙

面板用镀锌螺丝、自攻螺钉、膨胀铆钉或金属卡子固定在龙骨上。

3.4.3 板材隔墙

板材隔墙是指轻质的条板用粘结剂拼合在一起形成的隔墙。由于板材隔墙是用轻质材料制成的大型板材，施工中直接拼装而不依赖骨架，它具有自重轻、安装方便、施工速度快、工业化程度高的特点。目前多采用条板，如加气混凝土条板、石膏条板，炭化石灰板、石膏珍珠岩板以及各种复合板。条板厚度大多为 60～100mm，宽度为 600～1000mm，长度略小于房间净高。安装时，条板下部先用一对对口木楔顶紧，然后用细石混凝土堵严，板缝用粘结砂浆或粘结剂进行粘结，并用胶泥刮缝，平整后再做表面装修（图 3.22）。

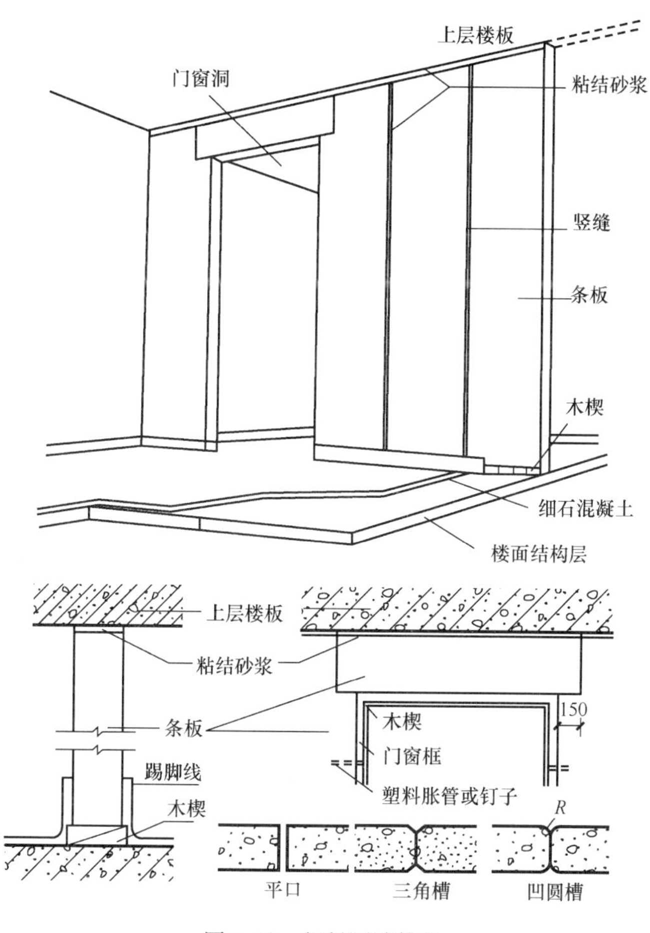

图 3.22　板材隔墙构造

3.5　墙体节能构造

为了加强建筑节能，我国 1996 年颁布了《民用建筑节能设计标准（采暖居住建筑部分)》，2001 年颁布了《夏热冬冷地区居住建筑节能设计标准》，2005 年原建设部发布了《公共建筑节能设计标准》。

3.5.1 建筑的保温、隔热

1. 建筑的保温

寒冷地区及夏热冬冷地区的各类建筑，热量通过建筑物的墙、屋顶、门窗等外围护构件由室内高温一侧向室外低温一侧传递，使热量损失，室内变冷。热量在传递过程中将遇到阻力，这种阻力称为热阻。热阻越大，通过围护构件传出的热量越少，说明围护构件的保温性能越好；反之，保温性能就越差，热量损失就越多。建筑保温就是要最大限度地争取得热，最低限度地向外散热。建筑保温处理的基本原则有：

1）通过有效的规划、单体设计，从朝向、间距、体形上保证建筑物受太阳辐射面积最大，防止冷风的不利影响。

2）减小建筑物地体形系数及外表面积和加强围护结构保温，以减少传热耗热量。

3）提高门窗地气密性，减少空气渗透耗热量，提高门窗保温性，减少其传热耗热量。

4）改善供热系统的设计和运行管理。

2. 建筑的隔热

炎热地区和夏热冬冷地区，夏季高温持续时间长，太阳辐射强度大，相对湿度高。建筑物在强烈的太阳辐射和高温、高湿气候的共同作用下，通过围护构件将大量的热传入室内。室内生活和生产也产生大量的热。为减轻和消除室内过热现象，可采取设备降温，如设置空调和制冷等，但费用大。对一般建筑，主要依靠建筑措施来改善室内的温湿状况。建筑隔热的途径可简要概括为以下两个方面。

（1）降低室外综合温度

在建筑设计中降低室外综合温度的方法主要是采取合理的总体布局、选择良好的朝向、尽可能争取有利通风条件、防止西晒、绿化周围环境、减少太阳辐射和地面反射等。对建筑物本身来说，采用浅色外饰面、蓄水屋面或西墙遮阳设施等有利于降低室外综合温度。

（2）提高外围护构件的隔热和散热性能

外围护构件的隔热措施主要应能隔绝热量传入室内，同时当太阳辐射减弱时室外气温低于室内气温时能迅速散热，这要求合理选择外围护构件的材料和构造类型。

带通风间层的外围护构件既能隔热也有利于散热，因为从室外传入的热量，由于通风使传入室内的热量减少；当室外温度下降时，从室内传出的热量又可通过通风间层带走。在外围护构件中增设导热系数小的材料也有利于隔热。利用浅色和光滑的表层材料的反射作用较大，对防热、降温有一定的效果。另外，利用水的蒸发，吸收大量汽化热，可大大减少通过屋顶传入的热量。

3.5.2 墙体保温

1. 墙体的保温措施

墙体是建筑的主要围护构件之一，为提高墙体的保温能力，必须提高墙体的热阻，通常采取以下措施：

1）增加墙体厚度。墙体的热阻与其厚度成正比，若提高墙体的热阻，可增加其厚度，故严寒地区外墙的厚度往往以保温设计为主，超过其结构的需要。这种做法满足了热工要求，却很不经济，而且增加了结构自重。

2）选择导热小的保温材料组成复合墙。这是目前提倡的墙体保温做法。由于大部分保温材料自身强度较低，承重能力差，因此常用轻质高效保温材料与砖、混凝土或钢筋混凝土组成复合墙，保温材料放在低温一侧效果较好。有时在墙中部设置封闭空气间层或带铝箔的空气间层，以获得墙体的保温效果。

2. 墙体保温层材料及要求

（1）墙体保温材料

用于建筑外墙保温的材料，从形式上可以分为板材、块材、卷材、散料。其中，

板材有憎水性水泥膨胀珍珠岩保温板、发泡聚苯乙烯保温板、挤塑型（或称挤压型）聚苯乙烯保温板、硬质和半硬质的玻璃棉或岩棉保温板；块材有水泥聚苯空心砌块等；卷材有玻璃棉毡和岩棉毡等；散料有膨胀珍珠岩、发泡聚苯乙烯颗粒等。挤塑型聚苯乙烯保温板因其表面结构全部封闭而不透水，可以不考虑防水的问题，所以应用较多。

不防水的保温材料需要采取防水及隔汽措施。由于冬季外墙两侧存在着温差，室内高温一侧的水蒸气会向室外低温一侧渗透。遇到露点温度时蒸汽凝结成水，称为结露。这不但破坏了室内装修，而且影响人体健康，凝结水在墙体中还会使保温材料内的空隙充满水分，降低了材料的保温性能，缩短使用寿命。为了防止墙体产生内部凝结水，常在墙体的保温层靠高温侧（即蒸汽渗入的一侧）设置隔汽层。隔汽层一般采用沥青、卷材、防水涂料等。

（2）墙体保温层设置要求

外墙对于饰面的要求往往比较高，所以墙面上的保温层与主体的连接构造以及与饰面材料、隔蒸汽层、防水层等构造层次之间的排列顺序、连接方法等尤为重要，需要综合考虑安全、美观、方便等诸多因素。因此，归纳起来，建筑外墙面的保温层构造应满足：

1）适应基层的正常变形而不产生裂缝及空鼓。

2）长期承受自重而不产生有害的变形。

3）承受风荷载及室外气候的作用而不产生破坏。

4）在设防烈度的地震发生时不从基层上脱落。

5）防火性能符合国家有关规定。

6）具有防止水渗透的功能。

7）各组成部分的材料具有物理-化学稳定性且彼此相容，并具有防腐性。

3. 复合墙构造

根据保温层与基层墙体的相对位置关系，墙体保温做法可分为内保温、外保温和中保温。

（1）内保温构造

外墙内保温的优点是不影响外墙外饰面及防水等构造的做法，但需要占据较多的室内空间，减少了建筑物的使用面积，而且用在居住建筑上，会给用户的自主装修造成一定的影响。一般有以下几种构造方法：

1）内贴硬质保温板。在外墙内侧用胶粘剂粘贴增强石膏聚苯复合保温板等硬质建筑保温板，然后在其表面抹刷石膏，并在里面压入中碱玻纤涂塑网格布（满铺），最后用腻子嵌平，做涂料层［图 3.23（a）］。由于石膏的防水性能较差，在卫生间、厨房等较潮湿的房间内不宜使用增强聚苯石膏板。

2）挂装保温层。具体做法是先在外墙内侧固定衬有保温材料的保温龙骨，在龙骨的间隙中填入岩棉等保温材料，然后在龙骨表面安装纸面石膏板［图 3.23（b）］。

（2）外保温构造

外墙外保温不占用室内使用面积，而且可以使整个外墙处于保温层的保护之下，冬季不至于产生冻融破坏。但因为外墙的整个外表面是连续的（不像内墙面那样可以

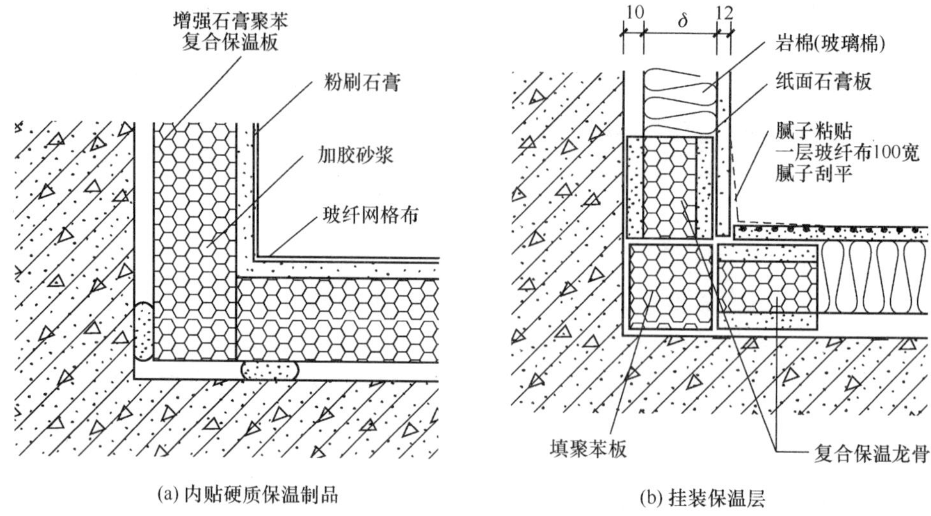

(a) 内贴硬质保温制品　(b) 挂装保温层

图 3.23　外墙内保温构造

被楼板隔开)，又直接受到阳光照射和雨雪的侵袭，所以外保温构造在对抗变形因素的影响和防止材料脱落以及防火等安全方面的要求更高。常用外墙外保温构造有以下几种：

1）外抹保温砂浆。具体做法是先在外墙外表面做一道界面砂浆，然后抹聚苯颗粒保温浆料等保温砂浆。如果保温砂浆的厚度较大，应在里面钉入镀锌钢丝网，以防止开裂（当满铺金属网时应有防雷措施）。保护层用聚合物砂浆中间加上耐碱玻纤布，最后用柔性耐水腻子嵌平，涂表面涂料［图 3.24（a)］。其中保护层中的玻纤布在门窗洞口等易开裂处应加铺一道，或者改用钉入法固定的镀锌钢丝网来加强。

2）外贴保温板材。外贴保温板材的基本做法是：在外墙外侧用粘结胶与辅助机械锚固方法一起固定保温板材。保护层用聚合物砂浆加上耐碱玻纤布，饰面用柔性耐水腻子嵌平，涂表面涂料［图 3.24（b)］。用于外保温的板材最好是自防水且阻燃型的，如阻燃性挤塑型聚苯板和聚氨酯外墙保温板等，既防水又较安全。

3）外加保温砌块墙。这种做法适用于低层和多层建筑，可以全部或局部在结构外墙的外面再贴砌一道墙，砌块选用保温性能较好的材料来制作，如加气混凝土砌块、陶粒混凝土砌块等。图 3.24（c）是某多层节能试点工程住宅所采用的外墙保温构造。其承重墙用粉煤灰砖砌筑，不承重的外纵墙用粉煤灰加气混凝土砌块砌筑，在山墙的粉煤灰砌体外面再贴砌一道加气混凝土砌块墙。两层砌体之间的拉结可以通过在砌块的灰缝中伸出锚固件来解决。

（3）中保温构造

在按照不同的使用功能设置多道墙板或者做双层砌体墙的建筑物中，外墙保温材料可以放置在这些墙板或砌体墙的夹层中，或者并不放入保温材料，只是封闭夹层空间，形成静止的空气间层，并在里面设置具有较强反射功能的铝箔等，起到阻挡热量外流的作用。图 3.25 是在双层砌块墙的中间夹层中放置保温材料的例子。在工程实践中，也可利用干挂石材与墙体基层之间的间隙设置保温板来达到保温效果。

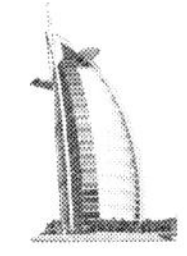

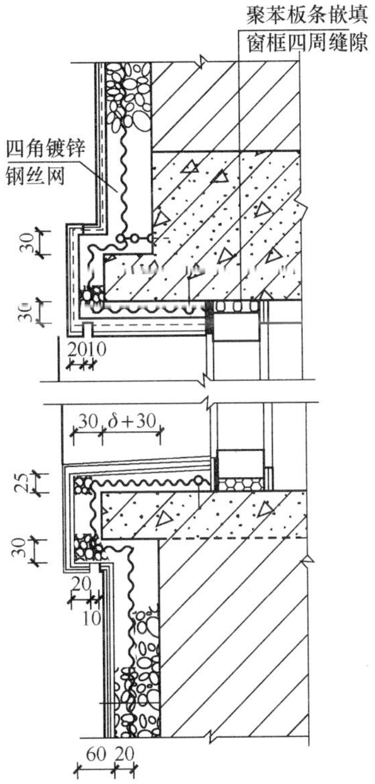

聚苯板条嵌填
窗框四周缝隙
四角镀锌
钢丝网
30
30
2010
30 δ+30
25
30
20
10
60 20

(a) 外抹保温砂浆

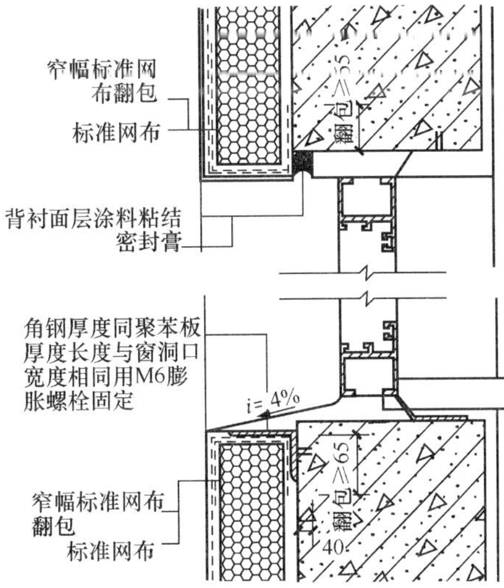

窄幅标准网
布翻包
标准网布
背衬面层涂料粘结
密封膏
角钢厚度同聚苯板
厚度长度与窗洞口
宽度相同用M6膨
胀螺栓固定
i=4%
窄幅标准网布
翻包
标准网布
翻包≥65
40

(b) 外贴硬质保温板

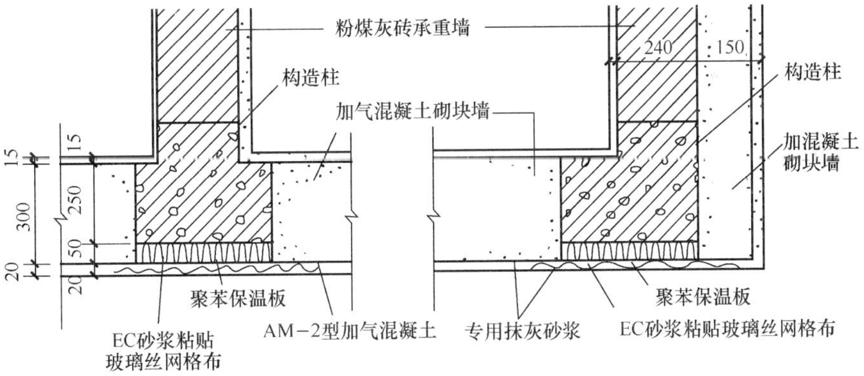

粉煤灰砖承重墙
构造柱
加气混凝土砌块墙
240
150
构造柱
加混凝土
砌块墙
15
15
300
250
50
20
20
聚苯保温板
EC砂浆粘贴
玻璃丝网格布
AM−2型加气混凝土
专用抹灰砂浆
聚苯保温板
EC砂浆粘贴玻璃丝网格布

(c) 外加保温砌块墙示例

图 3.24　外墙外保温构造

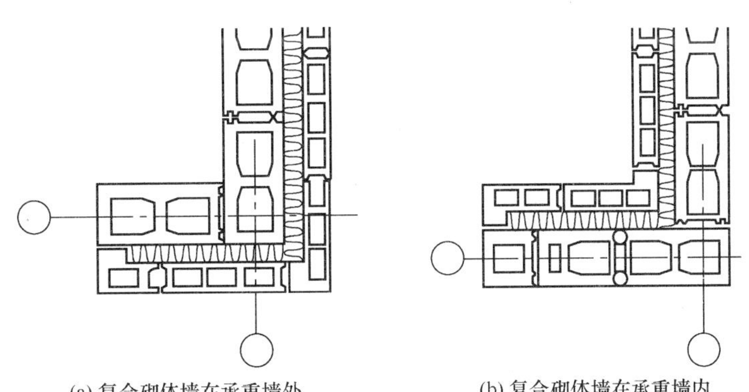

(a) 复合砌体墙在承重墙外　　(b) 复合砌体墙在承重墙内

图 3.25　外墙中保温做法示意

3.6 墙面装修

3.6.1 墙面装修的作用及分类

墙面装修是建筑装修中的重要内容。其主要作用有：

1）保护墙体，提高墙体的耐久性。

2）改善墙体的热工性能、光环境、卫生条件等使用功能。

3）美化环境，丰富建筑的艺术形象。

墙面装修按其所处的部位不同可分为室外装修和室内装修。室外装修应选择强度高、耐水性好、抗冻性强、抗腐蚀、耐风化的建筑材料；室内装修应根据房间的功能要求及装修标准来确定。按材料及施工方式的不同，常见的墙面装修可分为抹灰类、贴面类、涂刷类、裱糊类和铺钉类等五大类。

3.6.2 墙面装修构造

1. 抹灰类

抹灰是用砂浆或石碴浆涂抹在墙体表面上的一种装修做法，分为一般抹灰和装饰抹灰。一般抹灰有石灰砂浆、混合砂浆、水泥砂浆、石膏砂浆等，装饰抹灰有水刷石、干粘石、斩假石等。为保证抹灰层牢固、平整，避免龟裂，施工时须分层操作。抹灰一般由底层、中层和面层三个层次组成。

底层抹灰的作用是与基层（墙体表面）粘结和初步找平。

中层抹灰起进一步找平作用，其所用材料与底层相同。

面层抹灰主要起装修作用，要求表面平整、色彩均匀、无裂纹，可以做成光滑、粗糙等不同质感的表面。

抹灰按质量和工序要求分为普通、中级、高级三个标准，见表 3.2。

表 3.2 抹灰的三种标准

标准	层次				适用范围
	底灰	中灰	面灰	总厚度	
普通抹灰	1层		1层	≤18mm	简易宿舍、仓库
中级抹灰	1层	1层	1层	≤20mm	住宅、办公楼、学校、旅馆等
高级抹灰	1层	数层	1层	≤25mm	公共建筑、影剧院、展览馆等

外墙面因抹灰面积较大，由于材料干缩和温度变化，容易产生裂缝，常在抹灰面层作分格，称为引条线。引条线的做法是在底灰上埋放不同形式的木引条，面层抹灰完毕后及时取下引条，再用水泥砂浆勾缝，以提高抗渗能力（图 3.26）。

对于易被碰撞的内墙阳角，宜用 1∶2 水泥砂浆做护角，高度不应小于 2m，每侧宽度不应小于 50mm（图 3.27）。

2. 贴面类墙面装修

贴面类装修是指将各种天然石材或人造板、块，通过粘、绑、挂等方法连接于基

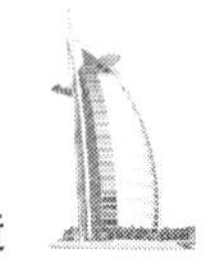

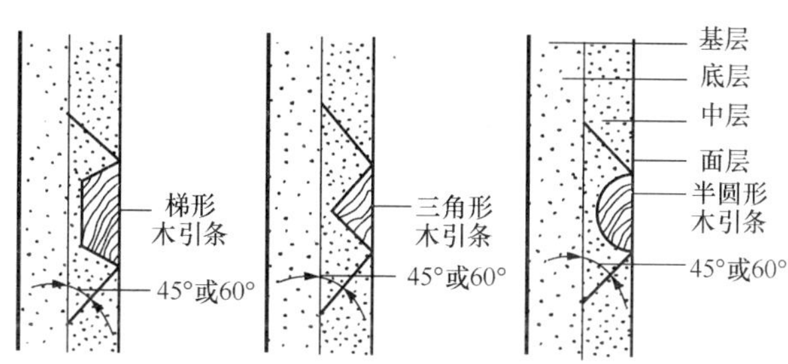

图 3.26 外墙抹灰引条线做法

层表面的装修做法，它具有耐久性好、装饰性强、容易清洗等优点。

(1) 粘贴法

当板材较小时，如各种饰面砖、陶瓷锦砖（又称马赛克）等，可直接粘贴于基层表面。面砖安装前应先将墙面清洗干净，然后将面砖放入水中浸泡，贴前取出晾干或擦干。构造做法是：先抹 15 厚 1∶3 水泥砂浆打底，再用 5mm 厚（或 3～4mm）1∶1 水泥细砂砂浆做结合层粘贴面砖（或马赛克）。粘贴马赛克要待砂浆硬结后，洗去表面的牛皮纸。对于外墙的面砖，常在面砖之间留出缝隙，以便排除湿气；而内墙不留缝隙，以便擦洗和防水。面砖如被污染，可用浓度为 10%的盐酸洗刷，再用清水洗净。

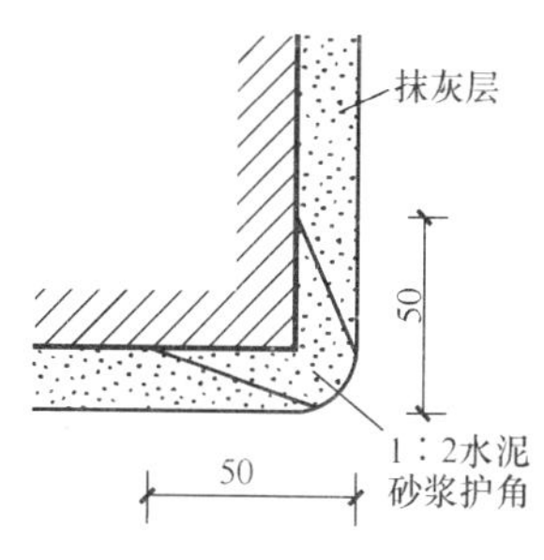

图 3.27 护角做法

(2) 贴挂法

当板材厚度和尺寸较大，粘贴高度较高时，应将贴与挂相结合，如花岗岩板、大理石板等天然石板和水磨石板、仿大理石板等人造石板。天然石材需用电钻打好安装孔，人造石板则在板中预埋安装环。板材的阳角交接处应做好 45°的倒角处理。

贴挂式又称拴挂法（或湿挂法），是传统的做法。这种做法是在铺贴基层时在墙柱内预埋 U 形铁箍做预埋件；插入竖筋，并在竖筋上绑扎横筋，形成钢筋网；然后用铜丝绑扎板材，并在板材与墙体的夹缝内灌水泥砂浆（图 3.28）。砂浆易使板面泛碱，影响装饰效果。

(3) 干挂法

干挂法又称连接件挂接法，近年来国内外高级建筑多采用此法。它用一组高强耐腐蚀的金属挂件，将石材与结构可靠地连接，其间形成的空气间层不作灌浆处理（图 3.29）。其主要优点是石材板面不泛碱，装饰效果好；没有湿作业，施工速度快，现场清洁；比湿挂法减轻了自重，同时石材与连接件构成整体，有利于抗震。

3. 涂料类墙面装修

涂料类墙面装修是指利用各种涂料敷于基层表面而形成完整牢固的膜层，从而起到保护和装饰墙面作用的一种装修做法。它具有造价低、装饰性好、工期短、工效高、自重轻以及操作简单、维修方便、更新快等特点，因而在建筑上得到广泛的应用和发展。

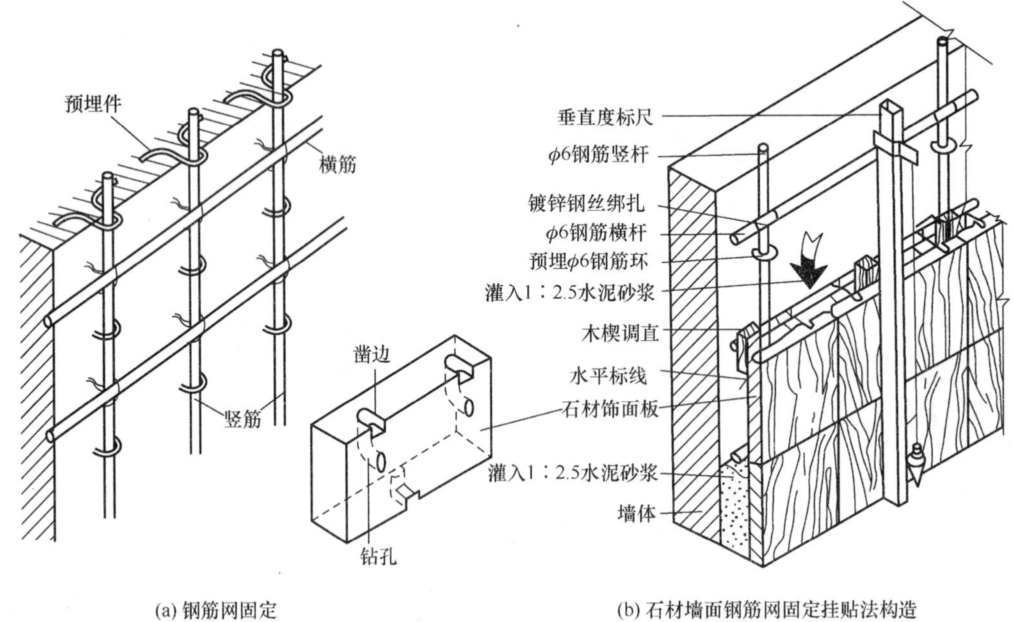

图 3.28　石材贴挂法构造

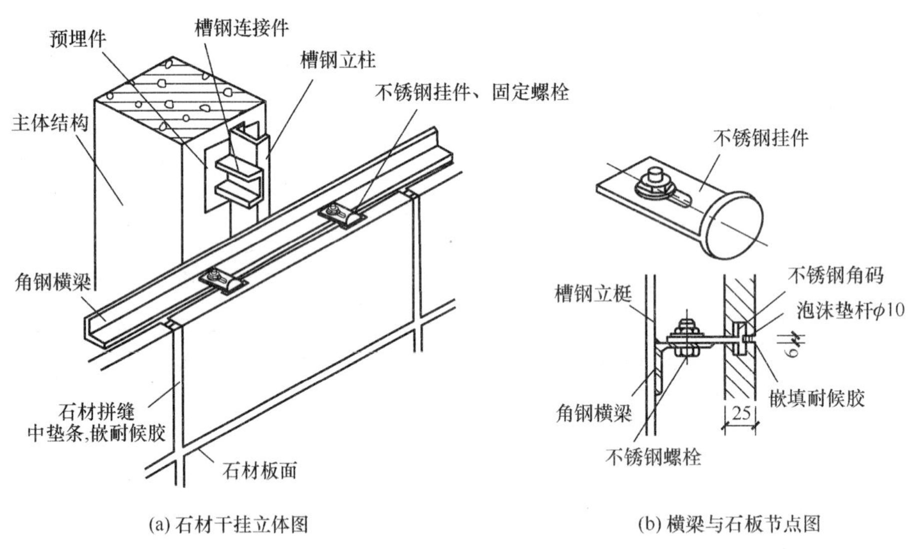

图 3.29　石材干挂法构造

4. 裱糊类墙面装修

裱糊类墙面装修是将各种装饰性的墙纸、墙布、织锦等卷材类的装饰材料裱糊在墙面上的一种装修做法。常用的装饰材料有 PVC 塑料壁纸、复合壁纸、玻璃纤维墙布等。裱糊类墙体饰面装饰性强、造价较经济、施工方法简捷高效、材料更换方便，并且在曲面和墙面转折处粘贴可以顺应基层，获得连续的饰面效果。

在裱糊工程中，基层涂抹的腻子应坚实牢固，不得粉化、起皮和裂缝。裱糊的顺

序为先上后下，先高后低。阴阳转角应垂直，棱角分明。阴角处墙纸（布）搭接顺光，阳面处不得有接缝，并应包角压实。

5. 铺钉类墙面装修

铺钉类墙面装修是将各种天然或人造薄板镶钉在墙面上的装修做法，其构造与骨架隔墙相似，由骨架和面板两部分组成。施工时先在墙面上立骨架（墙筋），然后在骨架上铺钉装饰面板。

小　　结

1. 墙体按所处的位置不同分为外墙和内墙，墙体按布置方向又可以分为纵墙和横墙。根据墙体的受力情况不同可分为承重墙和非承重墙。按构造形式不同，墙体可分为实体墙、空体墙和复合墙三种。根据施工方法不同，墙体可分为块材墙、板筑墙和板材墙三种。

2. 墙体是建筑重要的承重构件，同时墙体也是建筑重要的围护构件和室内空间分隔构件。墙体设计时要满足强度和稳定性、防火、保温隔热、隔声、防水防潮、工业化、经济等方面的要求

3. 砖墙和砌块墙都是块材墙，由块材和胶结材料组砌而成。砌筑时砖缝砂浆应饱满，厚薄均匀；灰缝横平竖直、上下错缝、内外搭接，避免形成竖向通缝。实体砖墙通常采用全顺式、一顺一丁式、多顺一丁式、梅花丁式等砌筑方式。墙身的细部构造包括墙脚（墙身防潮层、勒脚、散水、明沟）、门窗洞口（窗台、过梁）和墙身加固措施（壁柱、门垛、圈梁、构造柱）、变形缝（伸缩缝、沉降缝、防震缝）等。

4. 隔墙是非承重墙，有块材隔墙、骨架隔墙和板材隔墙。砌筑隔墙属于重质隔墙，一般要求在结构上考虑支承关系；骨架隔墙多与室内装修相结合；条板隔墙施工安装方便，可结合墙体热工要求预制加工，是建筑工业化发展所提倡的隔墙类型。

5. 建筑节能是我国经济发展的一项长远战略方针。建筑的外围护构件应具有保温、隔热等热工性能。墙体是建筑的主要围护构件之一，其热工性能应通过计算确定，增加墙体厚度可提高其保温性能但不经济，目前常采用由承重结构层与保温材料组成的复合墙，根据保温层与基层墙体的相对位置关系，复合墙有内保温、外保温和中保温等三种做法。

6. 民用建筑的装修可分为抹灰类、贴面类、涂料类、裱糊类和铺钉类。墙面装修的构造层次主要有基层和饰面层两大部分，基层要保证面层材料附着牢固，同时对有特殊使用要求的场所要有针对性地进行处理；饰面层应保证房屋的美观、清洁和使用要求。

思考与练习题

3.1　填空题

(1) 房屋抗震设防的重点，是对__________度地震烈度的地区。

(2) 墙体按构造方式不同有__________、__________、__________。

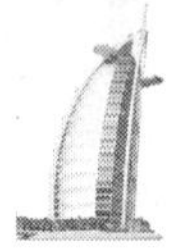

(3) 墙体按施工方式不同可分为__________、__________、__________。

(4) 常见的隔墙有__________、__________和__________。

(5) 变形逢包括__________、__________和__________。

(6) 伸缩缝要求将建筑物从__________分开；沉降缝要求建筑物从__________分开。当既设伸缩缝又设防震缝时，缝宽按__________处理。

(7) 为了保护墙角须设护角，其高度不小于__________。

3.2 简述题

(1) 墙体在设计上有哪些要求？

(2) 标准砖自身尺度有何关系？砖模与建筑模数如何协调？

(3) 砖墙组砌的要点是什么？

(4) 常见的过梁有几种？它们的适用范围和构造特点是什么？

(5) 简述各种隔墙的构造做法。

(6) 砌块墙的组砌要求有哪些？

(7) 建筑的保温、隔热措施有哪些？

(8) 复合墙的构造做法有哪些？各有何要求？

(9) 试述墙面抹灰和石材贴面装修构造。

3.3 画图题

(1) 画图表示散水的构造。

(2) 画断面图表示圈梁和构造柱的构造。

(3) 在图 3.30 中表示外墙墙身水平防潮层和垂直防潮层的位置。

(4) 在图 3.31 中圈梁被窗洞口截断，请在图中画出附加圈梁并标注相关尺寸。

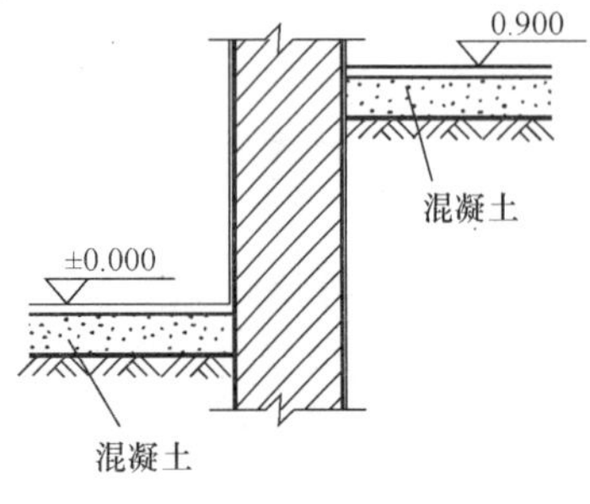

图 3.30 外墙防潮的位置

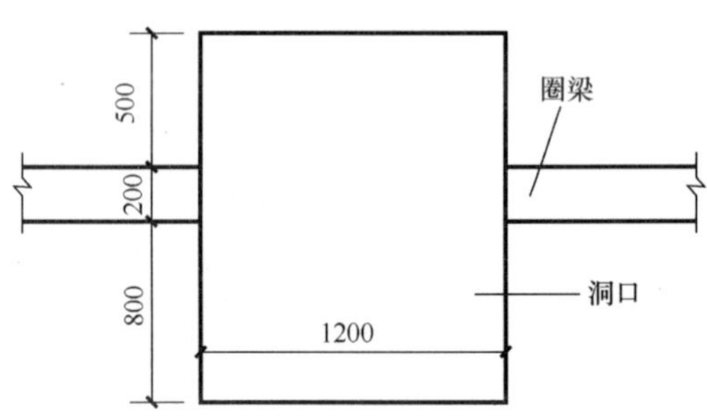

图 3.31 附加圈梁的位置和尺寸

3.4 实训题

(1) 在校内找一幢已使用的建筑物，区分横墙、纵墙、窗间墙、窗下墙、女儿墙、山墙；指出勒脚、散水（明沟）、窗台排水、变形缝；分析墙身防潮层、过梁、圈梁、构造柱的位置；内外墙采用的装修方法。

(2) 参观正在施工的砖混结构建筑物，了解墙体的砌式；圈梁和构造柱的设置位置和构造做法；隔墙与主体墙的连接构造；防潮层的位置和做法等。

设计 1 墙身构造设计

一、设计条件

今有一两层建筑物，外墙采用砖墙（墙厚由学生根据各地区的特点自定），墙上有

窗。室内外高差为450mm。室内地坪层次分别为素土夯实，3∶7灰土厚100mm，C10素混凝土层厚80mm，水泥砂浆面层厚20mm。采用钢筋混凝土楼板。

二、设计内容

要求沿外墙窗部位纵剖，直至基础以上，绘制墙身剖面（图3.32）。重点绘制以下大样，比例为1∶10。

(1) 楼板与砖墙结合节点。

(2) 过梁。

(3) 窗台。

(4) 勒脚及其防潮处理。

(5) 明沟或散水。

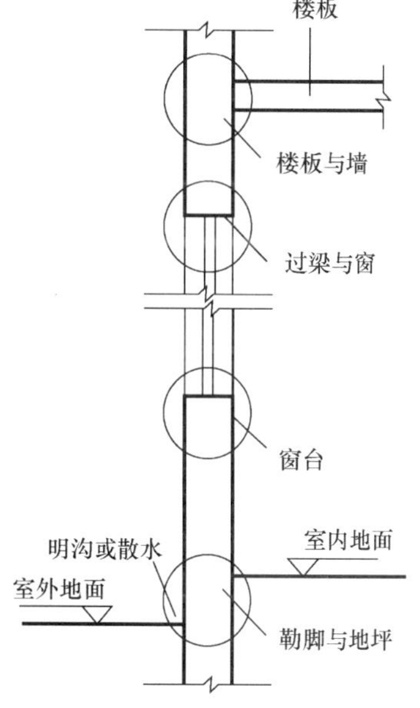

图3.32 墙体设计示意图

三、图纸要求

用一张A3图纸完成。图中线条、材料等一律按建筑制图标准表示。

四、说明

(1) 如果图纸尺寸不够，可在节点与节点之间用折断线断开，亦可将五个节点分为两个分布图。

(2) 图中必须注明具体尺寸，注明所用材料。

(3) 要求字体工整，线条粗细分明。

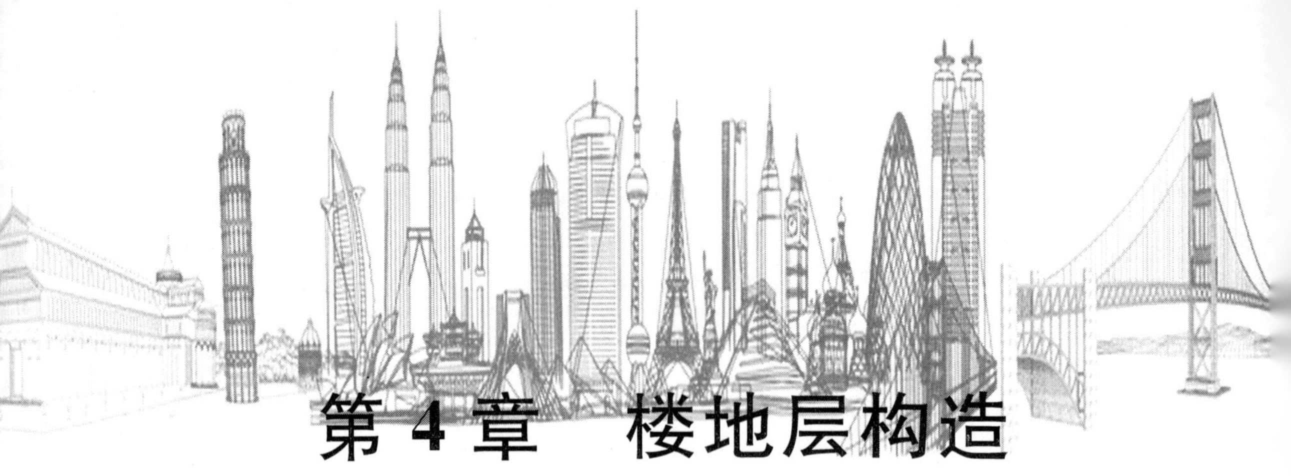

第 4 章　楼地层构造

【知识点】

1. 楼地层的构造组成和设计要求
2. 钢筋混凝土楼板构造
3. 地面和顶棚的构造
4. 阳台和雨篷的构造

【学习要求】

1. 掌握现浇钢筋混凝土楼板的受力特点
2. 掌握装配式楼板的布置要求和加强楼板整体性的构造方法
3. 掌握阳台底板的结构布置方式与特点，以及栏杆扶手构造
4. 了解楼地层设计要求和构造组成
5. 了解地面、顶棚的种类和装修构造
6. 了解雨篷的形式和构造

4.1　楼地层的构造组成和设计要求

楼地层包括楼板层和地坪层，楼板层是楼房的分层构件。楼板层和地坪层是供人们在上面活动使用的，因而具有相同的面层类型。但由于它们所处的位置和受力不同，结构受力层不同。楼板层的结构层是楼板，其自重和上部使用荷载通过楼板传给墙或柱，再传给基础；地坪层的结构层是垫层，它将所承受的全部荷载和自重直接传给地基。

4.1.1 楼地层的构造组成

1. 楼板层的组成

楼板层的基本组成部分有面层、结构层和顶棚三部分，根据使用的实际需要可在楼板层里设置附加层，如图 4.1（a，b）所示。

1）面层。位于楼板层的最上层，也称地面，起着保护楼板层、分布荷载、室内装饰等作用。

2）结构层。又称楼板，由梁、板组成，是楼板层的承重构件，承受着整个楼板层

的荷载，同时还对墙身起水平支撑作用，增强建筑整体刚度的作用。木楼板和砖拱楼板已较少采用，目前广泛采用的是钢筋混凝土楼板，它具有强度高、刚度好、耐火、耐久、可塑性好的特点。近年来，压型钢板应用于建筑后，又出现了一种以压型钢板为底模的压型钢板组合楼板，它利用压型钢板作为楼板的承重构件和底模，既提高了楼板的强度和刚度，又加快了施工进度，是目前大力推广的一种新型楼板。

3）顶棚层。又称天棚或天花板，是楼板层的最下面部分，起着保护楼板、安装灯具、遮掩各种水平管线设备和装饰室内的作用。

4）附加层。又称功能层，对某些具有特殊要求的楼板，如有隔声、防水、隔热、保温等要求，需设置附加层，以满足其相应的要求。

2. 地坪层的组成

地坪层的基本组成部分有面层、垫层和基层三部分，对有特殊要求的地坪，常在面层和垫层之间增设附加层，如图4.1（c）所示。

1）面层。又称地面，作用同楼板层的地面。

2）基层。为地坪层的承重层，一般为土壤。土壤条件较好、地层上荷载不大时，一般采用原土夯实或填土分层夯实；当地层上荷载较大时，则需对土壤进行换土或夯入碎砖、砾石等。

3）垫层。为承重层和面层之间的填充层，一般起找平和传递荷载的作用。因土壤强度较低，地坪层的垫层一般较厚、强度较大、刚度较好，能承受上部荷载并将其均匀地传给基层。一般采用C10素混凝土或焦渣混凝土等作垫层，厚度为60～100mm。

4）附加层。当地坪层有防水、防潮、保温、敷设管线等特殊要求时，需设置附加层。

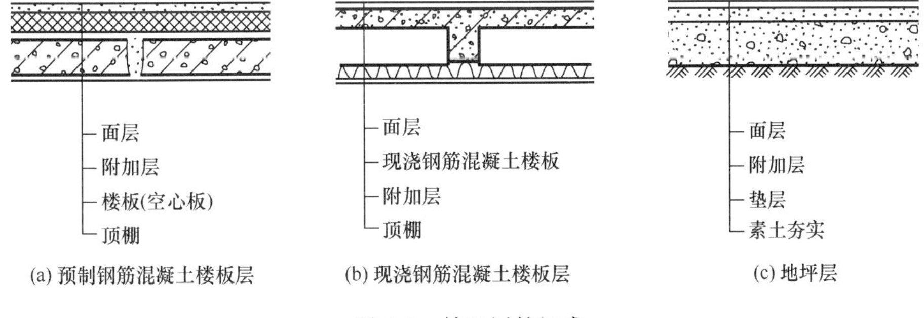

图4.1　楼地层的组成

4.1.2 楼地层的设计要求

1）具有足够的强度和刚度。强度要求是指楼地层应保证在自重和活荷载作用下安全可靠，不发生任何破坏。刚度要求是指楼地层在一定荷载作用下不发生过大变形，以保证正常使用。

2）具有防火性能。楼地层应根据建筑物的等级以及对防火的要求进行设计。建筑物的耐火等级对楼板的耐火极限和燃烧性能有一定的要求。

3）隔声要求。楼板层应具有一定的隔声能力。楼板的隔声量一般在40～50dB。可通过选用空心构件、铺设弹性面层（如橡胶、地毡等）、铺设弹性垫层、设置吊顶棚等方法来提高楼层的隔声能力。

4）热工方面的要求。楼层和地层应有一定的热工要求。为使楼地面的温度与室内温度一致，可在面层下设保温层，减少通过楼板和地层的冷热损失。

5）防水防潮要求。对于厨房、厕所、卫生间等一些地面潮湿、易积水房间，应处理好楼地层的防渗问题。

6）经济要求。一般多层房屋楼板层的造价约占建筑物总造价的20%～30%，因此在进行结构选型、结构布置和确定构造方案时应与建筑物的质量标准和房间使用要求相适应，减少材料消耗，降低工程造价，满足建筑经济要求。

7）在有管道、线路要求的楼板和地层中，设计时应保证各种管线畅通无阻。

8）为提高建筑质量，缩短工期，尽量采用建筑工业化设计方案。

4.2 钢筋混凝土楼板构造

目前广泛采用的是钢筋混凝土楼板，它具有坚固、耐火、耐久、可塑性好等特点。根据钢筋混凝土楼板的施工方法不同，可分为现浇式、装配式和装配整体式。

4.2.1 现浇钢筋混凝土楼板

现浇钢筋混凝土楼板是在施工现场通过支模、绑扎钢筋、浇注混凝土、养护等工序而成型的楼板。它具有整体性好、抗震，容易适应不规则形状和留孔洞等特殊要求的建筑，但有模板用量大、施工速度慢等缺点。近年来由于工具式模板的采用，现场机械化程度的提高，现浇钢筋混凝土楼板在高层建筑中得到普遍的应用。

现浇钢筋混凝土楼板按受力和传力情况可分为板式、梁板式、井式楼板、无梁楼板以及压型钢板组合楼板等。

1. 板式楼板

当房间较小，楼板内不设梁，将板的四边直接搁在墙上，荷载由板直接传给墙，这种楼板称为板式楼板。根据板的长、短边之比分为单向板（长短边之比>2）与双向板（长短边之比≤2），如图4.2所示。单向板基本上沿短边方向传递荷载；双向板荷载沿双向传递。这种板底面平整、美观、施工方便，适合走廊、厨房、厕所等小跨度房间。

2. 肋梁楼板

当房间跨度较大时，常在板下设梁，以减小板的跨度，使结构更经济合理。楼板上的荷载传给梁，再由梁传给墙或柱，这种楼板称为肋梁楼板或梁板式楼板，如图4.3所示。梁有主梁、次梁之分，主梁与次梁一般垂直相交，板搁置在次梁上，次梁搁置在主梁上。主梁搁置在墙（或柱）上。

提示

应避免将梁搁置在门窗洞口上。当上层设置重质隔墙时，其下楼板中也应设置一道梁。

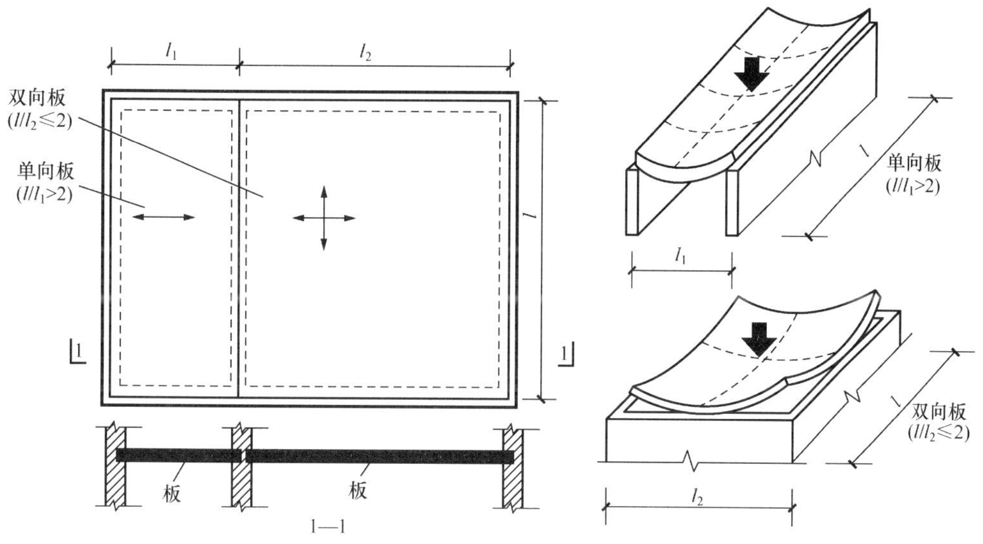

图 4.2　板式楼板

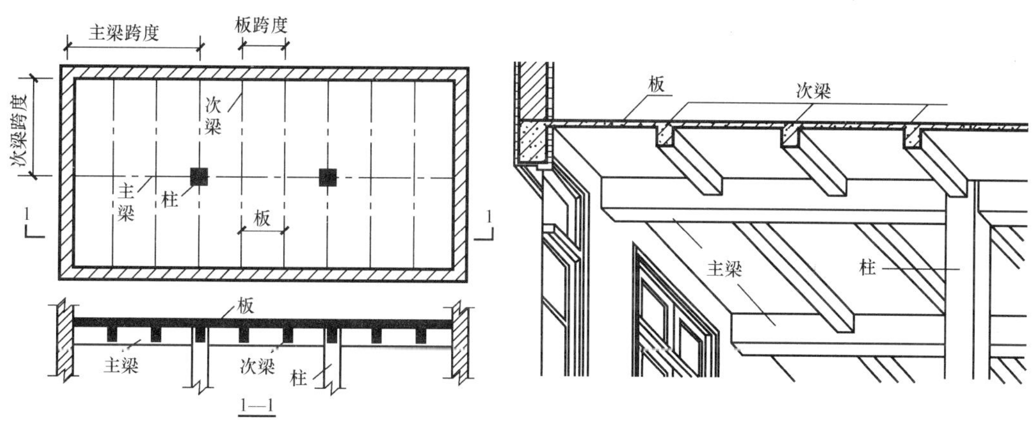

图 4.3　肋梁楼板

3. 井式楼板

井式楼板是肋梁楼板的一种特殊形式。当房间尺寸较大，并接近正方形时，常沿两个方向布置等距离、等截面高度的梁，形成井格形的梁板结构。根据梁与墙的位置关系，可把井式楼板分为正井式和斜井式（图 4.4）。井式楼板可以用于较大的无柱空

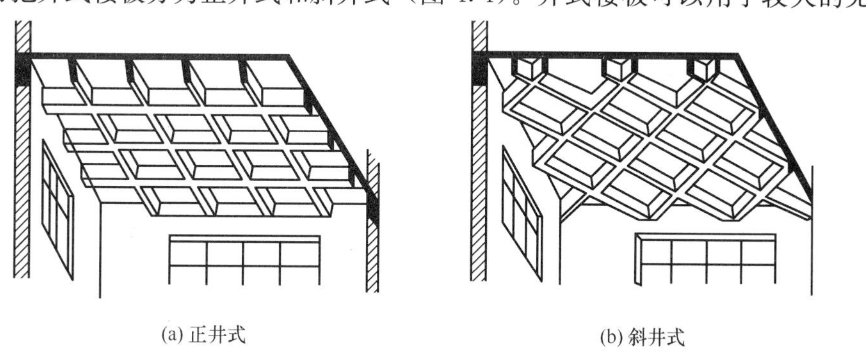

图 4.4　井式楼板

间，而且楼板底面的井格整齐划一，很有韵律，稍加处理就可形成艺术效果很好的顶棚，所以常用在门厅、大厅、会议室、餐厅、歌舞厅等处。

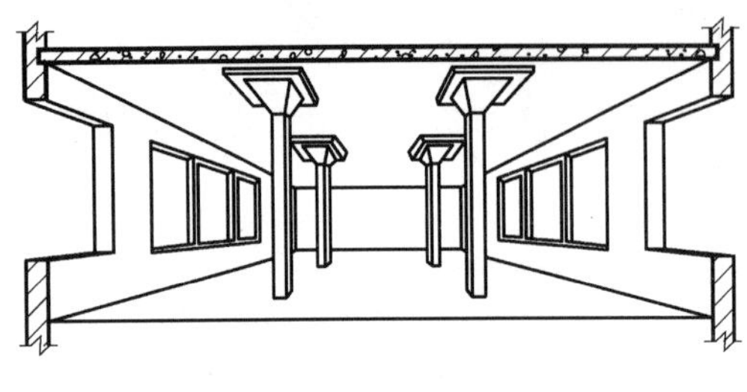

图 4.5　无梁楼板

4. 无梁楼板

无梁楼板是将楼板直接支承在柱上，不设主梁和次梁。柱网一般布置为正方形或矩形，柱距以 6m 左右较为经济（图 4.5）。为减少板跨、改善板的受力条件和加强柱对板的支承作用，一般在柱的顶部设柱帽。无梁楼板楼层净空较大，顶棚平整，采光通风和卫生条件较好，适宜于活荷载较大的商店、仓库和展览馆等建筑。

5. 压型钢板组合楼板

压型钢板组合楼板是以截面为凹凸形的压型钢板做衬板，与现浇混凝土浇筑在一起构成的楼板结构（图 4.6）。压型钢板既起到现浇混凝土的永久模板作用，板上的肋条能与混凝土共同工作，可以简化施工程序，加快施工速度，同时具有刚度大、整体性好的优点，还可利用压型钢板肋间空间敷设电力或通信管线。它适用于需有较大空间的高、多层民用建筑及大跨度工业厂房中。

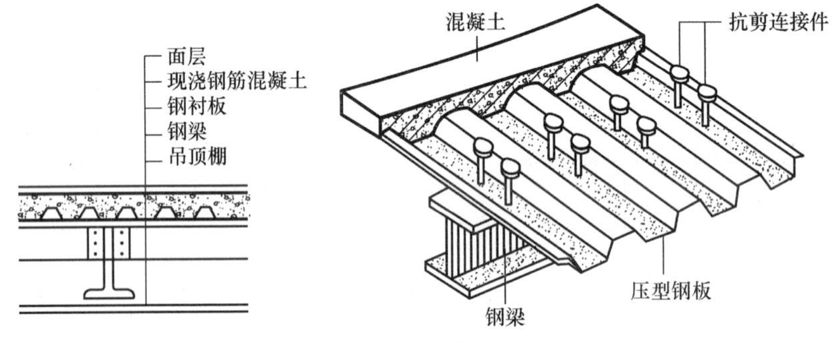

图 4.6　压型钢板组合楼板

压型钢板组合楼板由钢梁、压型钢板和现浇混凝土三部分组成。

压型钢板双面镀锌，截面一般为梯形，板薄却刚度大。为进一步提高承载能力和便于敷设管线，可采用两层压型钢板。压型钢板板宽为 500～1000mm，肋高 35～150mm，常采用自攻螺栓、膨胀铆钉或压边咬接等方式进行连接。

压型钢板组合楼板的整体连接是由栓钉（又称抗剪螺钉）将钢筋混凝土、压型钢板和钢梁组合成整体。栓钉是组合楼板的抗剪连接件，应与钢梁焊接。

4.2.2 预制装配式钢筋混凝土楼板

预制装配式钢筋混凝土楼板是将楼板在预制厂或施工现场预制，然后在施工现场装配而成。这种楼板可节省模板，改善劳动条件，提高劳动生产率，加快施工速度，缩短工期，但楼板的整体性差。

1. 板的类型

预制楼板按施工方式不同可分为预应力和非预应力两种。其中预应力楼板刚度好，自重轻，造价经济，目前我国各城市普遍采用预应力钢筋混凝土构件。

按照构造方式及传力特点不同，预制楼板可分为实心平板、槽形板和空心板三种类型（图 4.7）。

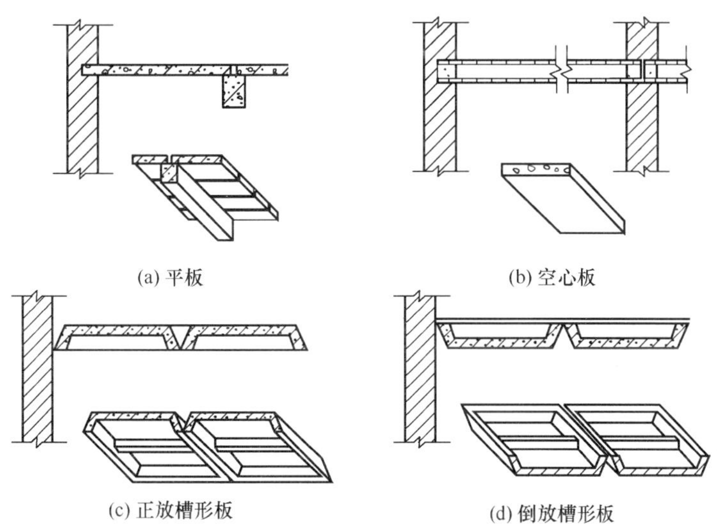

图 4.7　预制钢筋混凝土板的类型

（1）实心平板

实心平板上下板面平整，制作简单，宜用于跨度小的走廊板、楼梯平台板、阳台板、管沟盖板等处。板的两端支承在墙或梁上，板厚一般为 60～80mm，跨度在 2.4m 以内为宜，板宽约为 600～900mm。

（2）槽形板

槽形板是一种梁板结合的构件，即在实心板两侧设纵肋，构成槽形截面。它具有自重轻、省材料、造价低、便于开孔等优点。

槽形板有正放和倒放两种。正放槽形板由于板底不平，通常做吊顶遮盖，为避免板端肋被压坏，可在板端伸入墙内部分堵砖填实。倒放槽形板受力不如正槽板合理，但可在槽内填充轻质材料，以解决楼板的隔声和保温隔热问题，还可获得平整的顶棚。

（3）空心板

空心板上下板面平整，且隔声效果优于槽形板，是目前广泛采用的一种形式。

空心板孔洞形状有圆形、长圆形和矩形等，以圆孔板的制作最为方便，应用最广。预应力空心板的厚度根据长度不同有 130mm 和 200mm，板宽有 600mm、900mm、1200mm 等。

提示

空心板板面不能随意开洞。在安装时，空心板孔的两端常用砖或混凝土填塞，以免端缝灌浇时漏浆，并保证板端的局部抗压能力。

2. 预制楼板的结构布置和连接构造

(1) 板的布置

板的布置方式有板式和梁板式两种。走廊和较小开间（或进深）的房间将板直接布置在墙上，称为板式结构；大开间的房间，需在墙或柱上先搁置梁，再将板搁置在梁上，称为梁板式结构。采用梁板式结构时，梁的截面形式有矩形、T 形、十字形、花篮形等（图 4.8），十字形梁和花篮梁在梁高不变的情况下增大了室内空间。

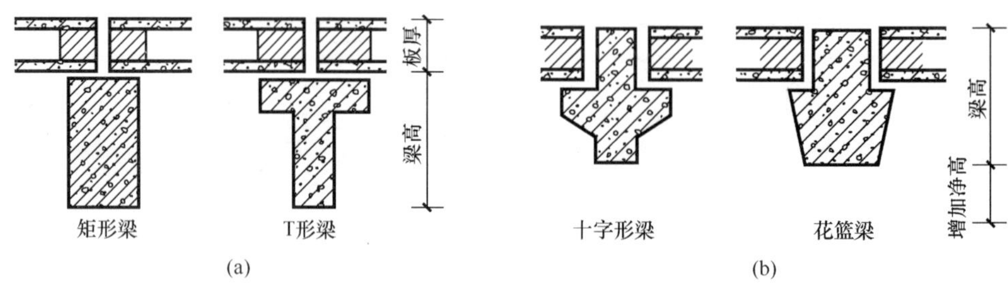

图 4.8 板在梁上的搁置

在楼板布置时，应尽量减少板的规格、类型，同时要避免将楼板的长边搁置在梁或墙上。板在布置中出现空隙时，应进行板缝调整［图 4.9（a～c）］。遇有上下管线、烟道、通风道穿过楼板或上层有重质隔墙时，为防止圆孔板开洞过多，应尽量将该处楼板现浇［图 4.9（d，e）］。

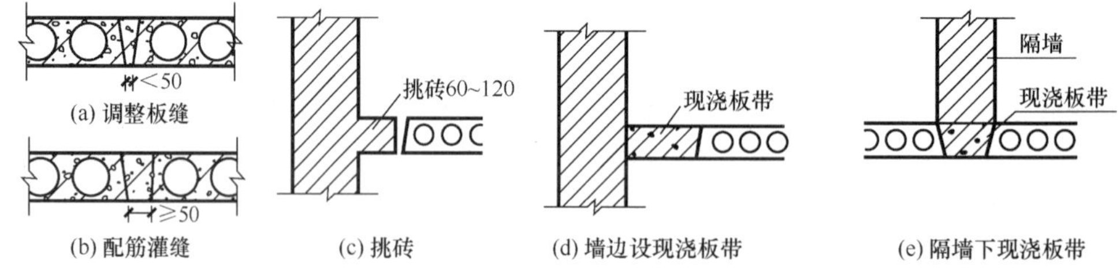

图 4.9 板缝的处理

(2) 板缝构造

安装预制板时，为使板缝灌浆密实，要求板块之间离开一定距离，以便填入细石混凝土。板的侧缝下口宽为 20～50mm 时，可用 C20 细石混凝土现浇；当下口缝宽为 50～200mm 时，用 C20 细石混凝土现浇并在缝中配纵向钢筋［图 4.9（a，b）］。对整体性要求较高的建筑，可在板缝配筋或用短钢筋与预制板吊钩焊接（图 4.10）。

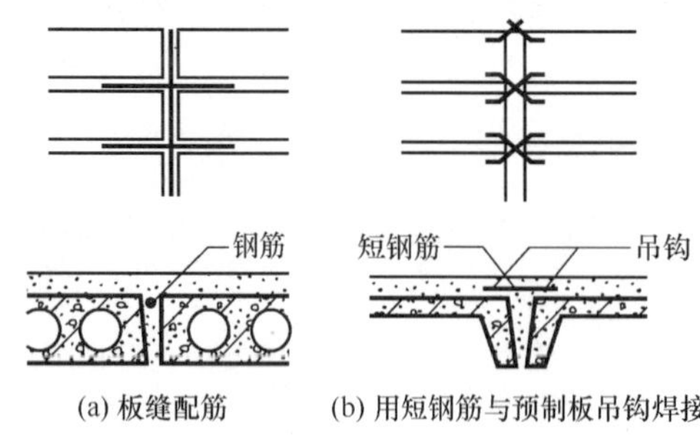

图 4.10 整体性要求较高时的板缝处理

(3) 板与墙、梁的连接构造

预制板直接搁置在砖墙或梁上时，均应有足够的支承长度。支承于梁上时其搁置长度不小于 80mm；支承于墙上时其搁置长度不小于 110mm，并在梁或墙上坐 M5 水泥砂浆，厚度为 20mm，以保证板的平稳，传力均匀。另外，为增加建筑物的整体刚度，板与墙、梁之间或板与板之间常用钢筋拉结，图 4.11 即为锚固钢筋的配置。

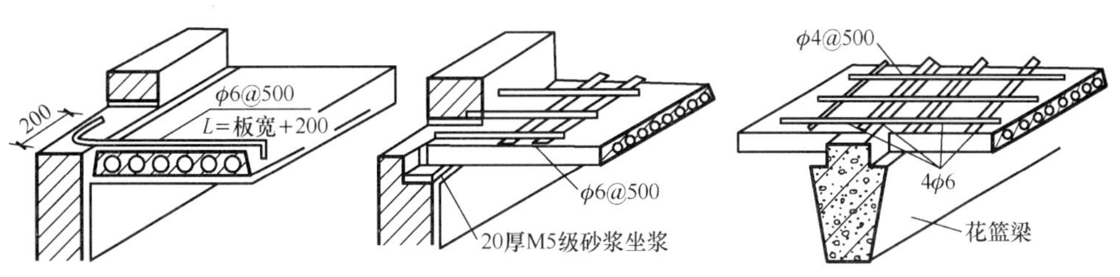

图 4.11　锚固筋的配置

(4) 楼板上隔墙的处理

预制钢筋混凝土楼板上设立隔墙时，宜采用轻质隔墙，可搁置在楼板的任何位置。若隔墙自重较大时，如采用砖隔墙、砌块隔墙等，最好在墙下设置梁；当采用槽形板时，隔墙可直接搁置在槽形板的纵肋上；当采用空心板时，须在隔墙下的板缝处设现浇板带或梁来支承隔墙，如图 4.12 所示。

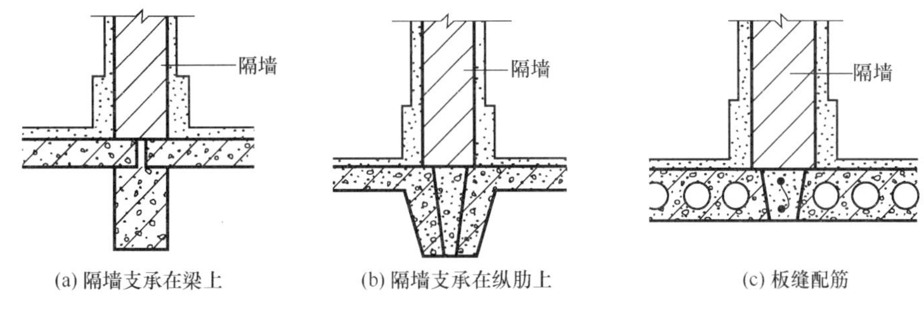

(a) 隔墙支承在梁上　　(b) 隔墙支承在纵肋上　　(c) 板缝配筋

图 4.12　隔墙与楼板的关系

4.2.3 装配整体式钢筋混凝土楼板

装配整体式钢筋混凝土楼板是先预制部分构件，然后在现场安装，再以整体浇筑的方法将其连成一体的楼板。它综合了现浇式楼板整体性好和装配式楼板施工简单、工期较短的优点，又避免了现浇式楼板湿作业量大、施工复杂和装配式楼板整体性较差的弱点。常用的装配整体式楼板有密肋楼板和叠合式楼板两种。

1. 密肋楼板

密肋楼板的密肋小梁有现浇和预制两种。现浇密肋楼板是以陶土空心砖、矿渣混凝土实心块等作为肋间填充块来现浇密肋和面板而成。预制小梁密肋楼板是在预制小梁之间填充陶土空心砖、矿渣混凝土实心块、煤渣空心块，上面现浇面层而成（图 4.13）。密

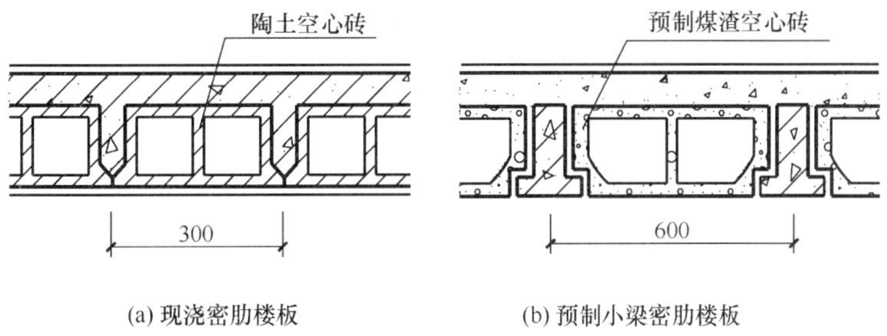

(a) 现浇密肋楼板　　(b) 预制小梁密肋楼板

图 4.13　密肋楼板

肋楼板板底平整，有较好的隔声、保温、隔热效果，在施工中空心砖还可起到模板作用，也有利于管道的敷设。

2. 预制薄板叠合楼板

预制薄板叠合楼板是由预制薄板和现浇钢筋混凝土层叠合而成的装配整体式楼板。预制薄板既是楼板结构的组成部分之一，又是现浇钢筋混凝土叠合层的永久性模板，现浇叠合层内可敷设水平设备管线。预制薄板底面平整，可直接喷浆或贴其他装饰材料做顶棚。

叠合楼板的预制板部分通常采用预应力或非预应力薄板。为了保证预制薄板与现浇层有较好的连接，薄板上表面需刻凹槽，或在板面露出三角形结合钢筋等。预制薄板跨度一般为4～6m，板宽为1.1～1.8m，板厚通常不小于50mm。现浇叠合层厚度一般为100～120mm，以大于或等于薄板厚度的两倍为宜。叠合楼板的总厚度一般为150～250mm（图4.14）。

叠合楼板的预制部分也可采用普通的钢筋混凝土空心板。现浇叠合层的厚度较薄，一般为30～50mm。

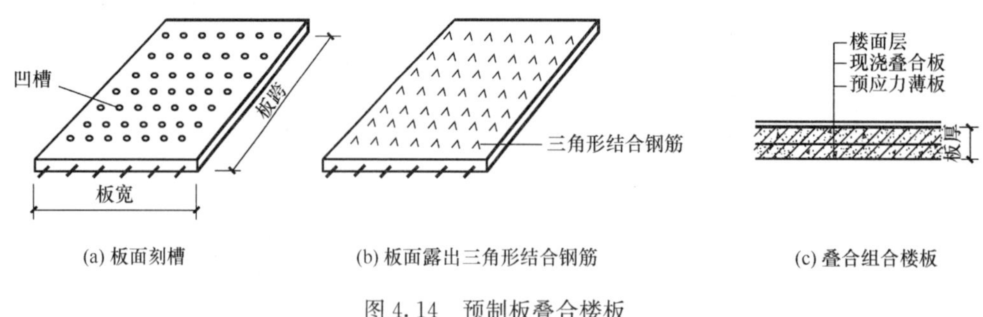

图4.14　预制板叠合楼板

4.3　楼地面构造

楼板层的面层（楼面）及地坪层的面层（首层地面）通称地面，它们在构造要求及做法上基本相同，均属室内装修范畴，因此归纳在一起叙述。

4.3.1　对地面的要求

地面是人们日常生活、工作和生产时必须接触的部分，也是建筑中直接承受荷载，经常受到摩擦、清扫和冲洗的装修部分，因此对它应有一定的功能要求。

1）具有足够的坚固性。在外力作用下不磨损、不破坏。

2）表面平整、光洁、易清洁和不起灰。

3）具有良好的热工性能。保证寒冷季节脚部舒适。

4）具有一定的弹性。使人行走时有舒适感，同时有弹性的地面对减弱撞击声亦有利。

5）满足隔声要求。可通过选择楼地面垫层的厚度与材料类型来达到。

6）对有防潮、防水、防火、耐腐等特殊要求的地面，应满足相应的要求。

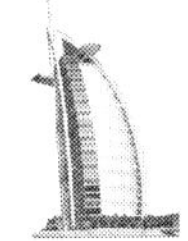

7）在满足功能要求的前提下，尽量就地取材，选择经济的材料和构造做法。

4.3.2 楼地面构造

地面的名称是依据面层所用的材料来命名的。根据面层所用的材料及施工方法的不同，常用地面可分为四大类型，即整体地面、块材地面、卷材地面和涂料地面。

1. 整体地面

整体地面是在施工现场浇注成整片的地面，常用的有水泥砂浆地面、水磨石地面等。

（1）水泥砂浆地面

水泥砂浆地面通常是用水泥砂浆抹压而成的。它原料供应充足、方便，造价低，且耐水，是目前应用最广泛的一种低档地面做法，但有易结露、易起灰、无弹性、热传导性高等缺点。

水泥砂浆地面有单层和双层构造之分。单层做法是先刷素水泥砂浆结合层一道，再用 15～20 厚 1∶2 水泥砂浆压实抹光。双层做法是先以 15～20 厚 1∶3 水泥砂浆打底、找平，再以 5～10mm 厚 1∶2 或 1∶1.5 的水泥砂浆抹面。分层构造虽增加了施工程序，却容易保证质量，减少了表面干缩时产生裂纹的可能。目前以双层水泥砂浆地面居多。

（2）水磨石地面

水磨石地面是用水泥作胶结材料、大理石或白云石等中等硬度石料的石屑作骨料而形成水泥石渣浆，经浇抹、硬结后再磨光打蜡而成。其性能与水泥砂浆地面相似，但耐磨性更好、表面光洁、不易起灰，常用于公共建筑的门厅、走廊、楼梯间、卫生间等。

水磨石地面均为双层构造。常规做法是先用 10～15mm 厚 1∶3 水泥砂浆打底、找平；然后按设计图采用 1∶1 水泥砂浆固定分格条（玻璃条、铜条或铝条等），再用 1∶2～1∶2.5 水泥石渣浆抹面，用滚筒压实，浇水养护到一定强度后用磨光机打磨，再用草酸清洗，打蜡保护（图 4.15）。

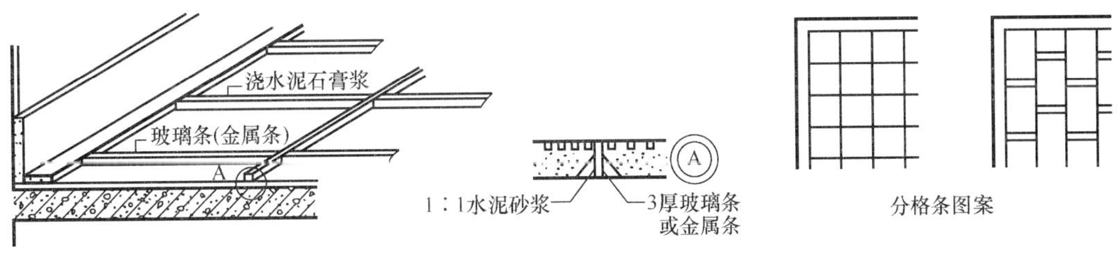

图 4.15　水磨石地面

2. 块材地面

块材地面是指利用各种块材铺贴而成的地面。按面层材料不同有陶瓷砖地面、石板地面、木地面等。

（1）陶瓷砖地面

用于地面的陶瓷板块有缸砖、陶瓷锦砖、釉面陶瓷地砖、瓷土无釉砖等。

缸砖表面致密光洁、耐磨、耐腐蚀、防水、不变色，但造价偏高，一般适用于卫生间、盥洗室以及实验室等房间的地面。缸砖的构造层次是：在结构层或垫层上用15～20mm厚1∶3水泥砂浆找平，用5～10mm厚1∶1水泥砂浆粘贴缸砖，再用素水泥浆擦缝，如图4.16（a）所示。

陶瓷锦砖又称马赛克，质地坚硬、经久耐用、色泽多样、耐腐蚀、易清洁。不挂釉的马赛克防滑性能好，常用于浴、厕等有防滑要求的房间地面。施工时底层做法同缸砖，将锦砖反铺在底层上面，用滚筒压平，初凝后再将表面的牛皮纸清洗掉，并用水泥砂浆扫缝［图4.16（b）］。

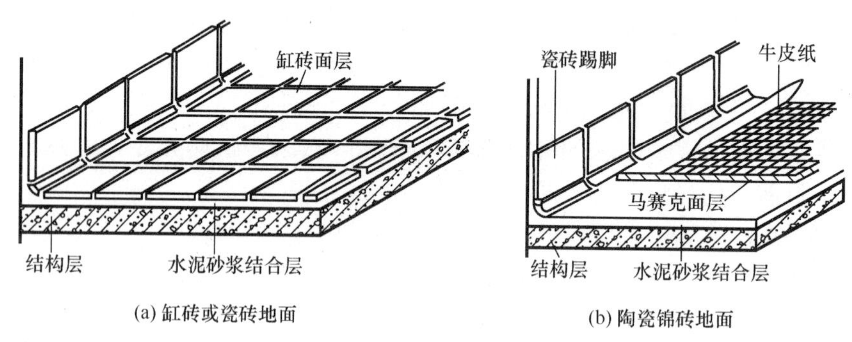

图4.16　陶瓷板块地面

（2）石板地面

石板地面包括天然石板地面和人造石板地面。

天然石板以大理石和花岗石为主。人造石板有预制水磨石板、人造大理石板等。与陶瓷板块地面相比，大理石板、水磨石板不很耐磨，主要是为了装饰效果。磨光花岗石板的耐磨性与装饰效果极佳，但价格十分昂贵，是高档的地面装饰材料。

石板尺寸较大，铺设时需预先试铺，再正式粘贴。其构造做法是在混凝土垫层上先用20～30mm厚1∶3～1∶4干硬性水泥砂浆找平，再用5～10mm厚1∶1水泥砂浆铺贴石板，缝宽约1mm，缝中灌稀水泥浆擦缝。

（3）木地面

木地面的主要特点是有弹性、不起灰、不返潮、易清洁、保温性好，但耐火性差，保养不善时易腐朽，且造价较高，一般用于装修标准较高的住宅、宾馆、体育馆、健身房、剧院舞台等建筑中。

木地面按构造方式有空铺式和实铺式两种。空铺木地面耗木料多，已少用。实铺木地面有铺钉式和粘贴式两种做法。

铺钉式木地板首先用预埋铁件或镀锌铁丝将木搁栅（间距为400～500mm）固定在结构层上，然后在木搁栅上铺设木地板。为了防腐，可在基层上刷冷底子油一道，热沥青玛瑞脂两道，木龙骨及横撑等均满涂氟化钠防腐剂。另外，还应在踢脚板处设置通风口，使地板下的空气疏通，以保持干燥，如图4.17（a，b）所示。

粘贴木地面是将木地面用粘结材料直接粘贴在找平层上。其做法是在找平层上刷冷底子油和热沥青各一道，作为防潮层，再用胶黏剂随涂随铺20mm厚硬木长条地板［图4.17（c）］。当面层为小席纹拼花木地板时，可直接用胶黏剂刷在水泥砂浆找平层上进行粘贴。

木地板做好后应油漆打蜡，以保护地面。

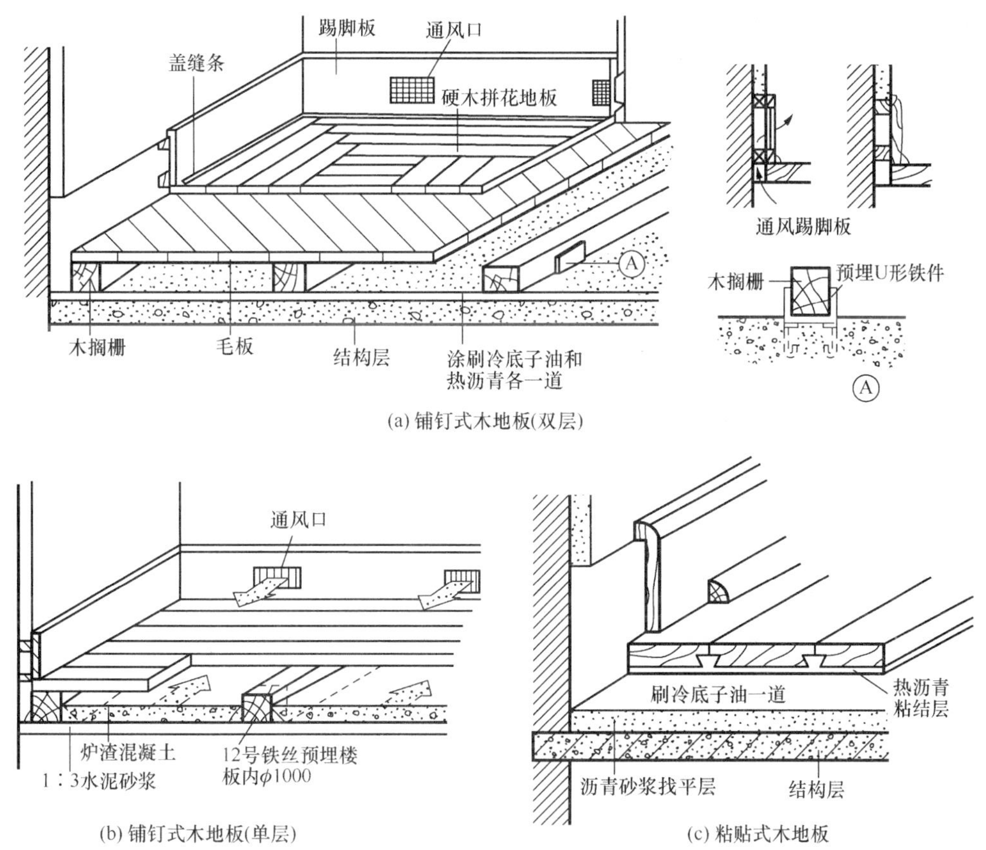

图 4.17　实铺木地面构造

3. 卷材地面

卷材地面是用卷材铺贴而成的地面，常见卷材有塑料地毡、橡胶地毡以及地毯等。

塑料地毡是用人造合成树脂加填充剂和颜料，底面衬以麻布经热压制成。它具有绝缘、抗腐蚀、吸水性小、颜色丰富、脚感舒适等特点，是经济实惠的地面铺材，但其耐高温和耐磨性较差，易老化。

橡胶地毡是以橡胶粉为基料，掺入填充料，防老剂、硫化剂等制成的卷材。它耐磨、防滑、耐湿、绝缘、吸声，并富有弹性。

橡胶地毡与塑料地毡的铺贴方法一样，可以干铺，也可以用粘结剂粘贴在水泥砂浆找平层上。

地毯类型较多，按地毯面层材料不同有化纤地毯、羊毛地毯、棉织地毯等。地毯柔软舒适、吸音、隔声、保温、美观，而且施工简便，是理想的地面装修材料，但价格较高。地毯铺设方法有固定和不固定两种。固定式通常是将地毯用粘结剂粘贴在地面上，或将地毯四周钉牢。

4. 涂料地面

涂料地面是在水泥砂浆或混凝土地面上涂刷涂料而成的地面。这种地面无缝、易于清洁，并且施工方便，造价较低，可以提高地面的耐磨性、韧性和不透水性，故应用较广。

4.3.3 地面细部构造

1. 地面变形缝构造

地面变形缝包括楼板层与地坪层变形缝。对于一般民用建筑，楼板层、地坪层变形缝的位置和大小应与墙体及屋面变形缝一致。

在构造上，面层变形缝宽度不应小于10mm，混凝土垫层的缝宽不小于20mm，楼板结构层的缝宽同墙体变形缝。缝内填塞有弹性的松软材料，如沥青玛瑶脂、沥青麻丝、金属调节片等，上铺活动盖板或橡皮条等，以防灰尘下落。地面面层也可用沥青胶嵌缝。为了美观，还应在面层和顶棚加设盖缝板，盖缝板应以允许构件能自由变形为原则。图 4.18 为楼地面变形缝构造。

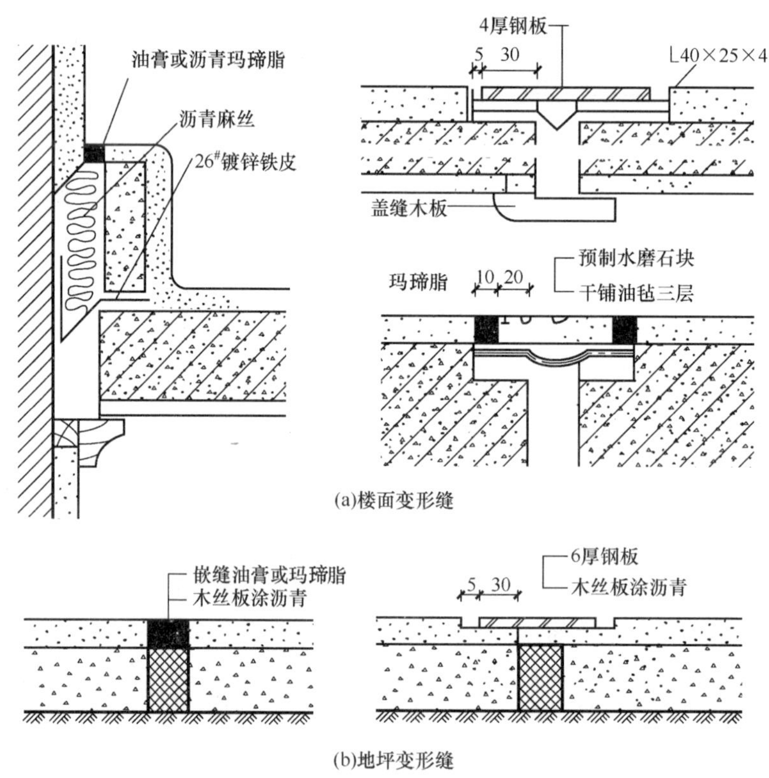

图 4.18 楼地面变形逢构造

2. 地面排水与防水构造

在用水频繁的房间，如厕所、舆洗室、淋浴室、实验室等，地面容易积水，且易发生渗漏水现象，因此应做好楼地面的排水和防水。

(1) 地面排水

为排除室内积水，地面应有不小于 0.5%的坡度，并设置地漏，使水有组织地排向地漏；为防止积水外溢，影响其他房间的使用，有水房间地面应比相邻房间或走道地面低 20～30mm；若不设此高差，即两房间地面等高时，则应在门口做 20～30mm 高的门槛（图 4.19）。

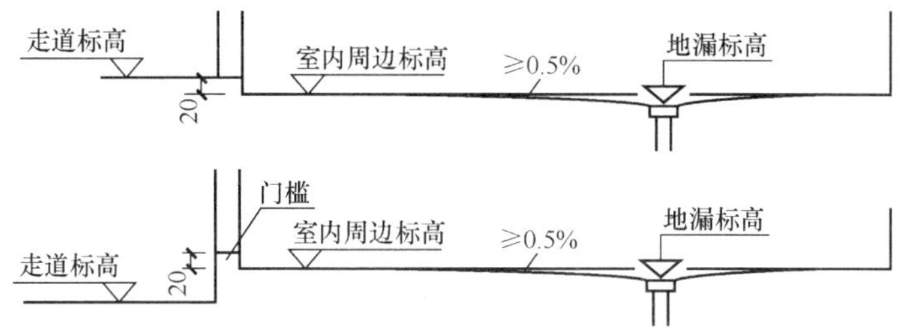

图 4.19　地面排水构造

（2）地面防水

有水房间楼板以现浇钢筋混凝土楼板为佳，面层材料通常为整体现浇水泥砂浆、水磨石或贴瓷砖等防水性较好的材料。对于防水要求较高的房间，还应在楼板与面层之间设置防水层。常见的防水材料有卷材、防水砂浆和防水涂料。为防止周边墙脚受水，应将防水层沿周边向上泛起至少 150mm，如图 4.20（a）所示。当遇到开门时，应将防水层向外延伸 250mm 以上，如图 4.20（b）所示。

当竖向管道穿越楼地面时，也容易产生渗透，处理方法一般有两种：对于冷水管道，可在竖管穿越的四周用 C20 干硬性细石混凝土填实，再以卷材或涂料作密封处理，如图 4.20（c）所示；对于热水管道，为防止热胀冷缩现象，常预埋比热水管管径稍大的套管，高出地面 30mm 左右，并在缝隙内填塞弹性防水材料，如图 4.20（d）所示。

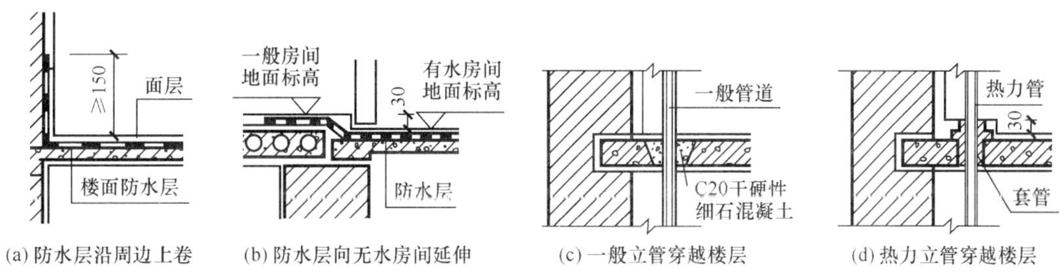

图 4.20　楼地面防水构造

3. 踢脚线构造

地面与墙面交接处的垂直部位，在构造上通常按地面的延伸部分来处理，这一部分称为踢脚线，也称为踢脚板，它可以保护室内墙脚，避免扫地或拖地板时污染墙面。踢脚的高度一般为 100～150mm，所用的材料一般应与室内地坪材料一致或相适应。

4.4　顶棚构造

顶棚是楼板层下面的装修层。对顶棚的基本要求是光洁、美观，能通过反射光照来改善室内采光和卫生状况。对某些房间还要求具有防火、隔声、保温、隐蔽管线等功能。

顶棚按构造方式不同有直接式顶棚和悬吊式顶棚两种类型。

4.4.1　直接式顶棚

直接式是指直接在楼板底喷刷、抹灰和贴面。

当室内装饰要求不高时，可在楼板底面填缝刮平后直接喷刷石灰浆或涂料两遍。

当楼板底面不够平整或室内装修要求稍高时，可在楼板底抹灰，常用纸筋石灰浆、水泥砂浆和混合砂浆、麻刀石灰浆等，再喷刷涂料。

对某些装修标准较高或有保温、隔声要求的房间，可于板底直接粘贴吸声板、泡沫塑料板、铝塑板等。

4.4.2 悬吊式顶棚

悬吊式顶棚悬挂在屋顶或楼板下，简称吊顶或吊顶棚。吊顶构造复杂、施工麻烦、造价较高，一般用于装修标准较高而楼板底部不平或楼板下面敷设管线的房间，以及有特殊要求的房间。

吊顶由悬吊构件（又称吊杆或吊筋）、龙骨（又称骨架）和面板组成。

吊杆固定于楼板结构层中，另一端吊挂龙骨，一般多采用 $\phi 6$ 钢筋或 $\phi 8$ 螺栓吊筋（图 4.21），也有木质的。

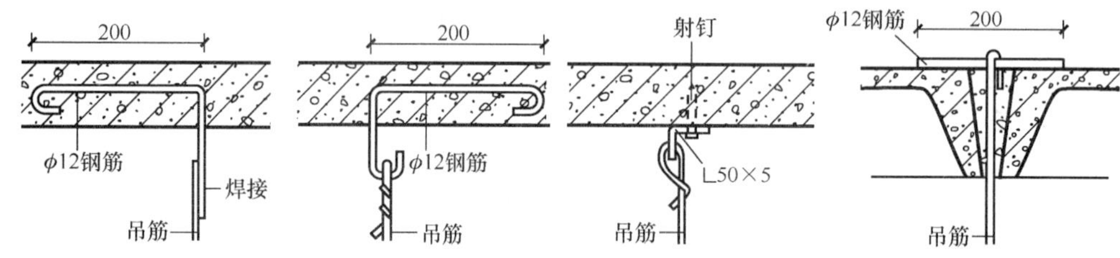

图 4.21　吊筋与楼板的固定方式

龙骨是用来固定面板并承受其重量，一般由主龙骨和次龙骨两部分组成。主龙骨与吊杆相连，次龙骨固定在主龙骨上，为保证龙骨的整体刚度和方便铺钉面板，应在次龙骨之间增设横撑龙骨（小龙骨）。为节约木材，目前龙骨多采用薄壁轻钢龙骨和铝合金龙骨。

面板固定在龙骨上，除装饰作用外，还可进行吸声、反射等特殊处理。面板有各种人造木质板材、矿物板材和金属板等。

（1）木龙骨木质板材吊顶

木龙骨吊顶的主龙骨截面一般为 50mm×70mm 方木，中距 900～1200mm。次龙骨截面为 40mm×40mm 方木，间距根据面板规格，一般为 400～500mm。

木龙骨吊顶的面层多采用木质板材。木质板材品种多，如胶合板、纤维板、木丝板、刨花板等，板材一般用木螺钉或圆钢钉固定在次龙骨上（图 4.22）。为防止木板变形，板块之间应留出 3～6mm 的伸缩间隙。木质板材吊顶只能用于防火要求较低的建筑中。

（2）金属龙骨矿物板材吊顶

矿物板材常用石膏板、石棉水泥板、矿棉板等，以轻钢或铝合金做龙骨。其优点是自重轻、施工快、干作业、耐火性能好，在公共建筑中广泛应用。金属龙骨与矿物板材的布置方式有两种，即龙骨外露和龙骨不外露。

1）龙骨外露的布置方式。这种吊顶的主龙骨采用槽形断面的轻钢龙骨，次龙骨和横撑龙骨（小龙骨）为 T 形断面的铝合金型材。矿物板材面板搁置于 T 形龙骨翼缘上，

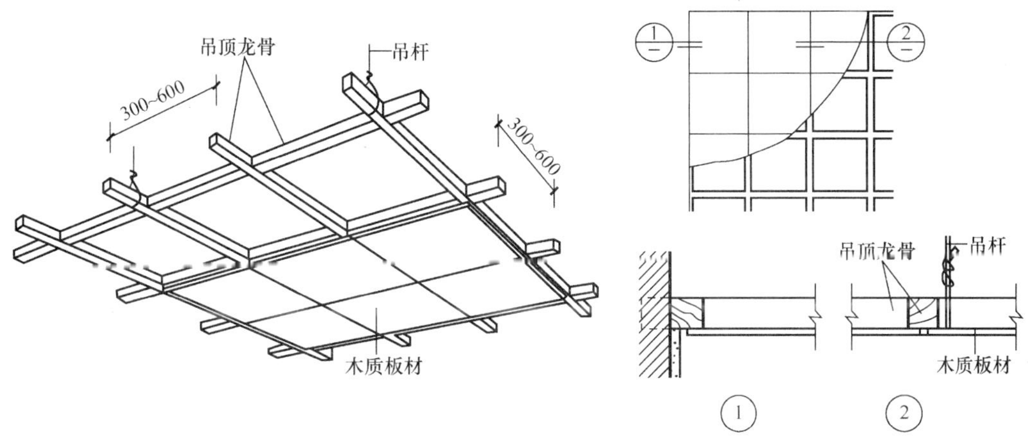

图 4.22　木质板材吊顶

使次龙骨和小龙骨露在顶棚表面，形成方格状顶面（图 4.23）。

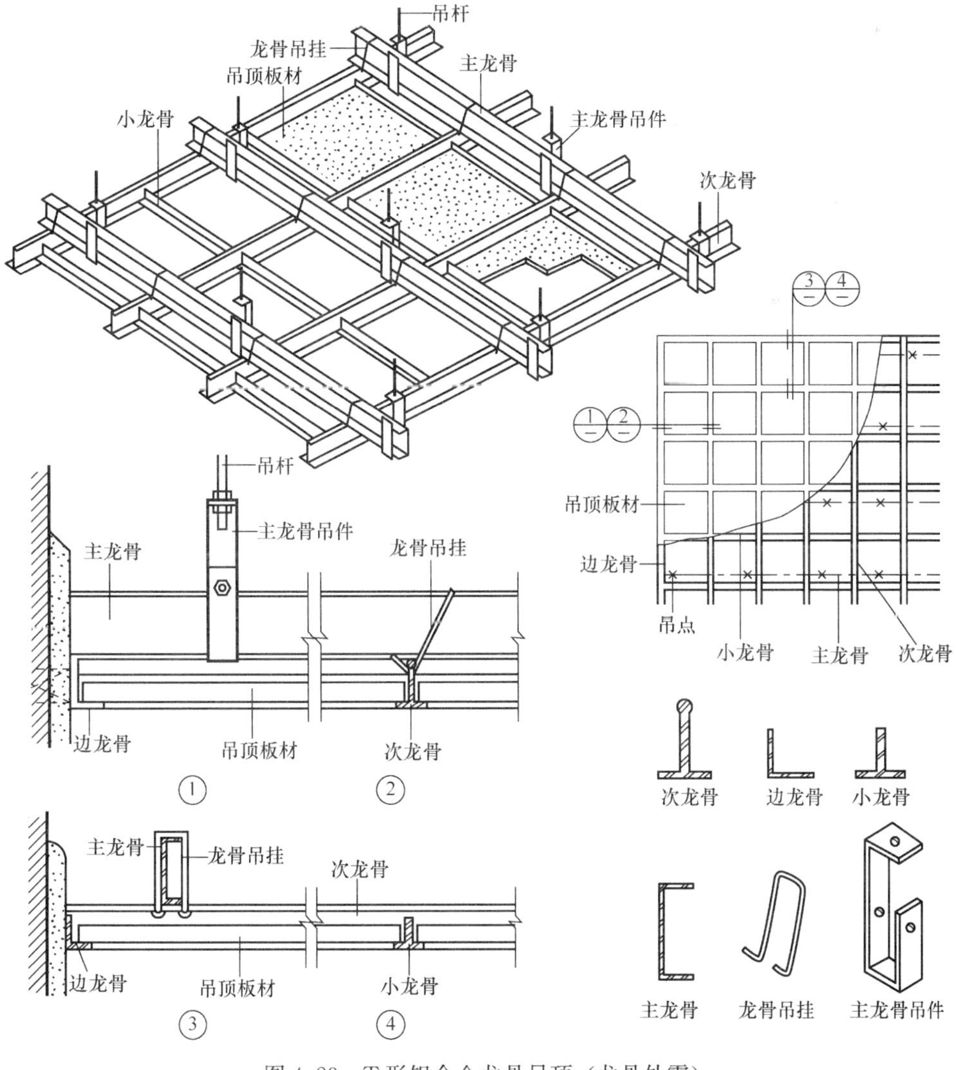

吊杆
龙骨吊挂
吊顶板材
主龙骨
小龙骨
主龙骨吊件
次龙骨
吊杆
主龙骨吊件
主龙骨
龙骨吊挂
边龙骨
吊顶板材
次龙骨
①
②
主龙骨
龙骨吊挂
次龙骨
边龙骨
吊顶板材
小龙骨
③
④
吊顶板材
边龙骨
吊点
小龙骨
主龙骨
次龙骨
次龙骨
边龙骨
小龙骨
主龙骨
龙骨吊挂
主龙骨吊件

图 4.23　T 形铝合金龙骨吊顶（龙骨外露）

2）龙骨不外露的布置方式。这种方式的主龙骨仍采用槽形断面的轻钢龙骨，但次龙骨用 U 形断面的轻钢龙骨，板材用自攻螺钉或胶粘剂固定在次龙骨下面，使龙骨内藏（图 4.24）。

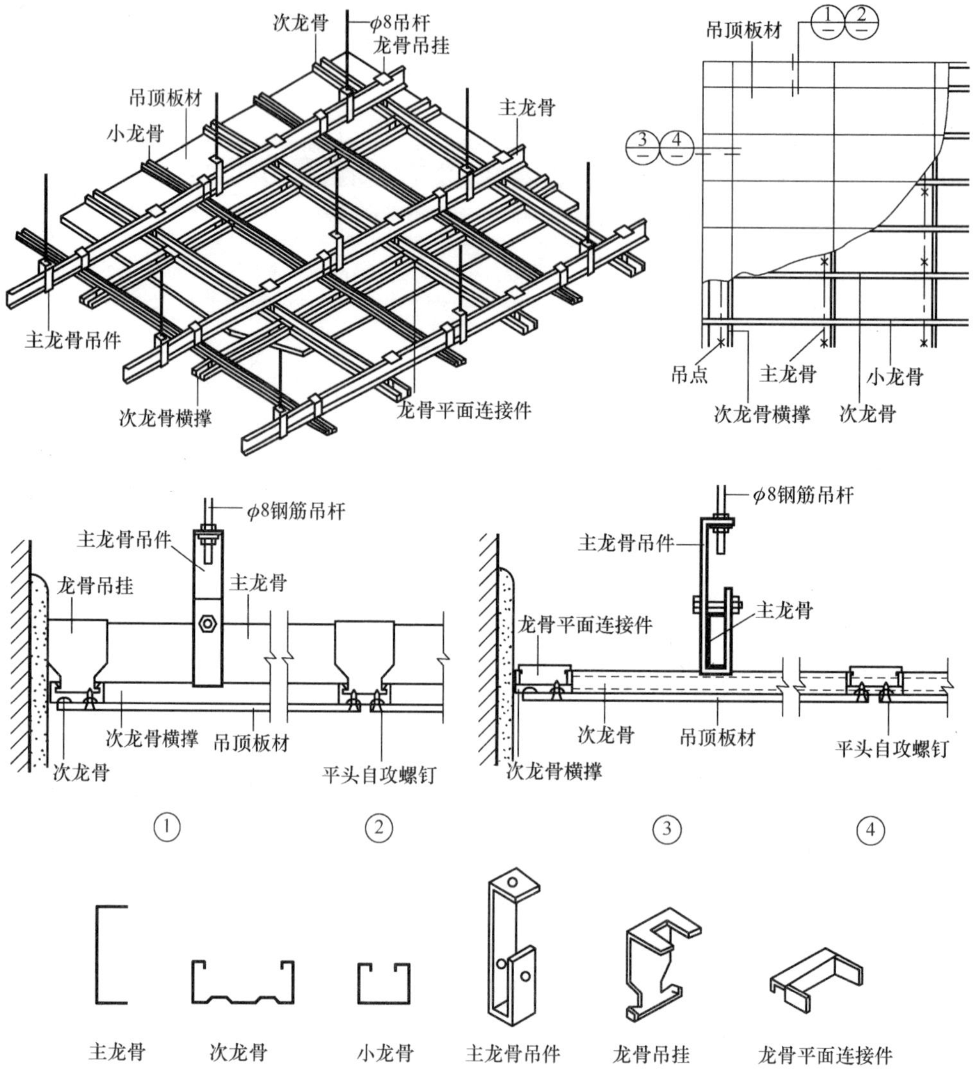

图 4.24　U 形轻钢龙骨吊顶（龙骨不外露）

（3）金属板材吊顶

常用金属板材有铝板、铝合金板、不锈钢板等，形状有条形、方形等。龙骨采用轻钢型材，其上可根据板材形状做出各种形式的夹齿，以便与板材连接。图 4.25 为金属条板吊顶构造示意图。

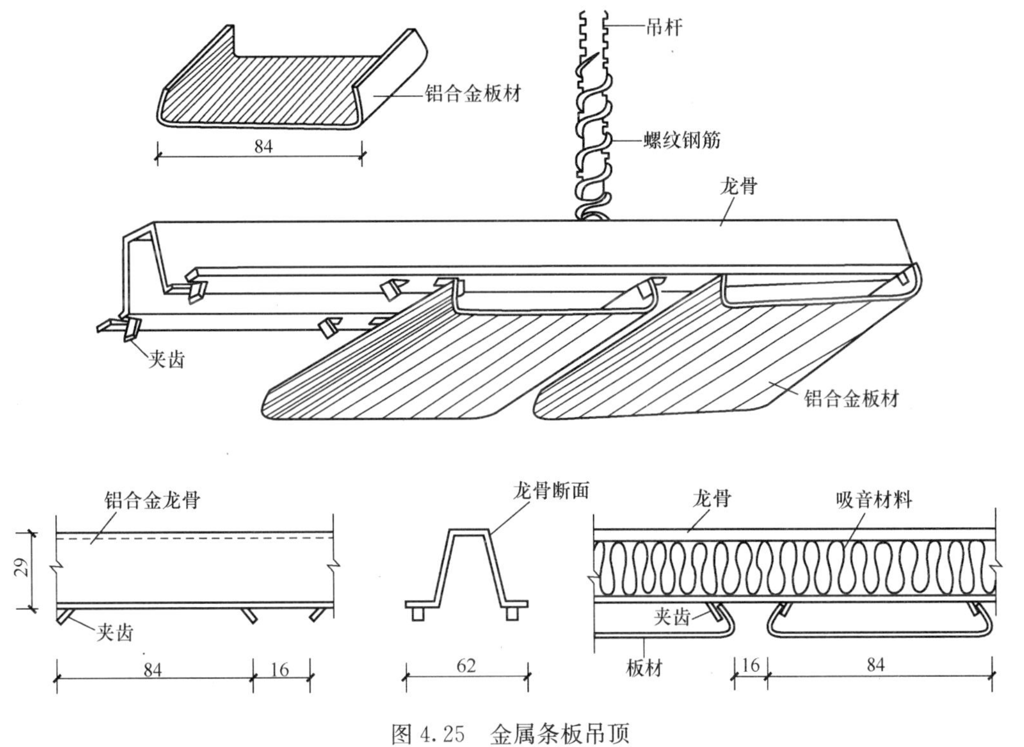

图 4.25　金属条板吊顶

4.5　阳台与雨篷构造

4.5.1 阳台

1. 阳台的类型

阳台是楼房建筑中不可缺少的室内外过渡空间。人们可利用阳台晒衣、休息、眺望或从事家务活动。阳台按与外墙的位置关系可分为凸阳台、凹阳台与半凸阳台（图 4.26）。

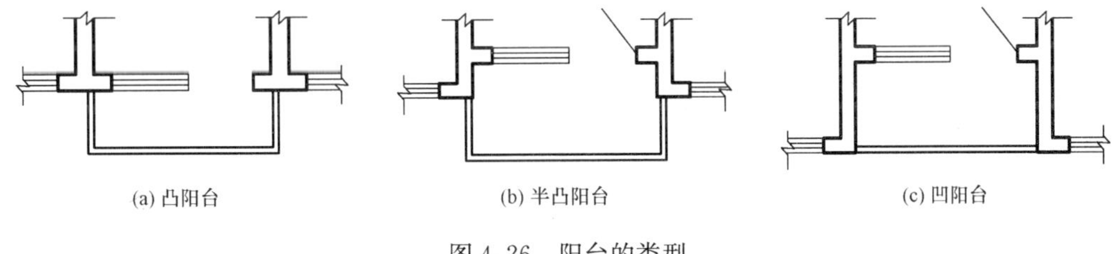

图 4.26　阳台的类型

2. 阳台的结构布置

阳台的结构布置指阳台底板的结构处理方法，包括搁板式、挑板式、挑梁式三种形式。

（1）搁板式

在凹阳台中，将阳台板搁置于阳台两侧凸出来的墙上，即形成搁板式阳台

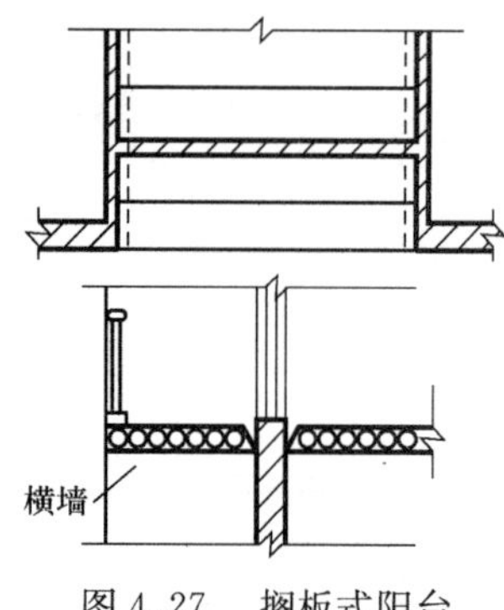

图 4.27　搁板式阳台

(图 4.27)，阳台板型和尺寸与楼板一致，施工方便。在寒冷地区采用搁板式阳台可以避免“冷桥”。

(2) 挑板式

挑板式阳台有现浇和预制两种。现浇挑板式阳台是将楼板与阳台底板整体浇筑而成［图 4.28 (a)］。预制挑板式阳台常将阳台板与过梁（圈梁）浇筑在一起作为一个预制构件，这种形式的阳台底部平整，长度可调整，但须注意阳台板的稳定。一般可通过增加墙梁长度来平衡；也可利用楼板的重量来平衡，如图 4.28 (b) 所示。

(3) 挑梁式

挑梁式阳台由墙体向外挑梁，梁上设板形成。挑梁与阳台板可现浇［图 4.29 (a)］，也可预制［图 4.29 (b)］。阳台荷载通过挑梁传给墙，由压在挑梁上的墙体和楼板来抵抗阳台的倾覆力矩。挑梁压在墙中的长度应不小于 1.5 倍的挑出长度。为美观起见，可在挑梁端头设置面梁，既可遮挡挑梁头，又可承受阳台栏杆重量，加强阳台的整体性。

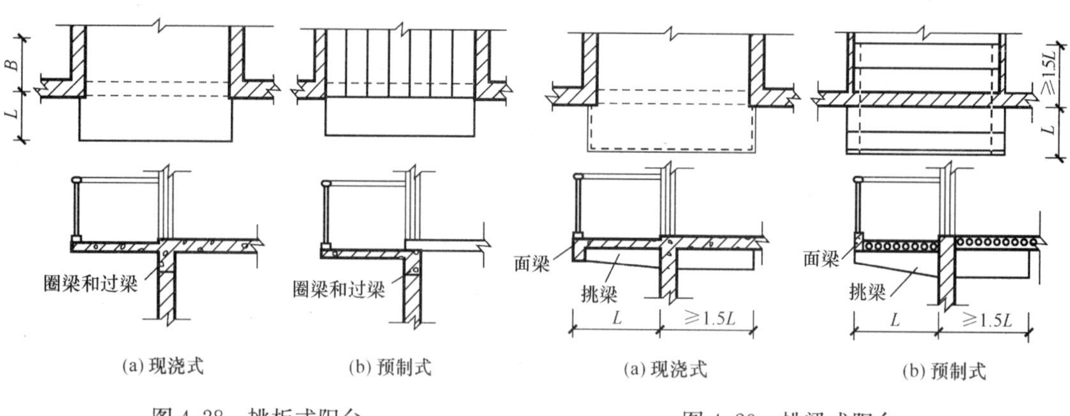

图 4.28　挑板式阳台

图 4.29　挑梁式阳台

3. 阳台栏杆和扶手

(1) 栏杆

栏杆是在阳台外围设置的垂直构件，其作用有两个方面：一方面是承担人们推倚的侧向力，以保证人的安全；另一方面是对建筑物起装饰作用。因此，栏杆的构造要求是坚固和美观。

栏杆按材料不同有金属栏杆、砖砌栏板，钢筋混凝土栏杆（板）等。栏杆的形式有空花、实体和组合式栏杆。

金属栏杆多为圆钢和方钢，它们与阳台板中预埋的通长扁钢焊牢或直接插入阳台板的预留孔内。钢栏杆自重小，造型轻巧，但易锈蚀，如为其他合金则造价较高。

砖栏板通常采用立砌和顺砌两种方式。砖栏板自重大，抗震性能差，为确保安全，常在栏板中配置通长钢筋或外侧固定钢筋网，并采用现浇扶手。

钢筋混凝土栏杆可与阳台板整浇在一起，也可采用预制栏杆，借预埋铁件相互焊牢，并与阳台板或面梁焊牢。钢筋混凝土栏杆造型丰富，可虚可实，耐久性和整体性好，自重较砖栏杆轻，因此应用较为广泛。

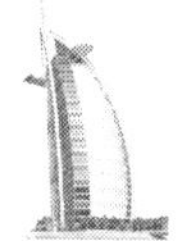

(2) 扶手

扶手有金属和钢筋混凝土两种。金属扶手一般为 ϕ50 钢管与金属栏杆焊接。钢筋混凝土扶手应用广泛，形式多样，一般直接用作栏杆压顶，宽度有 80mm、120mm、160mm。

栏杆及扶手构造举例见图 4.30。

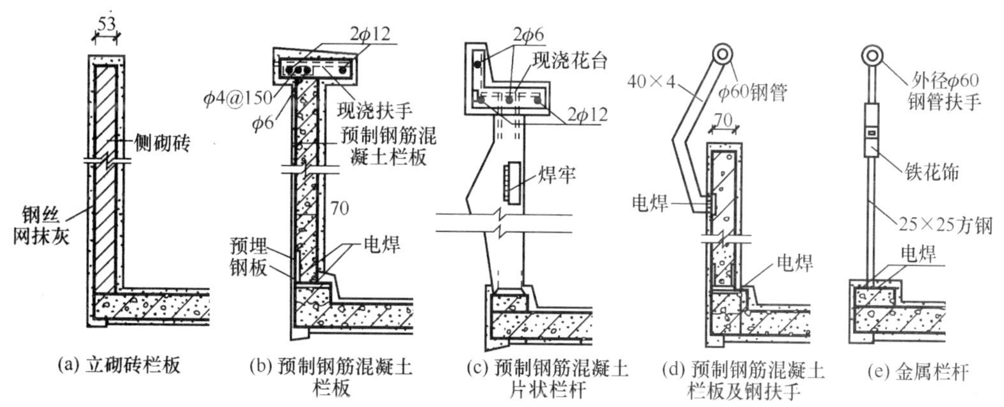

图 4.30　栏杆及扶手构造

4. 阳台的排水

为防止阳台的雨水流入室内，阳台地面一般低于室内地面 30mm 以上。阳台排水有外排水和内排水两种。外排水是在阳台外侧设置泄水管将水排出。泄水管为 ϕ40～ϕ50 镀锌铁管或塑料管，外挑长度不少于 80mm，以防雨水溅到下层阳台 [图 4.31 (a)]。内排水适用于高层和高标准建筑，即在阳台内侧设置排水立管和地漏，将雨水直接排入地下管网，保证建筑物立面美观 [图 4.31 (b)]。

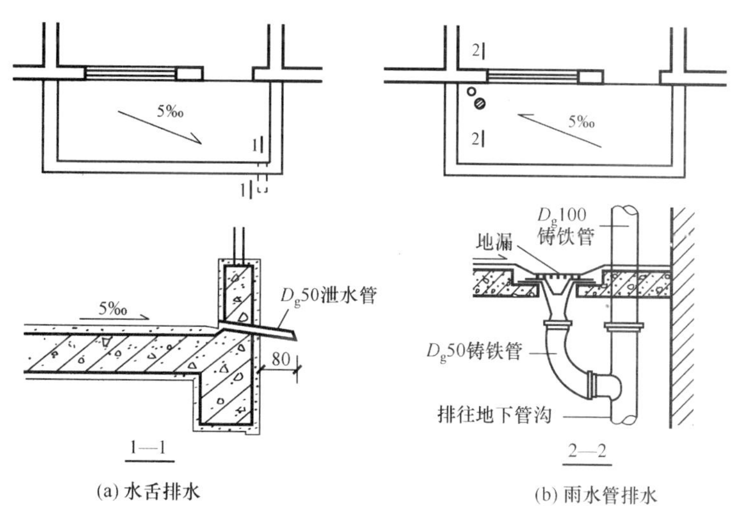

图 4.31　阳台排水构造

4.5.2 雨篷

雨篷是建筑物入口处和顶层阳台上部用以遮挡雨水、保护外门免受雨水侵蚀的水

平构件。雨篷的形式是多种多样的，根据雨篷板的支承方式不同有挑板式和梁板式。挑板式雨篷由雨篷梁悬挑雨篷板，雨篷梁兼作过梁，外挑长度一般为0.9～1.5m，可采用无组织排水和有组织排水，如图4.32（a）所示，常用于次要出入口。当挑出长度较大时，一般做成挑梁式，为使底板平整，常将挑梁上翻，如图4.32（b）所示。

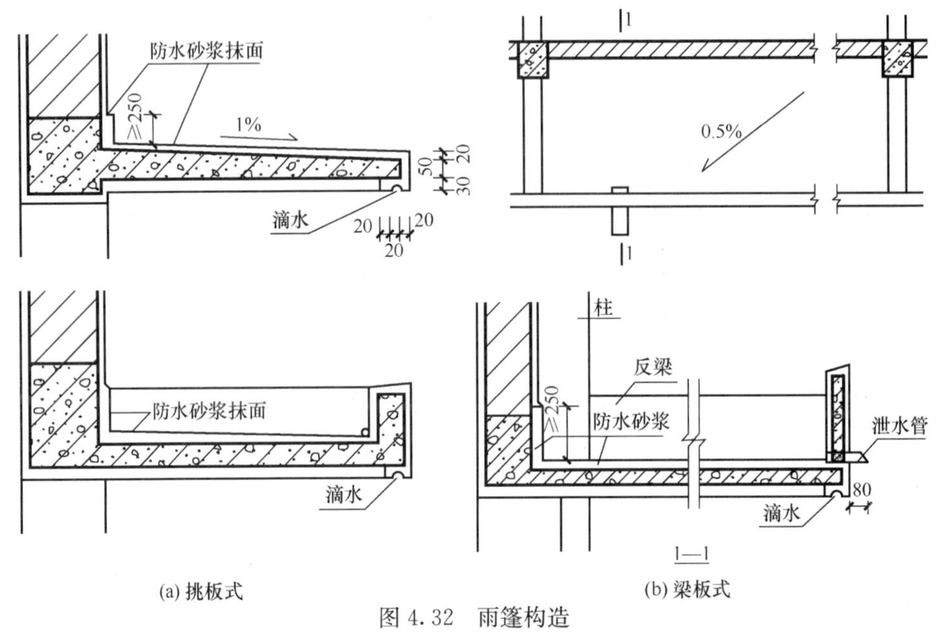

(a) 挑板式　　(b) 梁板式

图4.32　雨篷构造

小　　结

1. 楼地层包括楼板层和地坪层。楼板层是楼房的分层构件，楼板层的基本组成部分有面层、结构层和顶棚三部分，地坪层的基本组成部分有面层、垫层和基层三部分，有特殊要求时增设附加层。楼地层要满足安全、使用功能和经济等方面的要求。

2. 根据钢筋混凝土楼板的施工方法不同，可分为现浇式、装配式和装配整体式三种。现浇钢筋混凝土楼板有板式楼板、肋梁楼板、井式楼板、无梁楼板和压型钢板组合楼板等多种形式。装配式钢筋混凝土楼板常用的板型有实心平板、槽形板、空心板等，应注意加强楼板的整体性。装配整体式楼板是在现场安装预制构件，再整体浇筑的楼板。常用的装配整体式楼板有密肋楼板和叠合式楼板两种。

3. 地面是楼地层最上面的装修层。根据面层所用的材料及施工方法不同，常见地面有整体地面、块材地面、卷材地面和涂料地面等四种类型。要注意地面变形缝、防排水、踢脚等细部构造。

4. 顶棚是楼板层下面的装修层。顶棚按构造方式不同有直接式顶棚和悬吊式顶棚两种类型。直接式是指直接在楼板底喷刷、抹灰和贴面。悬吊式顶棚悬挂在屋顶或楼板下，由骨架和面板组成，简称吊顶或吊顶棚。

5. 阳台可视为楼板向室外的延伸。按阳台与外墙的位置关系有凸阳台、半凸阳台、凹阳台，阳台的结构布置方式有搁板式、挑板式、挑梁式。雨篷是建筑出入口的挡雨设施，根据板的支承方式不同有挑板式和梁板式。

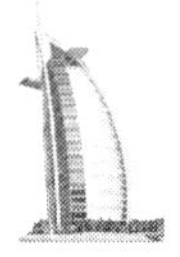

思考与练习题

4.1　填空题

(1) 楼板层的基本构造组成有＿＿＿＿＿、＿＿＿＿＿、＿＿＿＿＿等。

(2) 地坪的基本构造组成有＿＿＿＿＿、＿＿＿＿＿、＿＿＿＿＿等。

(3) 根据施工方法不同，钢筋混凝土楼板可分为＿＿＿＿＿、＿＿＿＿＿和＿＿＿＿＿三种。

(4) 吊顶一般由＿＿＿＿＿和＿＿＿＿＿两部分组成。

(5) 按阳台与外墙的位置关系，阳台可分为＿＿＿＿＿、＿＿＿＿＿和＿＿＿＿。

(6) 阳台底板的结构布置方式有＿＿＿＿＿、＿＿＿＿＿和＿＿＿＿＿。

4.2　简述题

(1) 分析现浇肋形楼板的布置原则和传力特点。

(2) 压型钢板组合楼板有何特点？构造要求如何？

(3) 装配式钢筋混凝土楼板的结构布置原则有哪些？板缝如何调整？

(4) 简述现浇水磨石地面、瓷砖地面的构造。

(5) 阳台板的结构布置形式有哪些？各适用于什么情况？

4.3　画图题

(1) 图示楼板层和地坪层的基本组成。

(2) 图示表示装配式楼板的板与板、板与墙和梁的连接构造。

(3) 图示表示地面变形缝构造。

4.4　实训题

(1) 按书中图示轻钢龙骨吊顶，组装吊筋、主龙骨及主龙骨吊件、次龙骨及次龙骨吊件，加强吊顶构件的空间位置及安装构造。

(2) 观察周围的阳台和雨篷的形式，分析其底板结构布置。

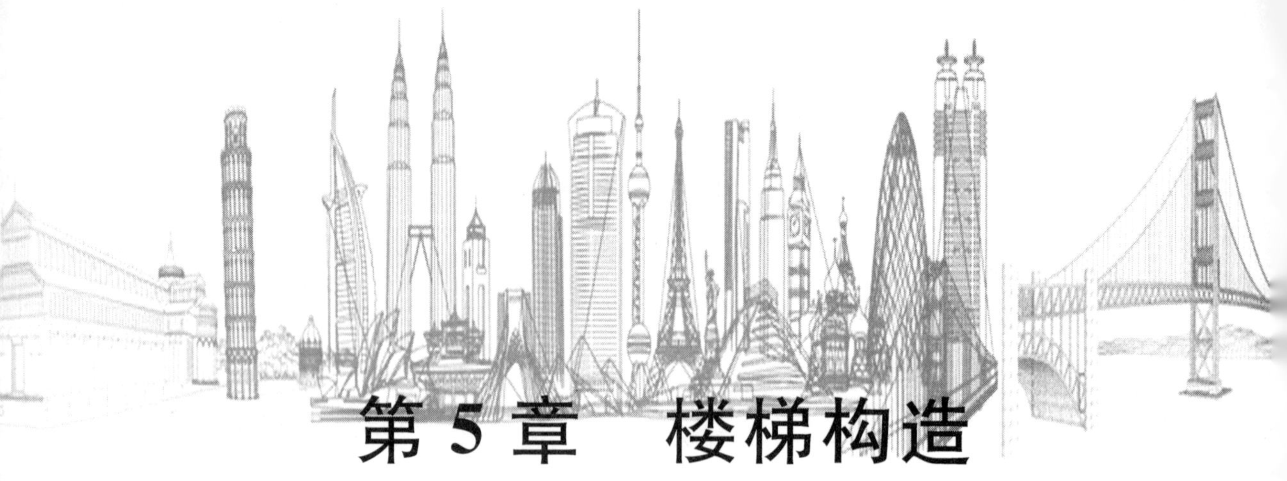

第 5 章　楼梯构造

【知识点】

1. 楼梯的设计要求、构造组成和分类
2. 楼梯各组成部分的尺度和设计方法、步骤
3. 钢筋混凝土楼梯、台阶、坡道构造
4. 电梯和自动扶梯构造

【学习要求】

1. 掌握楼梯各部分的尺度和设计方法
2. 掌握钢筋混凝土楼梯构造
3. 掌握踏步、栏杆扶手、台阶坡道等细部构造
4. 了解楼梯的构造组成和形式
5. 了解电梯和自动扶梯构造

5.1　楼梯的组成及类型

楼梯是建筑物的竖向联系构件，主要供人流上下楼层和疏散之用，因此对楼梯的设计要求首先是应具有足够的通行能力，即保证楼梯有足够的宽度和合适的坡度；其次，为使楼梯通行安全，应保证楼梯有足够的强度、刚度，并具有防火、防烟和防滑等方面的要求。在建筑中，布置楼梯的房间称为楼梯间。楼梯间要注意采光和通风；楼梯造型要美观，增强建筑物内部空间的观瞻效果。

在我国北方地区当楼梯间兼作建筑物出入口时，要注意楼梯间的防寒问题，一般可设置门斗或双层门。楼梯间的门应开向人流疏散方向，底层应有直接对外的出口。

5.1.1 楼梯的组成

楼梯一般由楼梯梯段、平台、栏杆扶手三部分组成。图 5.1 是楼梯组成示意图。

1）楼梯梯段。设有踏步，供楼层间上下行走的通道段落，称为梯段，它是楼梯的主要使用和承重部分。为减少人们上下楼梯时的疲劳和适应人行的习惯，一个楼梯梯段的踏步数量最多不超过 18 级，最少不少于 3 级。

2）平台。平台是指连接两个相邻楼梯段的水平部分，包括楼层平台和中间平台，与楼层标高相一致的平台称为楼层平台，而介于相邻两个楼层之间的平台称为中间平台，其主要作用是休息和转向。

3）栏杆扶手。为保证安全，楼梯段和平台的临空边缘应安装栏杆，因此要求栏杆必须坚固可靠，并保证有足够的安全高度。栏杆顶部供人们行走倚扶用的连续构件称为扶手。

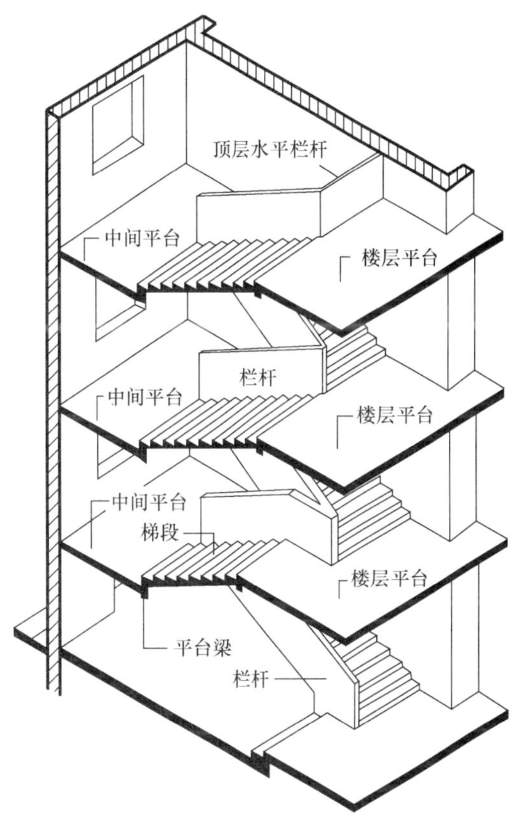

图 5.1　楼梯的组成

5.1.2 楼梯的类型

楼梯的分类方法很多，一般按如下方式分类：

1）按楼梯的材料分为木楼梯、钢楼梯、钢筋混凝土楼梯等。

2）按楼梯的位置分为室内楼梯和室外楼梯。

3）按使用性质分为主要楼梯、次要楼梯、消防楼梯等。

4）按楼梯的平面形式分为直跑式楼梯（单跑和双跑）、平行双跑楼梯、三跑楼梯、平行双分楼梯、平行双合楼梯、转角楼梯、双分转角楼梯、交叉楼梯、剪刀楼梯、螺旋楼梯等，如图 5.2 所示。

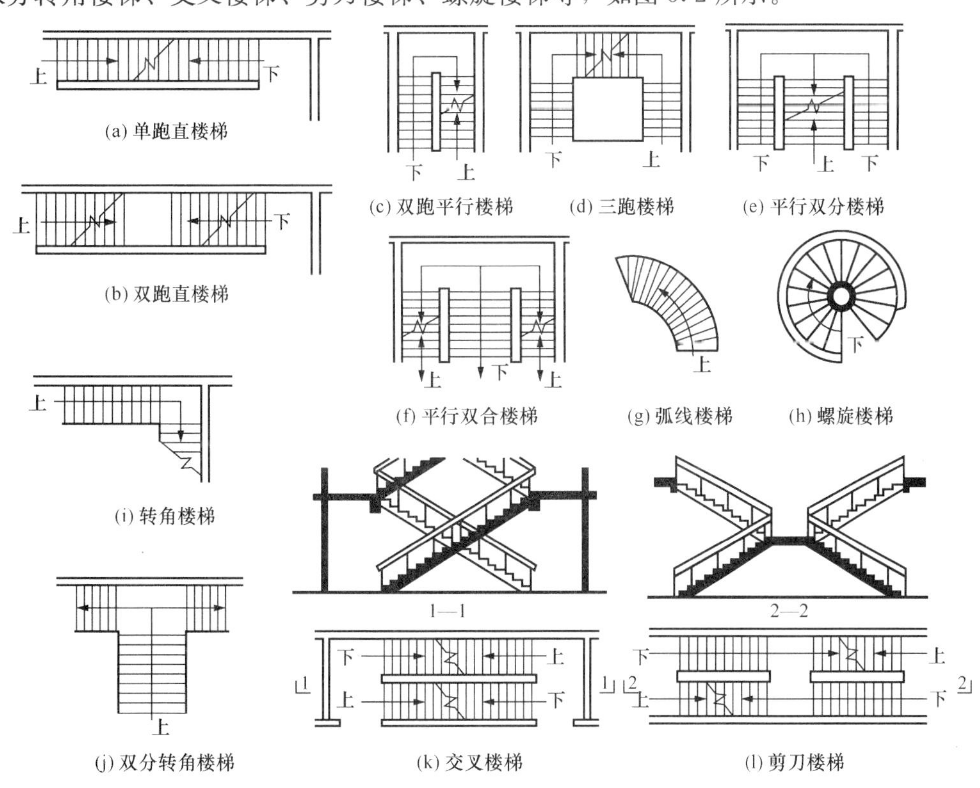

图 5.2　楼梯的形式

楼梯平面形式的选择取决于所处位置、楼梯间的平面形状与大小、楼层高低与层数、人流多少与缓急等因素，设计时需综合权衡这些因素。

直跑式楼梯沿着一个方向上楼，占楼梯间的宽度较小，长度较大，常用于住宅等层高较小的房屋。

平行双跑楼梯指第二跑楼梯段折回、和第一跑楼梯段平行的楼梯，所占楼梯间长度较小，面积紧凑，使用方便，是建筑物中较多采用的一种形式。

平行双分（双合）楼梯适宜布置在公共建筑的门厅中作为主要楼梯。

三跑楼梯围绕的中间部分形成较大的楼梯井，在设有电梯的建筑中，可利用楼梯井作为电梯井。当楼梯井未作电梯井时，不能用于幼儿园、中小学校等儿童经常使用楼梯的建筑，否则应有可靠的安全措施。

交叉楼梯相当于两个直行单跑楼梯交叉并列布置而成，通行的人流较多，且为上下楼的人流提供两个方向，对于空间开敞、楼层人流多方向进出有利，但仅适合层高小的建筑。

剪刀楼梯相当于双跑式楼梯对接，多用于人流大的公共建筑。

螺旋形、弧线形楼梯造型比较美观，有较强的装饰效果，多用于公共建筑的大厅中。

5.2 楼梯的尺度及设计

5.2.1 楼梯的尺度

1. 踏步尺度

楼梯的坡度视建筑的功能类型而定。在实际应用中均由踏步高宽比决定，踏步的高宽比需根据人流行走的舒适、安全和楼梯间的尺度、面积等因素进行综合权衡。常用的坡度为 1∶2 左右。一般地讲，公共建筑中的楼梯使用人数较多，坡度应平缓些；住宅建筑中的楼梯，使用人数较少，坡度可稍陡些；专供老年人或幼儿使用的楼梯坡度须平缓些；次要楼梯的坡度可陡些，但不应超过 45°。

楼梯梯段是由若干踏步组成，每个踏步由踏面和踢面组成。踏步尺寸可按下列经验公式计算，即

$$2h + b = 600 \sim 620\text{mm} \quad 或 \quad h + b = 450\text{mm}$$

式中：h——踏步踢面高度；

b——踏步踏面宽度。

600～620mm 表示一般人的步距。

常用适宜踏步尺寸见表 5.1。

表 5.1 常用适宜踏步尺寸

名称	住宅	学校、办公楼	剧院、会堂	医院（病人用）	幼儿园
踏步高/mm	150～175	140～160	120～150	150	120～150
踏步宽/mm	260～300	280～340	300～350	300	260～300

为了行走舒适，规范规定了不同类建筑的楼梯踏步宽度最小值（b_{min}）和踏步高度

最大值（h_{max}），如住宅 b_{min}＝260mm，h_{max}＝175mm。当踏步宽度较小时，可以采取加做踏口或使踢面倾斜的方式加宽踏面。踏口的挑出尺寸一般为 20～40mm，见图 5.3。

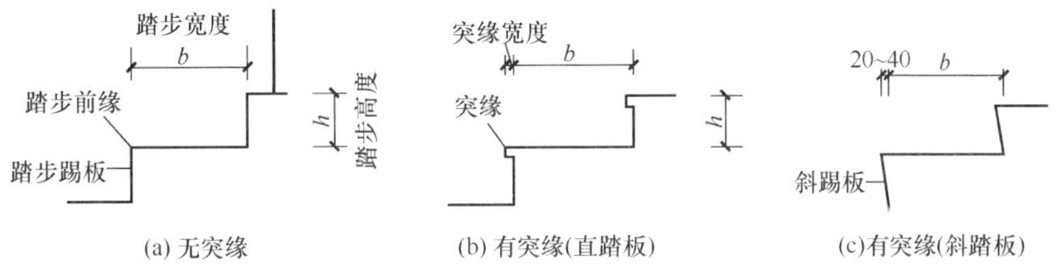

图 5.3　踏步形式与尺寸

2. 梯段宽度与平台宽度

梯段宽度指墙面至楼梯扶手中心线之间或楼梯扶手中心线之间的水平距离。它的确定要满足通行人流股数、搬运物件大小、防火疏散等要求。单股人流梯段宽 900mm，两股人流 1100mm，三股人流 1500～1650mm，其余类推。同时需满足各类建筑规范中对梯段宽度的限定，如住宅一般不小于 1100mm，公共建筑不小于 1300mm 等。

楼梯的休息平台宽度应不小于梯段宽，住宅的休息平台宽不小于 1200mm，以便做到与梯段等宽疏散和搬运家具时方便（图 5.4）。通向走道的开敞式楼梯的楼层平台至少保留 550mm，其余可用走道代替。

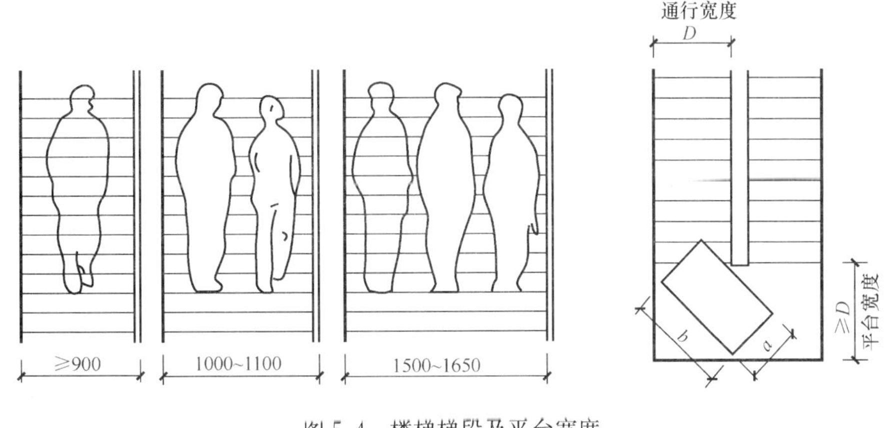

图 5.4　楼梯梯段及平台宽度

3. 梯井宽度

两梯段的间隙称楼梯井，简称梯井。梯井的宽度一般取 60～200mm；有儿童经常使用的梯井净宽大于 110mm 时，必须采取防止儿童攀滑的安全措施。对于公共建筑疏散楼梯的楼梯井，一般不宜小于 150mm，以便火灾时利用梯井向上吊挂水带，从而节约时间和减少水头损失。

4. 楼梯的净空高度

楼梯的净空高度包括楼梯段的净高和平台过道处的净高。楼梯段的净高是指自踏步前缘线（包括最低和最高一级踏步前缘线以外 300mm 范围内）量至正上方突出物下

缘间的垂直距离。平台过道处净高是指平台梁底至平台梁正下方踏步或楼地面上边缘的垂直距离。为保证在这些部位通行或搬运物件时不受影响，平台过道处的净空高度应不小于 2m；在楼梯段处净空高度应不小于 2.2m（图 5.5）。

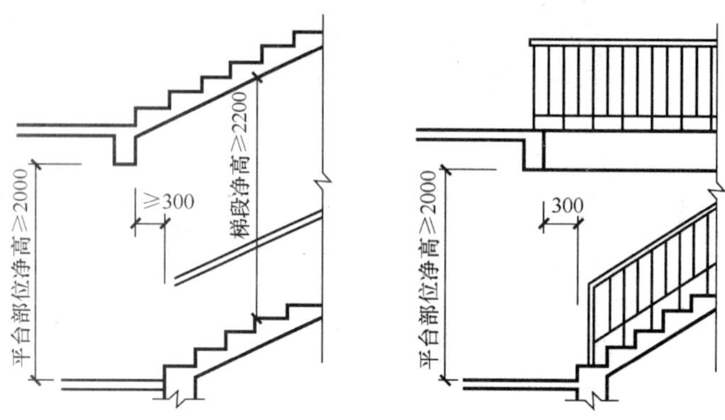

图 5.5　楼梯的净空高度

在双跑楼梯中，当首层平台下做通道不能满足 2m 的净高要求时，可采取以下办法解决：

1）将底层第一梯段增长，形成级数不等的梯段。这种处理会使梯间加大进深[图 5.6（a）]。

2）楼梯段长度不变，降低梯间底层的室内地面标高。这种处理梯段构件统一，但是室内外地坪高差要满足使用要求[图 5.6（b）]。

3）将上述两种方法结合，既利用部分室内外高差，又做成不等跑梯段，满足楼梯净空要求。这种方法较常用[图 5.6（c）]。

4）底层用直跑楼梯，直达二楼。这种处理楼梯段较长，需楼梯间也较长[图 5.6（d）]。

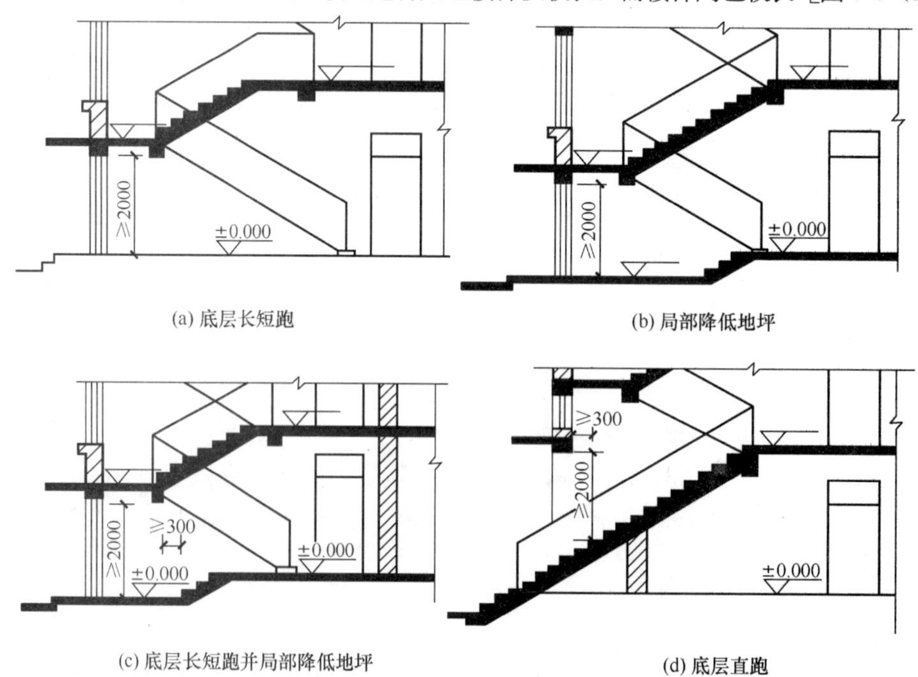

图 5.6　底层中间平台下做出入口时的处理方式

5. 栏杆扶手

楼梯栏杆扶手高度是指踏面前缘至扶手顶面的垂直距离。扶手高度与楼梯坡度、楼梯的使用要求有关。很陡的楼梯，扶手高度矮些，坡度平缓时高度稍大。一般室内扶手高度不宜小于 900mm；儿童使用的楼梯应在 600mm 处增加一道扶手。

提示

有儿童经常使用的楼梯，栏杆应采用不易攀登的构造，垂直杆件的净距不应大于 110mm（图 5.7）。

楼梯水平段长度大于 500mm 时，其扶手高度不应小于 1050mm。

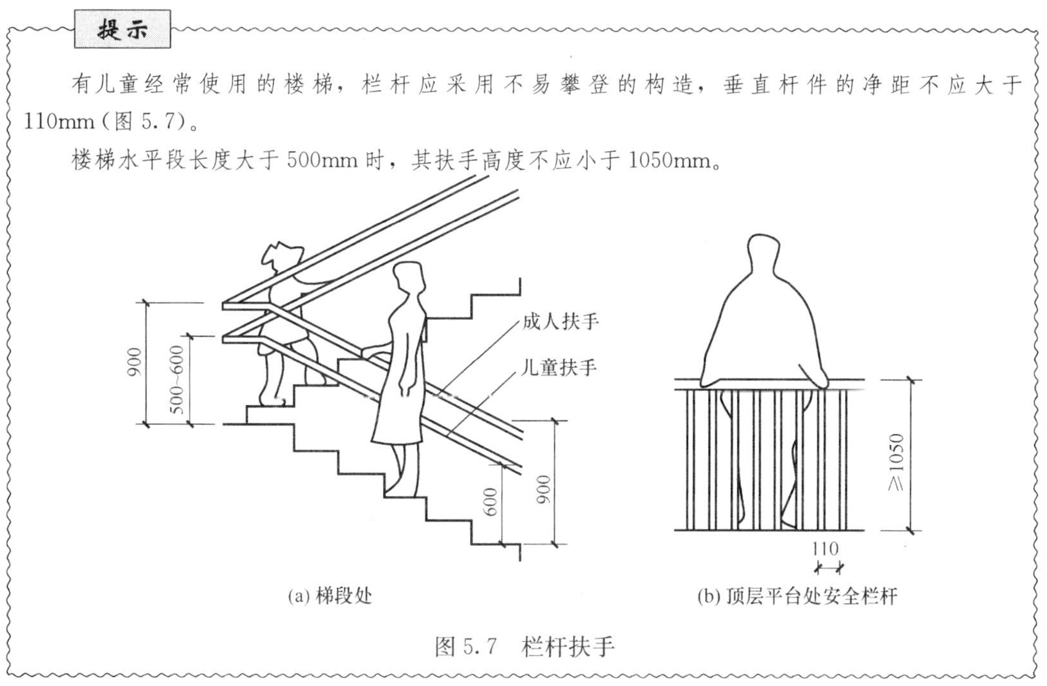

图 5.7　栏杆扶手

5.2.2 楼梯设计

楼梯设计应根据使用要求选择合适的形式，布置恰当的位置，根据使用性质、人流通行情况及防火规范综合确定楼梯的宽度及数量，并根据使用对象和使用场合选择最合适的坡度。这里结合图 5.8 介绍在已知楼梯间的层高、开间、进深尺寸的前提下设计平行双跑楼梯。

1. 设计步骤

第一步　根据建筑的性质和用途，确定楼梯的适宜坡度，选择踏步高宽尺寸 h 和 b。

第二步　确定每层踏步级数 N。$N=H/h$。N 应为整数，尽量为偶数，以减少构件规格，这样反过来调整踏步高 h。每个楼梯段的级数$n=N/2$。

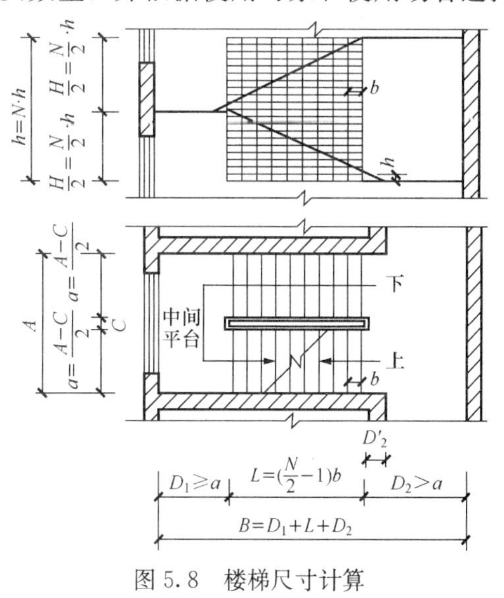

图 5.8　楼梯尺寸计算

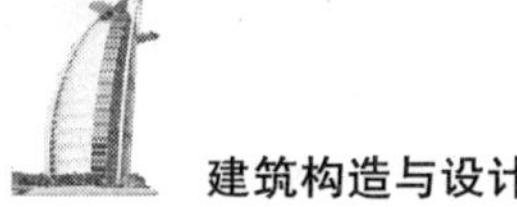

第三步　根据楼梯间净宽 A 和取定的梯井宽 C 确定楼梯段宽度，$a=(A-C)/2$。同时检查其通行能力是否满足疏散时人流股数要求，如不能满足，应调整梯井宽 C 或开间净宽 A。

第四步　计算梯段水平投影长度 L。$L=(N/2-1)\times b$。

第五步　确定楼梯中间平台宽度 $D_1(\geqslant a)$ 和楼层平台宽度 $D_2(\geqslant a)$。$D_1+D_2=B-L$，常取 $D_2\geqslant D_1$。如不能满足 $D_1\geqslant a$ 和 $D_2\geqslant a$，需调整 B 值。在 B 值一定的情况下，如果尺寸宽余，一般加宽 b 值以缓冲坡度，或加宽 D_2 值以利于楼层平台分配人流。当为公共走廊时，D_2 按 D_2^1 计算，$D_2^1\geqslant$ 550mm（上下楼梯的一股人流，以减小上下楼梯人流对走道的影响）。

第六步　如果楼梯首层平台下做通道，需进行楼梯净空高度验算，使之符合要求。

第七步　绘制楼梯平面图及剖面图。

2. 设计实例

【例 5.1】 某学生宿舍楼共五层，层高为 3.3m，楼梯间开间尺寸 4.0m，进深尺寸 6.6m。楼梯平台下做出入口，室内外高差 600mm，试设计双跑楼梯。

【解】 1）该建筑为一学生宿舍，楼梯通行人数较多，楼梯的坡度应平缓些，初选踏步高为 $h=150$mm，踏步宽 $b=300$mm。

2）确定踏步级数。$N=3300/150=22$ 级。确定为等跑楼梯，每个楼梯段的级数为 $N/2=22/2=11$。

3）开间净尺寸 $A=4000-120\times 2=3760$mm，楼梯井宽 C 取 60mm。计算出楼梯段的宽度 $a=(A-C)/2=(3760-60)/2=1850\text{mm}>1100$mm，楼梯段宽度满足通行两股人流的要求。

4）计算梯段水平投影长度 L。$L=(N/2-1)\times b=(22/2-1)\times 300=3000$mm。

5）确定平台宽度 D_1 和 D_2。楼梯间进深净尺寸 $B=6600-120+120=6600$mm，$D_1+D_2=B-L=6600-3000=3600$mm，取 $D_1=2000$mm（$>$1850mm），$D_2=3600-2000=1600$ mm（$>$550 mm）。

6）进行楼梯净空高度计算。首层平台下净空高度等于平台标高减去平台梁高，考虑平台梁高为 350mm 左右（约为平台梁净跨的 1/10）。

$150\times 11-350=1300$mm。不满足 2000mm 的净空要求，采取两种措施：一是将首层楼梯做成不等跑楼梯，第一跑为 13 级，第二跑为 9 级；二是利用室内外高差，本例室内外高差为 600mm，由于楼梯间地坪和室外地面还必须有至少 100mm 的高差，利用 450mm 高差，设 3 个 150mm 高的踏步，此时平台梁下净空高度为 $150\times 13+450-350=2050$mm，满足净空要求 。下面进一步验算进深方向尺寸是否满足要求：$D_2=B-L-D_1=6600-300\times 12-2000=1000$mm（$>$550mm）。

由于第一跑增加 2 级踏步，二层中间平台处净空高度减小，应验算二层中间平台处净空高度。$3300-350-150\times 2=2650\text{mm}>2000$mm，满足要求。

7）将上述设计结果绘制成图 5.9。

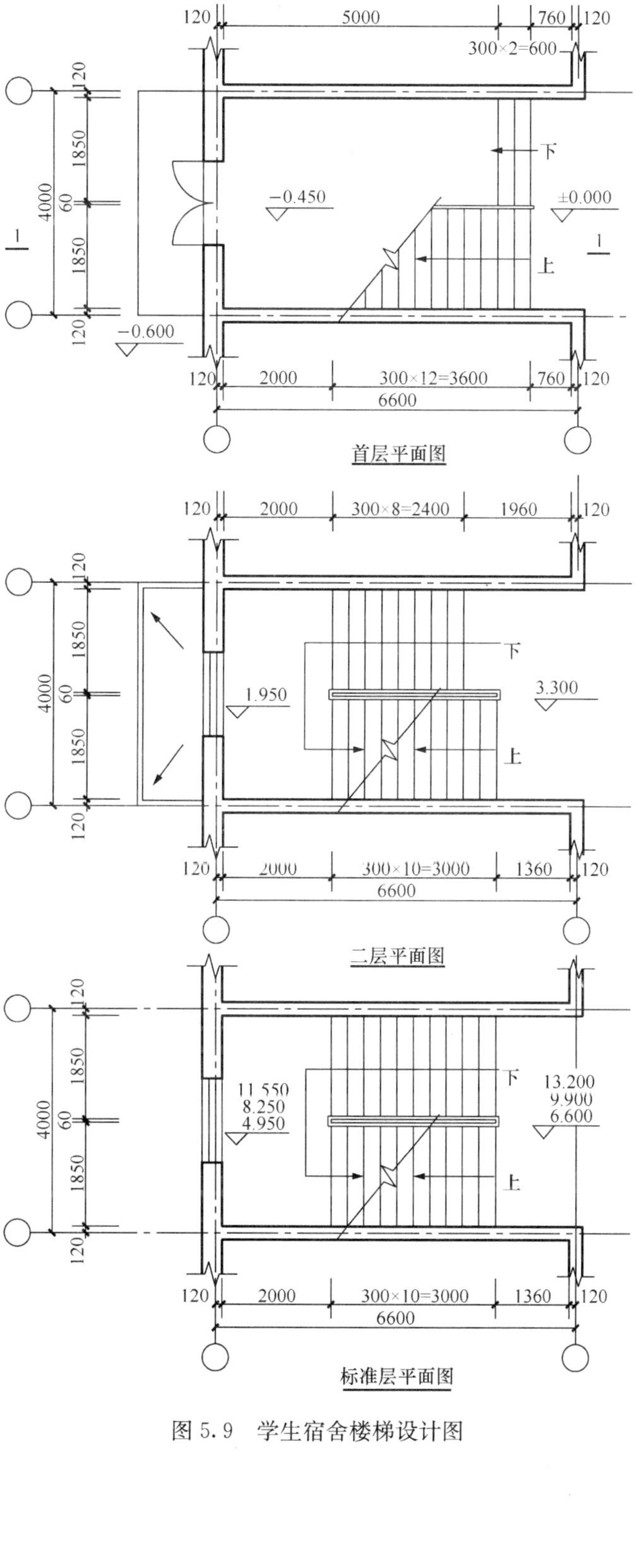

首层平面图

二层平面图

标准层平面图

图 5.9　学生宿舍楼梯设计图

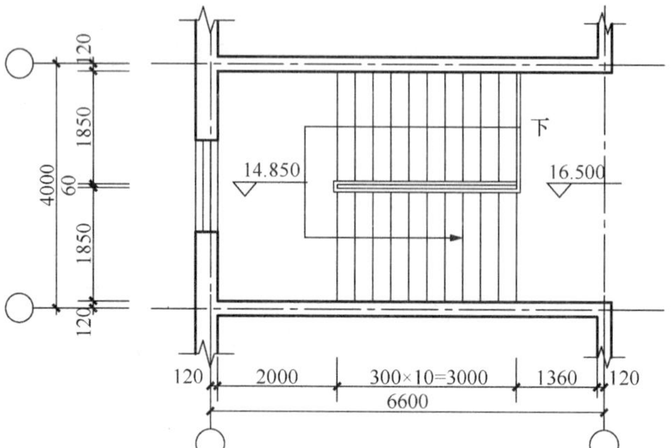

顶层平面图

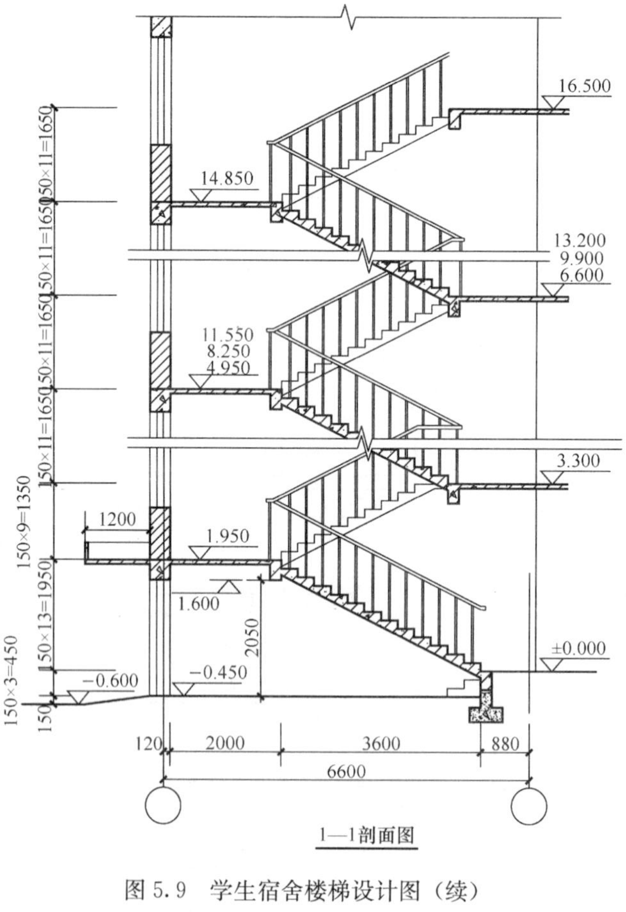

1—1剖面图

图 5.9 学生宿舍楼梯设计图（续）

5.3　钢筋混凝土楼梯构造

楼梯的构成材料可以是木材、钢筋混凝土、型钢或是多种材料混合使用。楼梯在疏散时起着重要作用，因此防火性能较差的木材现今已很少用于楼梯的结构部分。型钢作为楼梯构件，也必须经过特殊的防火处理。钢筋混凝土的耐火性和耐久性较木材和钢材好，故在一般建筑中应用最为广泛。

钢筋混凝土楼梯按施工方式分为现浇整体式和预制装配式。

5.3.1 现浇钢筋混凝土楼梯

现浇钢筋混凝土楼梯是指楼梯段、楼梯平台等整浇在一起的楼梯。它整体性好，刚度大，坚固耐久，抗震较为有利，但是在施工过程中要经过支模板、绑扎钢筋、浇筑混凝土、振捣、养护、拆模等作业，受外界环境因素影响较大，工人劳动强度大。在拆模之前，不能利用它进行垂直运输。因此，它较适合于抗震设防要求较高的建筑。对于螺旋形楼梯、弧形楼梯等形状复杂的楼梯，也宜采用现浇楼梯。

现浇钢筋混凝土楼梯按照楼梯段的传力特点分为板式楼梯和梁板式楼梯两种。

1. 板式楼梯

板式楼梯的梯段是一块斜放的锯齿形整浇板，它通常由梯段板、平台梁和平台板组成。梯段板承受楼梯段上的全部荷载，然后通过平台梁将荷载传到墙体或柱子(图 5.10)。必要时可取消梯段板一端或两端的平台梁，使平台板和梯段板形成一块折形板。这样处理平台下净空高度增大了，但斜板跨度增加了。板式楼梯段的底面平齐，便于装修，常用于楼梯荷载较小、楼梯段的跨度也较小的建筑中。

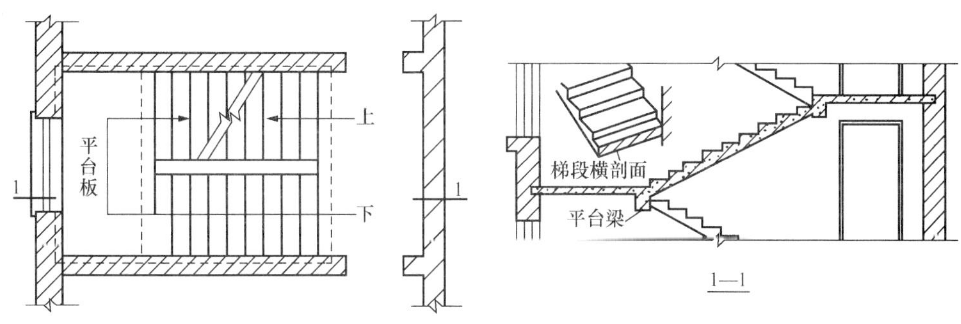

图 5.10　板式楼梯

当楼梯荷载较大，梯段斜板跨度较大时，斜板的截面高度也将很大，钢筋和混凝土用量增加，经济性下降，这时常采用梁板式楼梯。

2. 梁板式楼梯

梁板式楼梯也称梁式楼梯，由踏步板、楼梯斜梁、平台梁和平台板组成。梯段的荷载由踏步板传给斜梁，再由斜梁传给平台梁，而后传到墙或柱上。斜梁通常设两根，分别置于踏步板两端。斜梁和踏步板在竖向的相对位置有两种，当斜梁在板下部称为

正梁式梯段，上面踏步露明，也称为明步，[图 5.11 (a)]。有时为了让楼梯段底表面平整或避免洗刷楼梯时污水沿踏步端头下淌，弄脏楼梯，常将楼梯斜梁反向上面，称反梁式梯段，下面平整，踏步包在梁内，常称暗步 [图 5.11 (b)]。

梁板式楼梯与板式楼梯相比，板的跨度小，故在板厚相同的情况下，梁板式楼梯可以承受较大的荷载。反之，荷载相同的情况下，梁板式楼梯的板厚可以比板式楼梯的板厚减薄。但梁式楼梯在支模、扎筋等施工操作方面比板式楼梯复杂。

双梁式楼梯在有楼梯间的情况下，有时为了节约用料，通常在楼梯段靠墙一边也可不设斜梁，用承重的砖墙代替斜梁，则踏步板一端搁在墙上，另一端搁在斜梁上。

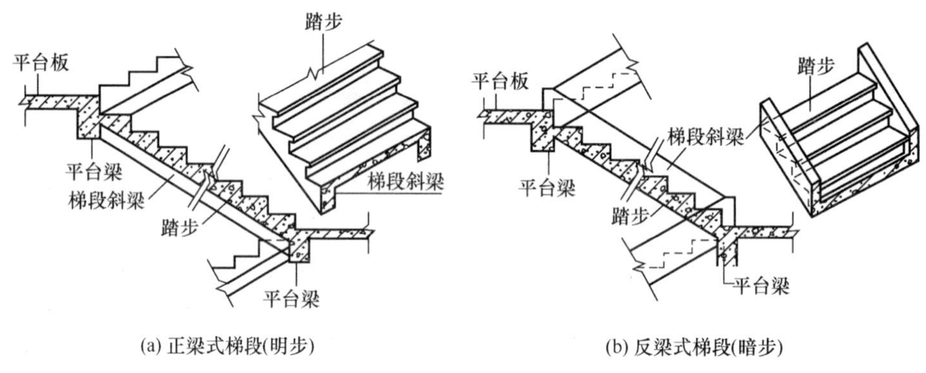

图 5.11　梁板式楼梯

5.3.2 预制装配式钢筋混凝土楼梯

预制装配式钢筋混凝土楼梯是指用预制厂生产或现场制作的构件安装拼合而成的楼梯。预制装配式楼梯提高了工业化施工水平，节约模板，简化操作程序，可较大幅度地缩短工期，但整体性、抗震性、灵活性等都较差。

预制装配式钢筋混凝土楼梯有多种不同的构造形式，按楼梯构件的合并程度一般可分为小型、中型和大型预制构件装配式楼梯。

1. 小型构件装配式楼梯

小型构件装配式楼梯是将楼梯按组成分解为若干小构件。如将一梁板式楼梯分解成预制踏步板、预制斜梁、预制平台梁和预制平台板。每一构件体积小、重量轻，易于制作，便于运输和安装。但其安装次数多，安装节点多，安装速度慢，安装湿作业多，需要较多的人力，且工人劳动强度也较大。小型构件装配式楼梯适合在施工现场机械化程度低的工地采用。

(1) 预制踏步

钢筋混凝土预制踏步从断面形式看一般有三角形、L 形和一字形三种 (图 5.12)。

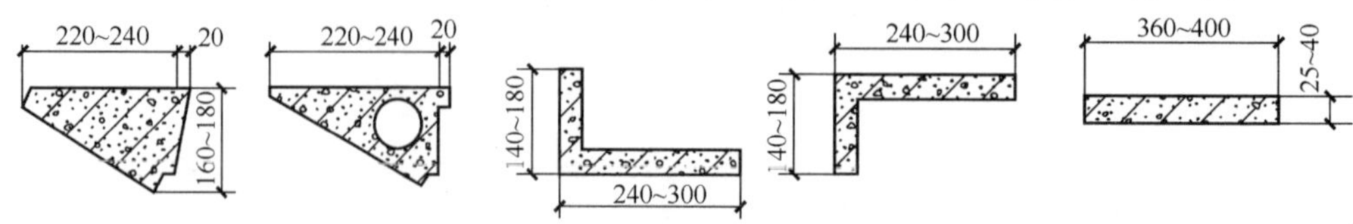

图 5.12　预制踏步的形式

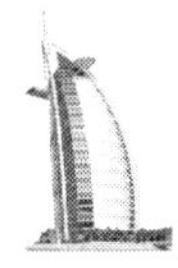

(2) 斜梁与平台梁

斜梁断面常有矩形和锯齿形。三角形踏步板与矩形斜梁配套；一字形和 L 形踏步板与锯齿形踏步板配套。平台梁一般采用 L 形断面，以便于支承斜梁（图 5.13）。

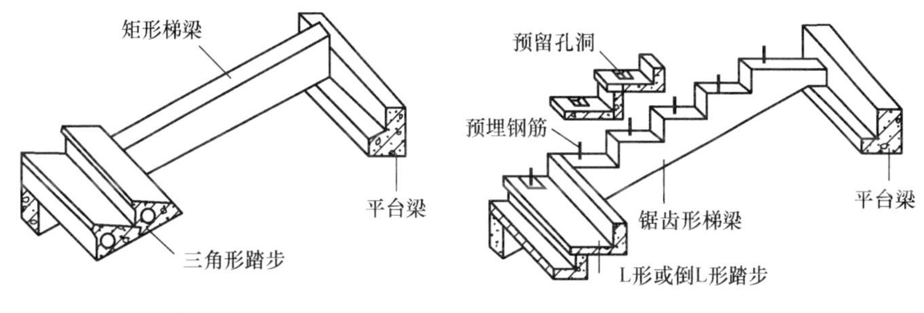

图 5.13　预制斜梁与平台梁形式

(3) 预制踏步的支承结构

预制踏步的支承有两种形式，即梁承式和墙承式。

1) 梁承式。由矩形和锯齿形的斜梁分别支承三角形踏步板和一字形、L 形踏步板（图 5.13）。

2) 墙承式。一种是由楼梯间墙悬挑踏步板形成悬挑式墙承楼梯（图 5.14）；另一种是由双墙支承式楼梯。墙承式楼梯抗冲击振动能力差，不适于有抗震要求的建筑。

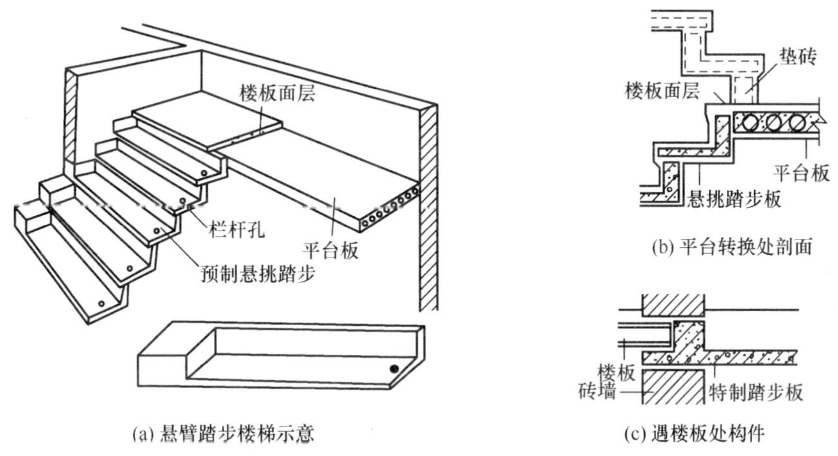

图 5.14　悬臂踏步楼梯

2. 中型构件装配式楼梯

中型构件装配式楼梯一般由楼梯段和带平台梁的平台板两个构件组成。带梁平台板把平台板和平台梁合并成一个构件。当起重能力有限时，可将平台梁和平台板分开。这种构造做法的平台板可以和小型构件装配式楼梯的平台板一样，采用预制钢筋混凝土槽形板或空心板两端直接支承在楼梯间的横墙上，或采用小型预制钢筋混凝土平板直接支承在平台梁和楼梯间的纵墙上。

3. 大型构件装配式楼梯

大型构件装配式楼梯是把整个梯段和平台预制成一个构件，按结构形式不同有板式

楼梯和梁板式楼梯两种。为减轻构件的重量，可以采用空心楼梯段。楼梯段和平台这一整体构件支承在钢支托或钢筋混凝土支托上。大型构件装配式楼梯构件数量少，装配化程度高，施工速度快，但施工时需要大型的起重运输设备，主要用于大型装配式建筑中。

5.4 楼梯的细部构造

5.4.1 踏步面层及防滑处理

楼梯的踏步面层应便于行走，耐磨、防滑，便于清洁，也要求美观。现浇楼梯拆模后一般表面粗糙，不仅影响美观，更不利于行走，一般需做面层。踏步面层的材料视装修要求而定，常与门厅或走道的楼地面面层材料一致，常用的有水泥砂浆、水磨石、大理石和缸砖等（图 5.15）。

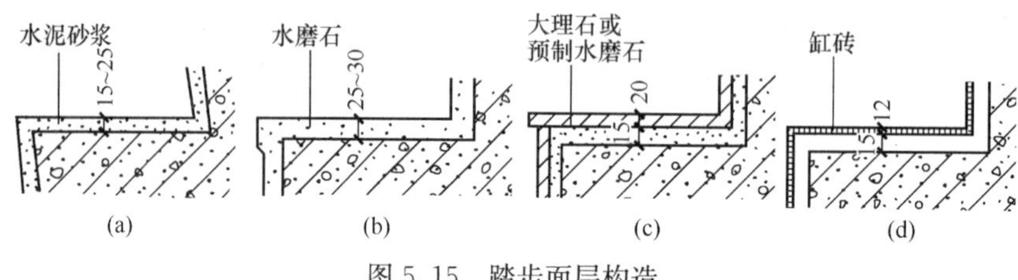

图 5.15 踏步面层构造

在通行人流量大或踏步表面光滑的楼梯，为防止行人在行走时滑跌，踏步表面应采取防滑和耐磨措施，通常是在踏步踏口处做防滑条。防滑材料可采用铁屑水泥、金刚砂、塑料条、橡胶条、金属条、马赛克等。最简单的做法是做踏步面层时留二三道凹槽，但使用中易被灰尘填满，使防滑效果不够理想，且易破损。防滑条或防滑凹槽长度一般按踏步长度每边减去 180mm。还可采用耐磨防滑材料如缸砖、铸铁等做防滑包口，既防滑又起保护作用（图 5.16）。标准较高的建筑可铺地毯或防滑塑料或橡胶贴面，这种处理走起来有一定的弹性，行走舒适。

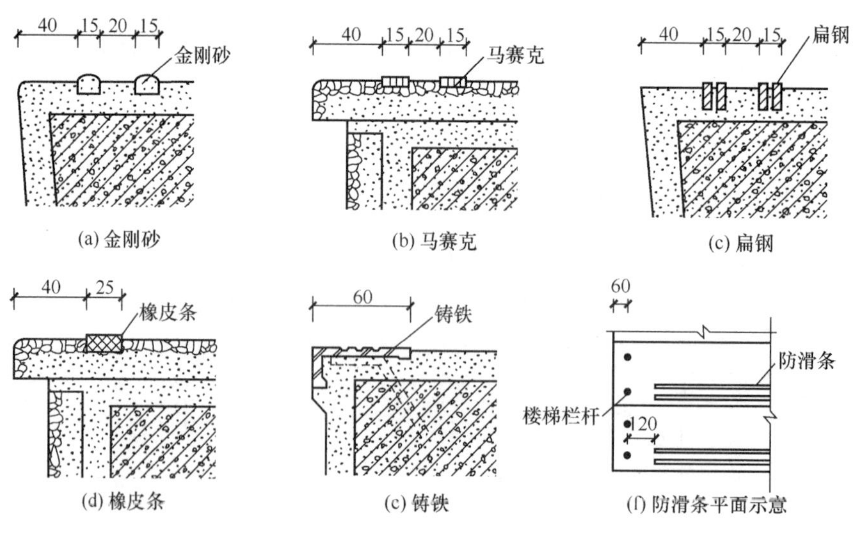

图 5.16 踏步防滑处理

5.4.2 栏杆和扶手构造

楼梯栏杆和扶手是上下楼梯的安全设施，也是建筑中装饰性较强的构件，设计时应考虑坚固、安全、适用、美观。

1. 栏杆

栏杆多用方钢、圆钢、扁钢等型材焊接或铆接成各种图案，既起防护作用，又有一定的装饰效果。实体栏杆也称栏板，如砖砌栏板、钢筋混凝土栏板、厚玻璃栏板等。常见栏杆形式见图5.17。

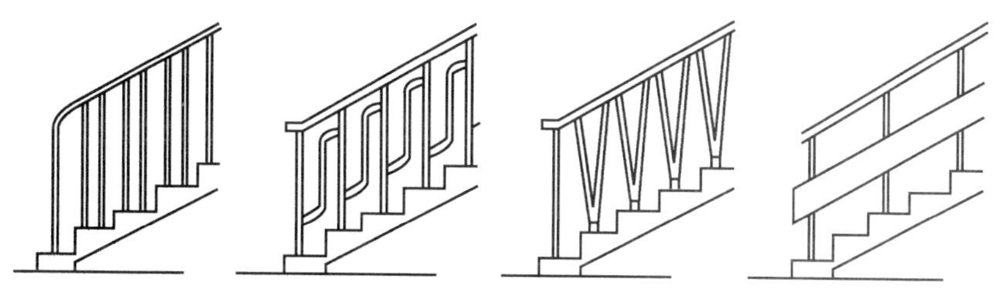

图5.17 栏杆的形式

栏杆与楼梯段应有可靠的连接，连接方法主要有：预留孔洞插接，即将栏杆的立杆端部做成开脚或倒刺，插入楼梯段预留的孔洞，用水泥砂浆或细石混凝土填实；预埋铁件焊接，即将栏杆的立杆与楼梯段中预埋的钢板或套管焊接在一起；螺栓连接等（图5.18）。

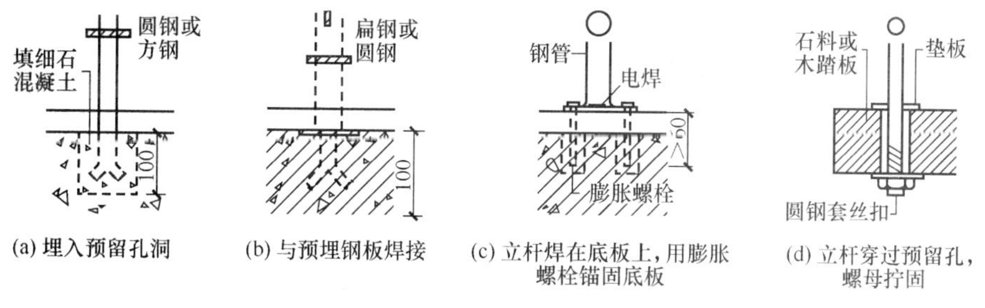

图5.18 栏杆与梯段的连接构造

2. 扶手

扶手一般采用硬木、塑料和金属材料制作，其中硬木扶手常用于室内楼梯，金属和塑料扶手常用于室外楼梯。另外，栏板顶部的扶手可用水泥砂浆或水磨石抹面而成，也可用大理石板、预制水磨石板或木板贴面制成。

楼梯扶手与栏杆应有可靠的连接，连接方法视扶手材料而定。硬木扶手与金属栏杆的连接通常是在金属栏杆的顶部先焊接一根带小孔的通长扁铁，然后用木螺丝通过扁铁上预留小孔将木扶手和栏杆连接成整体；塑料扶手与金属栏杆的连接方法和硬木扶手类似，或将塑料扶手通过预留的卡口直接卡在扁铁上；金属扶手与金属栏杆多用焊接。常见扶手类型及其与栏杆的连接构造见图5.19。

楼梯扶手有时必须固定在侧面的砖墙或混凝土柱上，如顶层安全栏杆扶手、休息平台护窗扶手、靠墙扶手等。扶手与砖墙连接时，一般是在砖墙上预留120mm×

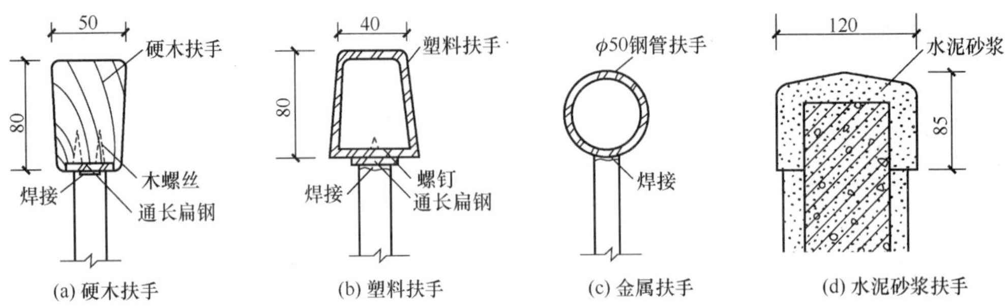

图 5.19　扶手的形式及其与栏杆的连接构造

120mm×120mm 孔洞，将扶手（金属扶手）或扶手铁件（木或塑料扶手）伸入洞内，用细石混凝土或水泥砂浆填实固牢；扶手与混凝土墙或柱连接时，一般在墙或柱上预埋铁件，与扶手铁件焊接，也可用膨胀螺栓连接，或预留孔洞插接（图 5.20）。

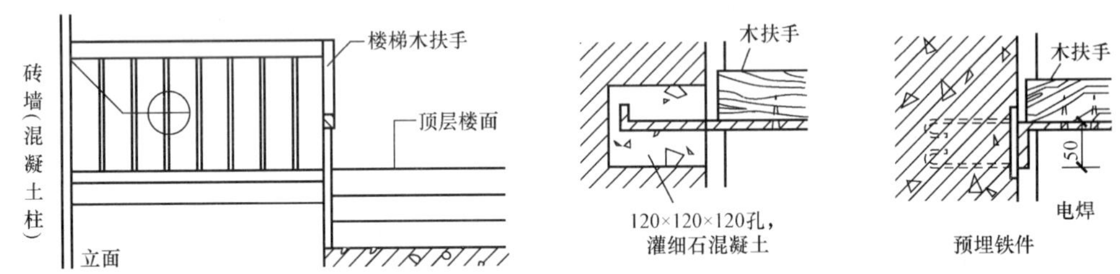

图 5.20　楼梯扶手与墙或柱的连接构造

双跑楼梯在平台转折处，上行楼梯段和下行楼梯段的第一个踏步口常设在一条竖线上。如果平台栏杆紧靠踏步口设置扶手，顶部高度则突然变化，扶手需做成一个较大的弯曲线，即所谓鹤颈扶手［图 5.21（a）］，连接上下扶手。这种处理方法费工费料，使用不便，应尽量避免。常用方法：一是将平台处栏杆内移至距踏步口约半步的地方［图 5.21（b）］；二是将上下行楼梯段错开一步［图 5.21（c）］。此两种处理方法扶手连接都较顺。

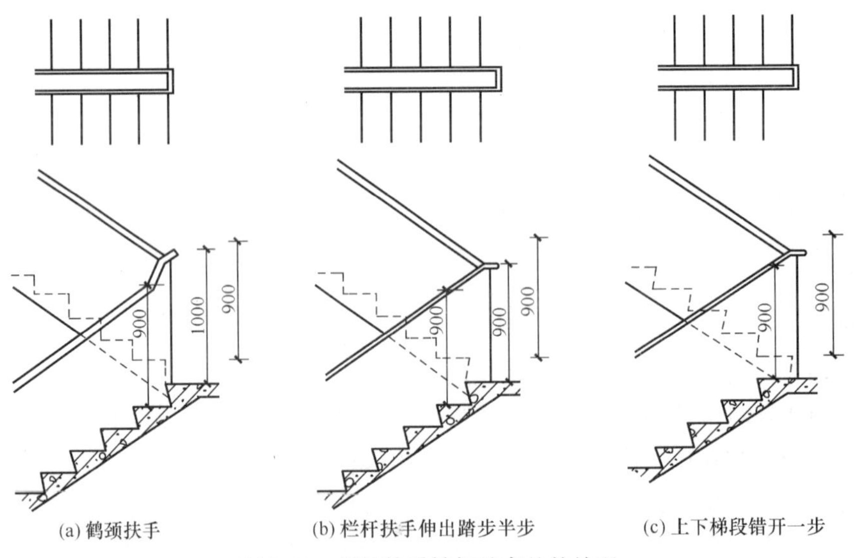

图 5.21　栏杆扶手转折处高差的处理

5.5　室外台阶与坡道构造

室外台阶和坡道是建筑物入口处连接室内外不同标高地面的构件，一般多采用台阶，当有车辆通行或室内外地面高差较小时可采用坡道。台阶和坡道还可以同时设置。台阶和坡道在入口处对建筑物的立面还具有一定的装饰作用，设计时既要考虑实用，还要注意美观。

5.5.1 台阶的形式与构造

1. 台阶的形式与尺寸

台阶由踏步和平台组成。室外台阶的形式有单面、两面、三面台阶（图 5.22）。单面和两面台阶可带垂带石、花池等。

台阶的坡度应比楼梯小，踏步的高宽比一般为 1∶2～1∶4，通常踏步高度为 100mm，踏步宽度为 300～400mm。平台设置在出入口与踏步之间，起缓冲作用。平台深度一般不小于 900mm；平台的宽度应不小于门洞宽加 1m（平台比门每边宽 500mm）。为防止雨水积聚或溢水室内，平台面宜比室内地面低 20～60mm，并向外找坡 1%～4%。

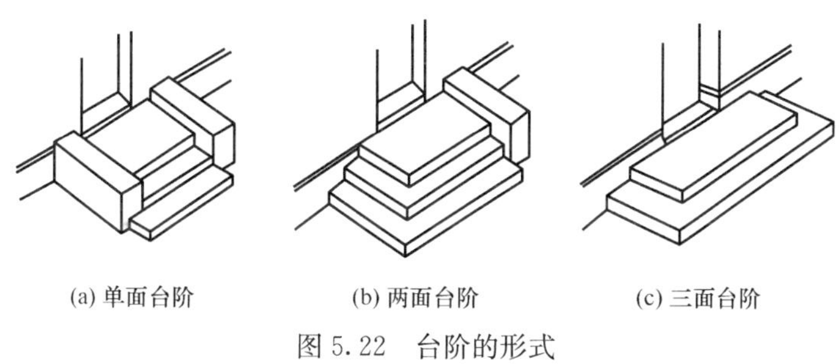

(a) 单面台阶　(b) 两面台阶　(c) 三面台阶

图 5.22　台阶的形式

2. 台阶构造

室外台阶应坚固耐磨，具有较好的耐久性、抗冻性和抗水性。台阶按材料不同有混凝土台阶、石台阶和钢筋混凝土台阶等，其中混凝土台阶应用最普遍。混凝土台阶由面层、混凝土结构层和垫层组成，面层可采用水泥砂浆或水磨石面层，也可采用缸砖、马赛克、天然石或人造石等块材，垫层可采用灰土、三合土或碎石等。

提示

台阶在构造上要注意对变形的处理。可加强房屋主体与台阶之间的联系，以形成整体沉降；或将台阶和主体完全断开，加强缝隙节点处理。

在严寒地区，若台阶地基为冻胀土，为保证台阶稳定，减轻冻胀影响，可改换保水性差的砂、石类土或混砂土做垫层，以减少冰冻影响。台阶构造见图 5.23。

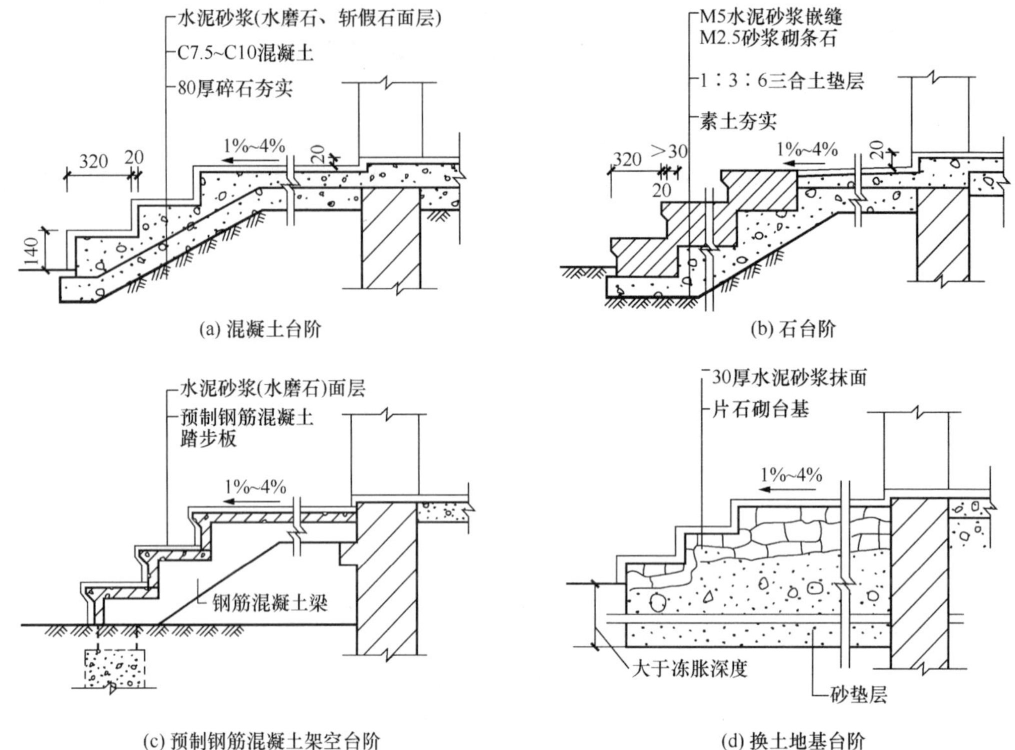

图 5.23　台阶构造

5.5.2 坡道的形式与构造

1. 坡道的形式与坡度

室外门前为了便于车辆上下，常做坡道。坡道多为单面形；大型公共建筑还常将可通行汽车的坡道与踏步结合，形成壮观的大台阶，如图 5.24 所示。

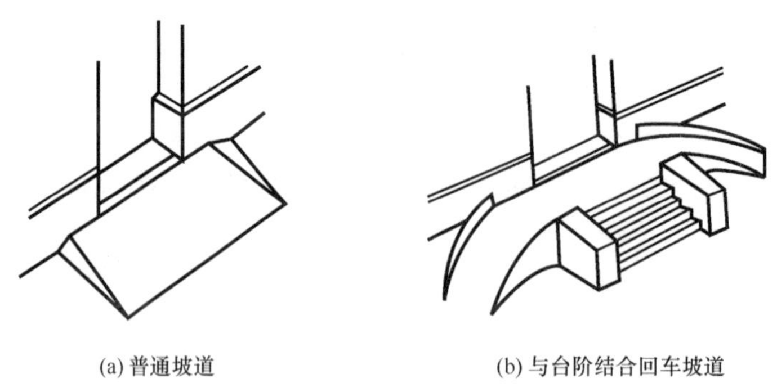

图 5.24　坡道形式

坡道的坡度与使用要求、面层材料和做法有关，一般为 1∶12～1∶6。面层光滑的坡道坡度不宜大于 1∶10；粗糙材料和设防滑条的坡道坡度可稍大，但不应大于 1∶6，锯齿形坡道的坡度可加大至 1∶4。在建筑入口处坡道的坡度一般不大于 1∶10。

2. 坡道的构造

坡道与台阶一样，也应采用耐久、耐磨和抗冻性好的材料，一般多采用混凝土坡道，也可采用天然石坡道等。坡道的构造要求和做法与台阶相似，但坡道由于平缓，对防滑要求较高。混凝土坡道可在水泥砂浆面层上划格，以增加摩擦力，亦可设防滑条，或做成锯齿形。天然石坡道可对表面做粗糙处理。坡道构造见图 5.25。

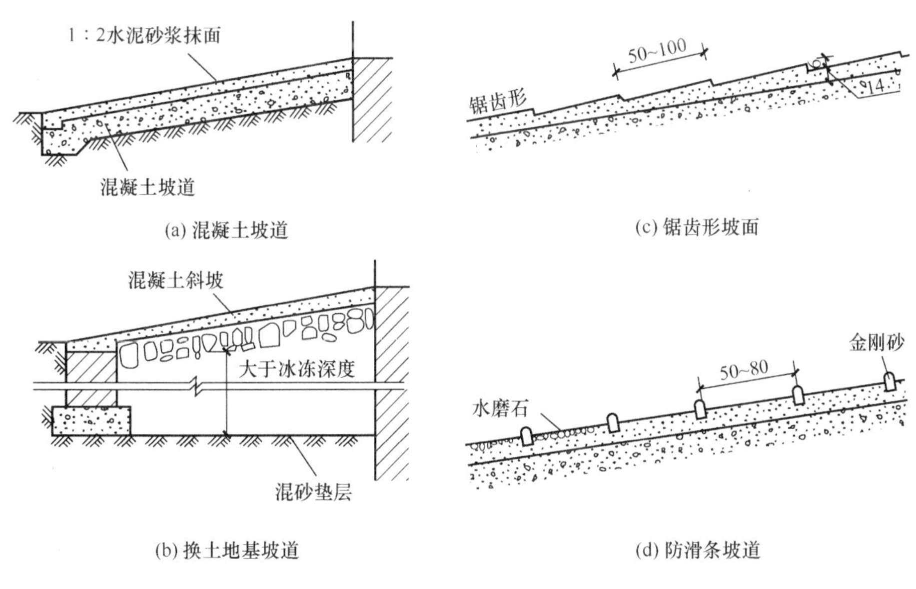

图 5.25　坡道构造

5.6　电梯与自动扶梯构造

5.6.1 电梯

电梯是建筑楼层之间垂直运输的快速设备。当住宅层数≥7 层，或最高楼面的高度在 16m 以上时应设电梯；等级较高（如宾馆）或有特殊需要（如医院）的公共建筑也应设电梯；多层仓库及多层商店为了运载货物方便也要设电梯。

1. 电梯的类型及组成

电梯按其用途可分为乘客电梯、住宅电梯、病床电梯、客货电梯、载货电梯和杂物电梯等。

电梯主要由机房、井道、轿厢三大部分组成。轿厢供载人或物之用，要求造型美观、经久耐用。轿厢沿导轨滑行。井道内的平衡锤由金属块叠合而成，用吊索与轿厢相连，保持轿厢平衡。电梯井道是供电梯轿厢运行的通道，机房是安装电梯起重设备的空间（图 5.26）。

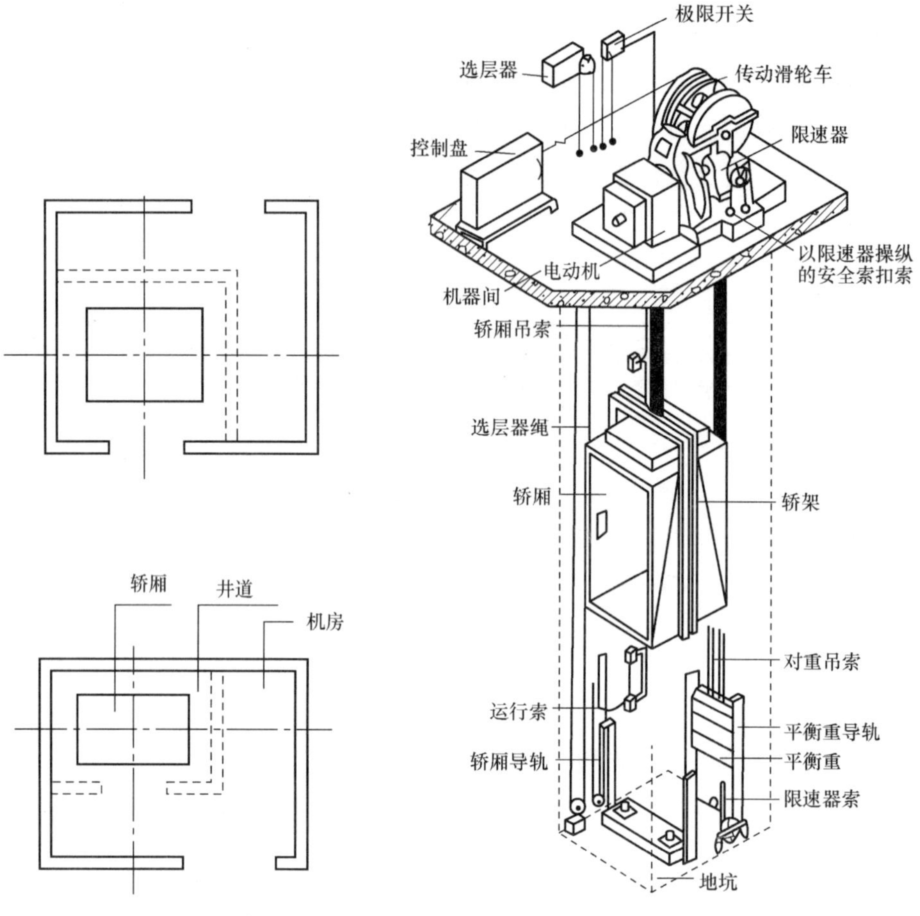

(a) 机房及井道关系　　(b) 电梯井道内部透视示意

图 5.26　电梯的组成

2. 电梯构造

(1) 电梯井道

电梯井道是电梯运行的通道，内部安装有电梯、出入口、导轨、平衡重、缓冲器等。

1) 井道的尺寸。电梯井道的平面尺寸应考虑井道内的设备大小及设备安装和检修所需尺寸，这又与电梯的类型、载重量等有关，设计时可按所选电梯厂的产品要求来确定。

2) 井道的防火和通风。井道是高层建筑穿通各层的垂直通道，火灾事故中火焰及烟气容易从中蔓延，因此井道四壁必须具有足够的防火能力，以保证电梯在火灾时能正常运行。电梯井道应选用坚固耐火的材料，一般多采用钢筋混凝土井道。为使井道内空气流通，火灾时能迅速排除烟和热气，应在井道底部和中部及地坑等适当位置设不小于 300mm×600mm 的通风口，上部可以和排烟口结合。通风管道可在井道顶板或井道壁上直接通往室外。井道上除了开设电梯门洞和通风孔洞外不应开设其他洞口。

3) 井道的隔振、隔声。为了减轻电梯在井道内运行时对建筑物产生振动和噪声，应采取适当的隔振及隔声措施。一般在机房机座下设弹性垫层外，还应在机房与井道间设隔声层，高度为 1.5～1.8m（图 5.27）。

4）井道地坑。井道地坑的地面设有缓冲器，以 冲撞。坑底一般采用混凝土垫层，厚度按缓冲器反力确 设置爬梯和检修灯槽，坑底位于地下室时宜从侧面开一 梯厂要求确定。

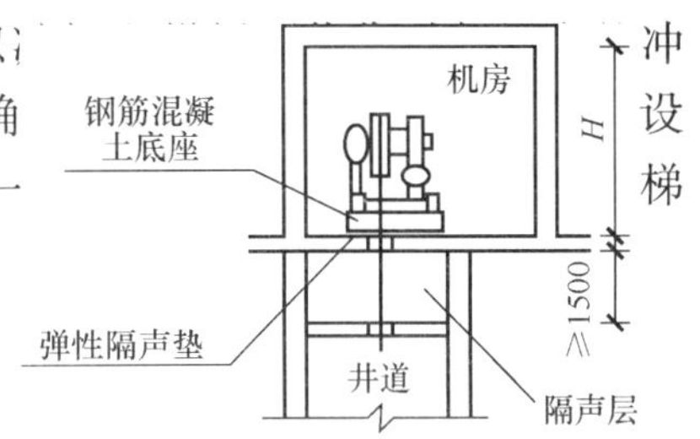

图 5.27 电梯机房隔声、隔振处理

（2）电梯门

电梯门一般为双扇推拉门，宽 800～1500mm，有中央分开推向两边的和双扇推向同一边的两种。推拉门的滑槽通常安置在门套下楼板边梁，如牛腿状挑出部分。电梯厅门门套装修的构造做法应与电梯厅的装修统一考虑，可有水泥砂浆抹灰、水磨石或木板装修，高级的还可采用大理石或金属装修。

（3）电梯机房

电梯机房一般设置在电梯井道的顶部。机房的平面尺寸须根据机械设备尺寸的安排及管理、维修等需要来决定，一般至少有两个面每边扩出 600mm 以上的宽度，高度多为 2.5～3.5m。机房应有良好的天然采光和自然通风，机房的围护结构应具有一定的防火、防水和保温、隔热性能。为了便于安装和检修，机房的楼板应按机器设备要求的部位预留孔洞。

5.6.2 自动扶梯

自动扶梯适用于有大量人流上下的公共场所，如车站、商场、地铁车站等。自动扶梯是建筑物楼层间连续、效率最高的载客设备。一般自动扶梯均可正、逆两个方向运行，可作提升及下降使用，机器停转时可作普通楼梯使用。

自动扶梯的坡度比较平缓，一般采用 30°，宽度按输送能力有单人和双人两种。自动扶梯的栏板分为全透明型、透明型、半透明型、不透明型四种。前三种内装照明灯具，不透明型室内照明。

自动扶梯是电动机械牵动梯段踏步连同栏杆扶手带一起运转，机房悬挂在楼板下面（图 5.28）。

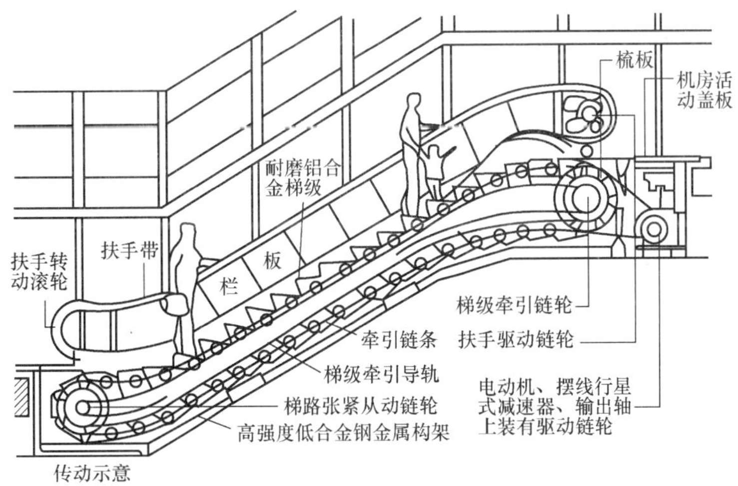

图 5.28 自动扶梯示意图

5.7 坡道、楼梯、电梯的无障碍设计

无障碍设计主要针对下肢残疾者和视力残疾者。残疾人国际通用标志为100～450mm的正方形，黑色轮椅图案白色衬底或相反，是由国际康复协会制定的，见图5.29。标志牌位置要醒目，高度要适中，它告知残疾人可以通行、进入和使用有关设施。

(a) 白色轮椅黑色衬底

(b) 黑色轮椅白色衬底

图5.29 残疾人国际通用标志

5.7.1 无障碍坡道

方便下肢残疾人通行的坡道类型，根据场地条件的不同可分为一字形、L形、U形、一字多段式坡道等，见图5.30。用于无障碍的坡道坡度一般不应大于1/12。每段坡道的坡度、坡段高度和水平长度以方便通行为准则，其最大容许值见表5.2。

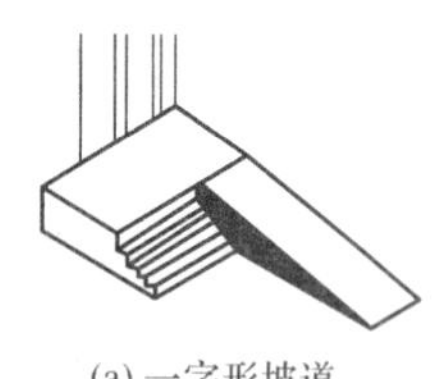
(a) 一字形坡道

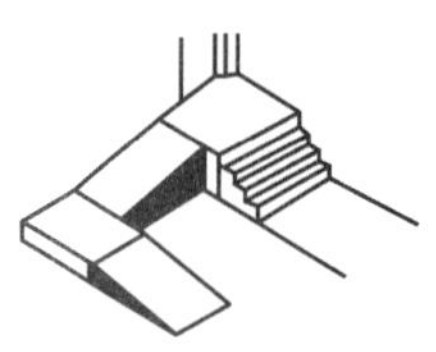
(b) L形坡道

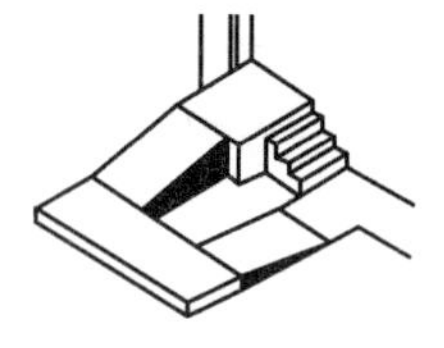
(c) U字形坡道

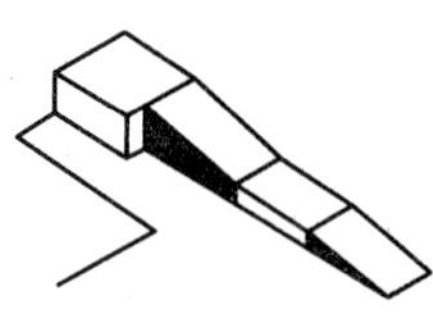
(d) 一字形多段式坡道

图5.30 无障碍坡道的一般类型

表5.2 每段坡道的坡度、坡段高度和水平长度的最大容许值

坡度	1/20	1/16	1/12	1/10	1/8	1/6
坡段最大高度/mm	1500	1000	750	500	350	200
坡段水平长度/mm	30 000	9000	9000	5000	5000	1200

室内外坡道最小宽度的确定是以轮椅宽度和人体尺度为依据的。室内坡道最小宽度为900mm，室外为1500mm。有转折的坡道及直跑超长坡道必须设置休息平台，其最小宽度见图5.31。

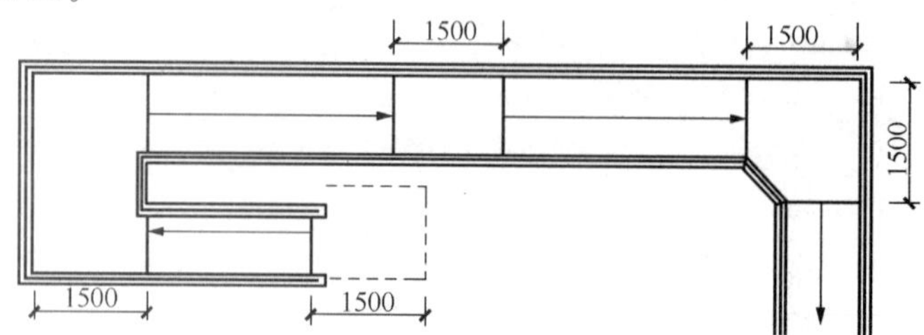

图5.31 无障碍坡道休息平台的最小宽度

提示

为保证安全及残疾人上下坡道的方便，应在坡道两侧增设扶手，起止步应设 300mm 长水平扶手。为避免轮椅撞击墙面及栏杆，应在扶手下设置不小于 50mm 高的安全挡台，见图 5.32。坡道面层应做防滑处理。

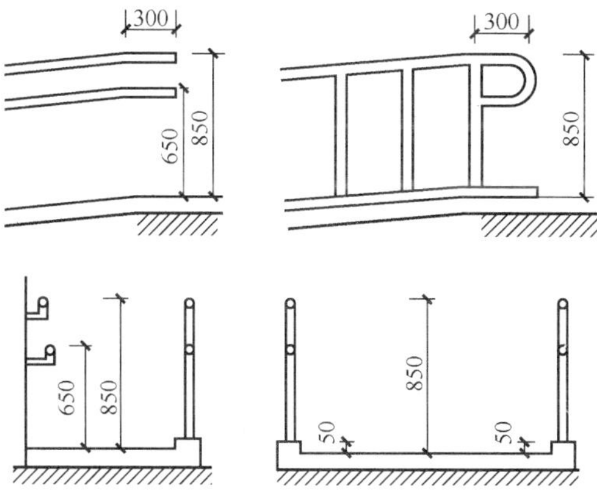

图 5.32　无障碍坡道扶手高度与水平长度

5.7.2 无障碍楼梯

无障碍楼梯主要考虑视力残疾者使用方便。除满足一般楼梯要求外，还应具备一些特殊要求：梯段坡度尽可能平缓；扶手平滑、坚固、适用；踏步尺度适宜且要求防滑；梯段宜采用直行式，不宜采用弧形梯段；为便于弱视人通行，色彩对比要强烈，并增加导盲石（路引）；细部构造合理，便于通行等，见图 5.33。

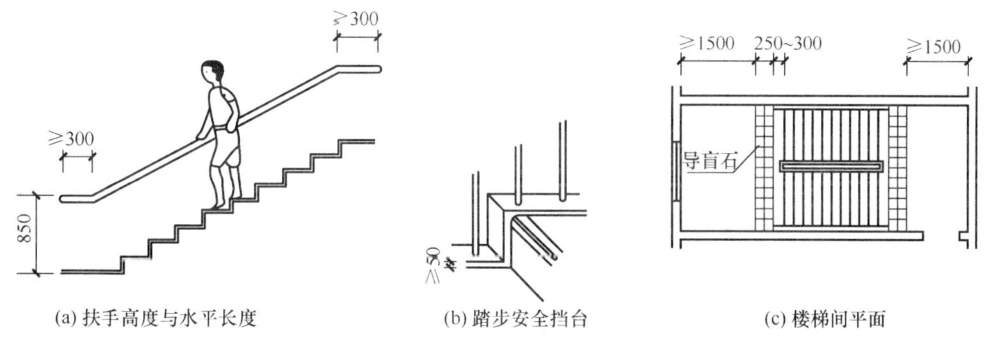

(a) 扶手高度与水平长度　(b) 踏步安全挡台　(c) 楼梯间平面

图 5.33　公共建筑无障碍楼梯

1）扶手。扶手起点与终点应水平延伸 300mm，首层栏杆式扶手的水平起点应向下 100mm 以上或延伸到地面以上固定，靠墙面扶手在水平的起点与末端应向下延伸 100mm 以上或向内拐到墙面。扶手抓握截面为 40～50mm，并与墙面颜色有区别。扶手高 850mm，需设两层扶手时下层扶手高 650mm。

2）梯段。梯段的设计应充分考虑拄杖者及视力残疾者使用时的舒适感及安全感，其坡度宜控制在 35°以下。梯段净宽度不宜小于 1200mm，公共建筑主要楼梯宽度不宜小于 1500mm，梯段起点与终点宜设提示盲道。每梯段踏步数应在 3～18 级范围内，且

保持相同的步高。

3）踏步。踏步形状应为无直角突出，踢面完整，左右等宽；踏面不应积水并做防滑，防滑条突出向上不大于5mm；临空一侧宜设栏板，栏杆式楼梯在栏杆下方踏面上设50mm安全挡台。

4）平台。上下平台的宽度除满足公共楼梯的要求外，其宽不应小于1500mm（不含导盲石宽），导盲石内侧距起止步距离为300mm或不小于踏面宽。

5.7.3 电梯的无障碍措施

考虑残疾人乘坐电梯的方便，应将电梯靠近出入口布置，并有明显标志。候梯厅宽度不宜小于1800mm，轮椅进入轿厢的最小面积为1400mm×1100mm，电梯门宽不小于800mm。

电梯厅按钮高度为900～1100mm，在轿厢侧壁上设高900～1100mm带盲文的选层按钮，轿厢三面壁上设高800～850mm的扶手，在轿厢运行中与到达时应有清晰显示和报层音响，轿厢正面壁上距地900mm至顶部应安装镜子，见图5.34。

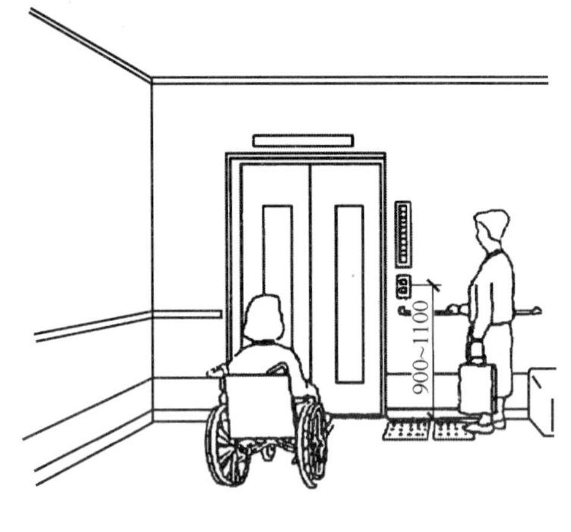

(a) 电梯候梯厅按钮与盲道

(b) 电梯轿厢按钮与扶手、镜子等

图5.34　无障碍电梯

小　　结

1. 楼梯是建筑物的重要组成部分，供人流交通和疏散之用。楼梯一般由梯段、平台、栏杆扶手三部分组成。楼梯的分类方法很多，形式多种多样，其中平行双跑楼梯面积紧凑，使用方便，是建筑物中较多采用的一种形式。

2. 楼梯的坡度在实际应用中是由踏步高宽比决定的。梯段宽度要考虑同时通过人流的股数及是否需通过尺寸较大的家具或设备等特殊的需要。平台宽度一般应不小于梯段宽度。楼梯的净空高度在平台过道处应不小于2m；在楼梯段处应不小于2.2m。楼梯栏杆扶手高度是指踏面前缘至扶手顶面的垂直距离。

3. 钢筋混凝土楼梯按施工方式分为现浇整体式和预制装配式两种。现浇钢筋混凝

土楼梯按照楼梯段的传力特点分为板式楼梯和梁板式楼梯。预制装配式钢筋混凝土楼梯有小型、中型和大型之分。

4. 楼梯的细部构造包括踏步面层及防滑处理、栏杆与踏步的连接构造以及扶手与栏杆的连接构造等。

5. 室外台阶和坡道是建筑物入口处连接室内外不同标高地面的构件。电梯是高层建筑的主要交通工具。电梯主要由机房、井道、轿厢三大部分组成。自动扶梯适用于有大量人流上下的公共场所，机器停转时可做普通楼梯使用。

6. 无障碍设计主要针对下肢残疾者和视力残疾者。无障碍坡道主要是为了方便下肢残疾人通行，无障碍楼梯主要考虑视力残疾者使用方便，电梯也应考虑残疾人乘坐的方便。

思考与练习题

5.1　填空题

(1) 楼梯一般由__________、__________、__________三部分组成。

(2) 现浇钢筋混凝土楼梯，按梯段传力特点分为__________和__________。

(3) 楼梯段的踏步数一般不应超过__________级，且不应少于__________级。

(4) 楼梯梯段宽度一般不小于两股人流的宽度即__________。休息平台宽度应不小于__________。

(5) 无障碍楼梯梯段净宽度不宜小__________，公共建筑主要楼梯宽度不宜小于__________。

(6) 有儿童经常使用的楼梯梯井净宽大于__________时必须采取安全措施。对于公共建筑疏散楼梯的楼梯井，一般不宜小于__________。

(7) 楼梯平台下通行时的净空高度应不小于__________；在楼梯段处净空高度应不小于__________。

(8) 一般室内楼梯扶手高度取__________；儿童使用的楼梯应在距地__________处增加一道扶手。

(9) 在建筑入口处坡道的坡度一般不大于__________。用于无障碍的坡道坡度一般不应大丁__________。

(10) 电梯主要由__________、__________和__________三大部分组成。

5.2　简答题

(1) 楼梯由哪几部分组成？各部分的尺度有何要求？

(2) 楼梯净高一般指什么？有何要求？当首层楼梯平台下做通道时，为增加净高可采取哪些方法予以解决？

(3) 楼梯的坡度如何确定？与楼梯踏步有何关系？确定踏步尺寸的经验公式如何使用？

(4) 现浇钢筋混凝土楼梯常见的结构形式有哪几种？各有何特点？

(5) 小型预制构件装配式楼梯的预制踏步板有哪几种形式？各对应何种截面的梁？

(6) 楼梯踏面防滑构造如何？

(7) 栏杆与扶手、梯段如何连接?

(8) 栏杆扶手在平行双跑式楼梯平台转弯处如何处理?

(9) 无障碍的坡道、楼梯、电梯有哪些特殊构造?

5.3 实训题

(1) 在校内外建筑中找出各种形式的楼梯1～2例。

(2) 识读踏面、栏杆、扶手、台阶、坡道的构造图。

设计2 楼梯构造设计

依据下列条件和要求设计某住宅的钢筋混凝土双跑楼梯。

一、设计条件

该住宅为六层砖混结构，层高2.8m，楼梯间平面见图5.35。墙体均为240砖墙，轴线居中，底层设有住宅出入口，室内外高差为600mm。

二、设计内容及深度要求

用A2图纸一张完成以下内容。

(1) 楼梯间底层、标准层和顶层三个平面图，比例1∶50。

1) 绘出楼梯间墙、门窗、踏步、平台及栏杆扶手等。底层平面图还应绘出室外台阶或坡道、部分散水的投影等。

2) 标注两道尺寸线。

开间方向:

第一道，细部尺寸，包括梯段宽、梯井宽和墙内缘至轴线尺寸。

第二道，轴线尺寸。

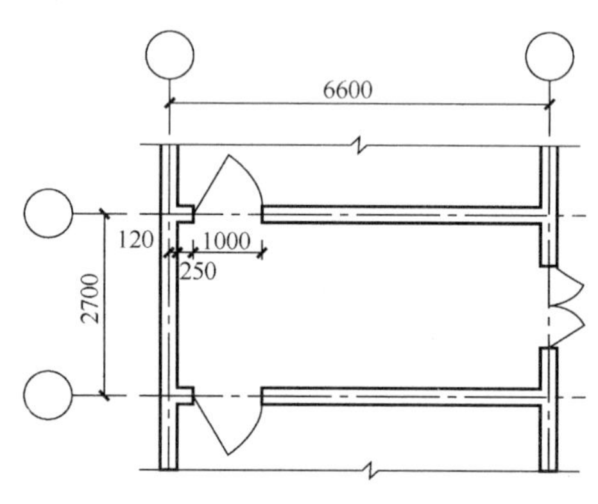

图5.35 楼梯间平面

进深方向:

第一道，细部尺寸，包括梯段长度、平台深度和墙内缘至轴线尺寸;

第二道，轴线尺寸。

3) 内部标注楼层和中间平台标高、室内外地面标高，标注楼梯上下行指示线，并注明该层楼梯的踏步数和踏步尺寸。

4) 注写图名、比例，底层平面图还应标注剖切符号。

(2) 楼梯间剖面图，比例1∶50。

1) 绘出梯段、平台、栏杆扶手，室内外地面、室外台阶或坡道、雨篷以及剖切到投影所见的门窗、楼梯间墙等，剖切到部分用材料图例表示。

2) 标注两道尺寸线。

水平方向:

第一道，细部尺寸，包括梯段长度、平台宽度和墙内缘至轴线尺寸;

第二道，轴线尺寸。

垂直方向:

第一道，各梯段的级数及高度。

第二道，层高尺寸。

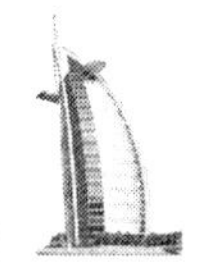
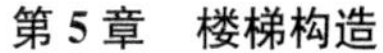

3）标注各楼层和中间平台标高、室内外地面标高、底层平台梁底标高、栏杆扶手高度等，注写图名和比例。

(3) 楼梯构造节点详图（2～5 个），比例 1∶10。

要求表示清楚各细部构造、标高有关尺寸和做法说明。

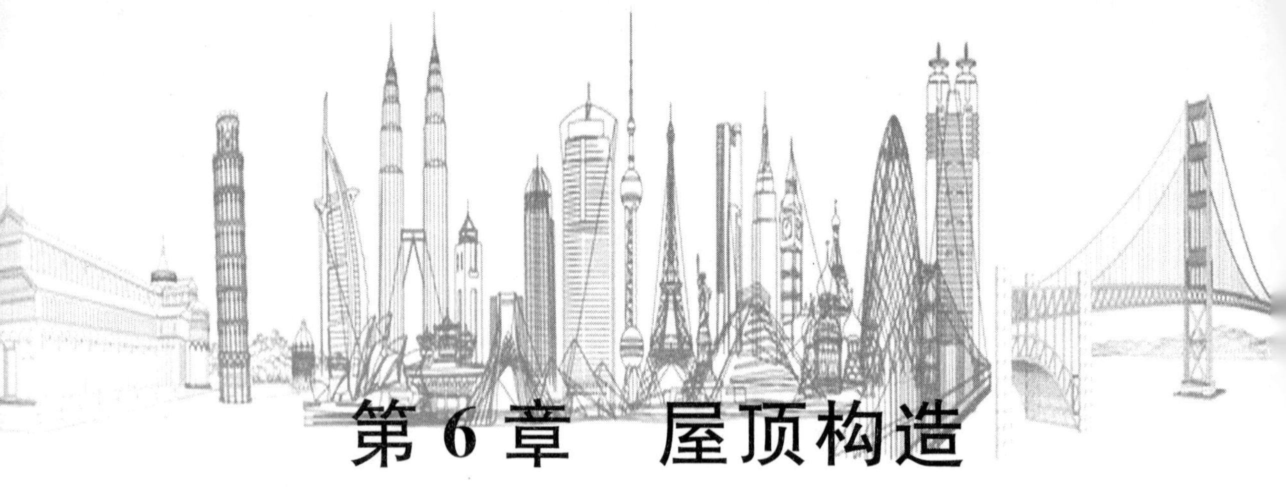

第 6 章　屋顶构造

【知识点】

1. 屋顶的作用、设计要求和类型
2. 屋面排水设计
3. 平屋顶的防水构造
4. 平屋顶的保温与隔热构造
5. 坡屋顶防水构造、保温隔热构造

【学习要求】

1. 了解屋顶的作用、设计要求和类型
2. 掌握平屋顶排水设计
3. 掌握平屋顶的防水、保温、隔热构造
4. 掌握坡屋顶防水构造
5. 了解坡屋顶的保温、隔热构造

6.1　屋顶的设计要求和类型

6.1.1 屋顶的作用与设计要求

屋顶是建筑物最上部的覆盖部分。它能够承受屋顶自重、风雪荷载及上人或检修荷载，并应能抵御风霜雨雪、阴晴冷暖对屋顶覆盖下的空间的不利影响，同时屋顶的形式在很大程度上影响到建筑物的整体造型，因此屋顶的主要作用是承重、围护及美观。

屋顶作为建筑物必不可少的组成部分，还担负着多重功能，因此屋顶构造设计需满足以下要求。

（1）具有良好的围护功能

屋顶是建筑围护结构的重要组成部分，担负着保证建筑内部空间正常使用和保持良好的物理环境的任务，因此屋顶要结合建筑所在地区环境及其本身的功能，做好排水防水、保温隔热等围护构造，这是屋顶构造设计应满足的基本要求。

（2）具有可靠的结构安全性

屋顶既是房屋的围护结构，同时又是房屋的承重结构，所以要求其首先要有足够

的强度，以承受作用于其上的各种荷载的作用；其次，要有足够的刚度，防止过大的变形导致屋面防水层开裂而渗水。

（3）具有美观的形象

屋顶是建筑物组成中的最上面部分，是构成建筑体型和建筑群轮廓的重要因素，所以在屋顶的构造设计中，应利用新型的结构和材料等手段处理好屋顶的形式和细部，提高建筑物的整体美观效果。

（4）自重轻、构造简单、方便施工和维修、经济合理

6.1.2 屋顶的类型

屋顶按屋面坡度及结构选型的不同可分为平屋顶、坡屋顶及其他形式的屋顶三大类。

屋顶坡度常用的表示方法有斜率法、百分比法和角度法。斜率法是以屋顶高度与坡面的水平投影长度之比表示，可用于平屋顶或坡屋顶；百分比法是斜率法的百分比表示，多用于平屋顶；角度法是以倾斜屋面与水平面的夹角表示，多用于有较大坡度的坡屋顶，目前在工程中较少采用。

1. 平屋顶

平屋顶通常是指屋面坡度小于 5%的屋顶，常用坡度范围为 2%～3%，是目前应用最为广泛的一种屋顶形式，其主要优点是可以节约建筑空间，提高预制安装程度，加快施工速度。另外，平屋顶还可用作上人屋面活动的场所。图 6.1 为平屋顶常见的几种形式。

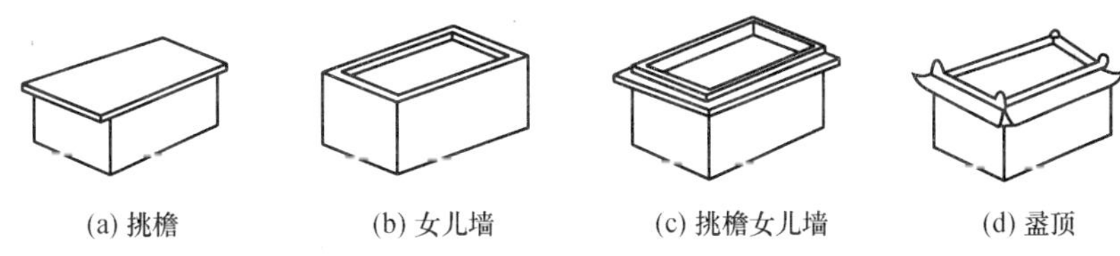

(a) 挑檐　(b) 女儿墙　(c) 挑檐女儿墙　(d) 盝顶

图 6.1　平屋顶常见的形式

2. 坡屋顶

坡屋顶通常是指屋面坡度大于 10%的屋顶，常用坡度范围为 10%～60%。坡屋顶在我国有着悠久的历史，因为它容易就地取材，并且符合传统的审美要求，故在现代建筑中也常采用。图 6.2 为坡屋顶常见的几种形式。

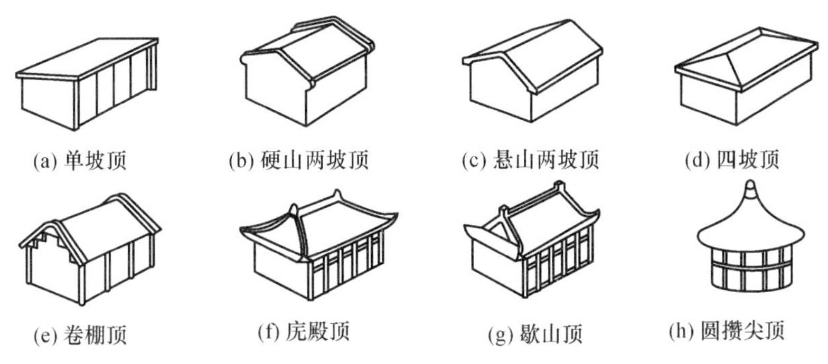

(a) 单坡顶　(b) 硬山两坡顶　(c) 悬山两坡顶　(d) 四坡顶

(e) 卷棚顶　(f) 庑殿顶　(g) 歇山顶　(h) 圆攒尖顶

图 6.2　坡屋顶常见的形式

3. 其他形式的屋顶

随着建筑科学技术的发展，出现了许多新型的空间结构形式，也相应出现了许多新型的屋顶形式，如拱结构、薄壳结构、悬索结构和网架结构等。这类屋顶一般用于较大体量的公共建筑，如图 6.3 所示。

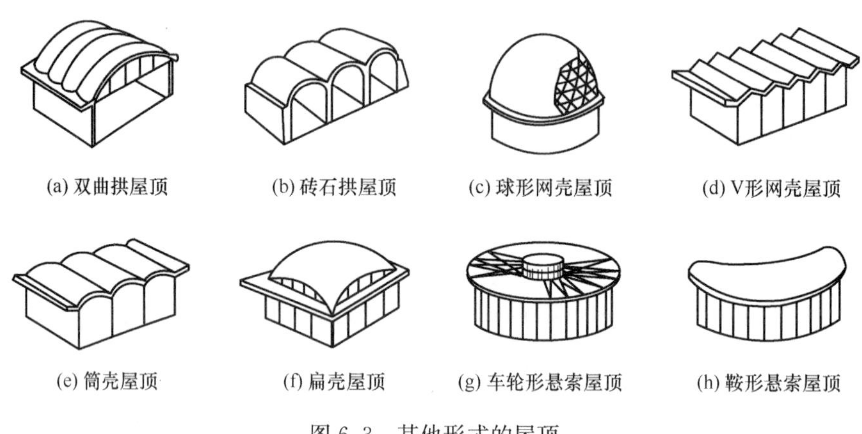

图 6.3　其他形式的屋顶

6.2　平屋顶构造

6.2.1　平屋顶的组成

平屋顶的基本构造层次包括结构层、防水层和顶棚。另外，根据建筑所处的地区环境以及建筑物的使用要求，可设置保温层、隔热层等附加层。

1）结构层。平屋顶的承重结构，目前采用较多的是钢筋混凝土楼板，具体做法同第 4 章楼板层。

2）防水层。屋面防水是用不透水的材料相互搭接而铺满整个屋面，形成一个水无法通过的覆盖层，防止水的渗漏。平屋顶防水层有柔性防水、刚性防水、涂料防水、粉剂防水等多种做法。

3）保温层或隔热层。为了保证建筑室内的环境和舒适度，需在屋顶中根据当地气候设置温度隔离层，即保温层或隔热层。

4）顶棚。屋顶顶棚构造与楼板层顶棚构造相同，在此不再赘述。

6.2.2　平屋顶的排水设计

屋面排水设计的主要任务是：首先将屋面划分成若干个排水区，然后通过适宜的排水坡和排水沟分别将雨水引向各自的落水管，再排至地面（或地下）。屋面排水的设计原则是排水通畅、简捷，雨水口负荷均匀。

具体设计内容包括：

- 确定排水坡度的大小和形成方法。
- 选择排水方式，划分排水区域。

- 确定落水管的位置、材料和大小。
- 确定天沟的断面形式及尺寸。
- 绘制屋顶排水平面图和节点图。

1. 屋面排水坡度的选择

(1) 影响屋顶坡度的因素

屋面坡度的大小与屋面材料、地区降水量等因素有关。

一般说来，防水材料的形体尺寸越小，接缝就越多，渗水的可能性就越大，故屋面坡度应大一些；反之，屋面防水材料的尺寸越大，屋面坡度可以小一些。

降水量大的地区，屋面渗漏的可能性较大，屋面排水坡度应适当加大，反之则小些。

(2) 屋面坡度的形成

屋顶排水坡度的形成主要有材料找坡和结构找坡两种，如图 6.4 所示。

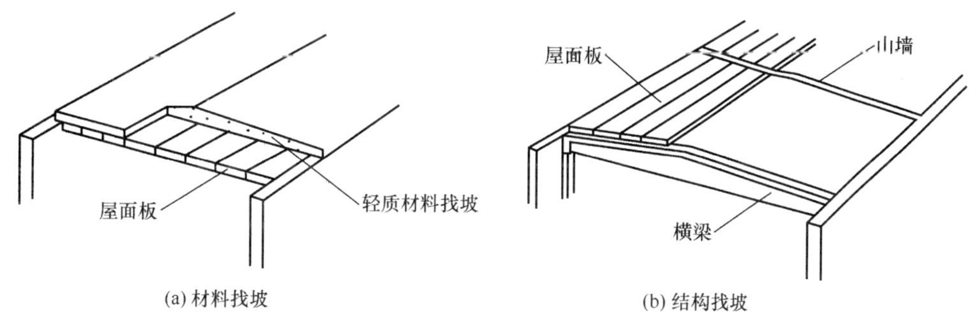

图 6.4　屋顶坡度的形成

1) 材料找坡。是指将屋面板像楼板一样水平搁置，然后在屋面板上采用轻质材料铺垫而形成屋面坡度的一种做法。常用的找坡材料有水泥炉渣、石灰炉渣等。坡度宜为 2%左右，找坡材料最薄处一般应不小于 30mm 厚。材料找坡的优点是可以获得水平的室内顶棚面，缺点是找坡材料增加了屋面自重。如果屋面有保温要求时，可利用屋面保温层兼作找坡层。目前这种做法被广泛采用。

2) 结构找坡。是指将屋面板倾斜地搁置在下部的承重墙或屋面梁或屋架上而形成屋面坡度的一种做法。这种做法不需另加找坡层，屋面荷载小，施工简便，造价经济，但室内顶棚是倾斜的，故常用于室内设有吊顶棚或室内美观要求不高的建筑工程中。

2. 屋顶排水方式

屋顶的排水方式分为无组织排水和有组织排水两大类。

(1) 无组织排水

无组织排水又称自由落水，是指屋面雨水直接从挑出外墙的檐口自由落下至地面的一种排水方式，如图 6.5所示。这种排水方式构造简单、经济，但屋面雨水自由落下时会溅湿勒脚及墙面，影响外墙的耐久性，还会影响地面上行人的活动，故无组织排水一般适用于

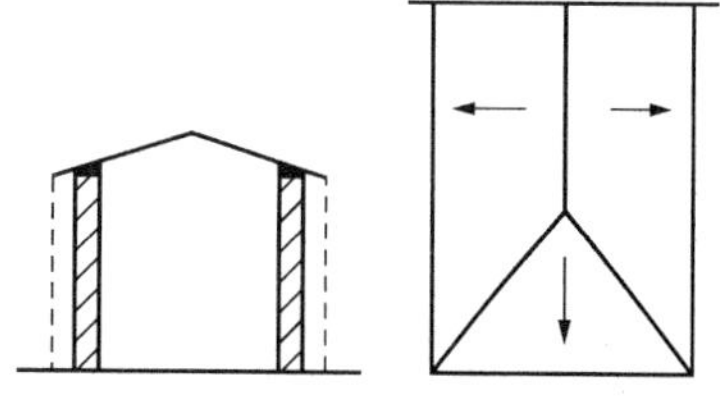

图 6.5　无组织排水

造价较低、低层建筑、少雨地区建筑及积灰较多或有腐蚀性介质的工业厂房。

（2）有组织排水

有组织排水是指屋面雨水通过排水系统有组织地排至室外地面或地下管沟的一种排水方式。其优缺点与无组织排水方式相反，应用广泛。有组织排水又可分为外排水和内排水两种。

1）有组织外排水。建筑中优先考虑选用的一种排水方式，一般有檐沟外排水、女儿墙外排水、女儿墙檐沟外排水等多种形式，如图 6.6 所示。

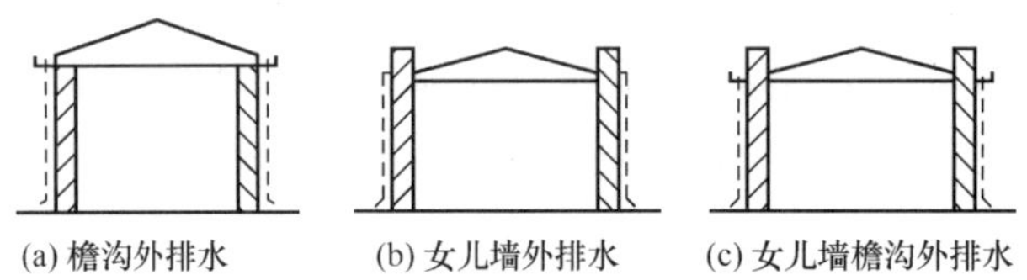

图 6.6　有组织外排水

2）有组织内排水。是在大面积多跨屋面、高层建筑以及有特殊需要时常采用的一种排水方式，这种方式会使雨水经雨水口流入室内雨水管，再由地下管道将雨水排至室外排水系统，如图 6.7 所示。

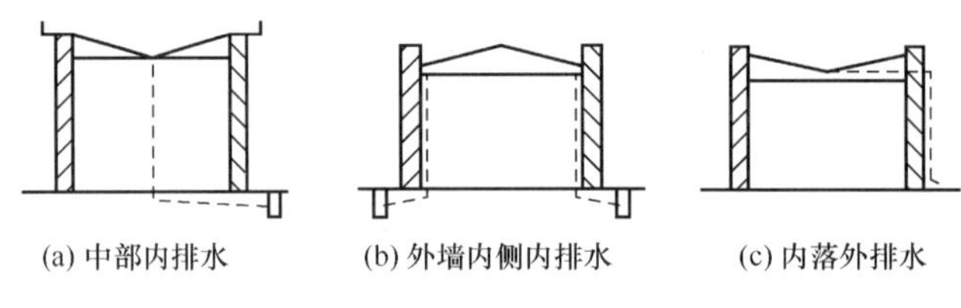

图 6.7　有组织内排水

3. 有组织排水设计

1）排水坡面的数量。水流路线过长，会造成雨水冲刷力损坏防水层，同时增加找坡材料的重量。应合理确定屋面排水坡的数量，当屋面宽度小于 12m 时可采用单坡排水，否则应采用双坡排水或多坡排水。

2）划分排水区。其目的是合理地布置落水管。排水区的面积是指屋面水平投影的面积，每根落水管的汇水面积不宜大于 $200m^2$。

3）天沟的断面形式与尺寸。天沟即屋面上的排水沟，位于檐部时又叫檐沟。天沟的作用是汇集屋面雨水，并有组织地迅速排入落水管。平屋顶的天沟一般采用钢筋混凝土材料制作。当采用女儿墙外排水方式时，可利用倾斜的屋面与垂直的墙面构成三角形天沟（图 6.8）；当采用檐沟外排水时，通长采用矩形天沟（图 6.9），天沟净宽应不小于 200mm，天沟内设分水线，从分水线到雨水口处应设置不小于 1%的纵向坡度，以利排水。分水线顶离天沟上口的距离不小于 120mm。

4）确定雨水管规格及间距。落水管由铸铁、镀锌铁皮、塑料等材料制成，目前常采用 PVC 塑料管，其直径（mm）有 50、75、100、125、150、200 等规格。一般民用建筑常采用的落水管直径为 100～125mm，阳台和雨篷可采用直径为 50～75mm 的落水管。落水管间距视排水方式定，女儿墙外排水一般不大于 18m，檐沟外排水一般不大于 24m。另外，落水管的位置应放在实墙面处，考虑建筑的美观性，尽可能将其布置

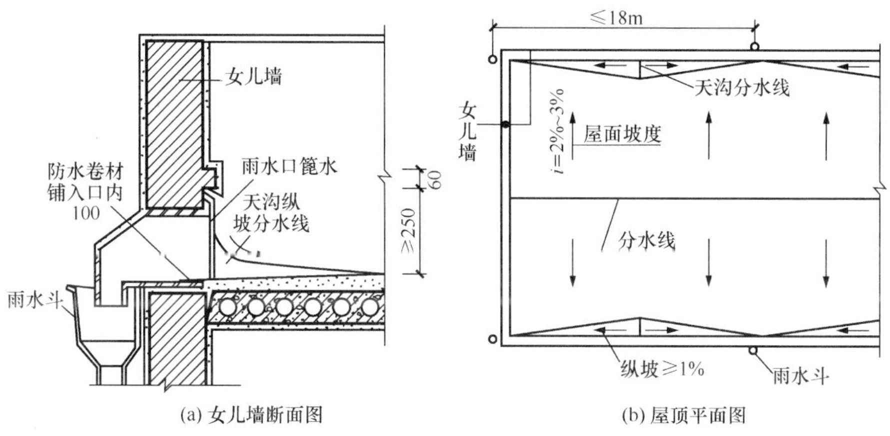

图 6.8　屋顶排水设计（女儿墙外排水）

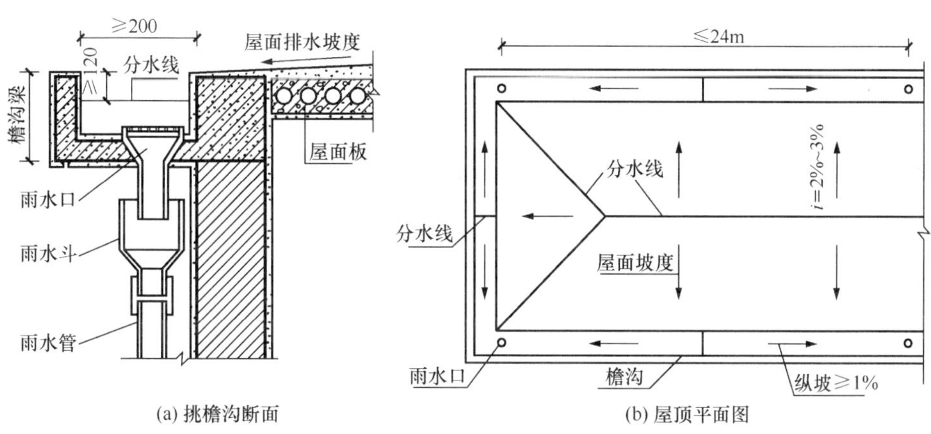

图 6.9　屋顶排水设计（檐沟外排水）

在边角处或凹角处。

6.2.3 平屋顶的防水构造

屋面防水设防应遵循防排并举、刚柔结合、嵌涂合一、复合防水、多道设防的原则，根据屋面防水等级、防水耐久年限、工程实际情况等因素综合确定防水方案和防水材料。现行《屋面防水工程技术规程》（GB 50207—1994）根据建筑物的性质、重要程度、使用功能要求、防水层耐用年限等将屋面防水分为四个等级，如表 6.1 所示。

表 6.1　屋面防水等级和设防要求

项目	屋面防水等级			
	Ⅰ	Ⅱ	Ⅲ	Ⅳ
建筑物类别	特别重要的民用建筑和对防水有特殊要求的工业建筑	重要的工业与民用建筑、高层建筑	一般的工业与民用建筑	非永久性建筑
防水层耐用年限	25 年	15 年	10 年	5 年

续表

项目	屋面防水等级			
	Ⅰ	Ⅱ	Ⅲ	Ⅳ
防水层选用材料	宜选用合成高分子防水卷材、高聚物改性沥青防水卷材、合成高分子防水涂料、细石防水混凝土等材料	宜选用高聚物改性沥青防水卷材、合成高分子防水卷材、合成高分子防水涂料、高聚物改性沥青防水涂料、细石防水混凝土、平瓦等材料	应选用三毡四油沥青防水卷材、高聚物改性沥青防水卷材、合成高分子防水卷材、合成高分子防水涂料、高聚物改性沥青防水涂料、沥青基防水涂料、刚性防水层、平瓦、油毡瓦等材料	可选用二毡三油沥青防水卷材、高聚物改性沥青防水材料、沥青基防水涂料、波形瓦等材料
设防要求	三道或三道以上防水设防，其中应有一道合成高分子防水卷材，且只能有一道厚度不小于2mm的合成高分子防水涂膜	二道防水设防，其中应有一道卷材。也可用压型钢板进行一道设防	一道防水设防，或两种防水材料复合使用	一道防水设防

平屋顶防水层按其材料和做法的不同可分为柔性防水、刚性防水、涂膜防水和粉剂防水等多种类型。

1. 柔性防水屋面

柔性防水屋面又称为卷材防水屋面，是将柔性的防水卷材或片材用胶结材料分层粘贴在屋面上，从而形成一个大面积的封闭防水覆盖层，并且这种防水层具有一定的延伸性，能适应屋面结构的温度变形。

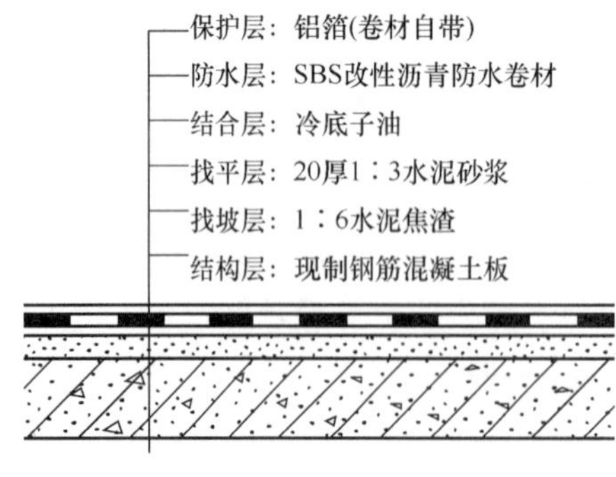

图 6.10　卷材防水屋面的构造层次

(1) 柔性防水屋面的构造层次及做法

柔性防水屋面的构造层次有结构层、找坡层、找平层、结合层、防水层和保护层(图 6.10)。

1) 结构层。柔性防水屋面的结构层通常为预制或现浇的钢筋混凝土屋面板。对于结构层的要求是必须有足够的强度和刚度。

2) 找坡层。当屋面采用材料找坡时才设找坡层，常采用 1∶(6～8) 水泥焦渣或水泥膨胀蛭石等轻质材料。当屋面为结构找坡时则不设找坡层。

3) 找平层。在结构层或找坡层上必须先做找平层，以防其上的卷材会发生凹陷或断裂。找平层可选用 20～30 厚水泥砂浆、细石混凝土或沥青砂浆等。为了防止屋面发生不规则裂缝，找平层宜设分格缝（也叫分仓缝），缝宽一般为 20mm，缝内应嵌填密

封材料。其纵横缝的最大间距为6m（水泥砂浆或细石混凝土）或4m（沥青砂浆）。分格缝构造如图6.11所示。

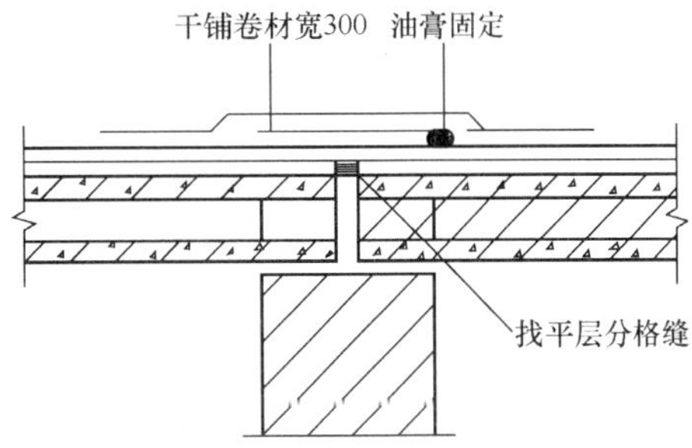

图6.11　找平层分格缝构造

4）结合层。其作用是使卷材防水层与找平层粘结牢固。结合层所用材料应根据防水卷材的不同来选择，常用的有冷底子油。冷底子油是将沥青加入到汽油或煤油等有机溶剂中稀释而成的溶液，施涂时常温下进行。

5）防水层。防水层是由防水卷材和胶结材料交替粘合而成，卷材应上下左右可靠搭接，上下搭接应顺水流方向，左右搭接应顺风向。多层卷材铺贴时，上下层卷材的接缝应错开。防水卷材有沥青防水卷材、改性沥青防水卷材和合成高分子防水卷材等。

- **沥青防水卷材**　是在原纸胎体中浸渍沥青制成的卷装材料，是传统的防水卷材。沥青卷材的搭接长度：短边搭接不小于70mm，长边搭接不小于100mm。由于其综合性能较差，目前已很少使用。
- **改性沥青防水卷材**　是从传统沥青卷材改进而来的，如SBS改性沥青防水卷材，具有低温柔韧性，适合在寒冷地区使用。改性沥青防水卷材的长短边搭接长度均不小于80mm。
- **合成高分子防水卷材**　主要有三元乙丙防水卷材、三元丁橡胶防水卷材、树脂基的聚氯乙烯防水卷材、氯化聚乙烯-橡胶共混的防水卷材等产品，其延伸性、耐老化、耐低温和耐腐蚀等性能都好于改性沥青防水卷材，常用于防水等级较高的建筑。合成高分子防水卷材搭接长度：采用胶粘剂粘贴时不小于80mm，采用胶粘带时不小于50mm。

6）保护层。设置保护层的目的是保护防水层，延长其使用年限。保护层的材料做法应根据防水层所用材料和屋面的利用情况而定。

不上人屋面保护层的做法是：沥青油毡的保护层可采用粒径为3～6mm的小石子，俗称绿豆砂；改性沥青防水卷材自带绿豆砂或铝箔保护层；三元乙丙橡胶卷材可采用直接涂刷于其上的银色着色剂。

上人屋面的保护层具有保护防水层和兼作上人屋面地面面层的双重作用。其构造做法通常是采用水泥砂浆铺贴缸砖、大阶砖、混凝土板等；也可用20mm厚水泥砂浆抹面或现浇40mm厚C20细石混凝土面层（宜掺微膨胀剂）的做法，并在其上设置分格缝。

（2）柔性防水屋面的细部构造

柔性防水屋面在处理好大面积屋面防水的同时应注意卷材泛水及收头、雨水口、变形缝等防水薄弱部位的细部构造，防止渗漏水。

1）泛水构造。泛水是屋面防水层与垂直屋面凸出物交接处的防水处理。当卷材在砖墙上收头时，可在砖墙上预留凹槽，卷材收头应压入凹槽内固定密封，如图6.12（a）所示；当墙较低时，如女儿墙檐口，卷材收头可直接铺压在女儿墙压顶下，压顶做好防水处理，如图6.12（b）所示；当卷材在混凝土墙上收头时，卷材直接用压条固定于墙上，用金属或合成高分子盖板作挡雨板，并用密封材料封固缝隙，以防雨水渗漏，如图6.12（c）所示。

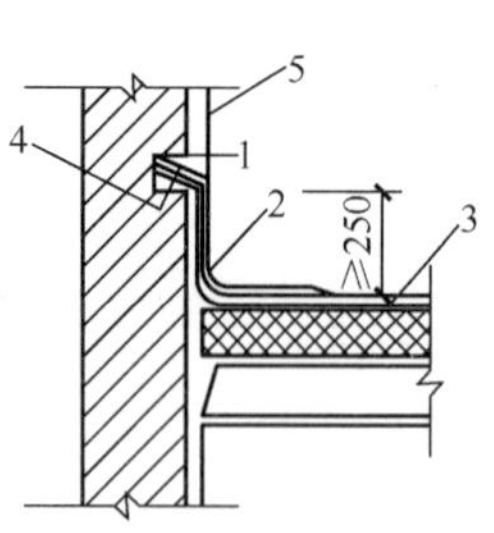

(a) 砖墙上卷材收头

1.密封材料；2.附加层；3.防水层；4.水泥钉；5.防水处理

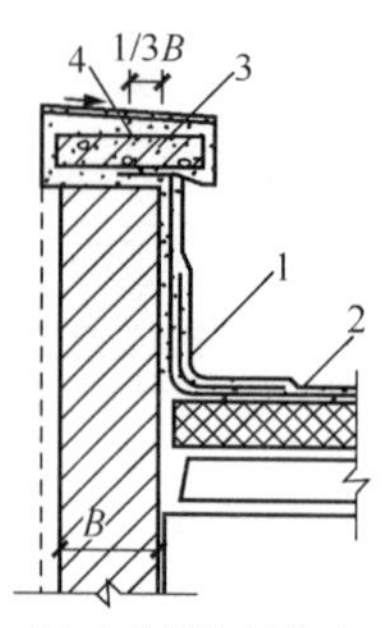

(b) 女儿墙卷材收头

1.附加层；2.防水层；3.压顶；4.防水处理

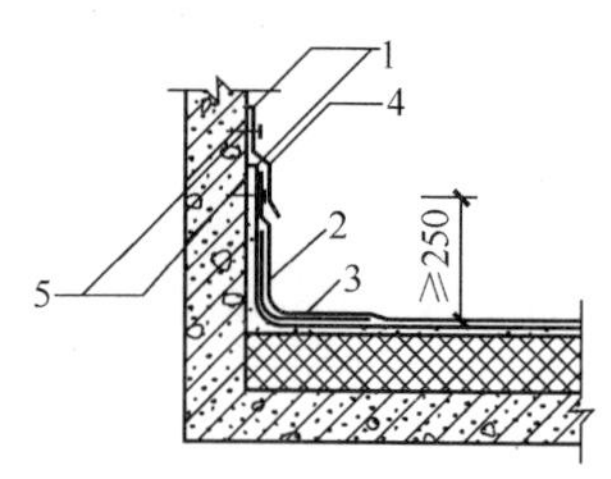

(c) 混凝土墙上卷材收头

1.密封材料；2.附加层；3.防水层；4.金属、合成高分子盖板；5.水泥钉

图 6.12　卷材泛水及其收头构造

提示

柔性防水屋面在泛水构造处理时应注意：

1. 铺贴泛水处的卷材应采取满粘法，即卷材下满涂一层胶结材料。

2. 泛水应有足够的高度，一般不低于 250mm，并加铺一层卷材。

3. 屋面与立墙交接处应做成弧形（R=50～100mm）或 45°斜面，使卷材紧贴于找平层上，而不致出现空鼓现象。

4. 做好泛水的收头固定。

2）檐口构造。柔性防水屋面的檐口构造有无组织排水挑檐和有组织排水挑檐及女儿墙檐口等。女儿墙檐口构造处理的关键是做好泛水。女儿墙顶部通常应做混凝土压顶，并设有坡度坡向屋面，如图 6.12（b）所示。

提示

无组织排水挑檐在卷材收头应固定密封，在距檐口卷材收头 800mm 范围内卷材应采取满粘法，如图 6.13（a）所示。挑檐沟与屋面交接处应增铺附加层，且附加层宜空铺，空铺宽度应为 200mm；卷材收头应密封固定，同时檐口饰面要做好滴水，如图 6.13（b）所示。

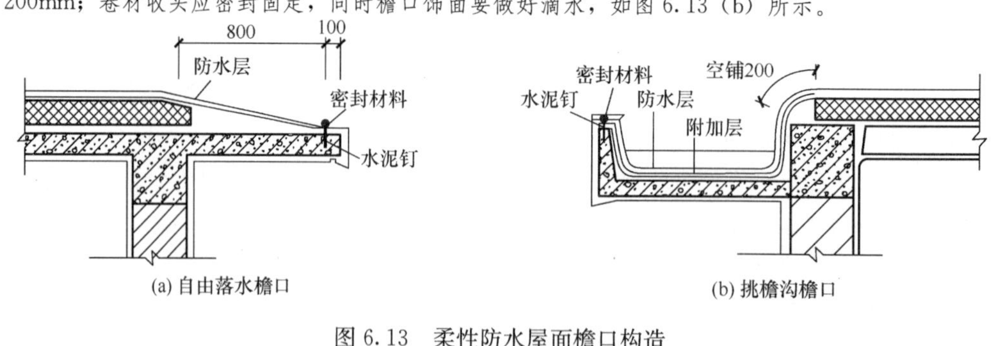

(a) 自由落水檐口　　(b) 挑檐沟檐口

图 6.13　柔性防水屋面檐口构造

3）雨水口构造。雨水口是屋面雨水排至落水管的关键部位，要求排水通畅，避免渗漏和堵塞。雨水口有直管式雨水口和弯管式雨水口两种，如图 6.14 所示。直管式雨水口需要穿过外檐沟的底板，弯管式雨水口需要穿过女儿墙，用水泥砂浆将雨水口埋嵌牢固。为防雨水渗漏，在雨水口四周应加铺一层卷材，并贴入漏斗四周不小于

100mm，用油膏嵌缝。为防止杂物流入造成堵塞，雨水口处需用铅丝球或铸铁篦盖住。

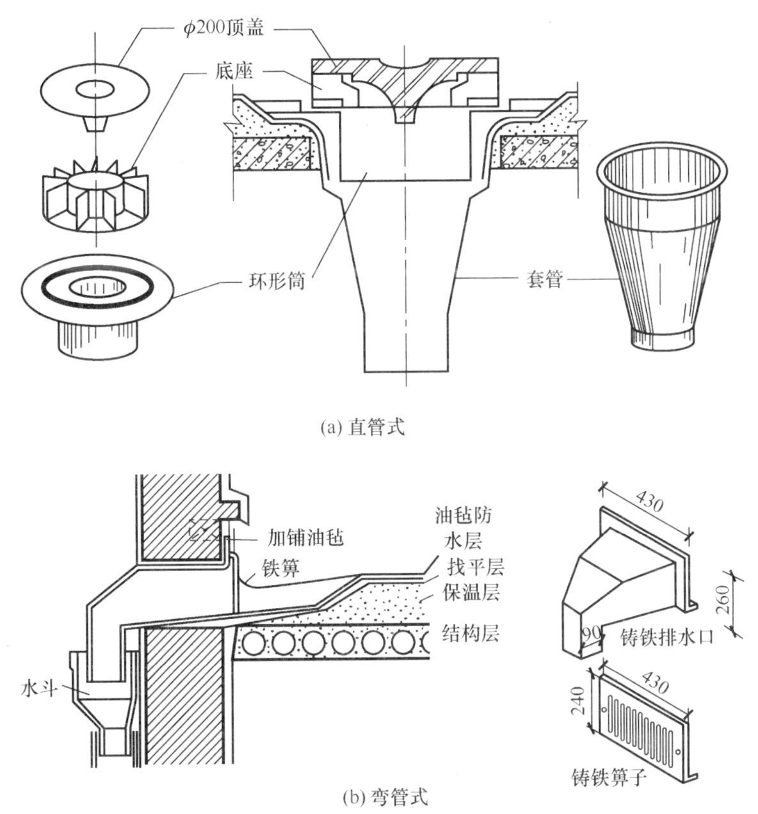

(a) 直管式

(b) 弯管式

图 6.14　柔性防水屋面雨水口构造

4）变形缝构造。屋面变形缝构造应保证屋顶既能自由伸缩变形又不造成渗漏。常见的处理方式有等高屋面变形缝和高低屋面变形缝两种。等高屋面变形缝一般是在屋面板上缝的两端加砌矮墙，矮墙高度应不小于 250mm，并做好屋面防水及泛水处理，其要求同屋面泛水构造。高低屋面处变形缝要防止低屋面雨水流入变形缝，故要做好挡水、泛水及缝的处理，如图 6.15 所示。

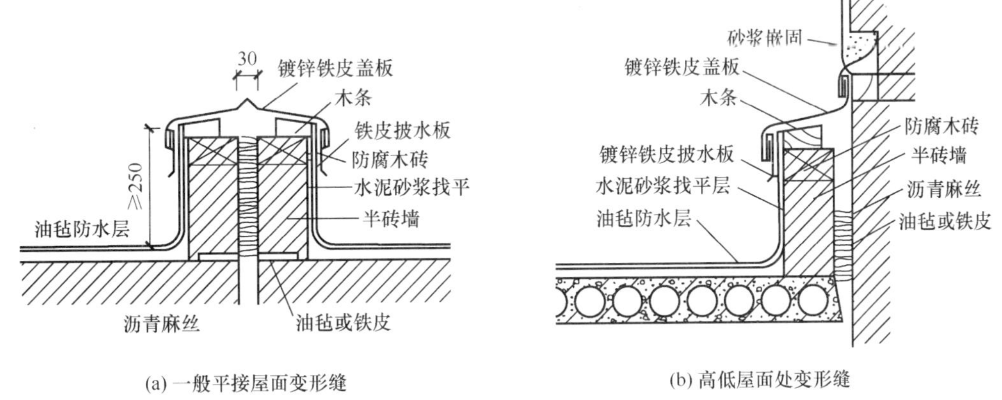

(a) 一般平接屋面变形缝

(b) 高低屋面处变形缝

图 6.15　柔性防水屋面变形缝构造

2. 刚性防水屋面

刚性防水屋面是指以防水砂浆、细石混凝土等刚性材料作为防水层的屋面。其主要优点是施工方便、节约材料、造价经济和维修方便。但这种防水屋面对温度变化和结构变形较为敏感，故多用于我国的南方地区。刚性防水屋面主要适用于防水等级为Ⅲ级的屋面防水，也可用作Ⅰ、Ⅱ级屋面多道防水设计中的一道防水层；不适用于设有松散材料保温层的屋面以及受较大振动或冲击荷载的建筑物屋面。

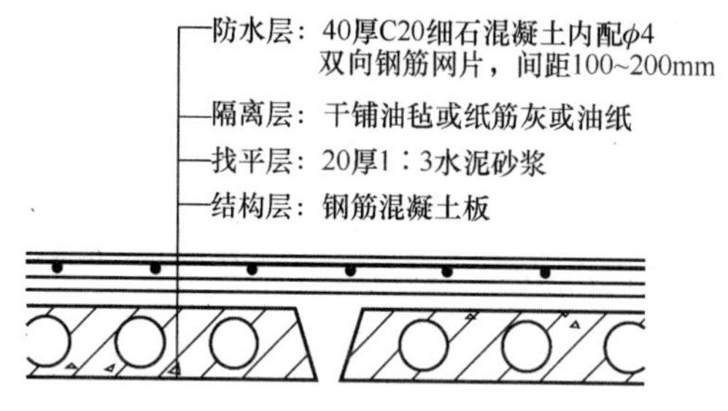

图 6.16　刚性防水屋面的构造层次

（1）刚性防水屋面的构造层次及做法

刚性防水屋面一般由结构层、找平层、隔离层、防水层组成（图 6.16）。

1）结构层。常采用现浇或预制的钢筋混凝土屋面板。刚性防水屋面一般为结构找坡，坡度以 3%～5%为宜。

2）找平层。找平层的做法一般为 20mm 厚 1∶3 水泥砂浆，若屋面板为现浇可不设此层。

3）隔离层。为减少结构层变形及温度变化对防水层的不利影响，宜在防水层之下设隔离层，也叫浮筑层。隔离层能使防水层与结构层完全脱开，以便于它们各自的变形活动。隔离层的做法一般是在找平层上铺设沥青、油毡、油纸、黏土、石灰砂浆、纸筋灰等。有保温层或找坡层的屋面也可利用它们作隔离层。

4）防水层。常采用现浇配筋细石混凝土，细石混凝土不小于 C20，厚度不小于 40mm，内配 ϕ4 或 ϕ6、间距为 100～200mm 的双向钢筋网片，居中偏上。为提高混凝土的抗渗性能，可在混凝土中掺入适量外加剂，如膨胀剂、减水剂、防水剂等。

（2）刚性防水屋面的细部构造

1）分格缝构造。合格缝又称分仓缝，是防止屋面不规则裂缝而设置的人工缝。刚性防水屋面的分格缝应设置在结构变形敏感的部位，如屋面板的支承端、屋面转折处、防水层与凸出屋面结构的交接处，并应与预制屋面板板缝对齐。分格缝的纵横间距一般不宜大于 6m，缝宽一般为 20～40mm。为了有利于伸缩，应将缝内防水层的钢筋断开，并用弹性材料如泡沫塑料或沥青麻丝填底，密封材料嵌填缝上口，最后在密封材料的上部还应铺贴一层防水卷材。其具体构造如图 6.17 所示。

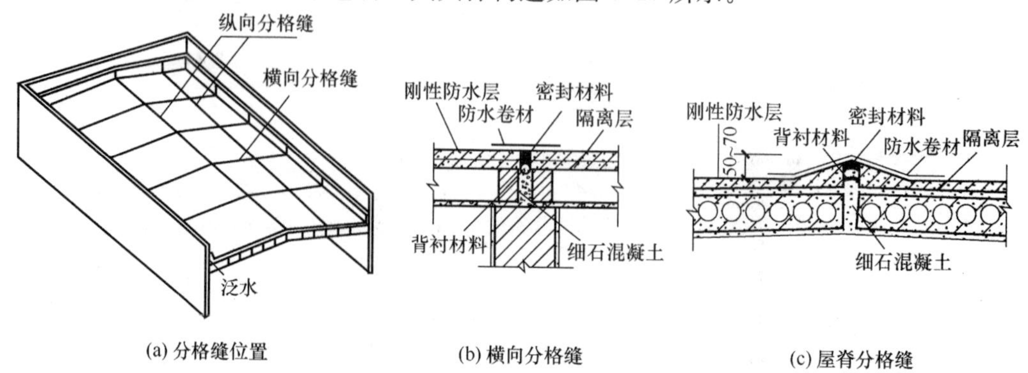

图 6.17　刚性防水层分格缝构造

2）泛水构造。刚性防水屋面的泛水可先预留宽度为 30mm 的缝隙，并且用密封材料嵌填，再铺设一层卷材或涂抹一层涂膜附加层，收头做法与柔性防水屋面泛水做法相同，如图 6.18 所示。

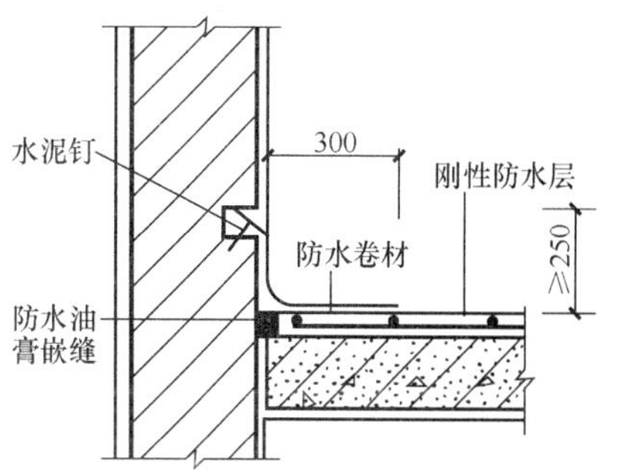

图 6.18　刚性防水屋面泛水构造

3）檐口构造。刚性防水屋面檐口的形式一般有自由落水挑檐口、挑檐沟外排水檐口和女儿墙外排水檐口三种做法。无组织排水檐口一般是根据挑檐挑出的长度，直接利用混凝土防水层悬挑，也可以在增设的钢筋混凝土挑檐板上做防水层。这两种做法都要注意处理好檐口滴水，如图 6.19（a）所示。挑檐沟外排水檐口一般是采用钢筋混凝土槽形天沟板，屋面铺好隔离层后再浇筑防水层，防水层应挑出屋面至少 60mm，并做好滴水，如图 6.19（b）所示。

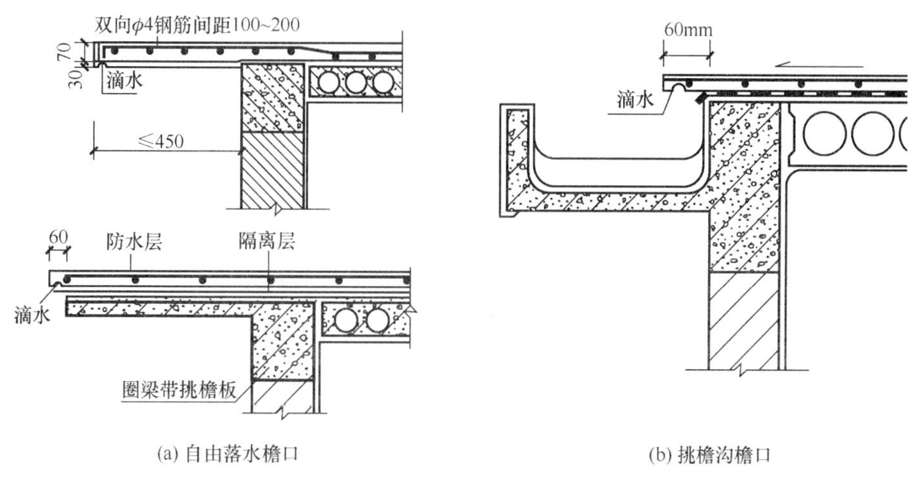

图 6.19　刚性防水屋面檐口构造

3. 涂膜防水屋面

涂膜防水屋面又称涂料防水屋面，是指用可塑性和粘结力较强的高分子防水涂料直接涂刷在屋面基层上而形成不透水的薄膜层来达到防水目的的一种屋面做法。防水涂料一般有乳化沥青类、氯丁橡胶类、丙烯酸树脂类、聚氨酯类和焦油酸性类等。这些材料根据其性质的不同又可分为两类：一类是用水或溶剂溶解后在基层上涂刷，通过水或溶剂蒸发而干燥硬化；另一类是通过材料的化学反应而硬化。这些材料多数具有防水性好、粘结力强、延伸性大和耐腐蚀、耐老化、无毒、不延燃、冷作业、施工方便的优点，但涂膜防水价格较高，故成膜后要格外注意保护，防止硬杂物碰坏。涂膜防水主要适用于防水等级为Ⅲ级、Ⅳ级的屋面防水，也可以作为Ⅰ级、Ⅱ级屋面多道防水设防中的一道防水层。

（1）涂膜防水屋面的构造层次及做法

涂膜防水屋面的构造层次与柔性防水屋面相似，由结构层、找坡层、找平层、结

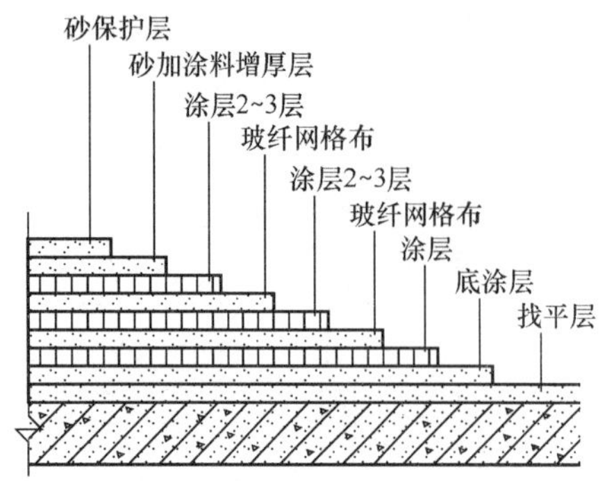

图 6.20 涂膜防水屋面构造

合层、防水层和保护层组成，如图 6.20 所示。结构层、找坡层和找平层的做法均与柔性防水屋面相同。

结合层：为保证防水层与基层粘结牢固，结合层应选用与防水涂料相同的材料，经稀释后满刷在找平层上。

防水层：涂膜防水屋面的防水层涂刷时应分多次进行。乳剂性防水材料应采用网状布织层如玻璃布等，可使涂膜均匀，一般手涂三遍可做成 1.2mm 的厚度；溶剂性防水材料手涂一次可涂 0.2～0.3mm 左右，干后重复涂 4～5 次，可做 1.2mm 以上的厚度。

保护层：涂膜的表面一般须撒细砂作保护层，为防太阳辐射影响及色泽需要，可适量加入银粉或颜料作着色加强保护作用。上人屋顶一般要在防水层上涂抹一层 5～10mm 厚粘结性好的聚合物水泥砂浆，干燥后再抹水泥砂浆面层。

（2）涂膜防水屋面的细部构造

1）分格缝构造。分格缝的缝宽宜为 20mm，其间距不宜大于 6m，在板的支承处应留缝，分格缝内应嵌填密封材料，如图 6.21 所示。

2）泛水构造。涂膜防水屋面的泛水构造与柔性防水屋面基本相同，不同的是在屋面容易渗漏的地方需根据屋面涂膜防水层的不同再用一布二油、一布四涂等措施加强其防水能力。其具体构造分别如图 6.22 所示。

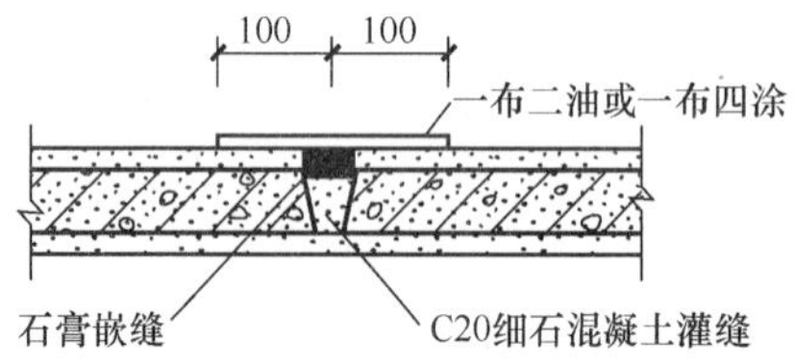

图 6.21 涂膜防水屋面分格缝构造

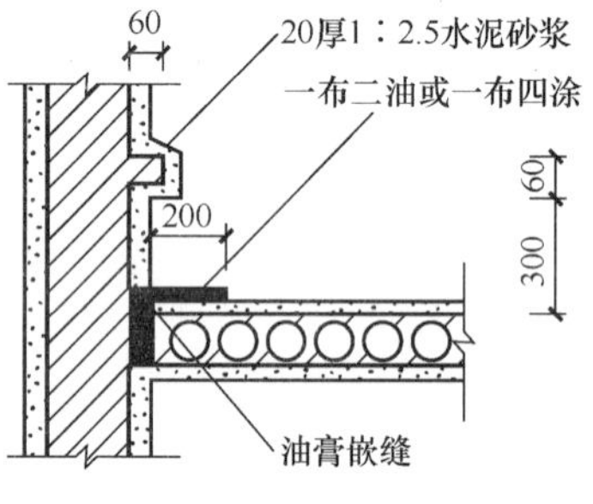

图 6.22 涂膜防水屋面泛水构造

4. 粉剂防水屋面

粉剂防水屋面是以脂肪酸钙为主体，通过特定的化学反应组成的复合型粉状防水材料加保护层，作为屋面防水层的一种做法。它完全打破了传统的防水观念，是一种既不同于柔性防水，又不同于刚性防水的新型的防水形式。这种粉剂组成的防水层透气而不透水，有极好的憎水性、耐久性和随动性，并且具有施工简单、快捷，造价低、寿命长等优点。

粉剂防水屋面的构造层次有结构层、找平层、防水层、隔离层和保护层，如图 6.23所示。结构层和找平层与柔性防水屋面相同。

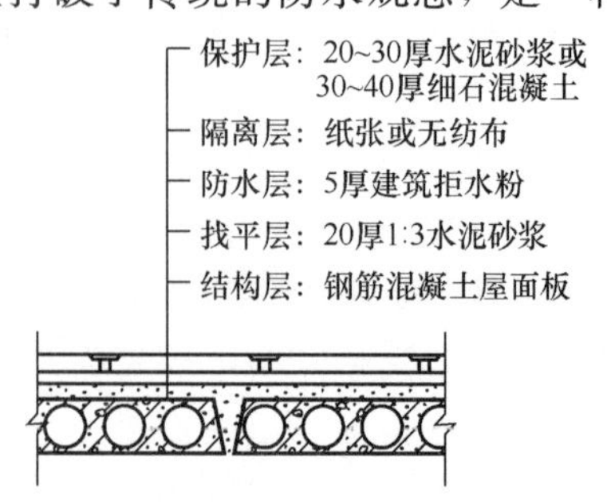

图 6.23 粉剂防水屋面构造

防水层：由憎水性强的粉状材料构成，其厚度为 5～7mm。檐口、泛水、变形缝等防水薄弱部位防

水层应适当加厚，以保证防水效果。

隔离层：是在防水层之上、保护层之下设置的一道构造层，即用成卷的普通纸或无纺布铺盖于防水层之上，其目的是防止在做保护层时冲散粉状防水层而造成防水层的连续状态被破坏，发生渗漏。

保护层：首先是为了保护粉剂防水层在使用过程中不受外界不利因素的影响，如风吹、雨冲、上人活动、物体碰撞等；其次还起着屋面排水和减缓防水层老化的作用。根据屋面使用功能的不同，保护层可分铺贴类和整浇类。铺贴类保护层通常为水泥砂浆铺贴水泥砖、缸砖、黏土砖或预制混凝土板等。整浇类保护层通常是在防水层上现浇细石混凝土或水泥砂浆面层。

6.2.4 平屋顶的保温与隔热

屋顶作为建筑物的外围护结构，设计时应根据当地气候条件和使用功能的要求妥善解决建筑物的保温和隔热问题。

1. 平屋顶的保温

我国的北方地区冬季气候寒冷，室内必须采暖。为了使室内热量不至于散失太快，保证房屋的正常使用并尽量减少能源消耗，屋顶应满足基本的保温要求，在构造处理时通常是在屋顶中增设保温层。

（1）保温材料的选择

保温材料要根据建筑物的使用要求、气候条件、屋顶的结构形式以及当地资源情况等因素综合考虑进行选择。保温材料应为空隙多、容重轻、导热系数小的材料，如炉渣、矿渣、膨胀陶粒、膨胀蛭石、膨胀珍珠岩、加气混凝土、泡沫塑料等，一般有散料类、整体类和板块类三种形式。

（2）保温层的设置

保温层可以设置在防水层之下，称为正铺法；保温层也可以设置在防水层之上，称为倒铺法。

1）正铺法。保温层设在防水层之下、结构层之上，从而形成封闭式保温层的一种屋面做法。在正铺法保温卷材屋面中，室内水蒸气会上升而进入保温层，致使保温材料受潮，降低保温效果，所以通常要在保温层之下先做一道隔汽层。隔汽层的做法一般是在结构层上做找平层，然后根据不同需要可涂一层沥青，也可铺一层油毡，如图 6.24（a）所示。

2）倒铺法。是将保温层设置在防水层之上，从而形成敞露式保温层的一种屋面做法，见图 6.24（a）。它的优点是防水层不受太阳辐射和剧烈气候变化的直接影响，不受外来作用力的破坏。缺点是选择保温材料时受限制，只能选用吸湿性低、耐气候性强的保温材料，并且一般还应进行日晒、雨雪、风力及温度变化和冻融循环的试验。目前我国用于倒置式屋面的保温材料主要有聚苯乙烯泡沫塑料、硬质聚氨酯泡沫塑料和泡沫玻璃等。保温层很轻，故要用较重的覆盖物作保护层，如混凝土板、水泥砂浆或卵石。

（3）透气层及透气口的设置

由于在保温层与找平层的施工中会残留一些水分，而隔汽层与防水层会使得保温层与找平层处于封闭状态，水分子受热膨胀而无法散发出去，造成防水层鼓泡破裂。另外，隔汽层也会导致室内湿气排不出去，使结构层产生凝结现象。所以，为避免这

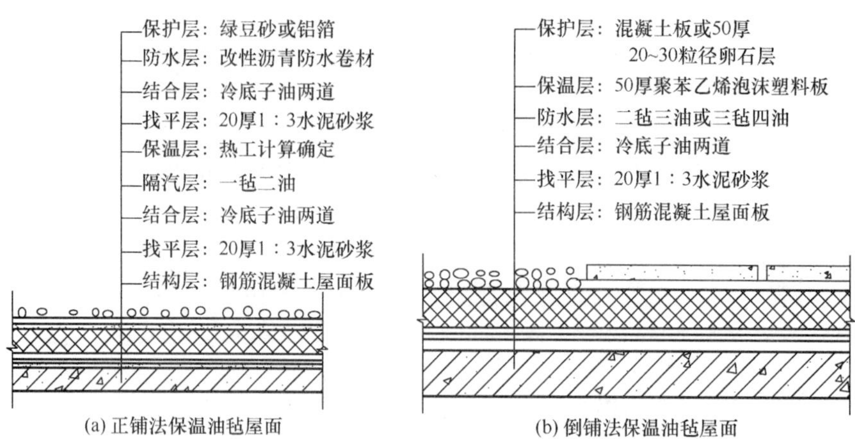

图 6.24　平屋顶的保温构造

些情况的发生，需要设置透气层。透气层可设于隔汽层之下，也可设于保温层中。

隔汽层之下的透气层构造处理可将与基层的结合沥青做成如点状或条状的花油，也可在找平层中做透气道，见图 6.25。

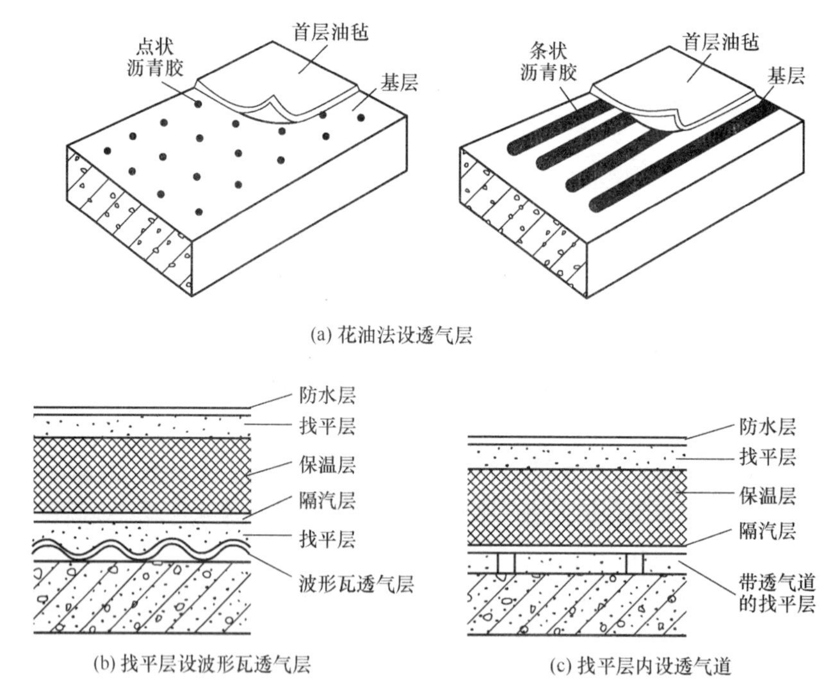

图 6.25　隔汽层下设透气层

保温层中设透气层是在保温层上加砾石或陶粒透气层，或在保温层中做排气道，排气道内用大粒径炉渣或粗质纤维填塞，既可保温又可透气。排气道间距宜为 6m，见图 6.26（c）。

透气口的位置可留在墙边、檐口或屋面中间，见图 6.26。

2. 平屋顶的隔热

在气候炎热地区，夏季强烈的太阳辐射会使屋顶的温度剧烈上升，严重影响室内

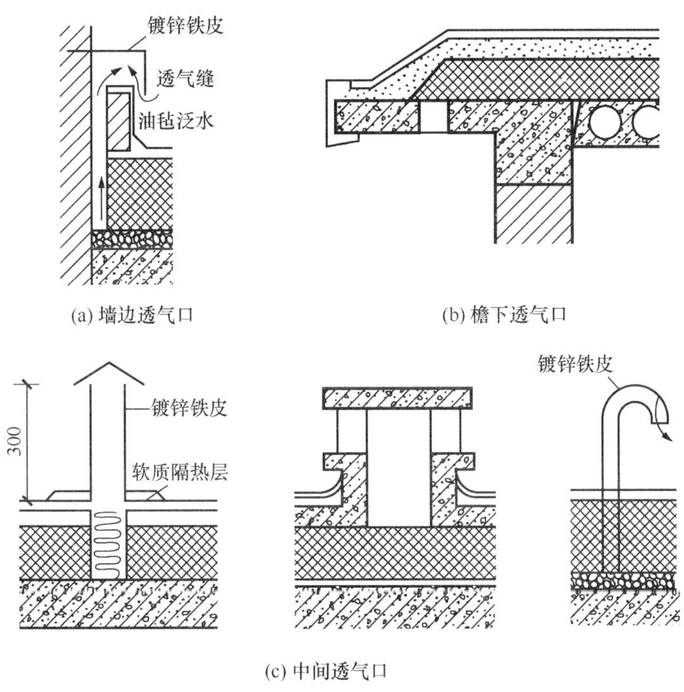

(a) 墙边透气口　(b) 檐下透气口

(c) 中间透气口

图 6.26　保温层中设透气道及透气口位置

人们正常的生活和工作，因此应对屋顶进行适当的构造处理，来达到隔热降温的目的。

屋顶隔热降温通常有通风隔热、实体材料隔热、反射隔热等几种方式。

(1) 通风隔热屋面

通风隔热屋面是在屋顶中设置通风的空气间层，使屋顶的上表面起遮挡阳光的作用，而中间的空气间层则利用风压原理和热压原理散发掉大部分的热量，从而降低了传到屋顶下表面的温度，达到隔热降温的目的。通风隔热屋顶根据结构层和通风层的相对位置的不同又可分为两种：

1) 架空通风隔热屋面。这种隔热屋面的一般做法是用预制板块架空搁置在防水层上形成架空层。预制板有平面和曲面两种形状。平面为大阶砖或预制混凝土平板，板下垫块宜为条状，以使气流通畅。出风口应尽可能布置在迎风面，出风口尽可能布置在背风面。架空通风隔热屋面架空层净高一般以 180～240mm 为宜，架空层周边应设一定数量的通风孔，以保证空气流通，见图 6.27 (a)。曲面形状通风层可以用水泥砂浆做成拱形、三角形、槽形断面，盖在平屋顶上作为通风屋面，见图 6.27 (b)。

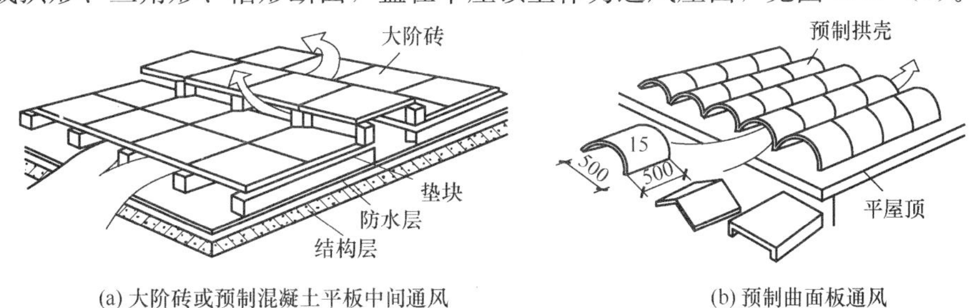

(a) 大阶砖或预制混凝土平板中间通风　(b) 预制曲面板通风

图 6.27　架空通风隔热屋面构造

2）吊顶通风隔热屋面。这种隔热屋面是将通风层设在结构层的下面，即利用屋顶与室内顶棚之间的空间作隔热层，同时利用檐墙上的通风口将大部分的热量带走，如图 6.28 所示。这种屋面的优点是防水层可直接做在结构层上面，构造简单。其缺点是防水层和结构层均易受气候影响而变形。顶棚通风隔热屋面的通风层应有足够的净空高度，一般为 500mm 左右，并设置一定数量的通风口，以利空气对流。

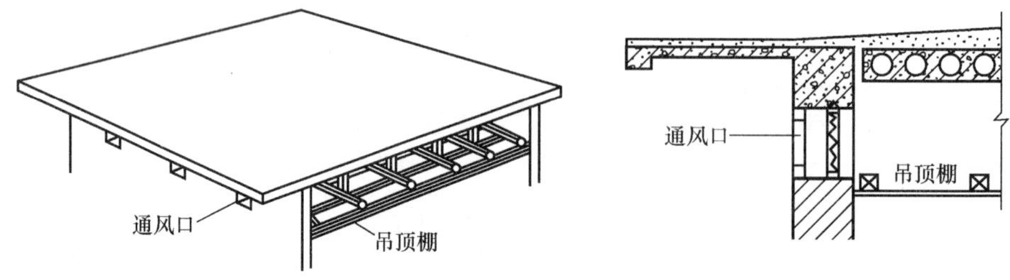

图 6.28　吊顶通风隔热屋面构造

（2）实体材料隔热屋面

这种做法是利用表观密度大的材料的蓄热性、热稳定性和传导过程中时间延迟的特性来达到隔热目的。当白天气温高时，屋面隔热材料大量吸热，使室内温度不至于明显上升；待晚间气温降低后，屋顶蓄热材料中的热量再开始散发，因此这种隔热做法只适合于夜间使用频率较低的建筑，如办公楼、中小学校等。常用的实体材料有大阶砖或混凝土板、砾石、种植土、蓄水等。

1）大阶砖或混凝土板隔热屋面。这种屋面可作为上人屋面。

2）砾石层屋面。在防水层上面堆砾石作为隔热层，同时也是保护层。

3）蓄水屋面。这种屋面是在屋顶上蓄积一层水，当太阳辐射到屋顶上时水吸收热量而蒸发，这样就会减少屋顶吸收的热能，从而达到降温隔热的目的。

提示

蓄水屋面宜采用整体现浇的混凝土刚性防水层，在屋顶构造处理时要增加“一壁三孔”，即蓄水分仓壁、溢水孔、泄水孔和过水孔。其具体构造见图 6.29。

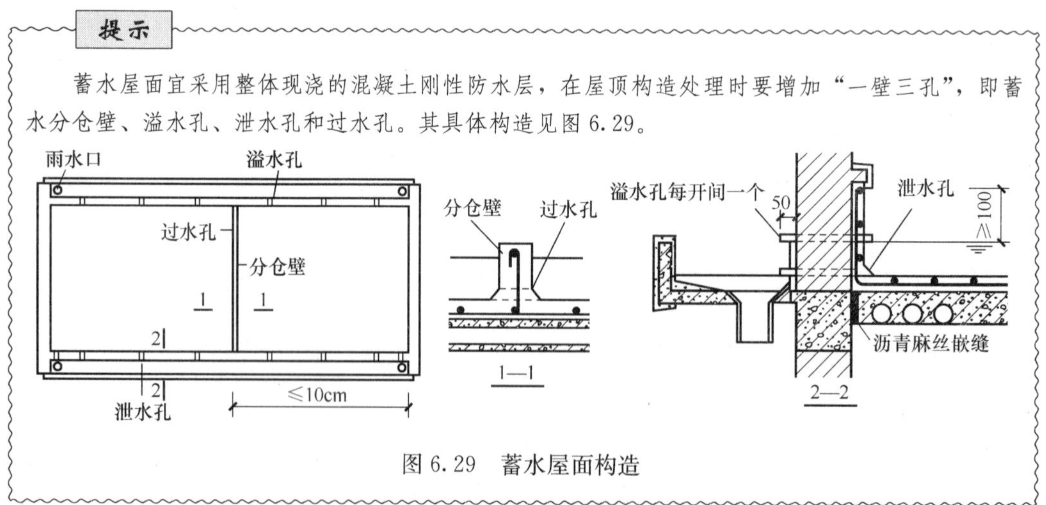

图 6.29　蓄水屋面构造

4）种植屋面。这种屋面是在屋顶上种植植物，利用植被的蒸腾和光合作用吸收太阳辐射热，从而达到隔热降温的目的。种植屋面也应采用整体现浇的刚性防水层，并必须对其进行防腐处理，避免水和肥料日久天长渗入混凝土中腐蚀钢筋，如图 6.30 所示。

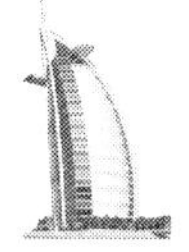

（3）反射隔热屋顶

这类屋面是利用材料表面的颜色和光滑度对热辐射的反射作用，将一部分热量反射回去，从而达到降温的目的。屋顶表面可以铺浅颜色材料，如浅色的砾石，或刷白色的涂料及银粉，都能使屋顶产生降温的效果。如果在顶棚通风屋顶的基层中加一层铝箔纸板，就会产生二次反射作用，这样会进一步改善屋顶的隔热效果。

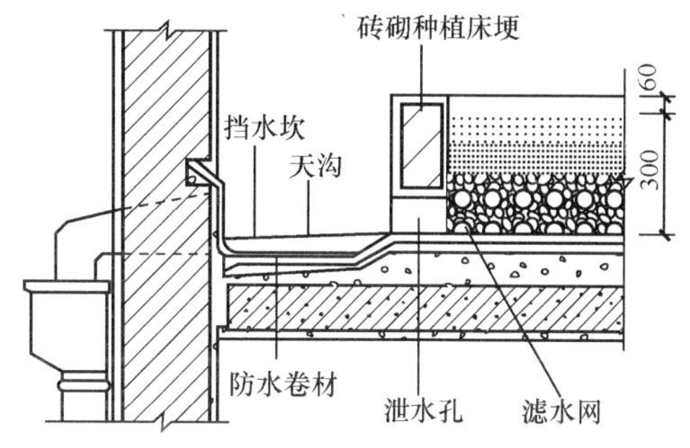

图 6.30　种植土屋面

6.3　坡屋顶构造

6.3.1　坡屋顶的承重结构

1. 坡屋顶的承重结构类型

坡屋顶中常用的承重结构类型有山墙承重、屋架承重和梁架承重三类，见图 6.31。

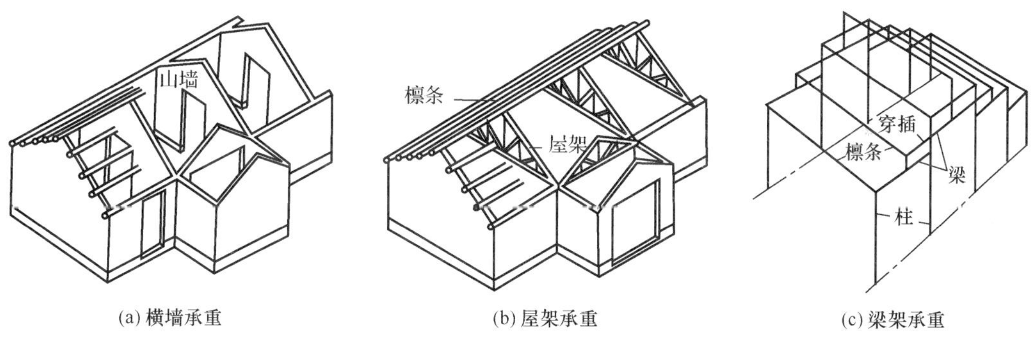

图 6.31　坡屋顶的承重结构

1）山墙承重。又叫横墙承重或硬山搁檩，是指按屋顶设计所要求的坡度，将横墙上部砌成山尖形，在其上直接搁置檩条来承受屋顶重量的一种承重方式。这种承重方式一般适合于多数开间相同且并列的房屋，如住宅、旅馆、宿舍等。其优点是节约钢材和木材，构造简单，施工方便，房间的隔音、防火效果好，是一种较为合理的承重体系。

2）屋架承重。是指利用建筑物的外纵墙或柱支承屋架，然后在屋架上搁置檩条来承受屋面重量的一种承重方式。这种承重方式多用于要求有较大空间的建筑，如食堂、教学楼等。屋架一般按房屋的开间等间距排列，其开间的选择与建筑平面以及立面设计都有关系。屋架承重体系的主要优点是建筑物内部可以形成较大的空间，结构布置灵活，通用性大。

3）梁架承重。是我国传统的结构形式，即用柱和梁形成梁架支承檩条，然后每隔两根或三根檩条立一柱，利用檩条和连系梁（枋）把房屋组成一个整体的骨架，这里墙只起围护和分隔作用。这种承重系统的主要优点是结构牢固、抗震性好。

2. 坡屋顶的承重构件

坡屋顶的承重构件主要有屋架和檩条。

1）屋架。屋架形式通常为三角形，由上弦、下弦和腹杆组成，所用材料有木材、钢材及钢筋混凝土等，见图 6.32。木屋架一般用于跨度不超过 12m 的建筑；如果将木屋架中受拉力的下弦及直腹杆用钢筋或型钢代替，可用于跨度不超过 18m 的建筑；当跨度更大时，可采用钢筋混凝土或钢屋架。

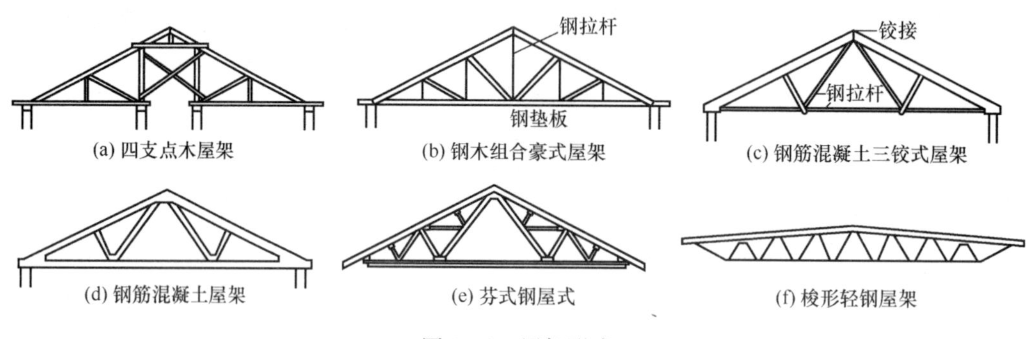

图 6.32 屋架形式

2）檩条。檩条是沿房屋纵向搁置在屋架或山墙上的屋面支承梁。檩条所用材料应与屋架材料相同，一般有木材、钢材及钢筋混凝土等。檩条常见断面形式如图 6.33 所示。木檩条的跨度一般在 4m 以内，钢及钢筋混凝土檩条可达 6m。檩条的间距根据屋面防水材料及基层的构造处理而定，一般范围为 700～1500mm。

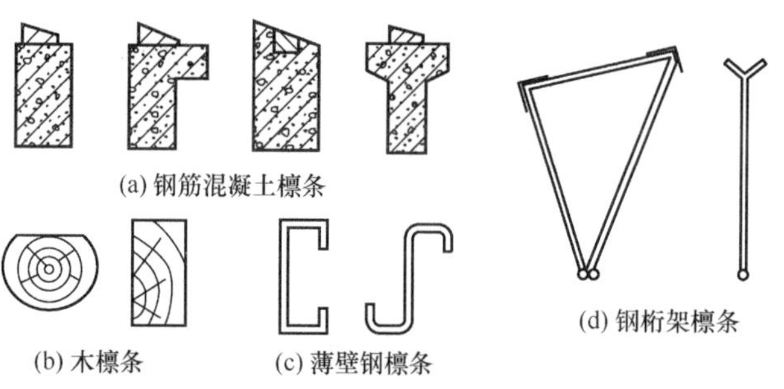

图 6.33 檀条断面形式

6.3.2 坡屋顶的屋面构造

坡屋顶屋面常采用平瓦（又叫机平瓦），是根据防水和排水需要，把黏土或水泥等材料用模具压制成凹凸楞纹后再焙烧而成的瓦片。平瓦的一般尺寸为长 380～420mm，宽 230～250mm，净厚为 20～25mm。为防止下滑，瓦背后有突出的挡头，可以挂在挂瓦条上，其上还穿有小孔，在风速大的地区或屋面坡度较大时可用铅丝将瓦扎在挂瓦条上，保证瓦的可靠固定。平瓦屋面根据基层的不同有空铺平瓦屋面、实铺平瓦屋面和钢筋混凝土挂瓦板平瓦屋面三种做法。

1. 空铺平瓦屋面

空铺平瓦屋面也叫冷摊瓦屋面，是平瓦屋面中最简单的一种做法，具体做法是在檩条

上固定椽条，然后再在椽条上钉挂瓦条并直接挂瓦。这种屋面做法的特点是施工方便、经济，但雨雪易从瓦缝飘进室内，故通常用于质量要求不高的临时建筑中，如图 6.34 所示。

2. 实铺平瓦屋面

在檩条或椽条上铺屋面板，再在屋面板上挂瓦。屋面板可采用钢筋混凝土板或木板（也称木望板）。望板上平行于屋脊方向干铺一层油毡，再顺着水流方向钉顺水条（也称压毡条，断面 30mm×10mm，间距 500mm）将油毡钉牢，最后在顺手条上钉挂瓦条并挂瓦，如图 6.35 所示。这样，挂瓦条与油毡之间因夹有顺水条而有了空隙，便于把飘入瓦缝的雨水排出，所以这种屋面的防水能力较空铺平瓦屋面有了很大的提高，同时也提高了屋面的保温隔热性能，多用于防水质量要求较高的建筑中。

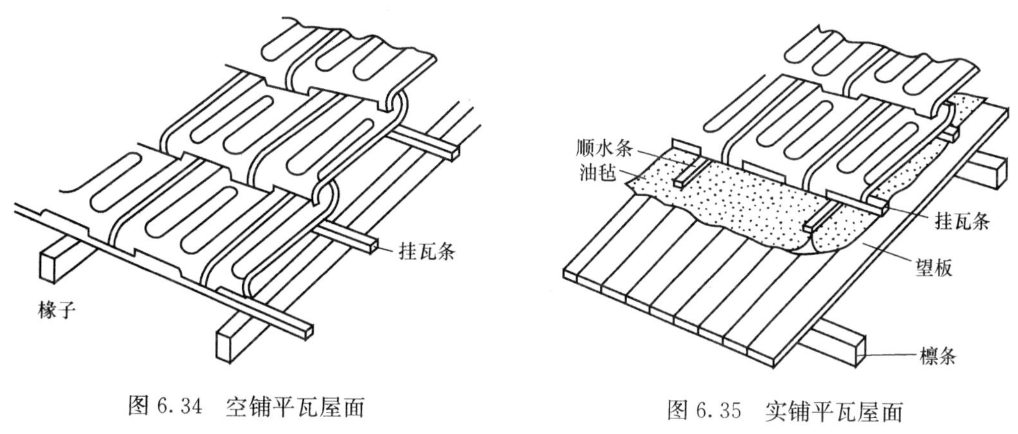

图 6.34　空铺平瓦屋面　　图 6.35　实铺平瓦屋面

3. 钢筋混凝土挂瓦板平瓦屋面

这种屋面是用预应力或非预应力的钢筋混凝土挂瓦板直接搁置在横墙或屋架上，代替实铺平瓦屋面中的檩条、屋面板和挂瓦条，成为三合一的构件，如图 6.36 所示。

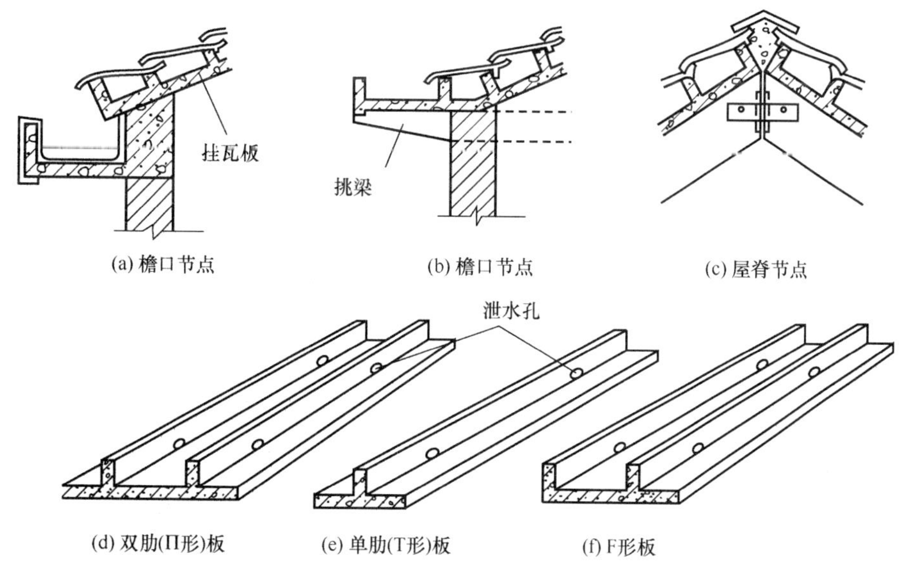

图 6.36　钢筋混凝土挂瓦板平瓦屋面

挂瓦板的屋面坡度不宜小于1∶2.5，挂瓦板与砖墙或屋架固定时可将挂瓦板两端挂在预埋在砖墙或屋架中的钢筋头上，再用1∶3水泥砂浆填实。挂瓦板的细部尺寸应与平瓦的尺寸相符，断面形式有Ⅱ形、T形、F形三种，并在板筋根部留有泄水孔，以排除由瓦面渗下的雨水。这种屋面的优点是构造简单、节约木材且防水可靠，但在施工时应严格控制构件的几何尺寸，切实保证施工质量，避免因瓦材搭接不密实而造成雨水渗漏。

6.3.3 坡屋顶的细部构造

1. 檐口构造

(1) 纵墙檐口

纵墙檐口根据建筑的造型要求可做成挑檐和封檐两种。挑檐是指屋面挑出外墙的构造做法，其具体形式有砖挑檐、屋面板挑檐、挑檐木挑檐、挑椽挑檐等。这种做法可对外墙起到一定的保护作用，如图6.37所示。封檐是指檐口外墙高出屋面、将檐口包住的构造做法，为了解决排水问题，一般需在檐部内侧做水平天沟，如图6.38所示。

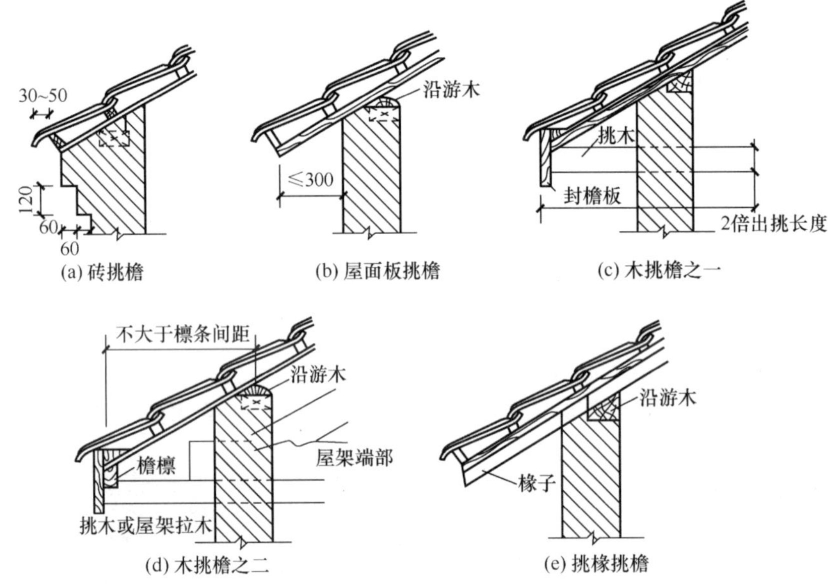

图6.37 平瓦屋面纵墙挑檐檐口

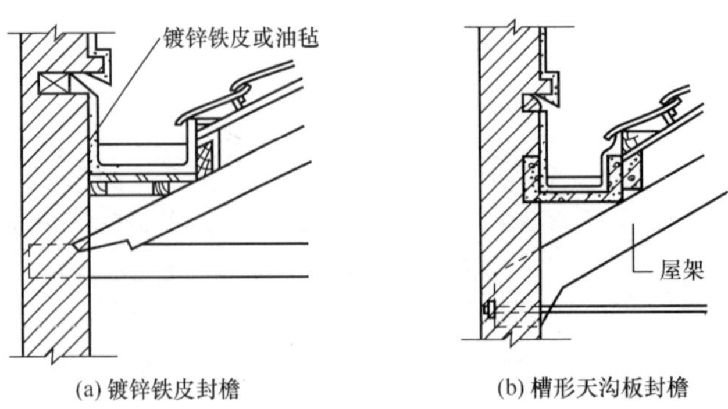

图6.38 平瓦屋面纵墙封檐檐口

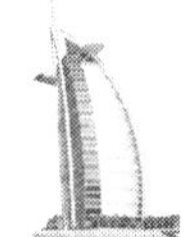

(2) 山墙檐口

山墙檐口按屋面形式有硬山和悬山两种做法。硬山檐口是指山墙高出屋面的构造做法，在山墙与屋面交接处应做好泛水处理，如图 6.39 所示。悬山檐口是指屋面挑出山墙的构造做法，其构造一般是将檩条挑出山墙，再用木封檐板（也称博风板）封住檩条端部，如图 6.40 所示。

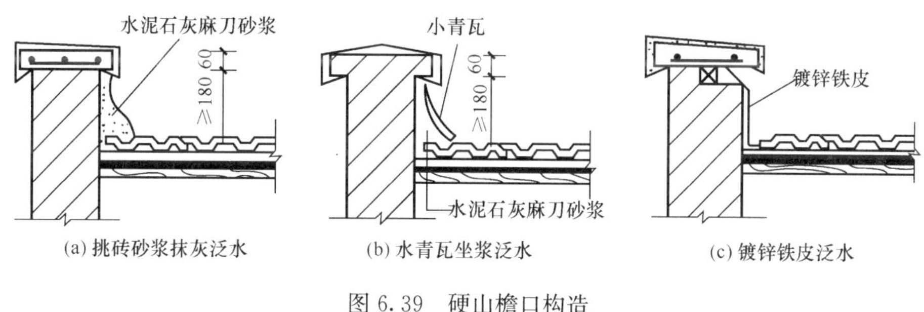

图 6.39　硬山檐口构造

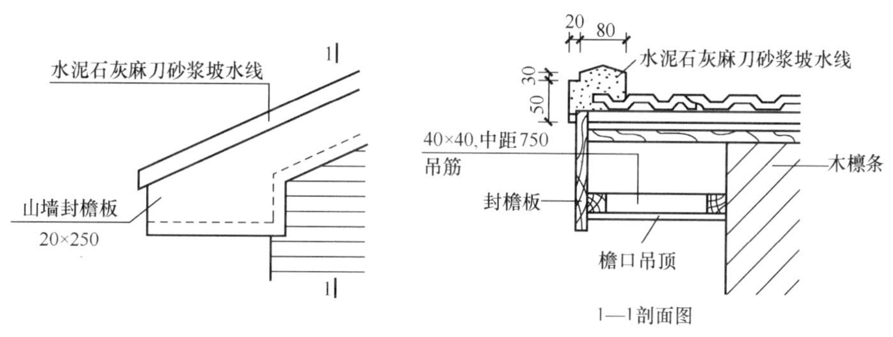

图 6.40　悬山檐口构造

2. 天沟构造

多跨坡屋面两斜面相交形成斜天沟，斜天沟一般用镀锌铁皮制成，镀锌铁皮两边包钉在木条上，木条高度要使瓦片搁上后能与其他瓦片平行，同时还可防止溢水。在天沟两侧的屋面卷材最好要包到木条上，或者在铁皮斜向的下面附加卷材一层。斜沟两侧的瓦片要锯成一条与斜沟平行的直线，挑出木条 40mm 以上。另一种做法是用弧形瓦或缸瓦作斜天沟，搭接处要用麻刀灰窝实，如图 6.41 所示。

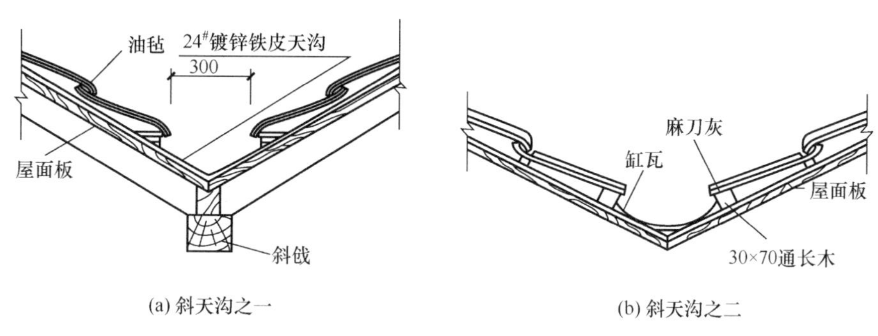

图 6.41　斜天沟构造

6.3.4 坡屋顶的保温与隔热

1. 坡屋顶的保温

坡屋顶的保温有屋面层保温和顶棚层保温两种做法。当采用屋面层保温时，其保温层可设置在瓦材下面或檩条之间。当屋顶为顶棚层保温时，通常需在吊顶龙骨上铺板，板上设保温层，可以收到保温和隔热的双重效果。坡屋顶保温材料可根据工程的具体要求选用散料类、整体类或板块类材料。坡屋顶保温构造如图 6.42 所示。

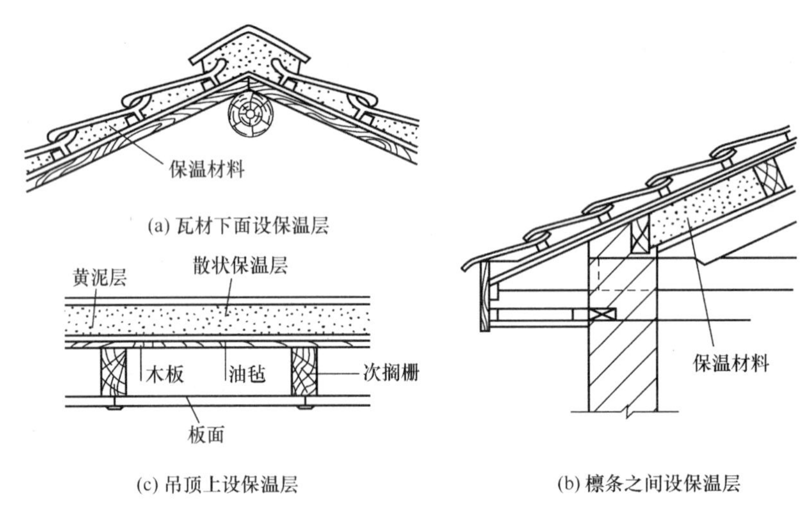

图 6.42 坡屋顶保温构造

2. 坡屋顶的隔热

在炎热地区的坡屋面应采取一定的构造处理来满足隔热的要求，常采用通风屋顶。一般是在坡屋顶中设进风口和出气口，利用屋顶内外的热压差和迎风面的风压差组织空气对流，形成屋顶内的自然通风，以减少由屋顶传入室内的辐射热，从而达到隔热降温的目的。进风口一般设在檐墙上、屋檐上或室内顶棚上，出气口最好设在屋脊处，以增大高差，加速空气流通。图 6.43 为几种通风屋顶的示意图。

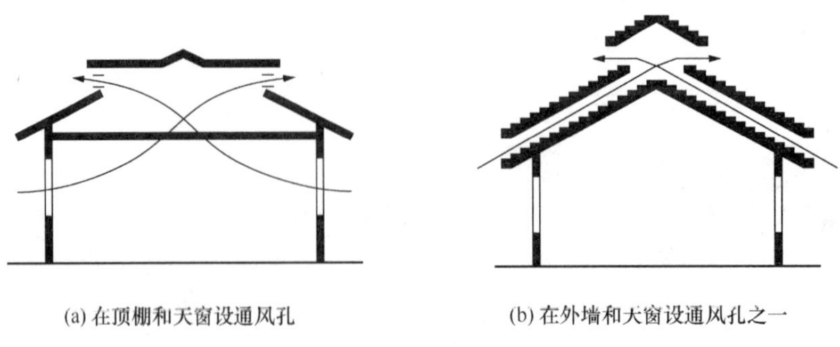

图 6.43 坡屋顶通风示意

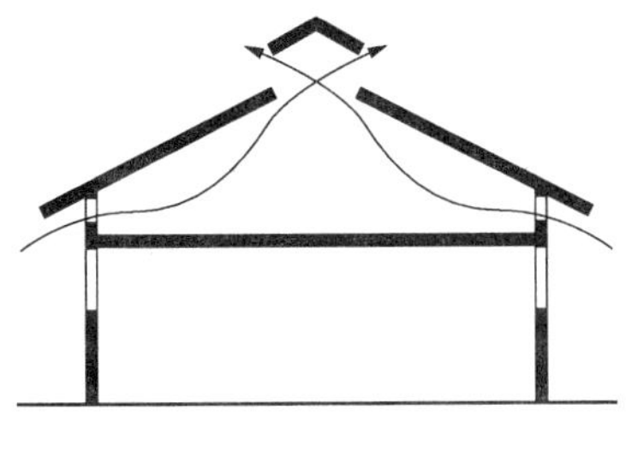

(c) 在外墙和天窗设通风孔之二

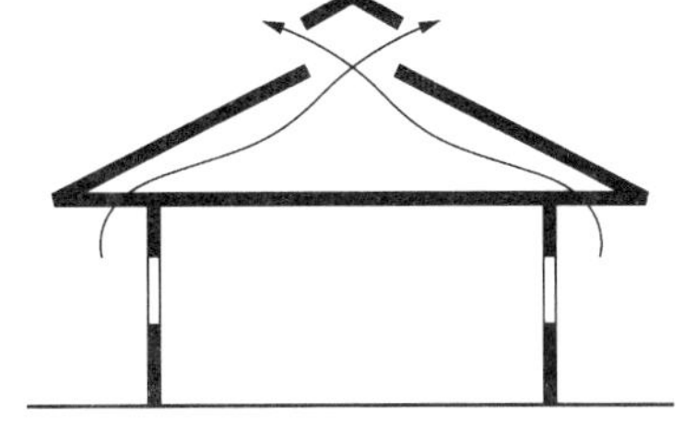

(d) 在山墙及檐口设通风孔

图 6.43　坡屋顶通风示意（续）

小　结

1. 屋顶是建筑上部的围护构件，具有承重、围护及造型的功能，要求具有排水防水、保温隔热等围护构造，结构安全可靠，形象美观，自重轻、构造简单、方便施工和维修、经济合理。

2. 屋顶按屋面坡度及结构选型的不同可分为平屋顶、坡屋顶及其他形式的屋顶。平屋顶的坡度小于 5%，坡屋顶的坡度一般大于 10%。

3. 平屋顶的构造层次包括结构层、防水层、顶棚和附加层。平屋顶排水坡度的形成主要有材料找坡和结构找坡。屋顶的排水方式分为无组织排水和有组织排水。屋面排水设计内容包括：确定排水坡度的大小和形成方法，选择排水方式，划分排水区域；确定落水管的位置、材料和大小；确定天沟的断面形式及尺寸等。

4. 现行《屋面防水工程技术规程》根据建筑物的性质、重要程度、使用功能要求、防水层耐用年限等将屋面防水分为四个等级。平屋顶防水方案和防水材料的选择应根据屋面的防水等级、防水耐久年限、工程实际情况等因素综合确定。平屋顶防水屋面按其防水层做法的不同可分为柔性防水屋面、刚性防水屋面、涂膜防水屋面和粉剂防水屋面等类型。

5. 柔性防水屋面又称为卷材防水屋面，其构造层次有结构层、找坡层、找平层、结合层、防水层和保护层。柔性防水屋面在处理好大面积屋面防水的同时应注意卷材泛水及收头、雨水口、变形缝等防水薄弱部位的细部构造，防止渗漏水。刚性防水屋面是指以防水砂浆、细石混凝土等刚性材料作为防水层的屋面，一般由结构层、找平层、隔离层、防水层组成。刚性防水屋面应处理好分格缝、泛水、檐口等细部构造。涂膜防水屋面又称涂料防水屋面，是指用可塑性和粘结力较强的高分子防水涂料直接涂刷在屋面基层上而形成不透水的薄膜层来达到防水目的的一种屋面做法。粉剂防水屋面是以脂肪酸钙为主体，通过特定的化学反应组成的复合型粉状防水材料加保护层，作为屋面防水层的一种做法。

6. 屋顶还应根据当地气候条件和使用功能的要求，妥善解决建筑物的保温和隔热问题。根据屋顶保温层与防水层的相对位置的不同，有保温层在防水层之下的正铺法和保温层在防水层之上的倒铺法。屋顶隔热降温通常有通风隔热屋面、实体材料隔热屋面、反射屋顶。

7. 坡屋顶中常用的承重结构类型有山墙承重、屋架承重和梁架承重。坡屋顶的承重构件主要有屋架和檩条。坡屋顶屋面常采用平瓦屋面，平瓦屋面根据基层的不同有空铺、实铺和钢筋混凝土挂瓦板等三种做法。坡屋顶应处理好檐口、山墙、天沟等细部构造。坡屋顶的保温有屋面层保温和顶棚层保温两种做法。坡屋顶主要是通过通风屋顶来满足隔热要求。

思考与练习题

6.1 填空题

(1) 屋顶的外形有__________、__________和其他类型。

(2) 平屋顶的构造层次包括__________、__________、__________和__________。

(3) 屋面防水分为__________个等级，二级防水屋面防水层的耐用年限为__________年，应设__________道防水设防。

(4) 平屋顶坡度的形成方法有__________和__________。

(5) 屋顶的排水方式分为__________和__________。

(6) 屋顶的隔热通常有__________隔热、__________隔热、__________隔热等几种方式。

(7) 坡屋顶中常用的承重结构类型有__________承重、__________承重和__________承重三类。

(8) 坡屋顶的承重构件主要有__________和__________。

6.2 简述题

(1) 影响屋顶坡度的因素有哪些？如何形成屋顶的排水坡度？

(2) 屋顶的排水方式有哪几种？简述各自的优缺点和适用范围。

(3) 屋顶排水组织设计主要包括哪些内容？具体要求是什么？

(4) 卷材防水屋面的基本构造层次有哪些？各层次的作用是什么？

(5) 刚性防水屋面的基本构造层次有哪些？各层次的作用是什么？

(6) 涂料防水屋面的基本构造层次有哪些？各层次的作用是什么？

(7) 平屋顶的保温材料有哪几类？其保温构造有哪几种做法？

(8) 平屋顶的隔热构造处理有哪几种做法？

(9) 平瓦屋面的常见做法有哪几种？简述各自的优缺点。

6.3 画图题

(1) 画图表示柔性防水屋面的泛水构造、檐口构造。

(2) 画图表示刚性防水屋面的泛水构造、檐口构造。

(3) 画图表示瓦屋面的檐口、天沟构造。

设计3 平屋顶构造设计

一、设计条件

图 6.44 为某小学四层教学楼的平面图和剖面图，教学区层高为 3.6m，办公区层高为 3.3m，教学区与办公区的交界处做错层处理。砖混结构，平屋顶，采用有组织排

水，檐口形式自定。可采取卷材防水或刚性防水，有保温或隔热要求。

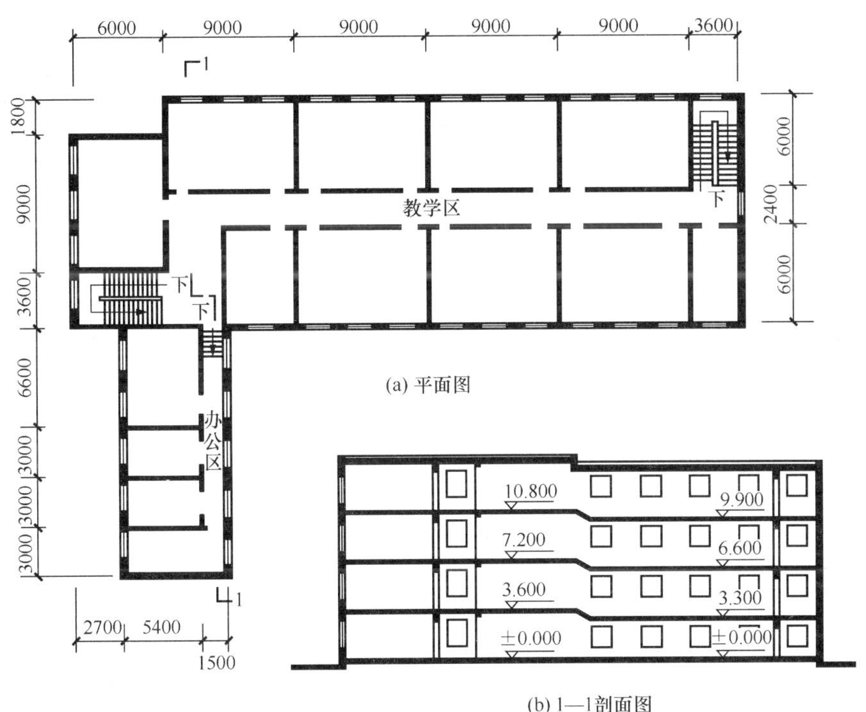

图 6.44　某小学教学楼平面图和剖面图

二、设计内容及图纸要求

用 A3 图纸一张，按建筑制图标准的规定绘制该小学教学楼屋顶平面图和屋顶节点详图。

(1) 屋顶平面图，比例 1∶200。

1) 画出各坡面交线、檐沟或女儿墙和天沟、雨水口和屋面上人孔等，刚性防水屋面还应画出纵横分格缝。

2) 标注屋面和檐沟或天沟内的排水方向和坡度大小，标注屋面上人孔等突出屋面部分的有关尺寸，标注屋面标高（结构上表面标高）。

3) 标注各转角处的定位轴线和编号。

4) 外部标注两道尺寸（即轴线尺寸和雨水口到邻近轴线的距离或雨水口的间距）。

5) 标注详图索引符号，并注明图名和比例。

(2) 屋顶节点详图，比例 1∶10 或 1∶20。

1) 檐口构造。当采用檐沟外排水时，表示清楚檐沟板的形式、屋顶各层构造、檐口处的防水处理以及檐沟板与圈梁、墙、屋面板之间的相互关系，标注檐沟尺寸，注明檐沟饰面层的做法和防水层的收头构造做法；当采用女儿墙外排水或内排水时，表示清楚女儿墙压顶构造、泛水构造、屋顶各层构造和天沟形式等，注明女儿墙压顶和泛水的构造做法，标注女儿墙的高度、泛水的高度等尺寸；当采用檐沟女儿墙外排水时要求同上。用多层构造引出线注明屋顶各层做法，标注屋面排水方向和坡度大小，标注详图符号和比例，剖切到的部分用材料图例表示。

2) 泛水构造。画出高低屋面之间的立墙与低屋面交接处的泛水构造，表示清楚泛水构造和屋面各层构造，注明泛水构造做法，标注有关尺寸，标注详图符号和比例。

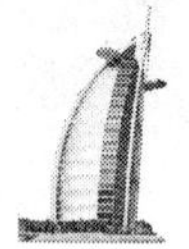

3）雨水口构造。表示清楚雨水口的形式、雨水口处的防水处理，注明细部做法，标注有关尺寸，标注详图符号和比例。

4）刚性防水屋面分格缝构造。若选用刚性防水屋面，则应做分格缝，要表示清楚各部分的构造关系，标注细部尺寸、标高、详图符号和比例。

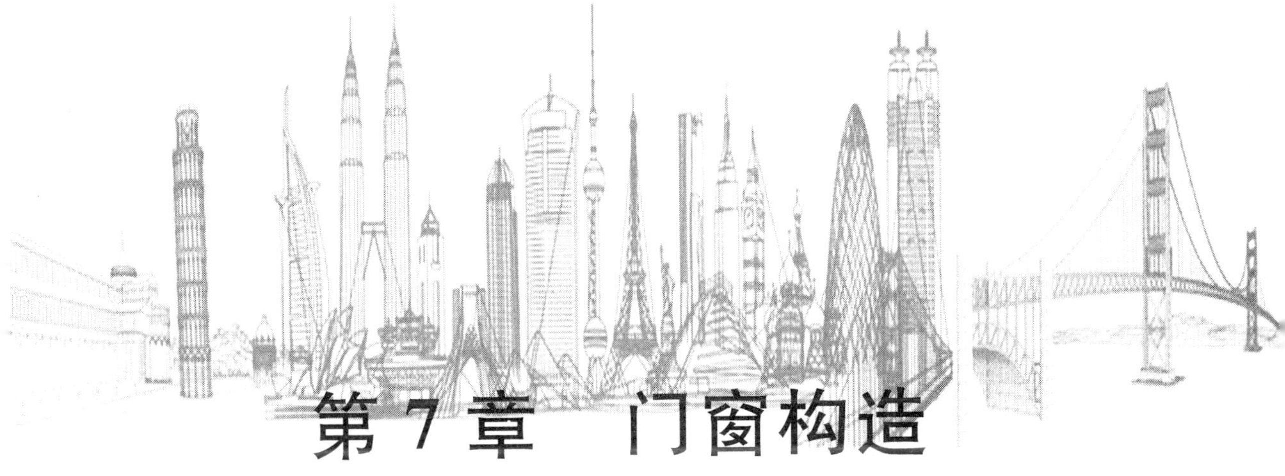

第 7 章　门窗构造

【知识点】

1. 门窗的分类、组成与尺度
2. 木门窗的构造
3. 铝合金门窗的构造
4. 塑钢门窗的构造

【学习要求】

1. 掌握门窗的组成与尺度
2. 掌握木门窗构造
3. 了解门窗的分类
4. 了解铝合金和塑钢门窗的构造

7.1　门窗的作用、分类、组成与尺度

7.1.1　门窗的作用与设计要求

门窗是建筑的重要组成构件。窗的主要功能是采光、通风及观望；门的主要功能是交通出入、分隔联系建筑空间，有时也兼起通风、采光的作用。门窗在不同情况下有分隔、采光、通风、保温、隔声、防水及防火等不同的要求。此外，门窗对建筑物的外观及室内装修造型影响也很大。因此，对门和窗来说，总的要求应是坚固耐用、美观大方、开启方便、关闭紧密、便于清洁维修。

7.1.2　门窗的分类

门和窗按照使用材料分有木门窗、钢门窗、铝合金门窗、塑料门窗和玻璃钢门窗等。门按照使用功能分有保温门、防火门、隔声门、防盗门、防辐射门、防爆门等。窗按照层数分有单层窗和双层窗。按照开启方式不同，门与窗分别有如下形式。

1. 窗的开启方式

窗按其开启方式不同通常有固定窗、平开窗、悬窗、立转窗、推拉窗等（图 7.1）。

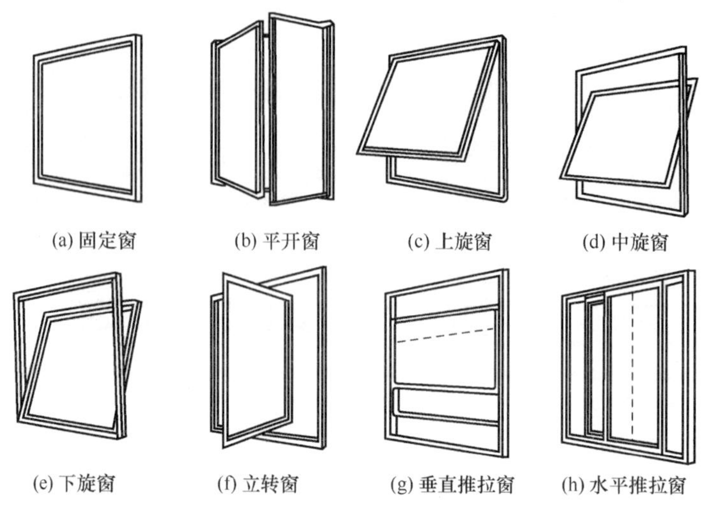

图 7.1　窗的开启方式

1）固定窗。固定窗是不能开启的窗。一般将玻璃直接装在窗框上，尺寸可大些。

2）平开窗。这是一种可以水平开启的窗，有外开、内开之分。平开窗构造简单，制作、安装和维修均较方便，在一般建筑中使用最为广泛。

3）悬窗。按转动铰链或转轴的位置不同可以分为上悬窗、中悬窗和下悬窗。上悬窗与中悬窗一般向外开启，防雨效果比较好，且有利于通风；上悬窗常用于高窗，而下悬窗通风防水性能均较差，在民用建筑中用得极少。

4）立转窗。这是一种可以绕竖轴转动的窗。竖轴沿窗扇的中心垂线而设，或略偏于窗扇的一侧。立转窗通风效果好，但不够严密，防雨防寒性能差。

5）推拉窗。推拉窗是可以左右或垂直推拉的窗。水平推拉窗需上下设轨槽，垂直推拉窗需设滑轮和平衡重。推拉窗开关时不占室内空间，但推拉窗不能全部同时开启，可开面积最大不超过 1/2 的窗面积。水平推拉窗扇受力均匀，所以窗扇尺寸可以较大，但五金件较贵。

2. 门的开启方式

门的开启方式主要是由使用要求决定的，通常有以下几种不同方式，即平开门、弹簧门、推拉门、折叠门、转门等，如图 7.2 所示。

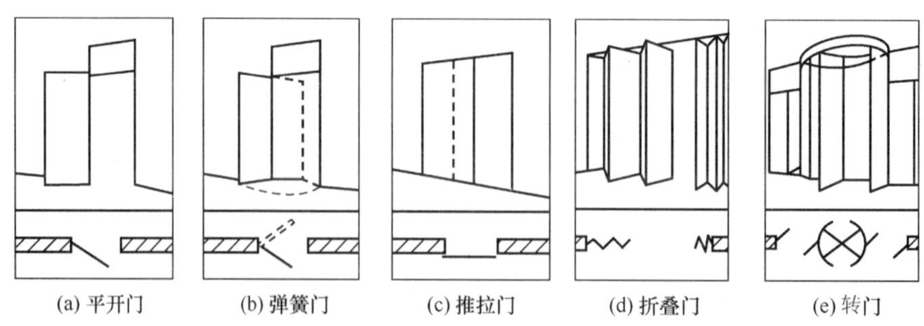

图 7.2　门的开启形式

1）平开门。水平开启的门，铰链安装在侧边，有单扇、双扇，有向内开、向外开之分。平开门的构造简单，开启灵活，制作和维修均较方便，是一般建筑中使用最广泛的门。

2）弹簧门。形式同平开门，稍有不同的是，弹簧门的侧边用弹簧铰链或下面用地弹簧传动，开启后能自动关闭。多数为双扇弹簧门，能内外两个方向弹动；少数为单扇或单向弹动，如纱门。弹簧门的构造与安装比平开门稍复杂，多用于人流出入较频繁或有自动关闭要求的场所。门上一般安装玻璃，以免相互碰撞。

3）推拉门。可以在上下轨道上滑行。推拉门有单扇和双扇之分，可以藏在夹墙内或贴在墙面外，占地少，受力合理，不易变形，但关闭不够严密。推拉门的构造也较复杂，一般用于两个空间需扩大联系的门。在人流众多的地方，还可以用光电管或触动式设施使推拉门自动启闭。

4）折叠门。为多扇折叠，可以拼合折叠推移到侧边的门。当每侧均为双扇折叠门时，在两个门扇侧边用合页连接在一起，开关和普通平开门一样。两扇均为多扇折叠门时，除在相邻各扇的侧面装合页以外，还需要在门顶或门底安装滑轮和导轨以及可以转动的五金配件。每扇折叠三扇或更多的门扇时，虽然仍可称之为门，实际上已成为折叠或移动式隔墙了。折叠门一般用于两个空间需要更为扩大联系的门。

5）转门。为三或四扇连成风车形，在两个固定弧形门套内旋转的门。转门可以作为公共建筑中人流出入频繁，且有采暖和空调设备情况下的外门，对减弱或防止内外空气对流有一定作用。使用时各门扇之间形成的封闭空间起着门斗作用。一般在转门的两旁另设平开门或弹簧门，以作不需空气调节的季节或大量人流疏散之用。转门构造复杂，造价较高，一般情况不宜采用。

7.1.3 门窗的组成

1. 窗的组成

窗主要是由窗框、窗扇和五金件及附件组成。窗框由边框、上框、下框、中横框（中横档）、中竖框（中竖梃）组成；窗扇由上冒头、下冒头、边梃、窗芯、玻璃等组成。窗五金零件有铰链、风钩、插销等；附加件有贴脸、筒子板、木压条等（图 7.3）。

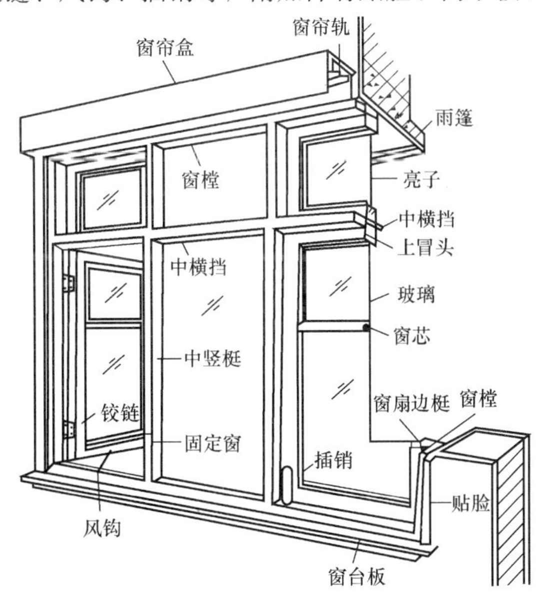

图 7.3　窗的组成

2. 门的组成

门由门框、门扇、亮子、五金零件及附件组成。木门框由上框、边框、中横框、中竖框组成，一般不设下框。门扇有镶板门、夹板门、拼板门、玻璃门、百页门和纱门等。亮子又称腰窗，它位于门的上方，起辅助采光及通风的作用。附件有贴脸板和筒子板等，如图 7.4 所示。

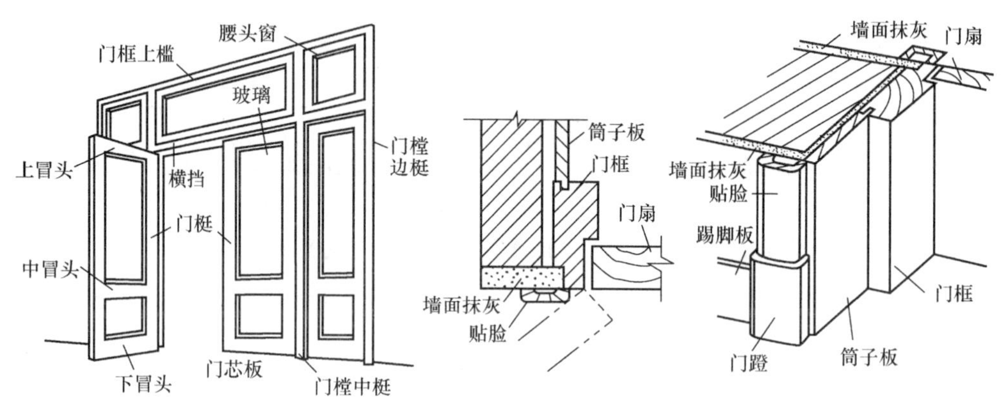

图 7.4　门的组成

7.1.4 门窗的尺度

1. 窗的尺度

窗的尺度应综合考虑采光、使用、节能、结构、美观等方面的因素，同时要符合窗洞口尺寸系列。《建筑门窗洞口尺寸系列》标准规定窗洞口的高度和宽度（指标志尺寸）为 3M 的倍数。当洞口尺寸小于 1200mm 时，可采用 1M 的基本模数，选用时可根据具体情况选用当地通用图集。

固定窗扇宽度可达 900mm 左右。可开窗扇的尺寸不宜过大。平开窗扇的宽度一般为 400～600mm，高度一般为 800～1500mm。推拉窗扇宽度可达 900mm，高度不大于 1500mm。当窗较高时，可在窗的上部或下部设亮子，亮子的高度一般为 300～600mm。

2. 门的尺度

门的具体尺寸应综合考虑人体尺度和人流量、搬运家具、设备以及与建筑物的比例关系，并应遵守国家标准《建筑门窗洞口尺寸系列》。对于外门，在不影响使用的前提下，应符合节能原则，特别是住宅的门不能随意扩大尺寸。

一般房间门的洞口宽度不宜小于 900mm，不超过 1m 宽的门洞可开单扇门；双扇门的宽度为 1200～1800mm；洞口宽度大于 2000mm 时则应开三扇或多扇门。门洞口高均应不小于 2m，大于 2.4m 时应设亮子，亮子高为 300～600mm。

7.2　木门窗构造

7.2.1　平开木窗的构造

1. 窗框

(1) 窗框的断面形式和尺寸

常用木窗框断面形状和尺寸主要应考虑：

- 横竖框接榫和受力的需要。
- 框与墙、扇结合封闭（防风）的需要。
- 防变形和最小厚度处的劈裂等。

一般窗扇与窗框之间既要开启方便，又要关闭紧密。木窗的用料采用经验尺寸，单层窗窗框一般为（40～60)mm×(70～95)mm，双层窗窗框一般为（45～60)mm×(100～120)mm。木框外形的净尺寸一般均不是整数，这是由于木材毛料尺寸均为整数，单面刨光去掉 3mm，双面刨光去掉 5mm 的结果。通常在窗框上做裁口，以便嵌入窗扇，裁口深约 10～12mm；木窗框的两侧外角做灰口，以增强窗框与抹灰的结合与密封。窗框参考尺寸见表 7.1。

表 7.1　平开木窗框断面形式及尺寸

窗框形式	边框上下框	中横框	中竖框
单层窗	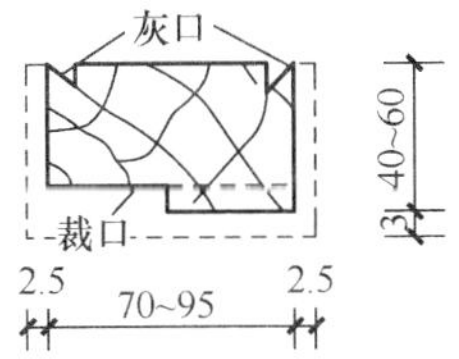 灰口 裁口 40~60 3 2.5 70~95 2.5	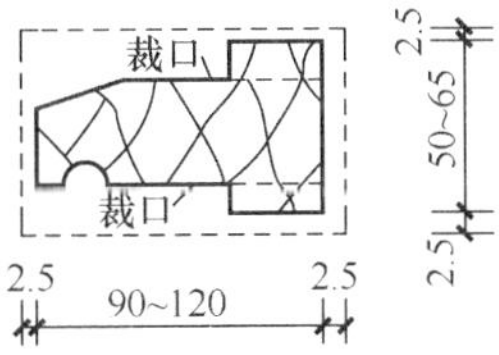 裁口 裁口 2.5 50~65 2.5 2.5 90~120 2.5	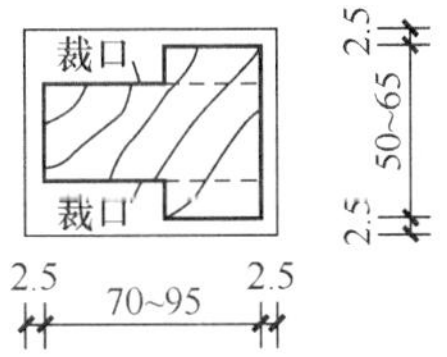 裁口 裁口 2.5 50~65 2.5 2.5 70~95 2.5
双层窗	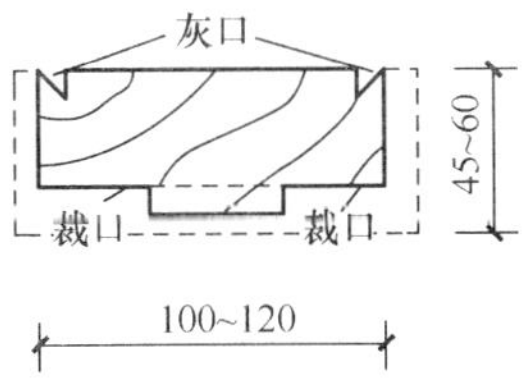 灰口 裁口 裁口 45~60 100~120	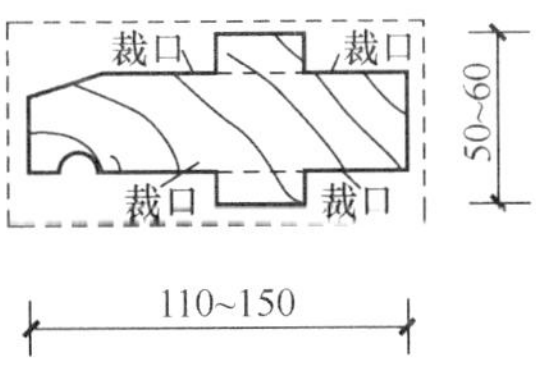 裁口 裁口 裁口 裁口 50~60 110~150	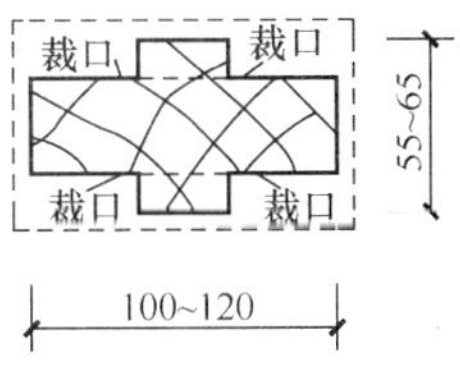 裁口 裁口 裁口 裁口 55~65 100~120

(2) 窗框在墙中的位置

窗框在墙中的位置一般是与墙内表面平齐，安装时窗框突出墙面 20mm，以便墙面粉刷后与抹灰面平。框与抹灰面交接处应用贴脸板搭盖，以阻止由于抹灰干缩形成缝隙后风透入室内，同时可增加美观。

当窗框立于墙中时，应内设窗台板、外设窗台。窗框外平时，靠室内一面设窗台板。窗台板可用木板，也可用预制水磨石板，见图 7.5。

(3) 窗框的安装

窗框位于墙和窗扇之间。木窗窗框的安装方式有立口法和塞口法两种（图 7.6)。

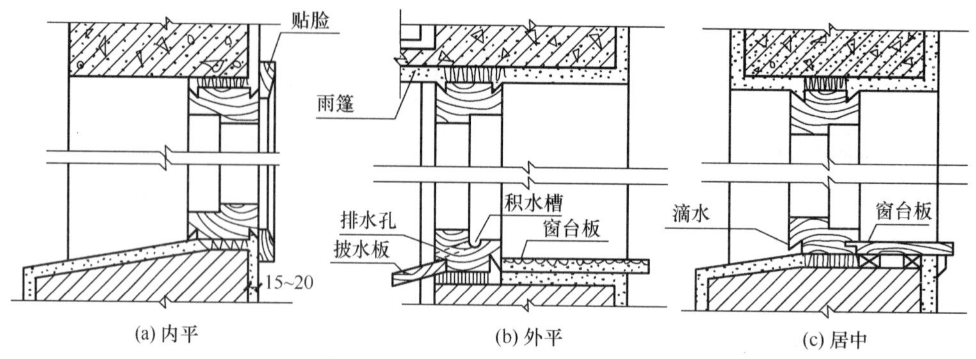

图 7.5　窗框在墙中的位置

立口法即先立窗框，后砌墙。为使窗框与墙体连接得紧固，应在窗口的上、下框各伸出 120mm 左右的端头，俗称“羊角头”。塞口法是先砌筑墙体预留窗洞，然后将窗框塞入洞口内。

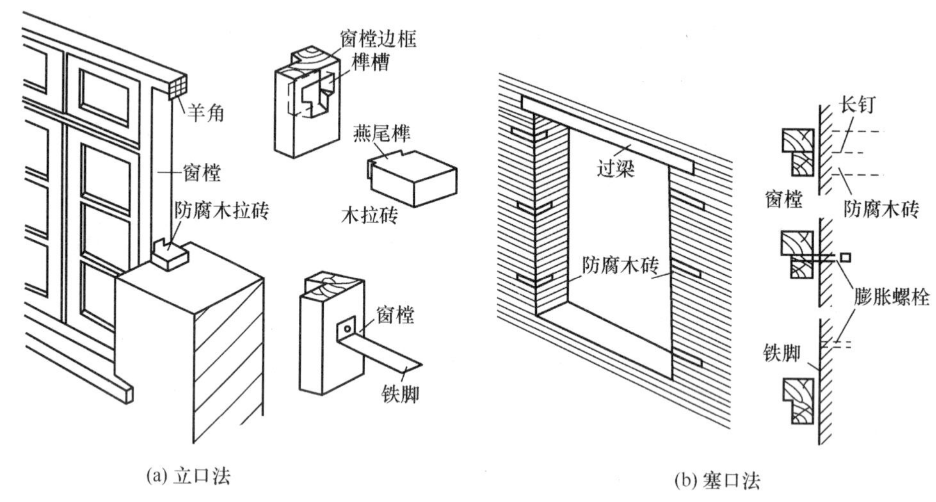

图 7.6　木窗框的安装方法

窗框与墙的连接主要应解决固定和密封问题。木窗框和墙之间的固定方法视墙体材料而异。砖墙常用预埋木砖固定窗框，先立口施工法也可以先在窗框外固定铁脚；混凝土墙体常用预埋木砖或预埋螺栓、铁件固定窗框；砌块墙可用膨胀螺栓、圆木固定窗框，如图 7.7 所示。

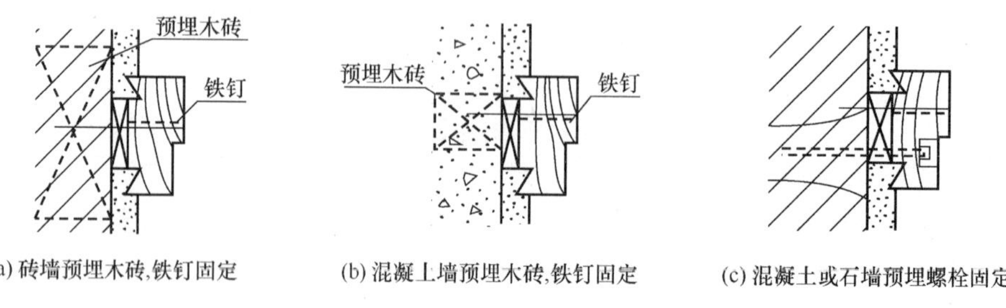

图 7.7　木窗框与墙的固定方法

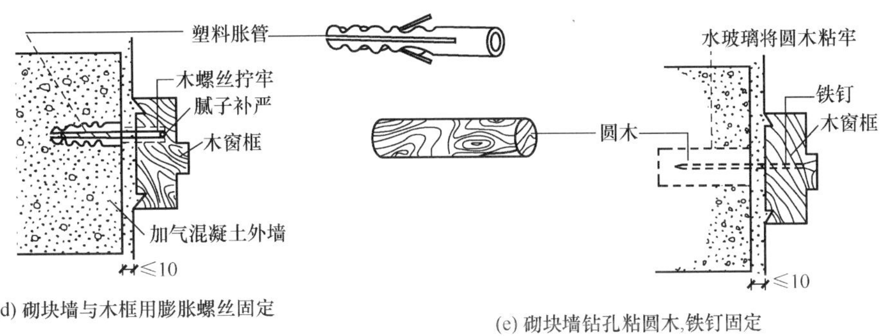

图 7.7　木窗框与墙的固定方法（续）

框墙间可填塞松软弹性材料，如防风毛毡、麻丝或聚乙烯泡沫棒材、管材等封闭型弹性材料，以增强密封程度。木窗框靠墙面可能受潮变形，且不宜干燥，所以当窗框宽超过 120mm 时背面应做凹槽，如图 7.8 所示。

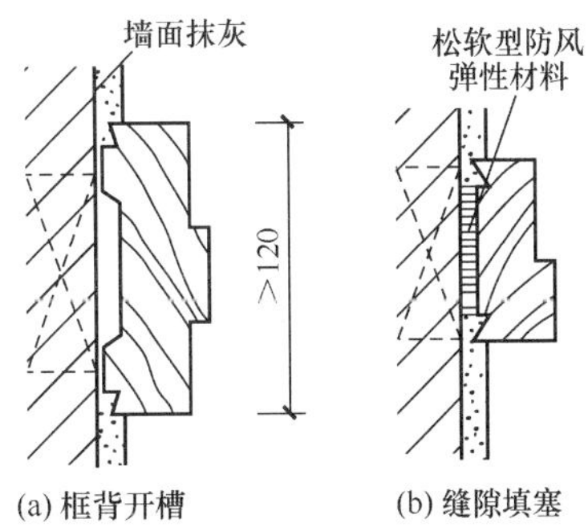

图 7.8　窗框及缝隙处理构造

2. 窗扇

常见的木窗扇种类有玻璃扇和纱窗扇。窗扇由上、下冒头和边梃榫接而成，窗扇较高时还用窗芯分隔（图 7.9）。

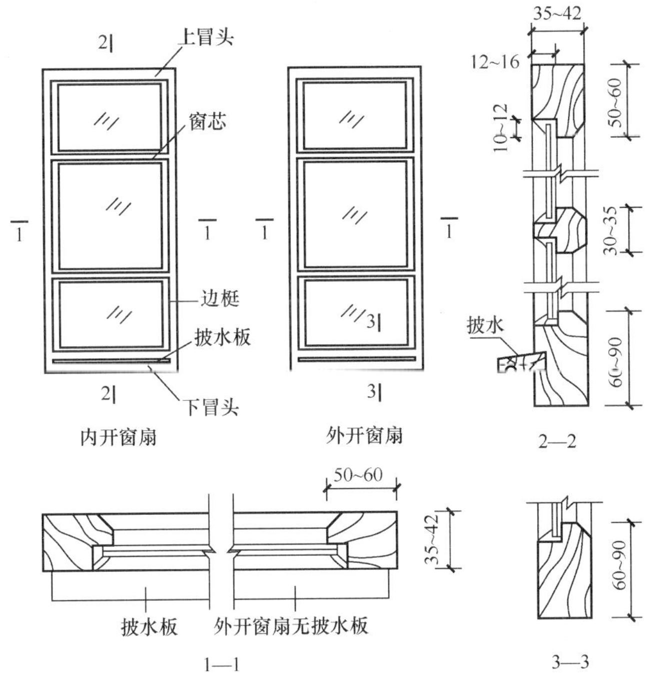

图 7.9　玻璃窗扇构造

(1) 窗扇的形状与尺寸

窗扇的边梃和冒头断面约为 40mm×55mm，窗芯断面尺寸约为 40mm×30mm。窗扇也要有裁口，以便安装玻璃，裁口宽不小于 14mm、高不小于 8mm。为减少挡光，在裁口的另一侧做成有一定坡度的线脚。为了使窗扇关闭紧密，两窗扇的接缝处一般做高低缝盖口，必要时加钉盖缝条。内开的窗扇为防止雨水流入室内，在下冒头处应设披水条，同时窗框上应设流水槽和排水孔。披水条板常用木材制作，也可用镀锌钢板。木披水条下侧要做滴水。

（2）玻璃的选择和安装

窗可根据不同要求选择普通平板玻璃、磨砂玻璃、压花玻璃、夹丝玻璃、吸热玻璃、有色玻璃、镜面反射玻璃等各种不同特性的玻璃。玻璃通常用油灰（桐油灰）或木压条嵌固。

7.2.2 平开木门的构造

1. 门框

门框是由两个竖向边框和上部横框组成的，门上设亮子时还有中横框，两扇以上的门还设有中竖框，有时根据需要下部还设有下框（门槛）。设门槛时有利于保温、隔声、防风雨，无门槛时有利于通行和清扫。

（1）木门框的断面形式及尺寸

门框断面尺寸与门的总宽度、门扇类型、厚度、重量及门的开启方式等有关，见表 7.2。一般单、双扇平开门，用于内门时可采用 57mm×85mm，用于外门时为 57mm×115mm。四扇门边框为 57mm×（125～145）mm，中竖框加厚为 75mm。

表 7.2 门框的断面形式及尺寸

门框形式	单裁口（镶板夹板玻璃门）	双裁口（外玻内纱门）	双裁口（弹簧门）
边梃	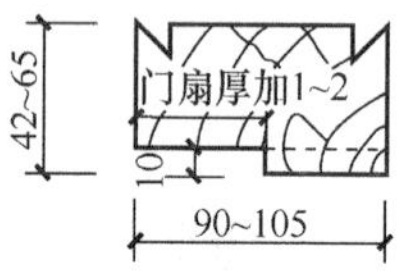 42~65；门扇厚加1~2；10；90~105	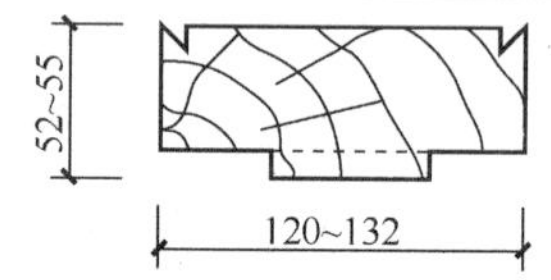 52~55；120~132	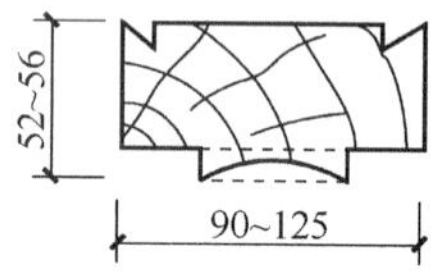 52~56；90~125
中横挡	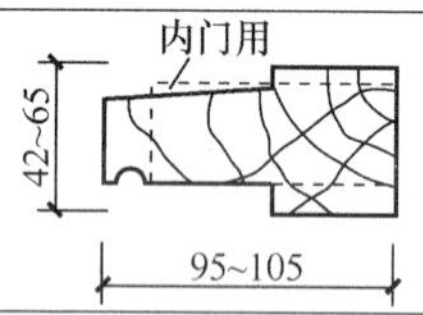 内门用；42~65；95~105	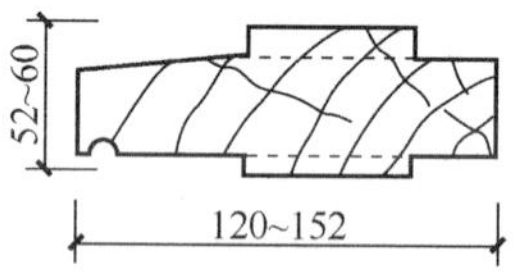 52~60；120~152	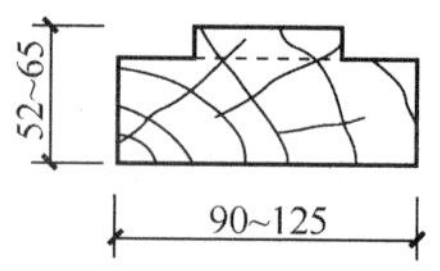 52~65；90~125
中竖梃	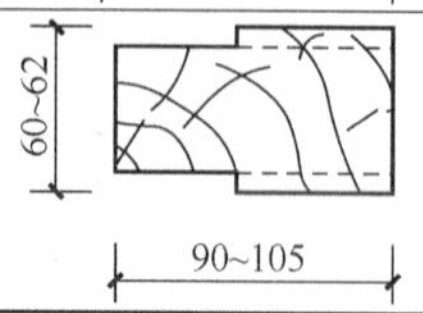 60~62；90~105	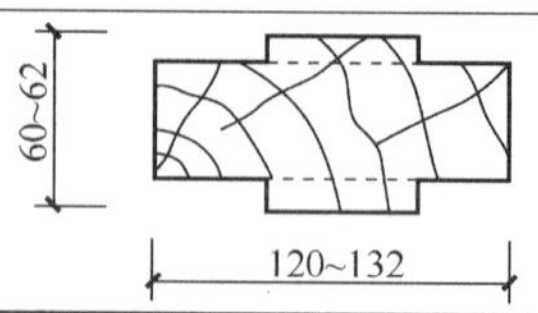 60~62；120~132	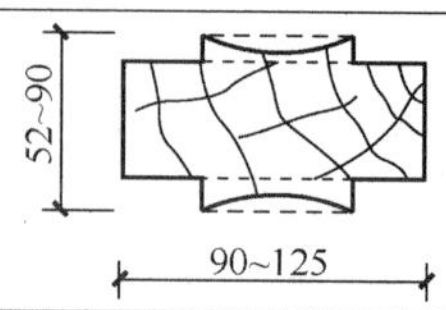 52~90；90~125

（2）门框在墙中的位置

同窗框一样，门框在墙中的位置也有内平、居中、外平三种（图 7.10）。门框内平时门扇的开启角度最大，贴近墙面，所以常用。门框四周的抹灰极易脱落，因此在门框与墙结合处应作贴脸板和木压条盖缝，贴脸板一般为 15～20mm 厚，30～75mm 宽。木压条厚与宽约为 10～15mm，装修标准高的建筑还可在门洞两侧和上方设筒子板。

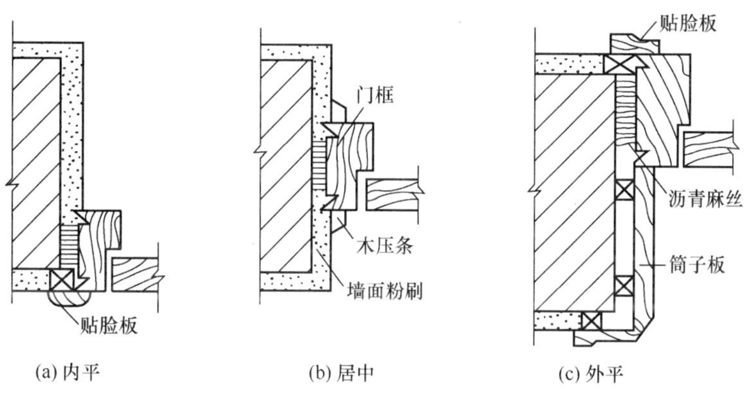

图 7.10 门框在墙中的位置

(3) 门框的安装

门框的安装与窗框的安装相似，也有塞口法和立口法，只是两边框的下端应埋入地面，设门槛时部分门槛埋入地面。门框安装方式如图 7.11 所示。

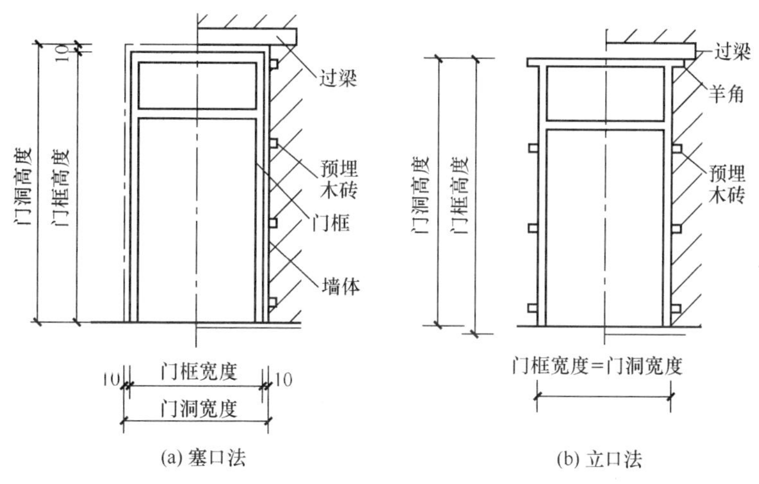

图 7.11 木门框的安装方式

2. 门扇

门扇的种类很多，有镶板门、夹板门、拼板门、玻璃门、百叶门和纱门等。

(1) 镶板门

这种门应用最为广泛。门扇的骨架由边梃、上冒头、中冒头、下冒头组成，在骨架内镶门芯板，门芯板可为木板、胶合板、硬质纤维板、玻璃、百页等。门扇的构造简单，加工制作方便，适于一般民用建筑的内门和外门。

木门芯板一般用 10～15mm 厚的木板拼成整块，拼缝要严密，以防止木材干缩露缝。当采用玻璃时即为玻璃门，可以是半玻门和全玻门，若门芯板换成塑料纱（或铁纱）即为纱门。

门芯板与框的镶嵌可用暗槽、单面槽和双边压条做法。玻璃的嵌固用油灰或木压条，塑料纱则用木压条嵌固。

门扇的安装通常在地面完成后进行，门扇下部距地面应留出 5～8mm 缝隙。镶板门构造见图 7.12。

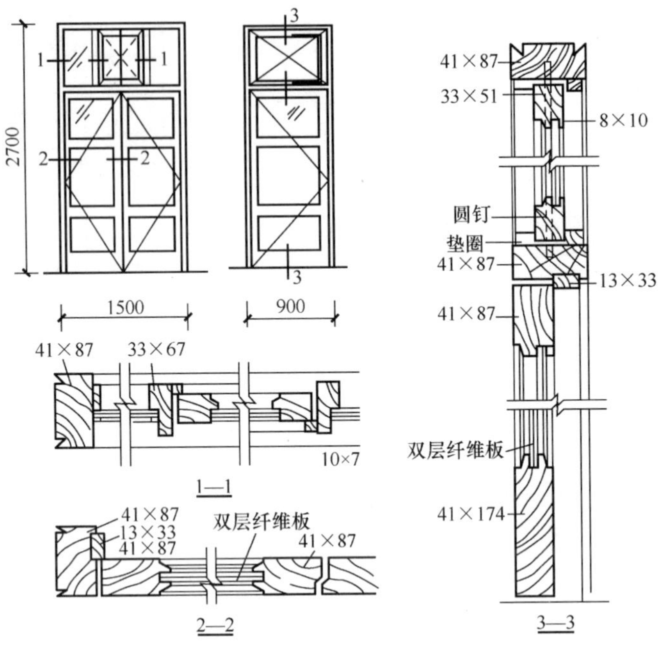

图 7.12　镶板门构造

(2) 夹板门

夹板门是用断面较小的方木做成骨架，然后两面粘贴面板即成夹板门（图 7.13）。

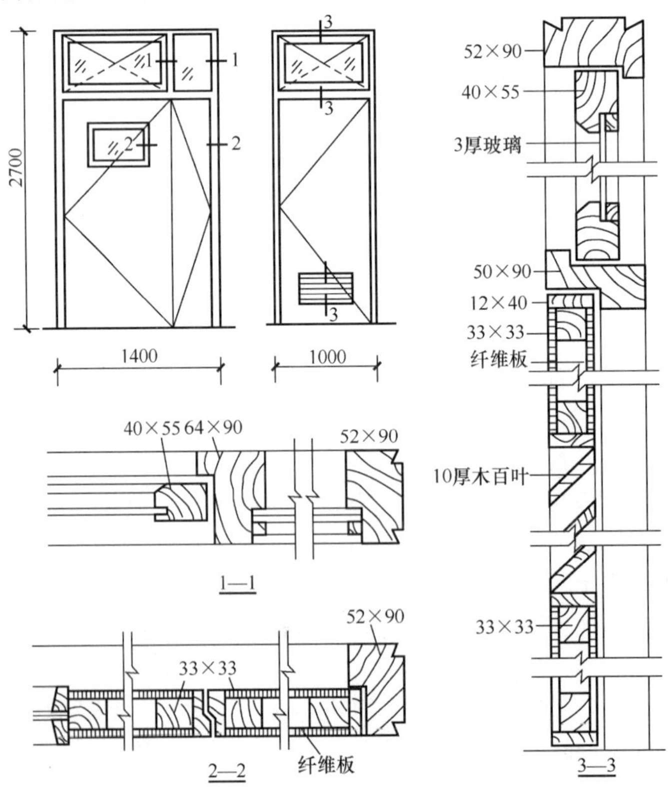

图 7.13　夹板门构造

门扇面板可用胶合板、塑料面板和硬质纤维板。面板和骨架形成一个整体，共同抵抗变形。夹板门的形式可以是全夹板门、带玻璃或带百页门。由于夹板门构造简单，可利用小料、短料，自重轻，外形简单，便于工业化生产，在一般民用建筑中广泛用作建筑的内门，而不宜用于建筑的外门和公共浴室等湿度较大的房间门。

7.3　铝合金与塑钢门窗构造

7.3.1　铝合金门窗

铝合金门窗是由表面处理过的铝材经下料、打孔、铣槽、攻丝等加工工序制作成门窗框料，然后与连接件、密封件、门窗五金件一起组合而成的。铝合金门窗以其强度高、用料省、质量轻、密闭性好、耐腐蚀、坚固耐用、色泽美观、维修费用低等优点已经得到广泛的应用。

1. 型材尺寸与产品命名

铝合金门窗型材用料系薄壁结构，型材断面中留有不同的槽口和孔，它们分别起着空气对流、排水、密封等作用。对于不同部位、不同开启方式的铝合金门窗，其壁厚均有规定。图7.14为铝合金平开窗和推拉窗窗框的几种型材示例。

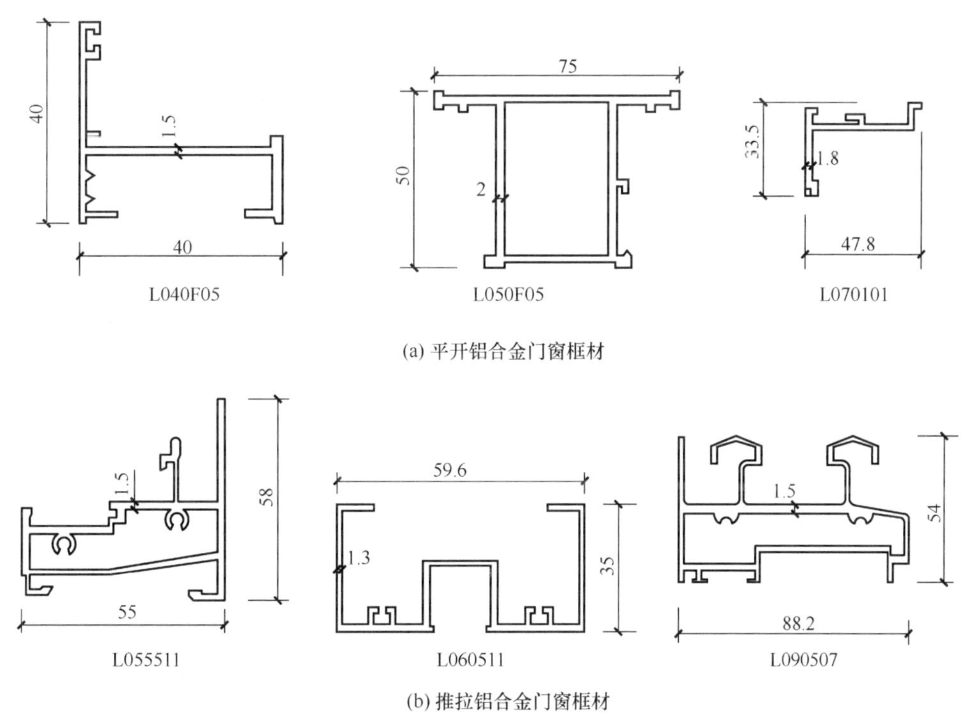

图7.14　铝合金窗窗框的几种型材截面

提示

铝合金门窗产品系列名称是以门、窗框厚度的构造尺寸来区分的，例如窗框厚度构造尺寸为70mm，称70系列铝合金窗；再如，TLC70-32A-S，此标记中的“TCL”代表“推拉铝合金窗”，“70”表示“70系列”，“32A”表示为这一系列中的第32号A型窗，字母“S”表示纱扇。

平开窗窗框厚度构造尺寸一般采用40mm、50mm、70mm；推拉窗窗框采用55mm、60mm、70mm、90mm的厚度；平开门门框一般采用50mm、55mm、70mm的厚度；推拉铝合金门则采用70mm、90mm厚度的门框。

2. 铝合金门窗的组合与安装

铝合金门窗有基本门、基本窗之分。当门窗洞口较大时，则需要对基本门窗进行组合，形成一樘较大的门或窗，如图7.15所示。

铝合金门窗安装时宜采用塞口法，窗框与墙体的连接主要有预埋铁脚、燕尾铁脚、金属膨胀螺栓、射钉等方法，但在砖墙中不宜用射钉固定门窗。门窗框固定好后，门窗框与门洞四周的缝隙一般采用软质保温材料填塞，如泡沫塑料条、泡沫聚氨酯条、矿棉毡条和玻璃丝毡条等，分层填实，外表留5～8mm深的槽口用密封膏密封，以利防寒、防风、隔声、保温等，同时也避免了门窗框与混凝土、水泥砂浆等材料直接接触造成的腐蚀。铝合金门窗的安装节点如图7.16所示。

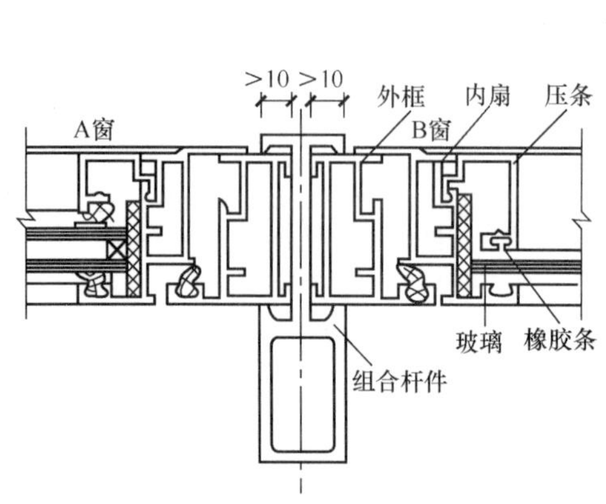

图7.15　铝合金门窗组合方法示意图

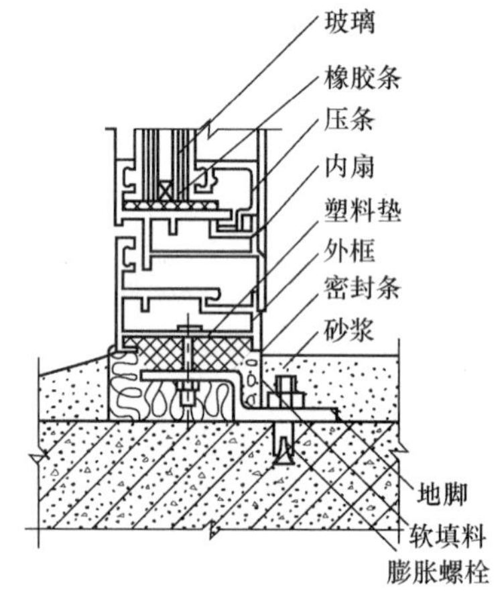

图7.16　铝合金门窗安装节点及缝隙处理示意图

7.3.2 塑钢门窗

1. 塑钢门窗的特点

塑料门窗是以改性聚氯乙烯（简称UPVC）经挤压机挤出成型为各种断面的中空门窗异型材，轻质碳酸钙为填料，添加适量助剂或改性剂，再根据不同的品种规格选用不同截面异型材料组装而成。由于塑料的变形大、刚度差，一般在竖框、中横框和拼樘料等主要受力塑料型材的空腔内衬以型钢、硬铝等加强筋，以增强抗弯曲能力。这种门窗即为我们通常所说的塑钢门窗。

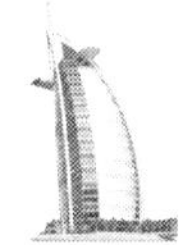

塑钢门窗具有强度较高、耐候性好、密封性好、保温隔热、隔音性能好、防火、电绝缘性好、热膨胀低、美观大方等特点，目前广泛应用于各类建筑中。

2. 窗框与墙体的连接构造

塑钢门窗的构造原理和安装方法与铝合金门窗基本相同，亦采用后塞口安装。

塑钢门窗窗框与墙体一般采用金属固定件连接，也可直接用射钉、膨胀螺钉固定(图 7.17)。固定片的位置应距门窗角、中竖框和中横框 150～200mm，固定片之间的间距应不大于 600mm，而且门窗框每边固定点不应少于三个。塑钢门窗型材系中空多腔，壁薄材质较脆，因此应先钻孔后用自攻螺丝拧入。

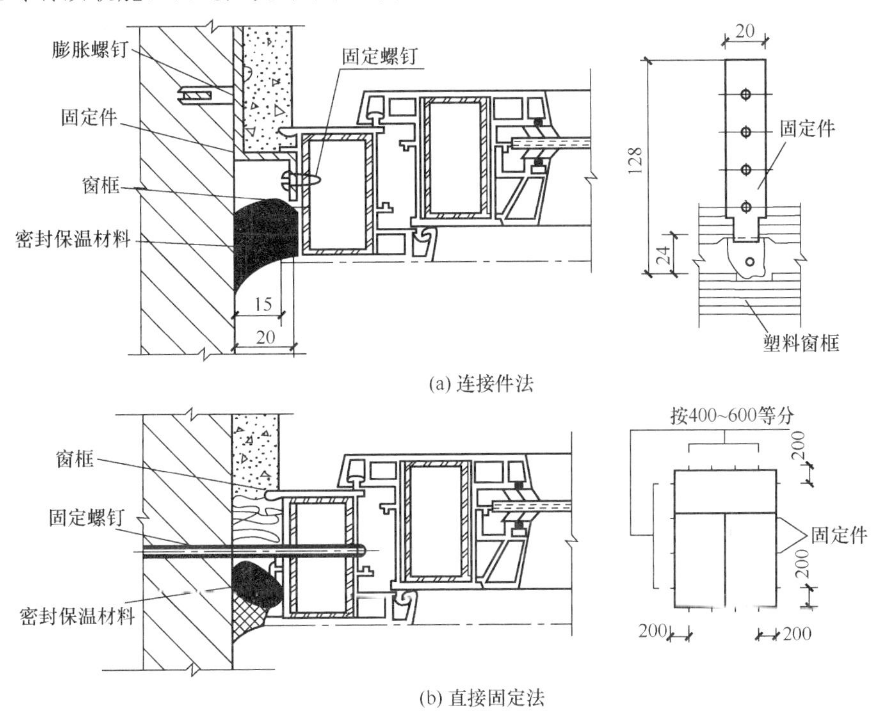

图 7.17　塑钢窗框与墙体的连接

窗框和墙体间的缝隙外填入毛毡卷或泡沫塑料，注意要分层填塞，填塞不宜过紧，以保证塑料门窗安装后可以自由胀缩。对于保温、隔声等级要求较高的工程，应采用相应的隔热、隔声材料填塞。最后，在门窗框四周内外侧与窗框之间用 1∶2 水泥砂浆或麻刀白灰浆嵌实、抹平，用嵌缝膏进行密封处理。

塑钢门窗窗框、窗扇及与玻璃的安装节点如图 7.18 所示。

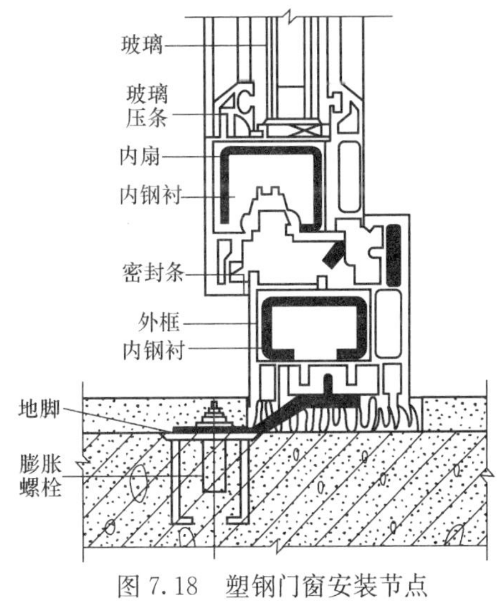

图 7.18　塑钢门窗安装节点

小　结

1. 门窗是建筑的重要组成构件。窗的主要功能是采光、通风及观望；门的主要功能是交通出入、分隔联系建筑空间，有时也兼起通风、采光的作用。门窗应坚固耐用、美观大方、开启方便、关闭紧密、便于清洁维修，在不同情况下有采光、通风、保温、隔声、防水及防火等不同的要求。

2. 窗按其开启方式不同有固定窗、平开窗、悬窗、立转窗、推拉窗等；门按开启方式不同有平开门、弹簧门、推拉门、折叠门、转门等。窗主要是由窗框、窗扇、五金件及附件组成。门由门框、门扇、亮子、五金零件及附件组成。

3. 木门窗框的安装方式有立口法和塞口法两种。门窗框在墙中的位置有内平、外平和居中三种。门窗框与墙的连接主要应解决固定和密封问题。常见的木窗扇有玻璃扇和纱窗扇。门扇有镶板门、夹板门、拼板门、玻璃门等。

4. 铝合金和塑钢门窗以其用料省、质量轻、密闭性好、耐腐蚀、坚固耐用、色泽美观、维修费用低等优点已经得到广泛的应用。产品系列名称是以门、窗框厚度的构造尺寸来区分的，门窗安装时宜采用塞口法。

思考与练习题

7.1　简答题

(1) 门和窗各有哪几种形式？各自的特点及适用范围是什么？

(2) 平开窗的组成和窗框的安装方法是什么？

(3) 平开门的组成和窗框的安装方法是什么？

(4) 门窗框与墙体之间的缝隙如何处理？

(5) 铝合金门窗和塑料门窗有哪些特点？

(6) 铝合金门窗和塑料门窗的安装要点是什么？

7.2　实训题

(1) 观察校园里所采用的门窗类型，分析它们是如何与墙体（或柱）连接的，窗框与窗扇是如何连接的。

(2) 参观正在安装的门、窗，分析其安装方法和安装要点。

第 8 章　民用建筑设计

【知识点】

1. 建筑平面设计
2. 建筑剖面设计
3. 建筑立面设计

【学习要求】

1. 掌握建筑平面设计中主要房间、辅助房间、交通联系部分及平面组合设计的方法
2. 掌握建筑剖面设计方法
3. 掌握体型组合和立面设计方法
4. 了解平面、剖面和立面设计的原理

8.1　建筑平面设计

8.1.1　建筑平面的组成及设计内容

一幢建筑物的平、立、剖面图是这幢建筑物在不同方向的外形及剖切面的投影，这几个面之间是有机联系的，平、立、剖面综合在一起，表达一幢三度空间的建筑整体。

建筑平面表示建筑物在水平方向房屋各部分的组合关系。由于建筑平面通常较为集中地反映建筑功能方面的问题，一些剖面关系比较简单的民用建筑，它们的平面布置基本上能够反映空间组合的主要内容。因此，在进行方案设计时，总是先从建筑平面设计入手，始终紧密联系建筑的空间关系，联系建筑的剖面和立面，分析其可行性与合理性。从建筑整体空间体量和组合的效果考虑，不断修改平面，反复深入。也就是说，虽然我们从平面设计入手，但要着眼于建筑空间的组合。

各种类型的民用建筑从组成平面各部分的使用性质来分析，主要可以归纳为使用部分和交通联系部分两类。

使用部分主要是指主要使用活动的面积和辅助使用活动的面积，即各类建筑物中的主要房间和辅助房间。主要房间如住宅中的起居室、卧室，学校中的教室、实验室，商店中的营业厅；辅助房间如住宅中的厨房、浴室、厕所以及各种电气、水暖等设备用房。

交通联系部分是指建筑物中各个房间之间、楼层之间和房间内外之间联系通行的面积，如建筑物中的走廊、门厅、过厅、楼梯、坡道以及电梯和自动扶梯等所占的面积。

建筑物的平面面积除了以上两部分外，还有建筑构件所占的面积，如墙体、柱、隔断等。图 8.1 是住宅单元平面面积的各组成部分示意，卧室、起居室（厅）为住宅的主要房间，卫生间、厨房、餐厅等是住宅的辅助房间，楼梯、过道、过厅为住宅的交通部分，墙体是该住宅的结构部分，它们通过合理组合形成了住宅单元的平面。

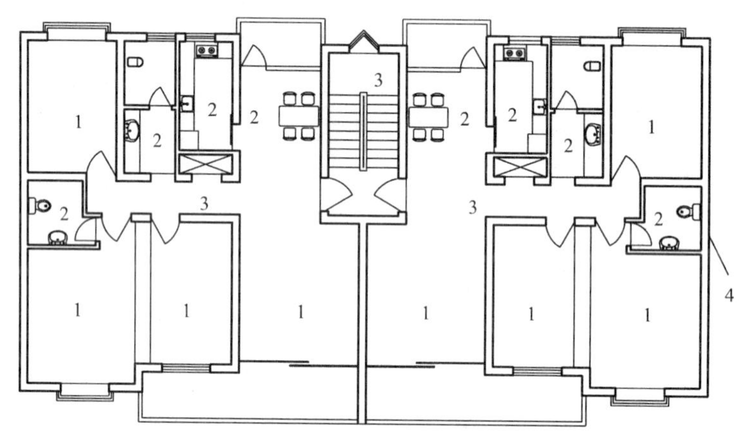

图 8.1 住宅单元平面面积的组成部分

1. 使用部分（主要房间）；2. 使用部分（辅助房间）；3. 交通部分；4. 结构部分

建筑平面设计包括单个房间平面设计及平面组合设计。单个房间设计是在整体建筑合理而适用的基础上确定房间的面积、形状、尺寸以及门窗的大小和位置。平面组合设计是根据各类建筑功能要求，抓住主要房间、辅助房间、交通联系部分的关系，结合基地环境及其他条件，采用不同的组合方式将各单个房间合理地组合起来。

8.1.2 主要房间的平面设计

主要房间是建筑物的核心，由于它们的使用性质要求不同，对房间的大小、形状、位置、朝向、采光通风等要求也有很大差别。因此，在平面设计时，首先要根据设计任务书和调研资料，理顺各类房间的使用要求，然后从以下几个方面研究。

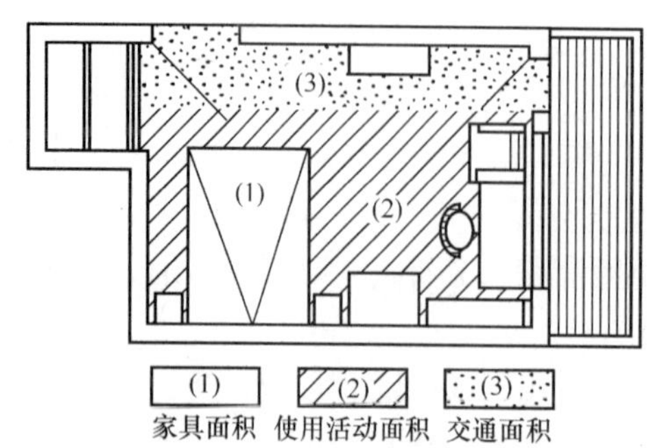

图 8.2 卧室中使用面积分析示例

1. 房间的面积

房间的面积通常由以下三个因素决定：一是房间人数及人们使用活动所需的面积；二是家具、设备所占面积；三是室内行走需要的交通面积（图 8.2）。

（1）房间人数

确定房间面积首先应确定房间的使用人数，它决定着室内家具与设备的多少，决定着交通面积的大小。确定使用人数的依据是

房间的使用功能和建筑标准。在实际工作中，房间的面积主要是依据国家有关规范规定的面积定额指标，结合工程实际情况确定。例如：中学普通教室使用面积定额为 1.12m^2/人；实验室为 1.8m^2/人；办公楼中一般办公室为 3.5m^2/人。

在具体工作中常遇到一些活动人数不固定、家具设备布置灵活性较大的房间，如展览馆、营业厅等，这就要求设计人员根据设计任务书的要求，对同类型、规模相近的建筑进行调查研究，分析总结出合理的房间面积。

(2) 家具设备及人们使用活动的面积

任何房间为满足使用要求，都需要有一定数量的家具、设备，并进行合理的布置，如教室中的课桌椅、讲台，卧室中的床、衣橱，卫生间中的大小便器、洗脸盆。这些家具、设备的数量、布置方式及人们使用这些家具、设备时所需的活动面积都直接影响到房间的面积。

(3) 房间的交通面积

房间的交通面积是指连接各个使用区域的面积，如教室中课桌行与行之间的距离一般取 550mm 左右，图 8.2 中所示的从房间到阳台的通道等。

2. 房间的形状

房间的基本使用面积确定后，还需合理选定房间的平面形状，这要综合考虑房间的使用要求、结构布置、室内空间观感、整个建筑物的平面形状及建筑物周围环境等因素，但不要为追求变化而人为地将可以规整的平面复杂化。房间的形状可以是矩形、扇形、多边形等多种形状。

办公室、宿舍、居室等大量性用途单一的房间通常采用矩形，其原因是这种平面形状便于室内家具布置，便于平面组合，室内空间观感好，易于选用定型的预制构件，有利于结构布置和方便施工。矩形平面房间开间与进深的比例以 1∶1.2～1∶1.5 为宜，方形或狭长矩形不利于使用，且空间观感欠佳。

某些特殊功能用房其房间形状有特定的要求。对于某些单层大空间，如电影观众厅、杂技场、体育馆等，其房间形状首先应满足使用功能在声学、视线及疏散方面的要求，可以采用各种复杂的平面形状。观众厅的平面形状多采用矩形、钟形、扇形、六角形等（图 8.3)。矩形平面的声场分布均匀，池座前部能接受侧墙一次反射声的区域比其他平面形状都大，当跨度较大时前部易产生回声，故常用于小型观众厅；扇形平面由于侧墙呈倾斜状，声音能均匀地分散到大厅的各个区域，多用于大、中型观众厅；钟形平面介于矩形和扇形之间，声场分布均匀；六角形平面的声场分布均匀，但屋盖结构复杂，适用于中、小型观众厅；圆形平面的声场分布严重不均匀，观众厅很少采用，但因为视线及疏散条件好，常用于大型体育馆。

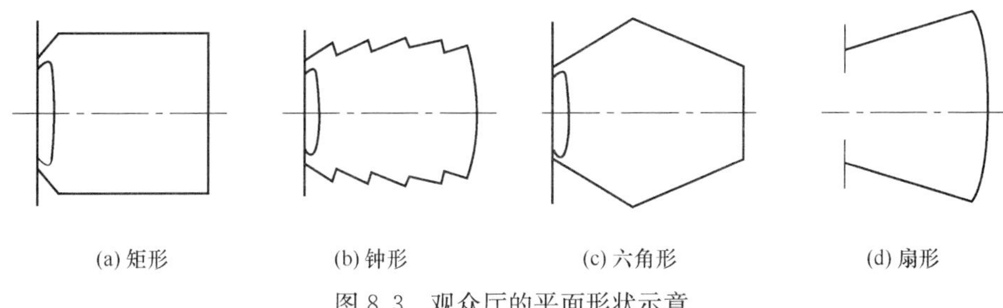

图 8.3 观众厅的平面形状示意

3. 房间尺寸的确定

房间尺寸是指房间的面宽和进深，而面宽常常由一个或多个开间组成。这里开间和进深并不是指房间净宽和净深尺寸，而是指房间轴线尺寸。图 8.4 是居室和教室的面宽和进深举例。居室是一个单开间的房间，开间为 3600mm，若墙体厚度是 240mm，则房间净宽为 3360mm；教室是一个三开间的房间，房间的面宽为 9m，净宽为面宽减去墙厚。

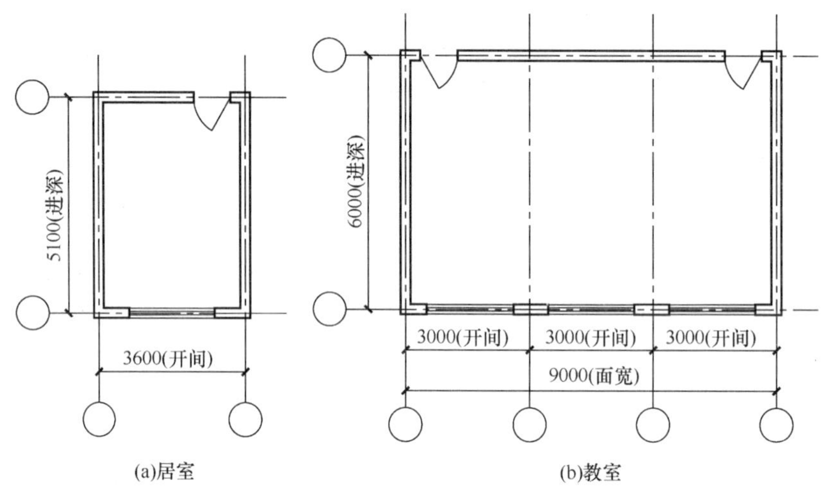

图 8.4　居室和教室的开间和进深举例

影响房间大小的主要因素有：房间的使用特点及容纳的人数，家具设备种类、数量及布置方式，室内交通活动，采光通风，结构经济合理性及建筑模数等。

1）房间的开间、进深尺寸应满足家具的布置要求。图 8.5 是两间面积相近的宿舍平面，其中由于房间开间、进深尺寸选择不同，图（a）只能布置两个床位；如果把门开在一侧，能布置三个床位［图（b）］；而图（c）将进深适当增大，则可布置四个床位，显然图（c）的布置方式能提高房间利用率。

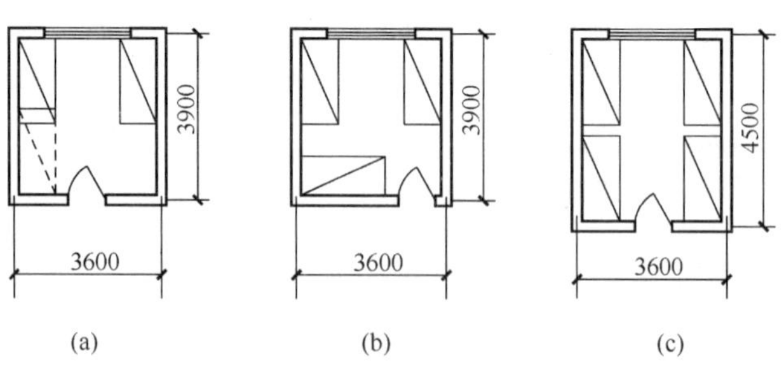

图 8.5　房间尺寸与家具布置的关系

2）采光、通风等环境要求，在确定房间开间、进深尺寸时也要给予充分考虑。作为大量性的民用建筑，都要求有良好的天然采光和自然通风，特别是单侧采光的房间，如进深过大会，使远离采光面一侧出现照度不够的情况，影响使用。

3）结构布置的合理性和符合建筑模数协调统一标准的要求，也是确定房间尺寸的依据之一。开间、进深尺寸实际也分别代表房间楼板的跨度和铺板宽度。我国目前预

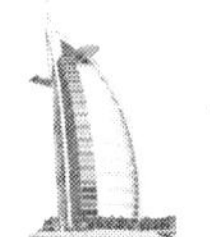

制钢筋混凝土楼板跨度以 3～4.5m 较为经济。因此，在房间没有特殊要求的情况下，应尽量统一开间尺寸，减少构件类型，选择较经济的跨度，使结构布置合理。民用建筑的开间和进深通常用 3M 的模数。

4. 房间门窗布置

(1) 房间门的设置

房间门的设置包括确定房间门的数量、宽度、位置及开启方向。

1) 门的数量。门的数量是由房间的面积和可容纳的人数确定的。按防火规范要求，当房间的面积大于 $60m^2$、房间内人数多于 50 人时，门的数量应不少于两个，两门之间应有适当间距，以保证安全疏散。一些人流大量集中的房间，如车站候车厅、商场营业厅等公共建筑房间，门的数量应根据疏散计算来确定。

2) 门的宽度。房间门的宽度由房间用途、安全疏散及搬运家具或设备的需要决定。通常门洞口宽度取 0.9～1m。公共建筑的外门，例如门诊所、商店的外门一般取 1.2～1.5m。辅助用房的门因较少搬运大件家具，其门宽可小些，住宅厨房门不小于 0.8m，阳台、厕所门不小于 0.7m。按防火要求，房间面积大于 $60m^2$、容纳人数 50 人的房间单个门宽不小于 0.9m。

方便残疾人通行的门常采用自动门、推拉门、折叠门、平开门。自动门开启净宽不应小于 1m，其余门开启的净宽不得小于 0.8m。在推拉门、平开门的门把手一侧的墙面应有宽度不小于 0.5m 的墙面，见图 8.6。

3) 门的位置。门的位置要考虑室内人流活动特点和家居布置的要求，尽可能缩短室内交通路线，避免人流拥挤和便于家具布置，同时还要考虑自然通风的需要。此外，门的位置应有利于保留较多的完整墙面，便于家具布置和充分利用空间。如图 8.7 (a) 所示，门的位置分散，室内墙面不完整，家具不易布置。图 8.7 (b) 适当调整门的位置，保留几个完整的内角，室内布置得到改善。

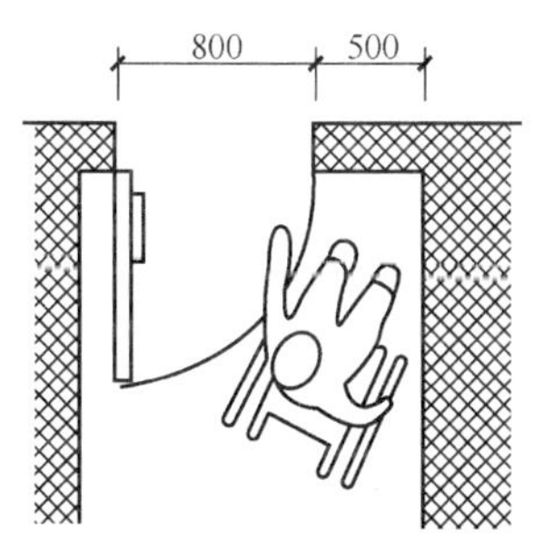

图 8.6　方便残疾人开关的门

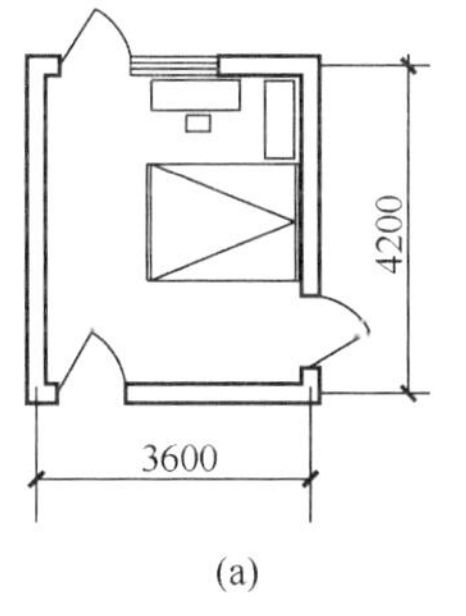

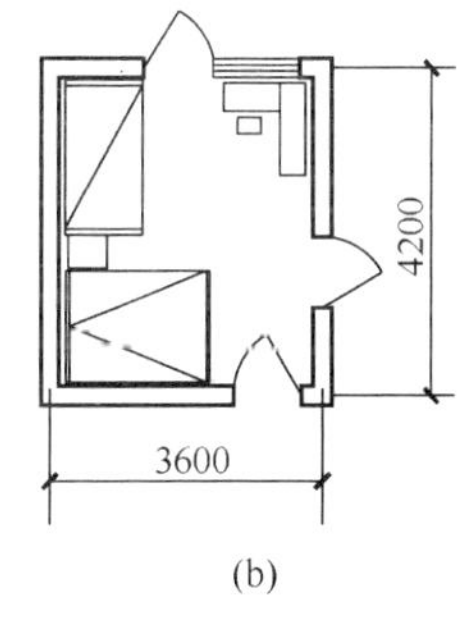

图 8.7　门的位置与家具布置的关系

4) 门的开启方式。门的开启方式有多种，其中以平开门使用最为广泛。使用人数少的小房间，当走廊宽度不大时，一般尽量使通往走廊的门向房间里开启，以免影响走廊交通。使用人数较多的房间，考虑疏散安全，门应开向疏散方向。在平面组合时，由于使用需要，有时几个门的位置比较集中，要防止门扇开启时发生碰撞或遮挡。当然，有的门不经常使用，在开启时有遮挡是允许的。图 8.8 为门的开启方式比较方案，其中图 8.8 (a～c) 门的位置及开启方向均不正确，影响房间使用；图 8.8 (d) 较好，但左边门的开启方向不利于使用；图 8.8（e）门的位置及开启方向均正确，既节约门开启占用面积，又使交通简捷、流畅。

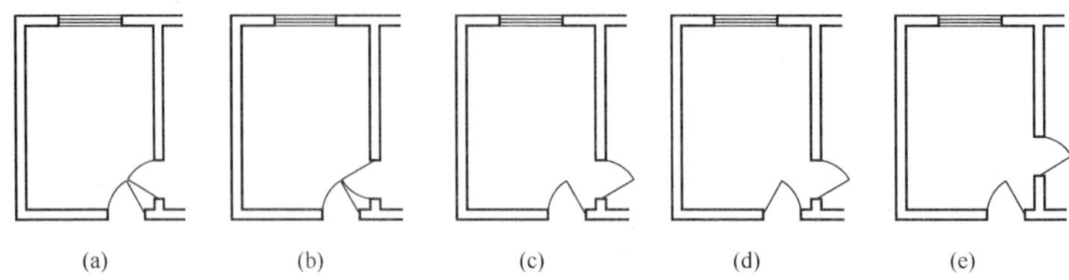

图 8.8　门的开启方式比较方案

（2）房间窗的设置

决定窗的大小和位置时要考虑室内采光、通风、立面美观、建筑节能及经济等方面的要求。

1）窗的大小。窗的大小取决于房间采光的要求，而采光要求决定于房间用途。在天然采光中，凡需要光线强的房间，窗户面积应大些，反之则小些。一般可根据窗地面积比估算出窗的大小。窗地面积比即窗的透光面积与房间地板面积之比。不同使用性质房间的窗地面积比在现行的建筑设计规范中已有规定，如表 8.1 所示。

表 8.1　民用建筑房间天然采光分级

等级	采光要求	房　间　类　别	窗地面积比
Ⅰ	很高	绘画室、制图室、打字室、手术室、展览室	1/4 左右
Ⅱ	较高	阅览室、健身房、游泳馆、实验室、托儿所、幼儿园	1/5 左右
Ⅲ	一般	礼堂、教室、办公室、餐厅、营业厅、候车室	1/7 左右
Ⅳ	较低	书库、居室、浴室、厕所、洗衣间	1/9 左右
Ⅴ	很低	楼梯间、走道、仓库、储藏间	1/10 以下

具体设计中，尚需考虑地区特点、窗的位置和朝向以及室外遮挡情况进行适当修正。多雾地区窗的面积应适当加大，北方寒冷地区可适当减小。就造价而言，由于单位面积窗的造价高于外墙，加大窗就意味着提高了建筑造价。然而在实践中，为了建筑美观或其他方面的要求而加大窗面积的情况也经常出现。设计时应根据具体条件，进行综合分析，做到既合理又美观。

2）窗的位置。窗的平面位置直接影响到房间的照度是否均匀和是否产生眩光。窗一般宜布置在房间或开间中部，这样阴角小，采光效率高。在确定窗的位置时，还要考虑有利于组织良好的室内通风，应尽量减少涡流区，形成“穿堂风”。图 8.9 指示了门窗位置对房间内空气流动的影响。窗不仅是一个物质功能构件，在建筑立面上窗的平面位置对建筑美观影响很大，设计中常根据立面的需要适当调整窗的平面位置。

8.1.3　辅助房间的平面设计

辅助用房是保证主要房间正常使用的一些附属房间，包括厕所、盥洗室、浴室、厨房、配电房、水泵房等。辅助用房在整个建筑中虽处于次要地位，但是建筑中不可缺少的一部分。辅助用房的设计原理和方法与主要房间基本相同。

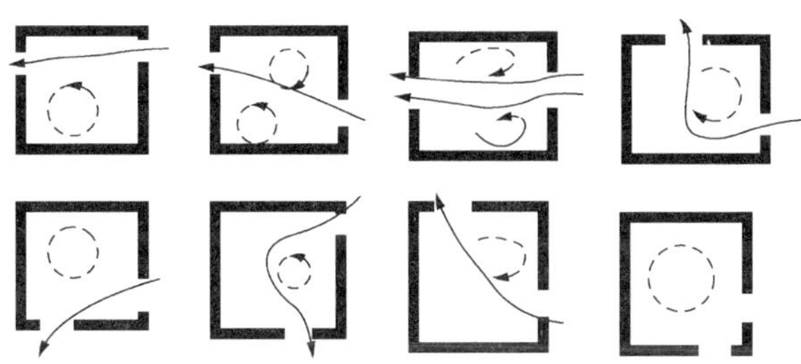

图 8.9　窗的位置对房间内通风的影响

1. 厕所平面设计

厕所的面积、形状和尺寸是根据室内卫生器具的数量、布置方式及人体使用所需的基本尺度来确定的。在卫生间平面设计中首先要了解各种卫生设备和人体使用它所需的尺度。

（1）卫生设备的类型及数量

厕所常用的卫生设备有大便器、小便器、洗手盆、污水池等。大便器有蹲式和坐式两种，小便器有小便斗和小便槽两种，可根据建筑的用途、规模、标准、生活习惯进行选用。

卫生设备的数量主要取决于使用人数、使用对象、使用特点。一般民用建筑每一个卫生器具可供使用的人数可参考表 8.2 选用。

表 8.2　部分民用建筑厕所设备个数参考指标

建筑类型	男小便器 /(人/个)	男大便器 /(人/个)	女大便器 /(人/个)	洗手盆 /(人/个)	男女比例
中小学	40	40	25	100	1∶1
宿舍	20	20	15	15	按实际情况
旅馆	20	20	12		按设计要求
办公楼	50	50	30	50～80	3∶1～5∶1
幼托		5～10	5～10	2～5	1∶1
门诊部	50	100	50	150	1∶1

（2）厕所布置

厕所在建筑平面中位置要适当，既要隐蔽，又要与走道、大厅、过厅有方便的联系。厕所的平面形式可分为公共厕所和专用厕所。

公共厕所应设置前室，以改善通往厕所走道和过厅的卫生条件，并有利于厕所的隐蔽。前室的深度一般不小于 1.5m，一般设有洗手盆和污水池。公共建筑的厕所由于面积较大，使用人数较多，应有良好的自然采光和通风，以保证厕所内空气清新。厕所设备尺寸及公共厕所布置如图 8.10 所示。

专用厕所的使用人数较少，常将盥洗、浴室、厕所三部分组成一个卫生间，如图 8.11所示。

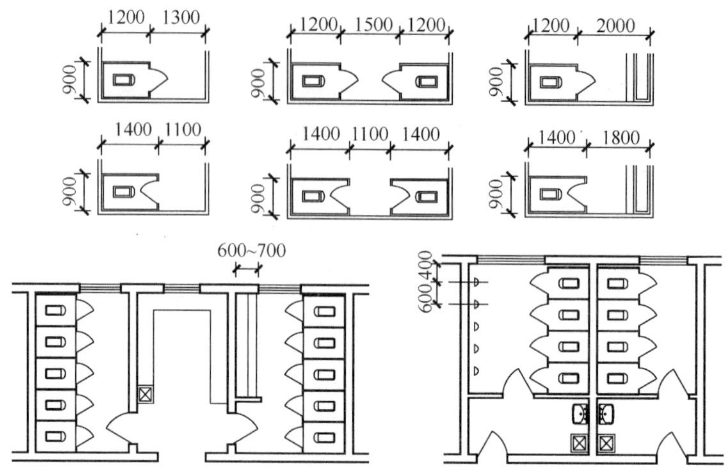

图 8.10　厕所设备尺寸及公共厕所布置示例

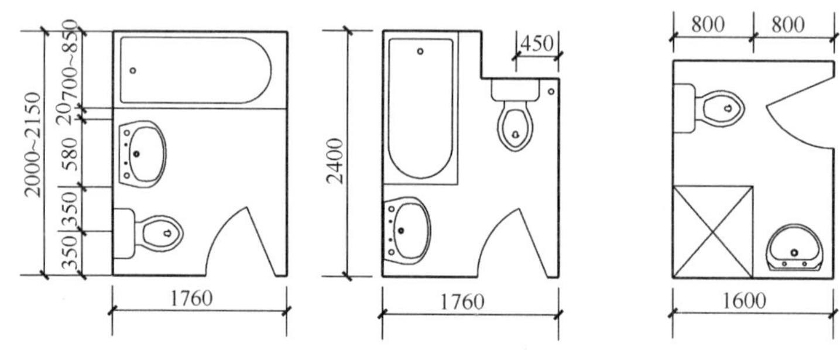

图 8.11　专用卫生间布置示例

（3）无障碍厕所

供残疾人使用的厕所设计与普遍厕所有许多不同之处，它的设计是否合理，对残疾人的使用至关重要。设计中应严格依据残疾人的行为动作，确定适宜的空间。辅助支持物的尺度要适宜，构造合理、坚固实用。公共浴厕应设残疾人专用的浴位及厕位，在布置上与其他部分之间应设遮挡。厕所要采用坐式便器。残疾人使用的厕所布置方式详见图 8.12。

2. 浴室、盥洗室平面设计

浴室、盥洗室的设备主要有洗手盆、淋浴器、浴盆等，其尺寸规格见图 8.13。

浴室、盥洗室中面盆及淋浴器数量可根据使用人数确定。表 8.3 是旅馆和幼托建筑盥洗室设备个数参考指标。

表 8.3　浴室、盥洗室设备个数参考指标

建筑类型	男淋浴器/(人/个)	女淋浴器/(人/个)	洗脸盆或龙头/(人/个)
旅馆	40	8	15
幼托	每班 2 个		2～5

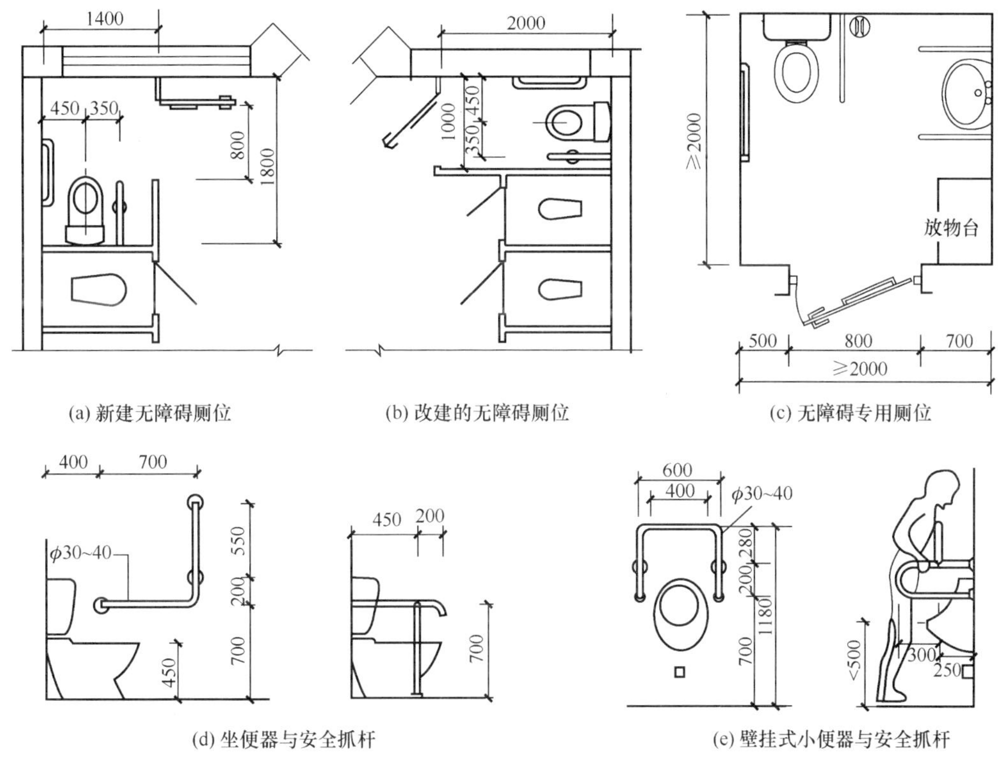

(a) 新建无障碍厕位　(b) 改建的无障碍厕位　(c) 无障碍专用厕位

(d) 坐便器与安全抓杆　(e) 壁挂式小便器与安全抓杆

图 8.12　无障碍厕所

3. 厨房设计

住宅、公寓中的厨房一般为一户独用，应设置洗涤池、案台、炉灶及排油烟机、热水器等设施成为其预留位置。厨房的面积大小主要由设备布置和操作空间等因素决定，一般不小于 $4m^2$。设备布置宜紧凑，以减少人们往返走动的距离和方便操作。

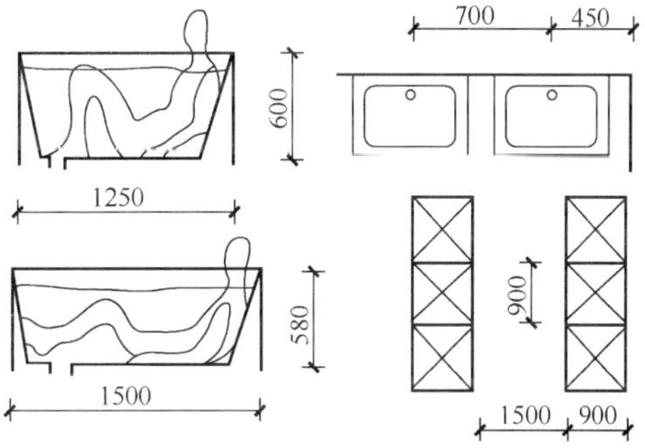

图 8.13　浴盆、洗手盆、淋浴器尺寸规格及其布置

厨房设计应满足以下要求：

1）厨房宜布置在套内近入口处，紧靠外墙，以满足采光和通风的要求。

2）厨房的墙面、地面应考虑防水，便于清洁，故比一般房间地面低 20～30mm。

3）尽量利用厨房的有效空间布置足够的储藏设施，如壁龛、吊柜等。

4）厨房应按炊事操作流程布置，其形式有单排、双排、L 形、U 形几种。其中，L 形和 U 形较为理想，提供了连续案台空间，与双排式相比避免了操作过程中频繁转身的缺点。图 8.14 为厨房布置的几种形式。

5）单排布置设备的厨房净宽不应小于 1.50m；双排布置设备的厨房其两排设备之间的净距不应小于 0.90m。

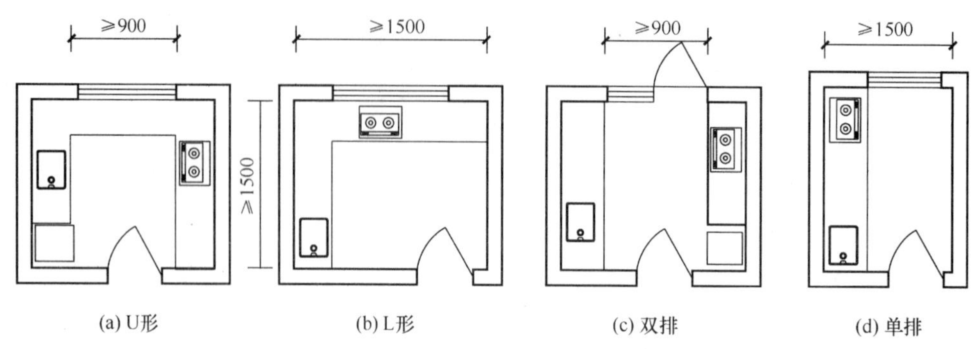

(a) U形　(b) L形　(c) 双排　(d) 单排

图 8.14　厨房的几种布置形式

8.1.4 交通联系部分的平面设计

主要房间和辅助房间是构成建筑的主体部分。但房间与房间之间的水平和垂直方向上的联系都需要交通联系空间来实现。建筑物内部的交通联系部分可以分为水平交通联系的走廊、过道等，垂直交通联系的楼梯、坡道、电梯、自动扶梯等，交通联系枢纽的门厅、过厅等。

交通联系部分设计的主要要求有：流线简捷明确，通行方便；要有足够的宽度和面积，便于疏散；满足一定的采光通风要求；力求节省交通面积，同时考虑空间处理等造型问题。

进行交通联系部分的平面设计，首先需要具体确定走廊、楼梯等通行疏散要求的宽度，具体确定门厅、过厅等人们停留和通行所必需的面积，然后结合平面布局考虑交通联系部分在建筑平面中的位置以及空间组合等设计问题。

1. 走道

走道也叫走廊，用来联系同层各种房间。走道除了交通联系外，也可以兼有其他的使用功能，如教学楼走道兼设陈列橱窗，医院门诊部的走道兼供候诊之用等。

(1) 走道宽度

走道的宽主要根据人流通行、安全疏散、走道性质、空间感受以及走道侧面门的开启方向等综合因素来确定。

专为人行的走道宽度可根据人流股数并结合门的开启方向综合考虑，一般走道均双向人流，一股人流宽约为550mm左右，故走道的最小宽度≥1100mm。对于携带物品为主、有车流或兼有其他功能的走道，应结合实际使用功能和走道内家具设备及人活动方式来适当加宽走道的尺寸。走道的宽度除满足上述要求外，还要符合安全疏散的防火规范，见表8.4。在疏散方向上疏散走道的宽度不应变窄。

表 8.4　疏散走道、安全出口、疏散楼梯和房间疏散门每100人的净宽度（m）

楼层位置	耐火等级		
	一、二级	三级	四级
地上一、二层	0.65	0.75	1.00
地上三层	0.75	1.00	—
地上四层及以上	1.00	1.25	—

续表

楼层位置	耐火等级		
	一、二级	三级	四级
与地面出入口地面的高差不大于 10m 的地下层	0.75	—	—
与地面出入口地面的高差大于 10m 的地下层	1.00	—	—

（2）走道长度

走道长度可根据组合房间的实际需要来确定，但同时应满足采光、防火规范的有关规定。从安全疏散考虑，走道又分为普通走道和袋形走道。前者即位于两个外部出口或楼梯间之间的房间的走道，后者即位于一个出入口或楼梯间两侧或尽端房间的走道（图 8.15）。这两种走道的长度，根据建筑性质和耐火等级提出不同的要求。直通疏散步道的房间疏散门至最近安全出口的距离见表 8.5。

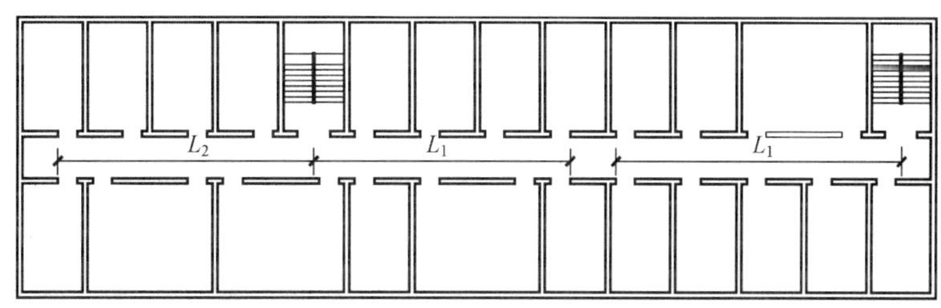

图 8.15　普通走道、袋形走道举例

L_1. 普通走道；L_2. 袋形走道

表 8.5　房间门至外部出口或封闭楼梯间的最大距离（m）

名称			位于两个安全出口之间的疏散门（L_1）			位于袋形走道两侧或尽端的疏散门（L_2）		
			耐火等级			耐火等级		
			一、二级	三级	四级	一、二级	三级	四级
托儿所、幼儿园、老年人建筑			25	20	15	20	15	10
歌舞娱乐放映游艺场所			25	20	15	9	—	—
医疗建筑	单层或多层		35	30	—	20	15	—
	高层	病房部分	24	—	—	12	—	—
		其他部分	30	—	—	15	—	—
教学建筑	单层或多层		35	30	25	22	20	10
	高层		30	—	—	15	—	—
高层旅馆、展览建筑			30	—	—	15	—	—
其他建筑	单层或多层		40	35	25	22	20	15
	高层		40	—	—	20	—	—

（3）采光和通风

走道的采光和通风主要依靠天然采光和自然通风。外走道由于只有一侧布置房间，可以获得较好的采光通风效果。内走道由于两侧均布置房间，如果设计不当，就会造成光线不足、通风较差，一般是通过走道尽端开窗，利用楼梯间、门厅或走道两侧房

间设高窗来解决。

2. 楼梯

(1) 楼梯的位置

楼梯按其使用性质有主要楼梯、次要楼梯、消防楼梯等。

建筑的主要楼梯常常位于主要出入口附近或直接布置在主门厅内，成为视线的焦点，起到及时分散人流的作用，同时也可增加大厅的气氛。按照防火规范要求，两楼梯之间的距离应符合表 8.5 的规定，那么配合主要楼梯的次要楼梯应布置在这个范围内。消防楼梯是满足防火疏散需要的，一般布置在建筑物的端部，常做成简易式开敞楼梯。在确定楼梯间的位置时，还应注意楼梯间要有天然采光，又不宜占用好的朝向。

(2) 楼梯的宽度和数量

楼梯的宽度和数量应根据使用需要和防火要求计算确定。一般民用建筑楼梯应满足两股人流疏散要求。所有楼梯梯段宽度的总和应按照《建筑防火设计规范》的最小宽度进行校核，见表 8.4 和表 8.6。

表 8.6　高层建筑的疏散楼梯和首层楼梯间的疏散门、首层疏散外门和疏散走道的最小净宽度 (m)

高层建筑	疏散楼梯	首层疏散外门	走道	
			单面布房	双面布房
医疗建筑	1.30	1.30	1.40	1.50
其他建筑	1.20	1.20	1.30	1.40

通常情况下，一幢公共建筑至少设两部楼梯，对于使用人数少面积不大的一些低层建筑，在不影响使用时也可只设一部楼梯（详见表 8.7）。

表 8.7　公共建筑可设置 1 个疏散楼梯的条件

耐火等级	最多层数	每层最大建筑面积/m²	人　　数
一、二级	3 层	500	第二层和第三层人数之和不超过 100 人
三级	3 层	200	第二层和第三层人数之和不超过 50 人
四级	2 层	200	第二层人数不超过 30 人

(3) 楼梯间的形式

按楼梯间的形式有开敞楼梯间、封闭楼梯间和防烟楼梯间（图 8.16）。

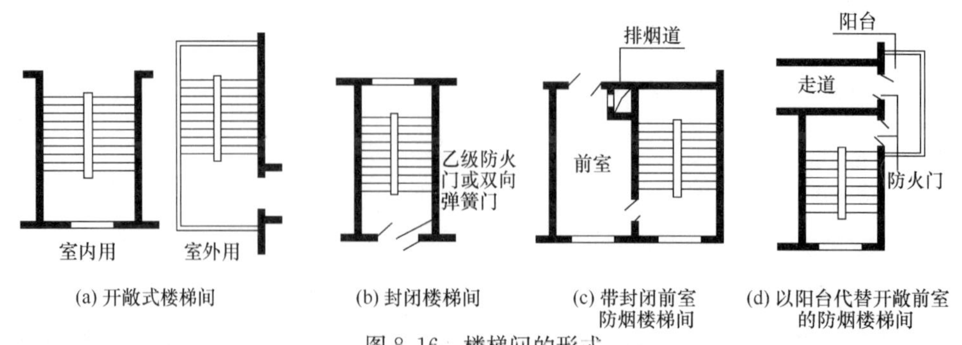

图 8.16　楼梯间的形式

1) 开敞楼梯间。楼梯间与建筑其他部位连在一起，常用于标准不高、层数不多或公共建筑门厅的室内楼梯和建筑端部的外墙上的室外楼梯。烟气进入楼梯间后能迅速

被风吹走，经济性较好。

2）封闭楼梯间。在楼梯间入口处设置分隔设施，以防止烟和热气进入的楼梯间。下列建筑应设置封闭楼梯间：

- 公共建筑的裙房和高度不大于 32m 的二类高层建筑。
- 多层公共建筑的医疗建筑、旅馆、老年人建筑；设置歌舞娱乐放映游艺场所的建筑。商店、图书馆、展览建筑、会议中心及类似使用功能的建筑；6 层及以上的其他建筑。
- 住宅建筑高度大于 21m、不大于 33m 时（当户门为乙级防火门时，可不设置封闭楼梯间）。

3）防烟楼梯间。在楼梯间入口处设置防烟前室，以防止烟和热气进入的楼梯间。公共建筑的一类高层建筑和高度大于 32m 的二类高层建筑以及建筑高度大于 33m 的住宅建筑，其疏散楼梯应采用防烟楼梯间。

3. 电梯

电梯在层数较多的民用建筑中或某些特殊需要的建筑中与楼梯相配合共同来解决垂直运输。设计时应注意以下几点：

1）在设置电梯的同时必须配置辅助楼梯，供电梯发生故障时使用。

2）当住宅建筑 7 层以上，公共建筑 24m 以上时，电梯就成为主要的垂直交通工具。建筑物内每个服务区乘客电梯台数不宜少于 2 台。单侧排列的电梯不应超过 4 台，双侧排列的电梯不应超过 8 台。

3）每层电梯的出入口前应留有等候的空间，以免进出人流、形成拥挤阻塞现象。

电梯的布置形式有单面式和对面式（图 8.17）。

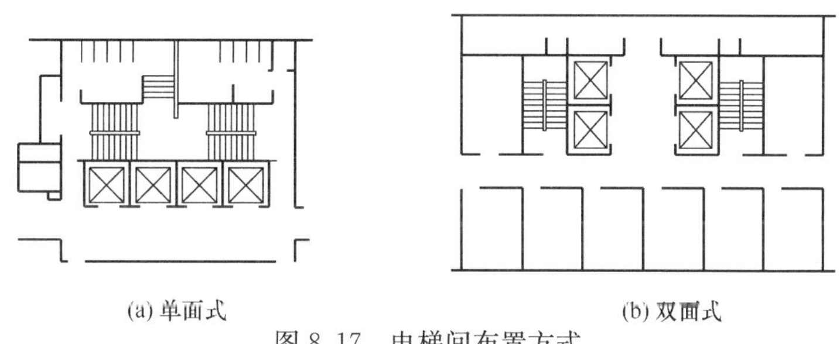

(a) 单面式　　(b) 双面式

图 8.17　电梯间布置方式

4. 自动扶梯与坡道

自动扶梯是一种在一定方向上能大量、连续输送流动客流的装置。除了提供乘客一种既方便又舒适的上下层间的运输工具外，它还可引导乘客走一些既定路线来游览、购物，并具有良好的装饰效果，常用于商场、展览馆、游乐场、火车站、地铁站、航空港等建筑。

自动扶梯可正逆运行，即可作提升或下降之用，在停止运转时亦可作为临时性的普通楼梯之用。其布置位置应明显，两端应较开敞，避免面对墙壁、死角，一般均可设在大厅的中间。公共建筑中设置自动扶梯的同时，仍需布置电梯及一般性楼梯，作为辅助性垂直交通工具。自动扶梯布置方式有单向式、转向式和交叉式几种（图 8.18）。

垂直交通除了楼梯、电梯、扶梯还有坡道。室内坡道的特点是上下比较省力（坡

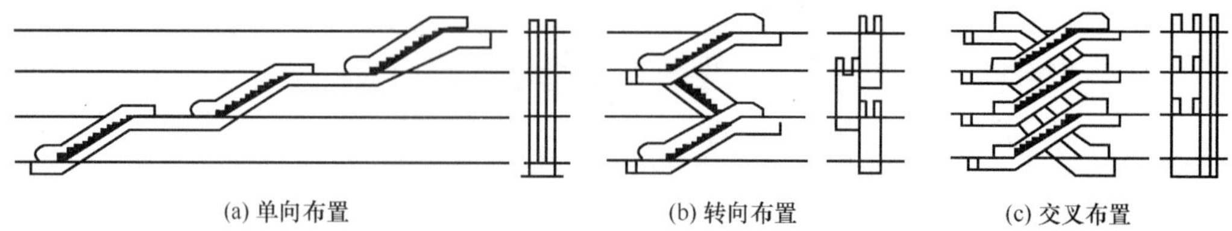

图 8.18 自动扶梯布置形式

度通长小于 10°)，通行人流的能力几乎和平地相当，但是坡道最大的特点是占地面积比楼梯大得多。一些医院为了病人上下和手推车通行的方便，可采用坡道；为儿童上下的建筑也可采用坡道；有些人流量集中的公共建筑，如大型体育馆的部分疏散通道，也可用坡道来解决垂直交通联系。

5. 门厅

公共建筑的主要出入口一般都设有一个较开敞、供人流集散的空间，即门厅。门厅是建筑物内部的交通枢纽，它具有人流集散、方向转换、衔接水平和垂直空间等功能。除此之外，门厅常根据建筑的性质设置一定辅助空间。如行政办公建筑门厅内设有传达问询、接待等内容；医院的门厅有办理挂号、交费、取药等功能；旅店的门厅是接待旅客、办理手续、等候及休息、会客的空间。

(1) 门厅的设计要求

门厅的位置应明显而突出，一般应面向主干道，使人流出入方便；门厅内各组成部分的位置与人流活动路线相协调，尽量避免或减少流线交叉，为各使用部分创造相对独立的活动空间；门厅内要有良好的空间气氛，如良好的采光、合适的空间比例等；门厅对外出入口的宽度不得小于通向该门的走道、楼梯宽度的总和。

(2) 门厅的形式

门厅的形式从布局上可分为两类，即对称式和非对称式。对称式布置强调的是轴线的方向感，常用于学校、办公楼的门厅。非对称式布置灵活多样，没有明显的轴线关系，常用于旅馆、医院、电影院等建筑（图 8.19)。

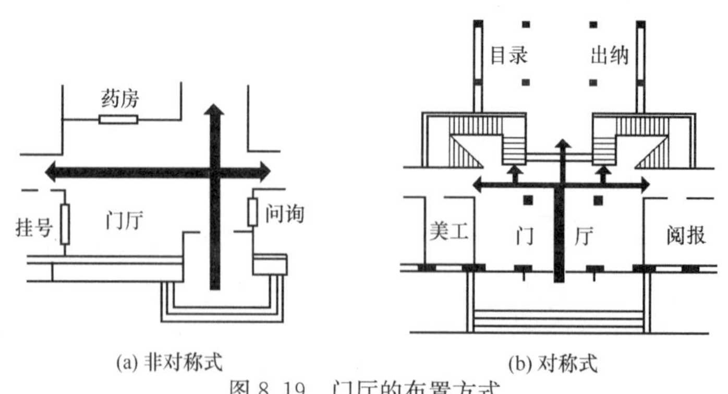

图 8.19 门厅的布置方式

(3) 门厅的面积

门厅的大小要根据各类建筑的使用性质、规模以及质量标准等因素而定。一般民用建筑的门厅大小可由定额指标查得，如中小学校为每生 0.06～0.08m^2，门诊部每人

为 0.8m^2（按全日门诊人次的 10%～15%为同时集中的人数估算）；电影院为每位观众 0.13m^2。从面积指标中查到的门厅大小只确定了为满足基本使用要求所需要的空间大小，至于空间的形状、空间处理，仍需根据建筑物的性质、所需达到的特定观感做进一步的设计。门厅设计中切忌门厅“大而无用”或过小。

8.1.5 建筑平面组合设计

建筑平面的组合设计是在熟悉平面各组成部分特点和使用要求的基础上，进一步分析建筑整体的使用功能，考虑技术经济和建筑艺术等方面的要求，结合总体规划、基地环境等具体条件，将平面各组成部分及其所有的房间组成一个有机的整体。

1. 影响平面组合的因素

(1) 使用功能

建筑的使用功能对平面组合具有决定性的影响。一幢建筑物的合理性不仅体现在单个房间上，而且在很大程度上取决于各种房间按功能要求的组合上。

在建筑平面组合设计中，一般先从分析主要房间之间的功能关系着手，这种方法即通常所说的“功能分析”。功能分析是在熟悉各种房间使用特点的基础上，按照房间的性质、要求、使用顺序及相互联系的密切程度，对房间的主与次、内与外、闹与静、联系与分隔等方面加以分析研究，进行分类分组，并画出框线图表示各组成部分的相互关系，这种图叫做功能分析图（图 8.20）。在功能分析的基础上，根据建筑物中各房间的相互关系进行适当的功能分区，在建筑平面设计、尤其是较复杂的建筑平面设计时是必需进行的。建筑物中各房间之间的相互关系大致可归结为以下几种。

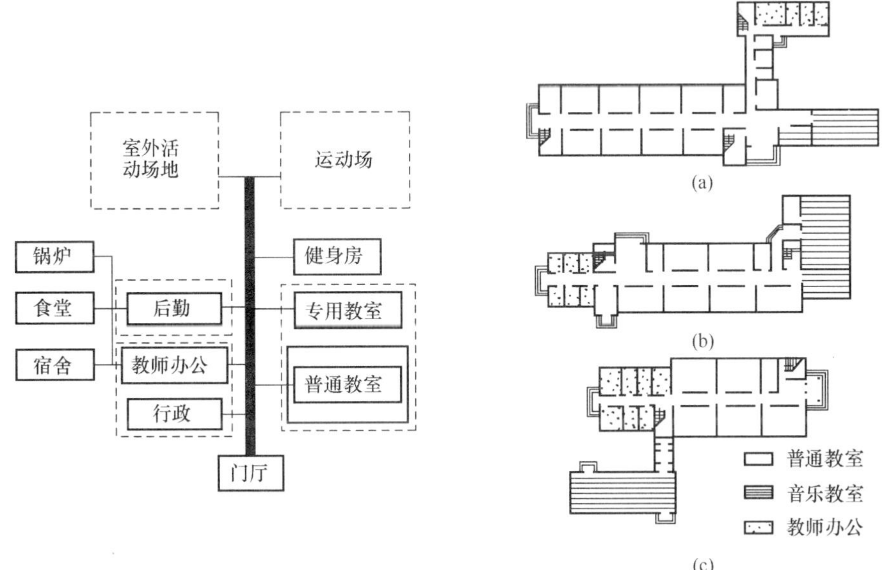

图 8.20 学校建筑的功能分析和平面组合

1）主次关系。建筑中的房间可分为主要房间及辅助房间，这种划分已充分说明各房间的主次关系。值得注意的是，有些情况下主要房间的类型及数量较多，根据它们在整个建筑中的地位，仍有相对主要与次要的区别，这也是一种主次关系。如图 8.20 所示，在中小学校建筑中，教室、图书阅览室、实验室、行政办公室等用房均属主要房间，但教学用房由于使用人数多，具有更大的重要性，而行政办公等用房则相对比较次要。平面组合时，要依据各房间的使用要求，分清主次，合理安排。通常应将居住、生活、学习和工作等使用功能的主要房间布置在朝向好、比较安静的位置，以取得较好的日照、采光、通风条件；对于人流量大的主要房间，应布置在疏散方便、接近出入口的部位。对辅助房间和较次要的房间（如卫生间等），可布置在条件较差的位置，库房、贮藏间可布置在比较隐蔽的暗角。

2）内与外的关系。组成建筑的房间中，有的对外联系密切，应设在靠近人流来往的地方或出入口处；有的则主要是供内部人员使用，房间的位置宜设在比较隐蔽的地方。

3）联系与分隔的关系。建筑平面的各组成部分以及房间之间，有些功能联系密切，有些次之，有些还会干扰其他房间，还有些既要严格分隔又要联系方便。平面组合时，应将联系密切的房间接近布置，对产生干扰的房间，如噪声、振动、视线、病菌、毒气和危害人体健康的各种射线等，应加大间距，予以适当的分隔。对既要“分”又要“联”的房间，则保持适当的距离，又有直接的联系通道。如图 8.20 的学校建筑中，普通教室和音乐教室同属教学用房，但因声音干扰问题，可用较长的走廊将其适当隔开；教室和教师办公室之间虽然联系比较密切，但为了避免学生对教师工作的影响，可用门厅将这类房间隔开。

4）顺序与流线。民用建筑中因使用性质、特点不同，各种空间的使用往往有一定顺序。人或物在这些空间使用过程中流动的路线可简称为流线。流线分人流和物流两种。在平面组合设计中，有些房间是按流线顺序关系有机组合起来的，如图 8.21 是火车站流线图和某小型火车站平面图。这里人流分为进站和出站，货流也有进出站两种，火车站平面组合设计自然要体现出这种流线关系。流线组织合理与否直接影响到平面组合是否合理。当一个建筑或一个空间中有多种流线时要特别注意使各种流线简捷、通畅、无迂回逆行，尽量避免互相交叉干扰。

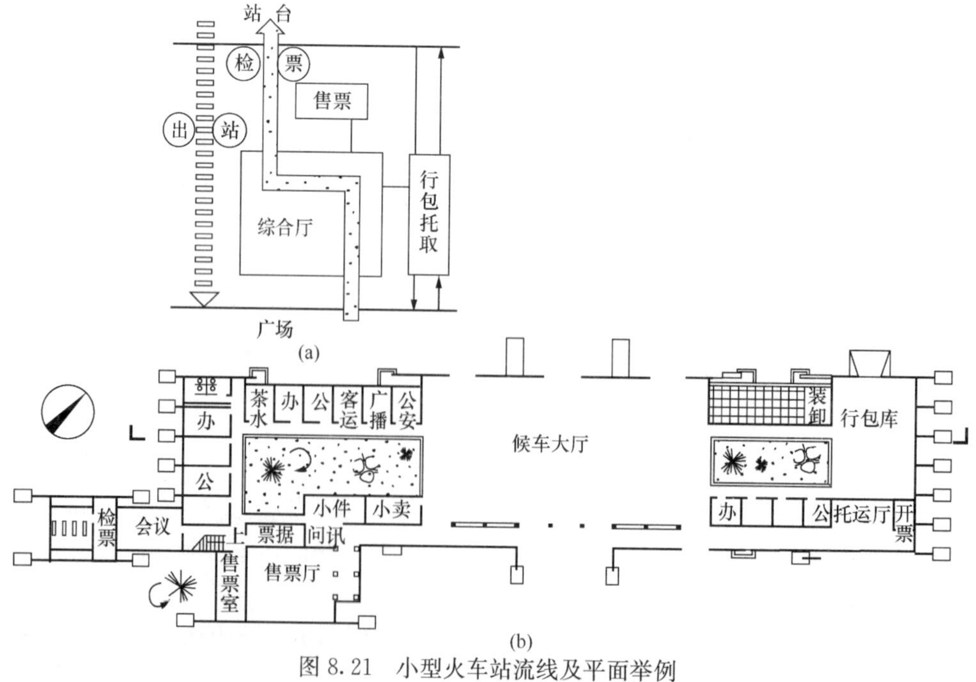

图 8.21　小型火车站流线及平面举例

通过以上分析可以看出，根据各房间的功能要求以及它们之间的相互关系，经过适当的功能分区，是进行平面组合以确定房间具体位置的主要依据，对功能复杂、房间较多的公共建筑尤其如此。

（2）结构类型

材料和结构是构造建筑物的物质基础，在很大程度上影响着建筑物的平面组合。因此，平面组合应考虑建筑物满足使用功能的前提下采用相应的结构形式。目前常用的结构体系可以概括为砖混结构、框架结构和空间结构等。

1）砖混结构。墙体是承重构件，上下承重墙要对应重合，室内空间的大小和形状受限制，房间的组合也不够灵活，承重墙上门窗洞口的位置及大小应符合墙体的传力要求。所以，砖混结构建筑适用于房间不大、层数不多的学校建筑、科研楼、办公楼、医院和居住建筑等。

2）框架结构。其布置的特点是梁柱承重，房间布置比较灵活，门窗开置的大小、形状都较自由，为立面设计创造了有利条件，但造价比砖混结构高。框架结构是适应性较大的一种结构形式。

3）空间结构。对于跨度超过 35m 房间的屋面结构，如果采用砖混结构和框架结构是无法满足的，因此宜采用空间结构形式。空间结构有壳体结构、折板结构、网架结构、悬索结构等，它们的特点是受力合理、用材经济、轻质高强，能跨越较大的空间，且造型美观。

（3）设备管线

民用建筑中的设备管线主要包括排水、采暖、空气调节以及电气照明、通信等所需的设备管线，它们都占有一定的空间。在进行平面组合时，除应考虑一定的设备位置，恰当地布置相应的房间，如厕所、盥洗室、配电房、空调机房、水泵房等房间外，对于设备管线较多的房间，如住宅中的厨房、卫生间，办公楼中的厕所、盥洗室，旅馆中的客房卫生间、公共卫生间等，在满足使用要求的同时应尽量将设备管线集中布置，上下对齐，方便使用，有利于施工和节约管线。

（4）建筑形象

建筑的体型及立面与平面组合设计相互制约、相互影响。建筑造型本身离不开功能要求，它一般是内部空间的反映，在平面组合设计时要为建筑体型和立面创造有利的条件。

（5）基地环境

这里所说的环境不单是指建筑所处的空间环境，如基地的地形、地貌、相邻建筑、道路、温度、朝向、日照等，还包括社会、民族、文化。任何建筑，只有当它和周围环境融为一体时，才能充分地显示出它的价值和表现力。如果脱离了周围环境和建筑群体而孤立地存在，即使建筑物本身尽善尽美，也不可避免地会因为失去烘托而大为减色。因此，在进行平面设计时，要从整体出发，考虑总体规划的要求，结合外部因素的具体条件，因地制宜，综合考虑。这里只是就基地的地段环境，即建筑设计中总平面的环境对组合设计的影响进行分析。

1）地形、地貌。地形、地貌主要指基地的大小、形状、道路走向以及基地的起伏情况等。基地大小、形状和道路走向对房屋的平面组合入口布置等都直接影响。如图 8.22 是在不同基地条件下教学楼的几种平面布置形式：图（a）基地面积宽敞，形状规整；图（b）基地狭窄，形状也不规则；图（c）基地呈三角形，形成了平面形式截然不同的教学楼。

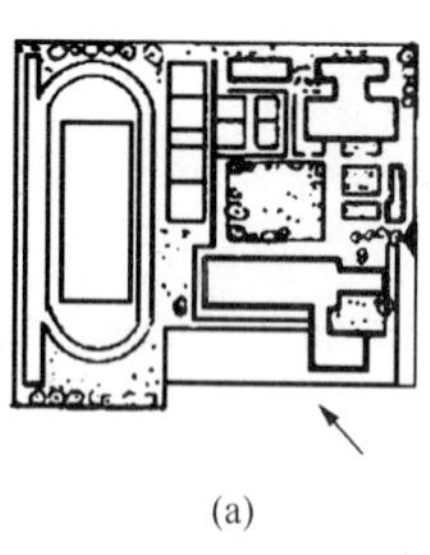

(a)

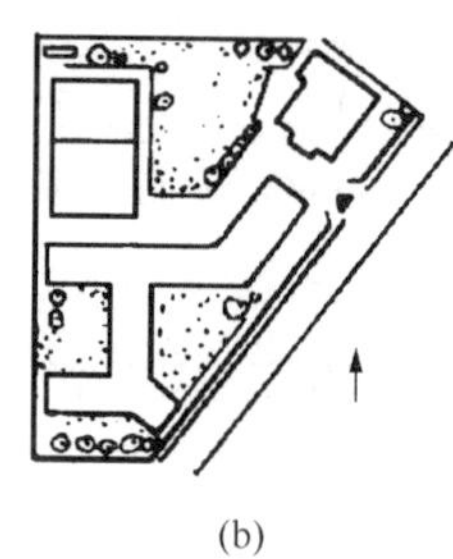

(b)

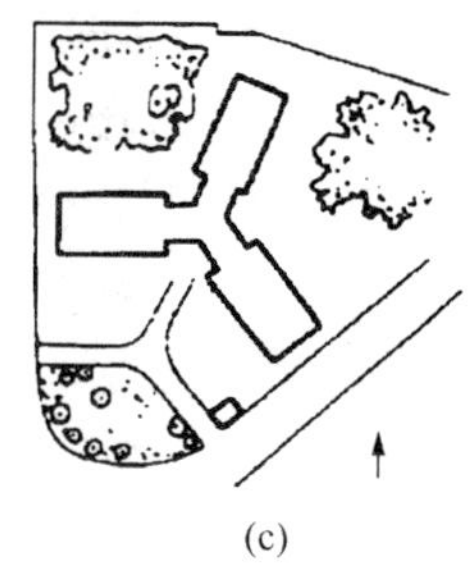

(c)

图 8.22　不同基地条件的学校总平面布置示意

2）朝向。平面组合中朝向的影响因素主要指日照和风向。建筑物朝向不同，它在不同季节里获得的太阳辐射强度、日照时间不同。我国地处北半球，大部分地区处于夏热冬冷状态，将主要房间朝南或南偏东、偏西，能获得良好的日照。日照间距是保证房间有一定的日照时数的建筑物之间的距离。确定建筑物间距应根据以下因素：日照、通风等卫生条件；防火安全要求；建筑群体空间造型艺术效果；建筑物使用性质、规模和扩建要求；节约用地和建设投资的要求；施工条件和室外工程管线及绿化要求等。但对于大量性民用建筑，一般无特殊要求，日照间距通常是确定建筑物间距的主要因素。

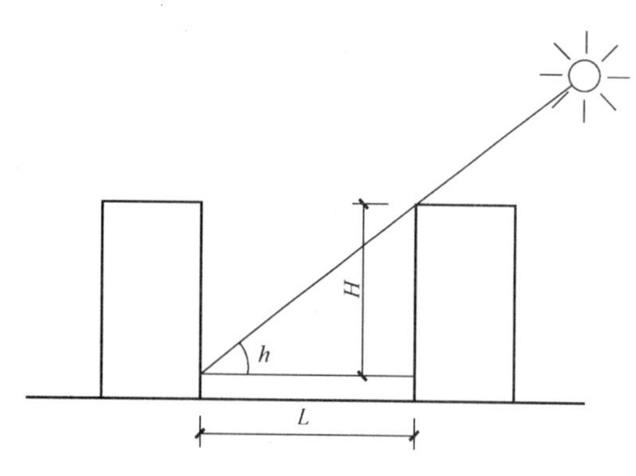

图 8.23　建筑物的日照间距

日照间距的计算一般以冬至日正午正南向房屋底层房间的窗台以上墙面能被太阳照到的高度为依据（图 8.23）。

日照间距计算式为

$$L=H/\tan h$$

其中，L 为建筑物间距；H 为南向前排房屋檐口到后排房屋底层房间窗台的垂直高度；h 为当地冬至日正午太阳的高度角。$1/\tan h$ 称为日照间距系数，我国大部分地区日照间距系数为 1.0～1.7，愈往南日照间距系数愈小，愈往北则愈大。

风向有全年主导风向和季节主导风向之分。如炎热地区建筑常垂直于主导风向展开，尽可能利用夏季主导风向，使房间有良好的通风；严寒地区则使建筑的主要入口尽可能避开冬季主导风向，以利保温。在总平面布置时，也尽可能把有气味污染的建筑放在下风向布置。

2. 平面组合方式

平面组合方式有走道式、套间式、大厅式、单元式等。在工程设计中，绝对以某种单一的组合方式来组合空间是不存在的。在组合时可以是某一种组合方式为主、其他方式为辅，也可以是几种组合方式并存。设计时应根据实际情况具体分析，灵活运用各种方式进行平面空间的组合。

（1）走道式组合

房间之间通过走道来联系。这种组合方式的特点是：使用空间与交通联系空间分隔明确，房间之间的干扰较少；通过走道，各房间又保持着方便的联系；走道的长短随所连接的

房间的多少而变，平面组合比较灵活。走道式组合适用于各个房间既要相对独立与分隔，又能保持适当联系的各类建筑，如办公楼、教学楼、科研楼、医院、疗养院、旅馆、宿舍等。

走道式组合有单外廊、双外廊、单内廊、双内廊等几种组合形式（图 8.24）。

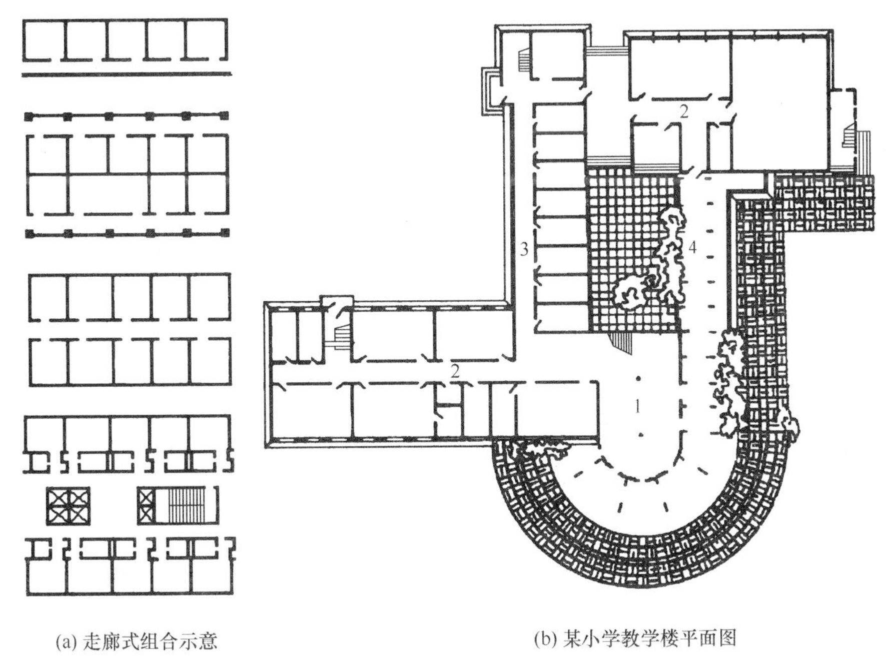

(a) 走廊式组合示意　　(b) 某小学教学楼平面图

图 8.24　走道式平面组合

1. 门厅；2. 内廊（双侧布置房间）；3. 内廊（单侧布置房间）；4. 外廊

(2) 套间式组合

套间式组合是把各房间相互穿套，按一定序列组合空间。这种组合方式，房间之间的相互联系简捷，面积利用率高，展览馆、商店常用这种形式。为适应不同人流活动的特点，可采用串联式或放射式的组合形式。串联式是按照一定的顺序将各房间连接起来，如图 8.25（a）所示。放射式是以一个枢纽空间作为联系中心，向两个或两个以上方向延伸，衔接布置房间，如图 8.25（b）所示。

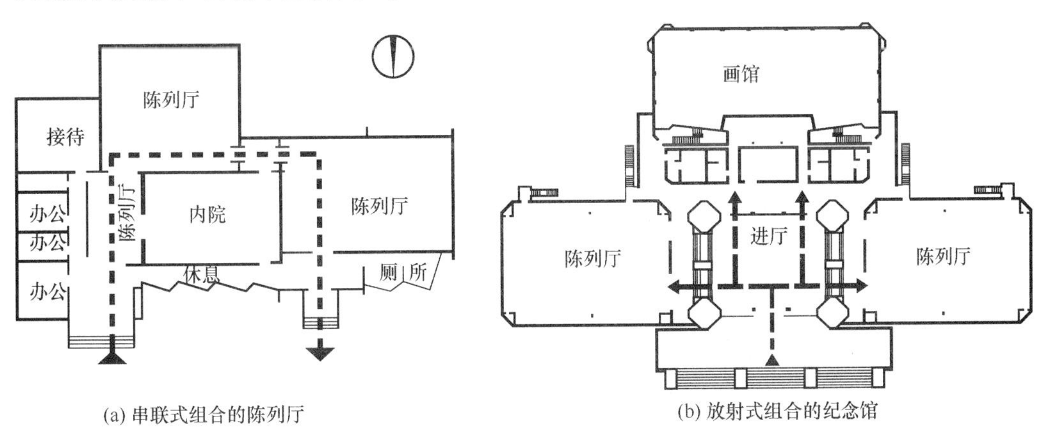

(a) 串联式组合的陈列厅　　(b) 放射式组合的纪念馆

图 8.25　套间式组合

(3) 大厅式组合

大厅式组合是以体量巨大的主体空间为中心，其他附属或辅助房间环绕着它的周围布置(图 8.26)。这种组合形式的特点是：主体空间突出，主从关系明确，房间之间相互联系紧密。大厅式组合适于电影院、剧院、体育馆等建筑，某些菜市场、商场、铁路客站等也常用这种组合方式。

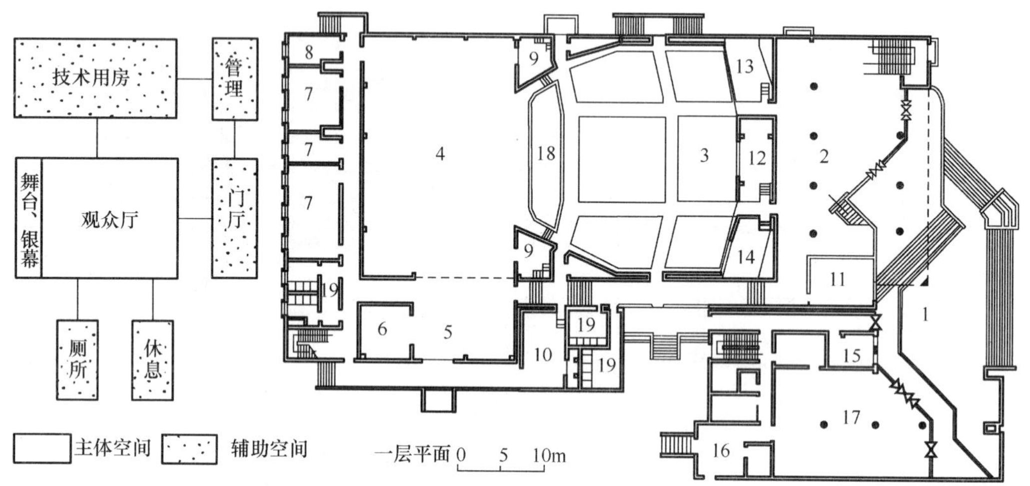

图 8.26 大厅式组合的影剧院

1. 前厅上空；2. 休息厅；3. 冷饮；4. 小卖；5. 寄存处；6. 楼座；7. 池座上空；8. 耳光室；9. 主台上空；10. 侧台上空；11. 接待室；12. 演员信息；13. 小会议室；14. 厨房；15. 餐厅；16. 办公室；17. 室外平台；18. 乐池；19. 卫生间

(4) 单元式组合

单元式组合是以楼梯间或电梯间等垂直交通联系空间来联系各个房间，构成一个独立的单元；或者是在建筑平面中，联系密切的使用房间成组出现，并形成各自独立的单元。随着建筑规模不同，一幢建筑物可由一个或几个相同的或不相同的单元组成。这种组合形式的特点是：平面集中、紧凑，单元之间互不干扰，易于保持安静。因此，单元式组合适用于住宅和幼儿园等建筑类型，如前面图 8.1 所示的一梯两户住宅单元。

8.2 建筑剖面设计

由于建筑物具有三度空间，在进行方案设计时必然涉及房间的空间情况和高度方面的问题。建筑剖面设计与平面设计是从两个不同的方面来反映建筑物内部空间的关系。平面设计着重解决内部空间的水平方向上的问题，而剖面设计的任务则是：根据建筑物的用途、规模、环境条件及人们的使用要求，解决建筑物在高度方向的布置问题。剖面设计具体内容包括：确定建筑物的层数，决定建筑各部分在高度方向的尺寸，进行建筑空间组合，处理室内空间并加以利用等。此外，对其他工程技术问题，如结构选型、建筑构造也要予以合理解决。

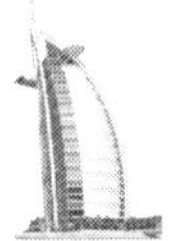

8.2.1 房间的剖面形状和各部分高度的确定

1. 房间的剖面形状

房间的剖面形状主要是根据使用要求和特点来确定，同时要考虑具体的物质技术、经济条件及特定的艺术构思，使之既满足使用又能达到一定的艺术效果。

（1）使用要求对剖面的影响

大多数民用建筑如居室、教室、办公室等均采用矩形，而对于人数较多，又有视听要求的房间，剖面需采用特殊形状。如学校的阶梯教室、电影院和体育馆的观众厅等，室内地面应按一定的坡度变化升起（图 8.27），为使观众能听得清晰，观众厅的顶部剖面可以做成一定的折线形，以取得良好的音响效果（图 8.28）。

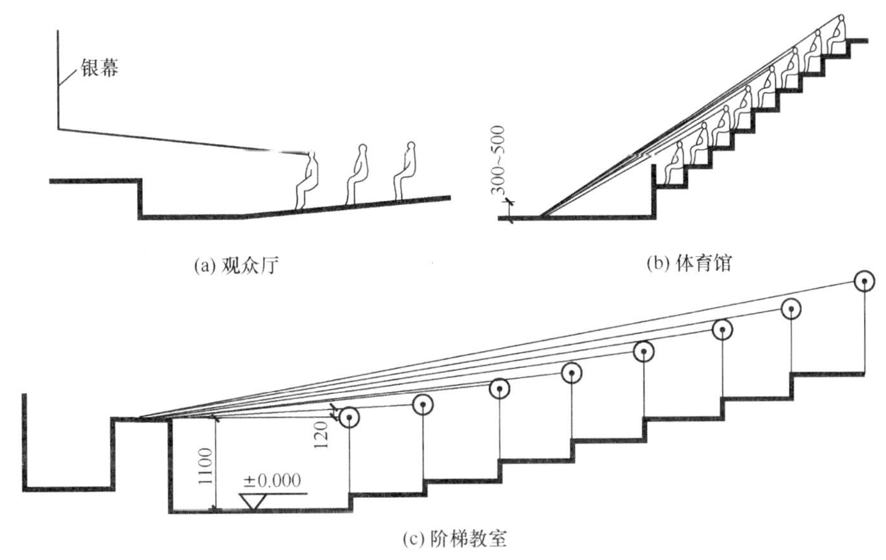

(a) 观众厅　(b) 体育馆　(c) 阶梯教室

图 8.27　室内地面与视线的关系

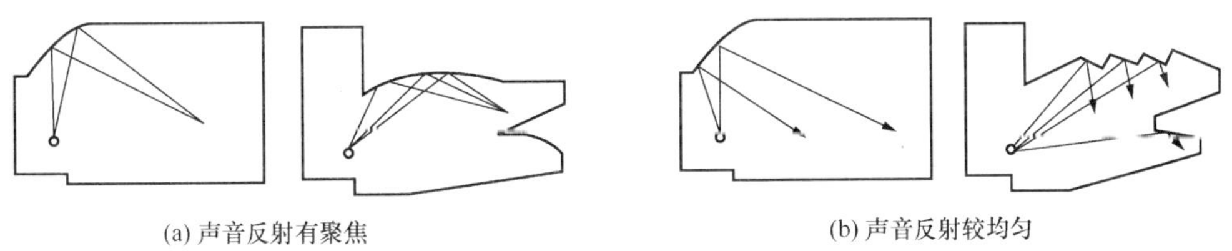

(a) 声音反射有聚焦　(b) 声音反射较均匀

图 8.28　剖面形状与音质的关系

（2）结构、材料和施工的影响

一般民用建筑房间的剖面形状有矩形和非矩形两类。矩形剖面规整，结构简单，有利于采用梁板式结构，节约空间，施工方便，采用较多。但有些大跨度建筑的空间剖面常受结构形式、材料、施工等的影响而形成特有的剖面形式。

（3）采光、通风要求对剖面的影响

一般进深不大的房间，侧窗采光和通风已满足使用要求。当房间进深较大或房间有特殊要求，侧窗不能满足要求时，常设置各种形式的天窗，从而形成不同的剖面形式。图 8.29 为不同采光方式对剖面形状的影响。对于厨房一类房间，由于使用过程中常产生大量蒸汽、油烟等，一般在顶棚设置排气窗（图 8.30）。

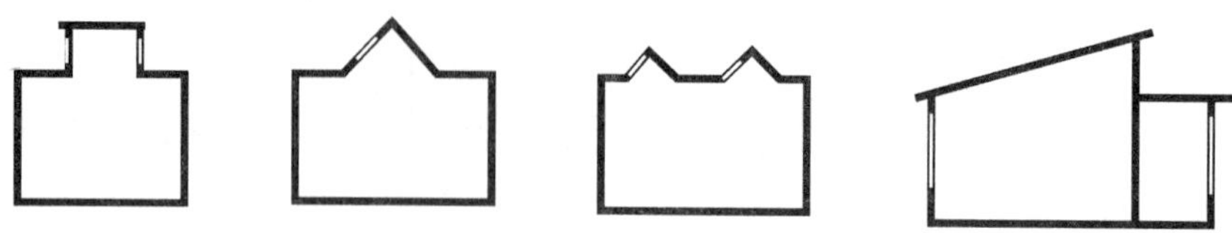

图 8.29　不同采光方式对剖面形状的影响

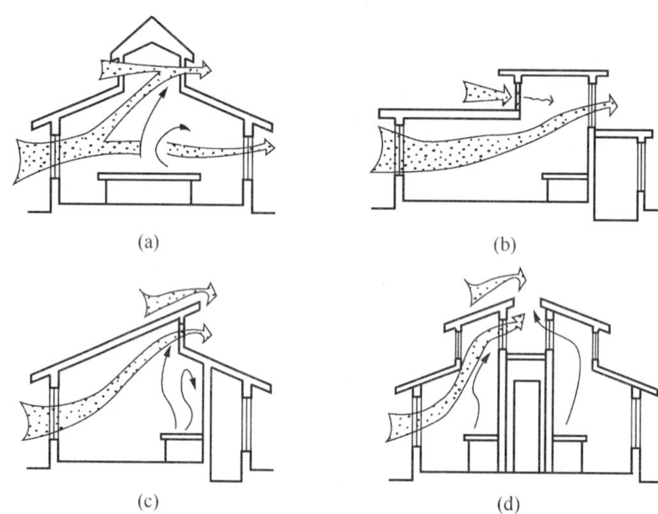

图 8.30　不同通风方式对剖面形状的影响

2. 房屋各部分高度的确定

（1）房间的净高与层高

房间净高是指室内地坪到顶棚底表面之间的垂直距离。如果房间顶棚下有暴露的梁，则净高应算至梁底面。在有楼层的建筑中，楼层层高是指上下相邻两层楼（地）面间的垂直距离（图 8.31）。房间净高与楼板结构构造厚度之和就是层高。房间的高度恰当与否，直接影响到房间的使用、经济以及室内空间的艺术效果，一般房间高度的确定主要考虑以下几个方面：

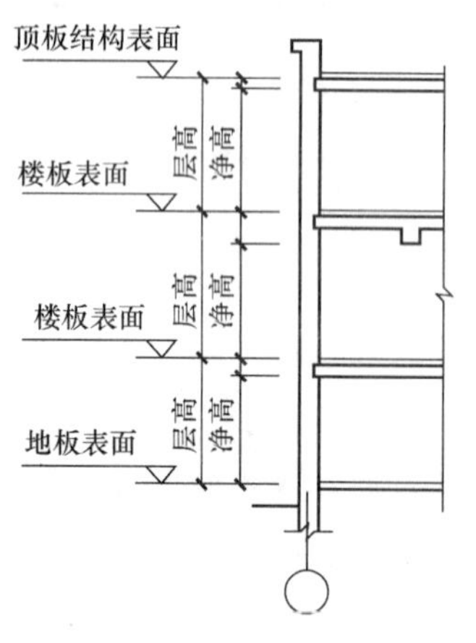

图 8.31　房间净高和层高之间的关系

1）人体活动及家具设备的使用要求。房间的净高与人体活动尺度有很大关系。一般情况下，室内最小净高应使人举手不接触到顶棚为宜，为此房间净高应不低于 2.2m。室内使用性质和活动特点随房间用途而异。还有一些房间，因使用需要，常在房间顶棚上设置某些设备，如吊灯、手术室的无影灯、剧院舞台的顶棚及天桥等。确定这些房间的高度时应考虑到设备所占尺寸。

2）采光、通风等卫生要求。一般房间层高越

大，窗口上沿越高，光线照射深度越远，所以房间进深大，或要求光线照射深度远的房间层高应大些。为保证房间有必要的卫生条件，除了组织好通风外，还应考虑房间必要的空气容量，具体取值与房间用途有关，如中小学教室为 3～5m^3/人，影剧院观众厅为 4～5m^3/人。

3）室内比例及空间观感。室内空间的封闭和开敞、宽大和矮小、比例协调与否都会给人以不同的感受，如面积大而高度小的房间会给人以压抑感，窄而高的房间又会给人以局促感。要改变房间比例不协调或空间观感不好，除通过各种不同处理外，还需要改变某些尺度，这也涉及和影响房间净高。

4）结构层高度及构造方式的要求。结构和构造层厚度加上净高等于层高。结构层高度主要包括楼板、屋面板、梁和各种屋架所占的高度。层高的决定要考虑结构层的高度，结构层愈高，则层高愈大。构造层包括顶棚层、地面面层和附加层次。如房间采用吊顶构造时，层高则应再适当加高，以满足净高需要。

5）建筑经济效益要求。为了力求节约，应尽可能地降低层高。层高降低又导致建筑总高度降低，从而可缩小建筑间距、节约土地。此外，层高降低还能减轻建筑物的自重，减少围护结构面积，节约了材料，有利于结构受力，并能降低能耗。

（2）室内窗台高度

窗台的高度主要根据室内的使用要求、人体尺度和家具或设备的高度来确定。一般民用建筑中生活、学习或工作用房窗台的高度常采用 900mm 左右，这样的尺寸和桌子的高度（约 800mm）配合关系比较恰当；住宅外窗设有阳台或平台时，窗台距楼面、地面的净高不应低于 900mm，否则应设置防护措施；幼儿园建筑结合儿童尺度，活动室的窗台高度常采用 700mm 左右；对疗养院建筑和风景区的一些建筑物，由于要求室内阳光充足或便于观赏室外景色，常降低窗台高度或做落地窗；一些展览建筑，由于室内利用墙面布置展品，为消除和减少眩光，应避免陈列品靠近窗台布置，一般窗台到陈列品的距离要使保护角大于 14°，为此一般将窗台提高到 2.5m 以上；浴室、厕所走廊两侧的窗台高度可提高到 1.8m 左右，以利于遮挡人们的视线（图 8.32）。以上由房间用途确定的窗台高度，如与立面处理矛盾时，可根据立面需要，对窗台做适当调整。

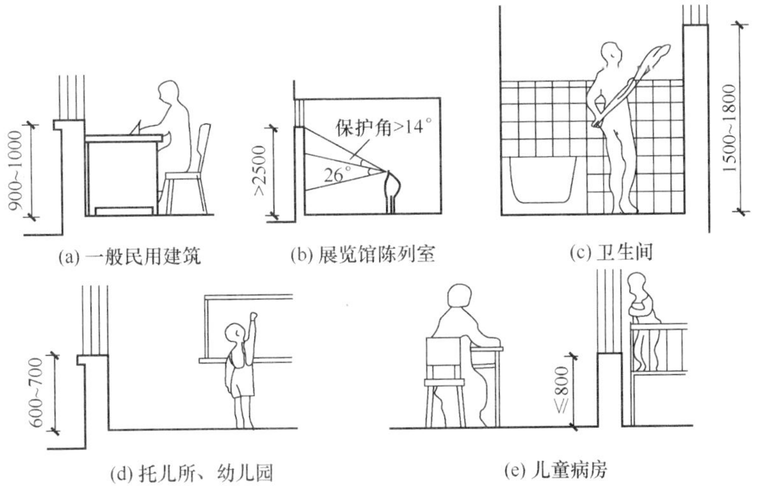

图 8.32　窗台高度举例

(3) 地面高差

同层各个房间的地面标高要取得一致，这样行走比较方便。对于一些易于积水或者需要经常冲洗的房间，如浴室、厕所、厨房、阳台及外走廊等，它们的地面标高应比其他房间的地面标高低 20～50mm，以防积水外溢，影响其他房间的使用。如高差过大，不便于通行和施工。

(4) 室内外地面的高差

为了防止室外雨水流入室内，防止建筑物因沉降而使室内地面标高过低，底层室内地面要高出室外地面至少 150mm。室内外地面高差要适当，高差过小难于保证基本要求，高差过大又会增加建筑高度和土方工程量。对大量民用建筑，室内外高差的取值一般为 300～600mm。

对于一些特殊要求的建筑，室内外高差要根据使用要求、建筑性质等确定。如仓库工业建筑一般要求室内外联系方便，常有车辆出入，高差小些做坡道联系；有些纪念性建筑常借助室内外高差值的增大来创造严肃、庄严的气氛；有些山地、坡地建筑则常结合地形、地貌确定室内外高差。

8.2.2 建筑层数的确定和剖面的组合方式

1. 建筑层数的确定

建筑层数是在方案阶段就需要初步确定的问题，层数不确定，建筑各层平面就无法布置，剖面、立面高度也无法确定。影响建筑层数确定的因素很多，主要有建筑的使用要求、结构和材料的要求、城市规划、建筑防火以及经济条件等要求。

(1) 建筑使用要求

由于建筑用途不同，使用对象不同，往往对建筑层数有不同要求。如医院门诊部、幼儿园、疗养院、养老院等建筑物，因使用者活动不便，且要求与户外联系紧密，建筑层数不应太多，一般以 1～3 层为宜。影剧院、体育馆、车站等建筑物，由于人流量大，考虑人流集散方便，也应以一层或低层为主。公共食堂，在使用中有大量顾客，为了就餐方便，便于排除油烟，便于供煤和清理垃圾，单独建造时宜建成低层。对于中小学建筑，考虑到学生正在发育成长，为了安全及保护青少年健康成长，小学建筑不宜超过三层，中学教学楼不宜超过四层。对于大量建设的住宅、宿舍、办公楼等建筑，因使用中无特殊要求，一般可建多层，当设置电梯作垂直交通时也可建高层。

(2) 结构、材料和施工的要求

建筑物的结构和材料不同，允许建造的层数也不同。如砖混结构，一般以六层以下为宜；钢筋混凝土框架结构，不宜超过十五层；钢框架不宜超过三十层。如在地震区，建筑物允许建造的层数根据结构形式和地震烈度的不同，还要受抗震规范的限制。

(3) 基地环境和城市规划要求

位于城市干道、广场、道路交叉口的建筑，对城市面貌影响很大，必须重视与环境的关系。位于风景区的建筑，其体量和造型对周围景观有很大影响，为了保护风景区，使建筑与环境协调，一般不宜建造体量大、层数多的建筑物。一般城市规划部门根据城市规划的需要，会对这类地区的建筑高度和层数等提出明确要求，设计者应遵照执行。

(4) 防火要求

房屋的耐火等级不同，允许建造的层数不同。当建筑物耐火等级为一、二级时，建筑层数不限；三级时，最多允许建五层；四级时，仅允许建二层。

(5) 经济条件

建筑层数与造价的关系很密切。一般情况下，5～6 层砖混结构的房屋较经济。但如果综合考虑征地、搬迁、小区建设及市政设施等投资费用，10～12 层住宅也可能是比较经济合理的层数。

2. 剖面的组合方式

建筑剖面的组合方式主要是由建筑物中各类房间的高度和剖面形状、房间的使用要求和结构布置特点等因素决定的，剖面的组合方式大体上可归纳为以下几种。

(1) 单层

单层剖面便于房屋中各部分人流或物品和室外直接联系，它适应于覆盖面及跨度较大的结构布置，一些顶部要求自然采光和通风的房屋也常采用这种方式，如食堂、车站、展览大厅等。单层房屋的主要缺点是用地很不经济。如把一幢五层住宅和五幢单层平房相比，在日照相同的条件下用地面积要增加 2 倍左右（图 8.33），道路和室外管线设施也都相应增加。

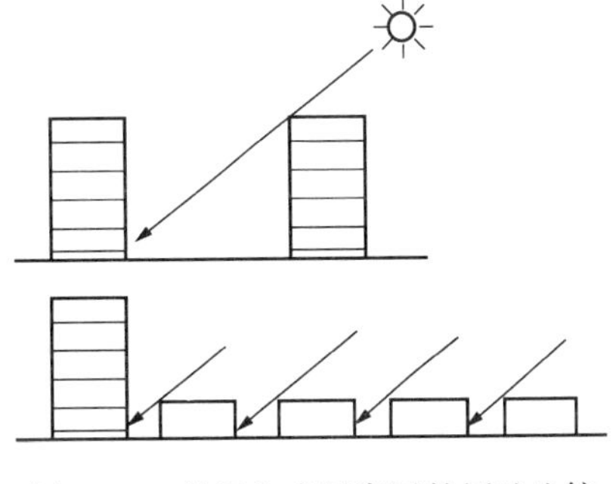

图 8.33 单层和多层房屋的用地比较

(2) 多层和高层

多层剖面的室内交通联系比较紧凑，适应于较多相同高度房间的组合，垂直交通通过楼梯联系。多层剖面的组合应注意上下层墙柱等承重构件的对应关系，以及各层之间相应的面积分配。许多单元式平面的住宅和走廊式平面的学校、宿舍、办公、医院等房屋的剖面多采用多层的组合方式。

一些建筑类型如旅馆、办公楼、城市住宅等也有的采用高层剖面的组合方式。高层剖面能在占地面积较小的条件下建造较多的使用面积，并且有利于室外辅助设施和绿化等的布置，但高层建筑的垂直交通需要电梯联系，管道设备等设施也较复杂，使用费用较高。由于高层房屋受侧向风力和地震力的问题比较突出，通常以框架结合剪力墙，以加强房屋的刚度。

(3) 错层和跃层

错层剖面是在建筑物纵向或横向剖面中，房屋几部分之间的楼地面高低错开，它主要适应于结合坡地地形建造住宅、宿舍等房屋。房屋剖面中的错层高差可利用室外台阶或利用楼梯间来解决（图 8.34）。

跃层剖面的组合方式主要用于住宅中，这些房屋的公共走廊每隔 1～2 层设置一条，每个住户可有前后相通的一层或上下层的房间，住户内部以小楼梯上下联系。跃层的特点是节约公共交通面积，各住户之间干扰较少，由于每户都有两个朝向，通风条件好。但跃层房屋的结构布置和施工比较复杂，每户面积较大，居住标准较高。

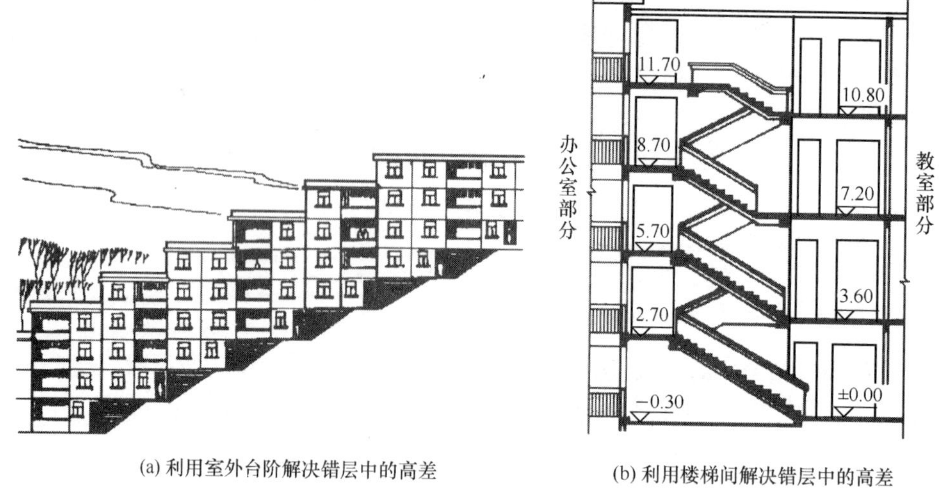

(a) 利用室外台阶解决错层中的高差

(b) 利用楼梯间解决错层中的高差

图 8.34　错层中高差的处理

8.2.3 建筑空间的组合和利用

1. 建筑空间的组合

一幢建筑物包括许多空间，它们的用途、面积和高度各有不同，如果把高低不同的房间简单地按使用要求组合起来，将会造成屋面和楼面高低错落，结构布置不合理，建筑体型零乱复杂的结果。所以，在垂直方向上应当考虑各种不同高度房间合理的空间组合，以取得谐调统一的效果。实际上，在进行建筑平面空间组合设计和结构布置时，就应当对剖面空间的组合及建筑造型有所考虑。

(1) 层高相同的房间之间的组合

使用性质接近，而且层高相同的房间可以组合在同一层并逐层向上叠加，直至达到所定的建筑层数或高度为止。这种剖面空间组合有利于结构布置和便于施工。

(2) 层高相近的房间之间的组合

对于层高相近的房间，相互之间的联系又很密切，考虑到结构布置、构造简单和施工方便等因素，在组合时需将这些房间的层高调整到该层主要房间的层高的高度，并逐层叠加。而对于标准层平面面积较大，普遍调整层高不经济、不合理时，可采取分区分段调整层高，并仍按前述的组合方式处理，只需在层高变化的地方加设台阶或坡道。

(3) 层高相差较大的房间之间的组合

在多高层建筑中，对于层高相差较大的房间，可以把少量面积较大、层高较高的房间设置在底层、顶层或作为单独部分（裙房）附设于主体建筑旁，如图 8.35 所示。

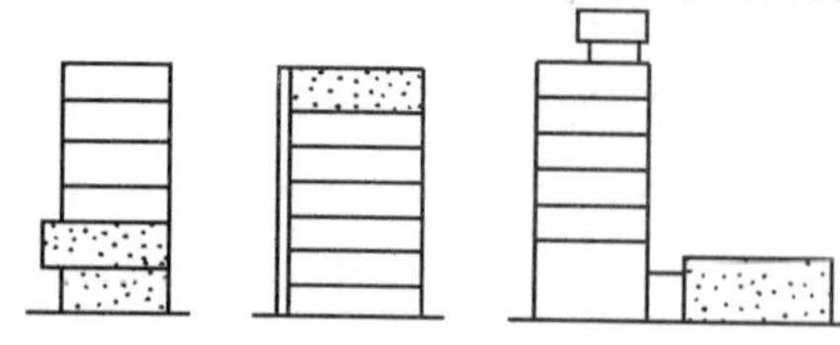

图 8.35　层高相差较大的房间组合

对于房间高度相差特别大，如体育馆和影剧院建筑的比赛厅、观众厅与办公室、厕所等空间，实际设计中常利用大厅的起坡、楼座等特点把一些辅助用房布置在看台以下或大厅四周。

图 8.36 是某中学教学楼的空间组合。教室、实验室与厕所、储藏室等，从使用要求上需要组合在一起，因此把它们调整为同一高度。办公室由于开间进深小，层高比较低，组合中把全部办公室组织在一起，它们和教学楼活动部分的层高高差通过走廊中踏步来解决；平面一端的阶梯大教室，它和普通教室、办公室高度相差较大，故采用单层附建于教学主楼旁。这样的空间组合方式，使用上能满足各房间的要求，结构布置较合理，也比较经济。

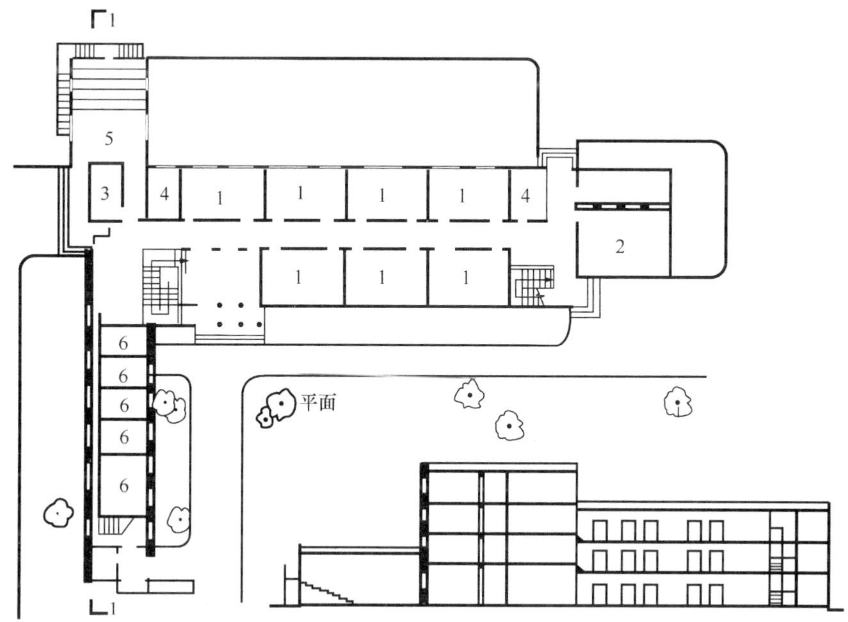

图 8.36 某中学教学楼空间组合方式

1. 教室；2. 阅览室；3. 贮藏室；4. 厕所；5. 阶梯教室；6. 办公室

2. 空间的利用

(1) 楼梯间的利用

底层楼梯间的休息平台下的空间可作仓库或作通向另一空间的通道，住宅建筑常利用这一空间作单元入口，并兼作门厅，如图 8.37 所示。如高度不够时，可适当抬高平台高度或降低平台下部地面标高，以保证通行净高要求。

顶层楼梯间上部的空间通常可以用作贮藏间。利用顶层上部空间时，应注意梯段与贮藏间的净空应大于 2.2m，以保证人们通过楼梯间时不会发生碰撞（图 8.38)。

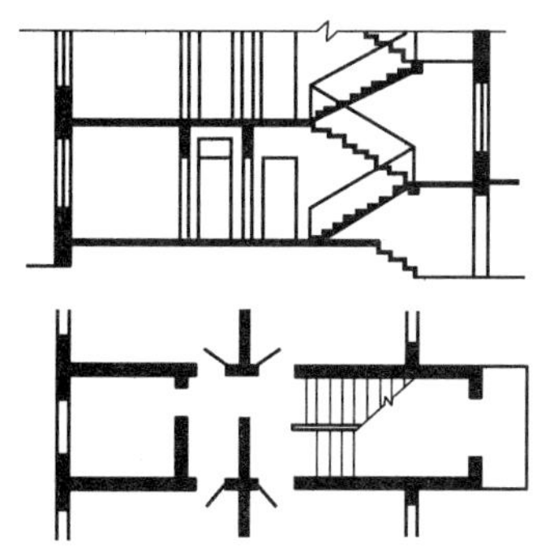

图 8.37 底层楼梯间作为单元入口

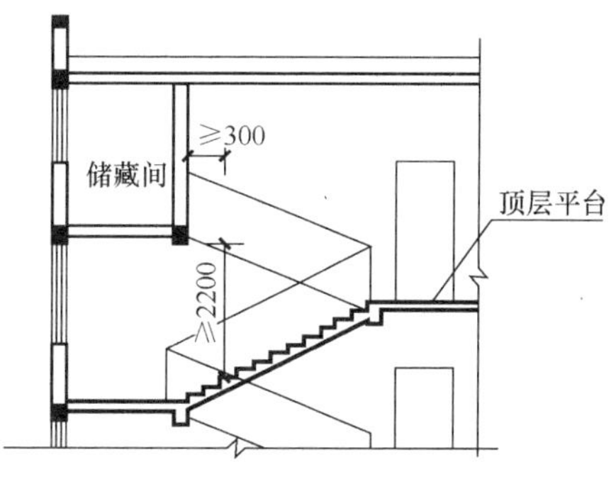

图 8.38 顶层楼梯间上部作贮藏空间

（2）走廊上部空间利用

多高层建筑的走廊一般较窄，净高应比其他房间低些，但为了结构简化，通常与房间的高度相同，使走廊空间造成一定的浪费，这样就可以充分利用走廊上部空间设置通风、照明等线路和各种管道。

（3）房间内部的空间利用

房间内除了人们日常活动和家具布置以外的空间要加以充分利用。如居室中设置吊柜、壁柜、搁板等，放置换季衣物、被褥和日用杂物；厨房中设置吊柜、壁龛和低柜，放置杂物、燃料和炊具等；坡屋顶的山尖部分的空间可以作卧室或贮藏室。

8.3 建筑体型和立面设计

建筑不仅要满足人们生产、生活等使用功能的要求，同时建筑的外部形象要给人以美的感受，满足人们精神文化方面的需要。因此，建筑的外部形象设计也是建筑设计中十分重要的内容。建筑的外部形象包括体型和立面两个方面。体型和立面处理贯穿于整个建筑设计的始终，它既不是内部空间被动地直接反映，也不是简单地在形式上进行表面加工，更不是建筑设计完成后的外形处理。建筑体型及立面设计是在内部空间及功能合理的基础上，在物质技术条件的制约并考虑到所处的地理位置及环境的协调，对外部形象从总的体型到各个立面以及细部，按照一定的美学规律加以处理，以求得完美的建筑形象。

8.3.1 建筑体型和立面设计的要求

1. 反映建筑功能要求及建筑的个性特征

不同功能要求的建筑类型具有不同的内部空间组合特点，一幢建筑的外部形象在很大程度上是其内部空间功能的表露，因此采用那些与其功能要求相适应的外部形式，并在此基础上采用适当的建筑艺术处理方法来强调该建筑的性格特征，使其更为鲜明、更为突出，从而能更有效地区别于其他建筑。

2. 体现结构、材料和施工技术特点

建筑结构体系是构成建筑物内部空间和外部形体的重要条件之一。由于结构体系的选择不同，建筑将会产生不同的外部形象和不同的建筑风格。因此，在建筑设计工作中，要妥善利用结构体系本身所具有的美学表现力这一因素。不同的建筑材料对建筑体型和立面处理有一定的影响，如清水墙、混水墙、贴面墙和玻璃幕墙等形成不同的外形，给人以不同的感受。施工技术的工艺特点也常形成特有的建筑外形，尤其是现代工业化建筑，建筑物建成后，在建筑物上所留下来的施工痕迹都将使建筑物显示出工业化生产工艺的外形特点。

3. 城市规划及环境要求

建筑是构成城市空间和环境的重要因素，它不可避免地要受城市规划和基地环境的制约，建筑体型、立面必然与其所在地区的气候、地形、道路、原有建筑物及绿化

等基地环境相适应。如风景区的建筑在体型设计上应同周围环境相协调，不应破坏风景区景色；山地建筑常结合地形和朝向错层布置，从而产生多变的体型；又如南方炎热地区的建筑，为减轻阳光的辐射和满足室内的通风要求，采用遮阳板和通透花格，使建筑立面富有节奏感和通透感。建筑物处于群体环境之中，既要有单体建筑个性，又要有群体的共性。

4. 社会经济条件

建筑体型与立面的构思和立意必须正确处理适用、经济、美观三者的关系。各种不同类型的建筑物，根据使用性质和规模，在建筑标准、结构造型、内外装修以及建筑造型等方面应区别对待。

5. 符合建筑造型和立面构图的一些原则

建筑造型设计中的美学原则是人们在长期的建筑创作历史发展中的总结，要创造美的建筑形象，就必须遵循建筑构图的基本规律，如统一、变化、均衡、稳定、对比、尺度等。

(1) 统一与变化

统一与变化，即“统一中求变化，变化中求统一”，是形式美的根本规律。形式美的其他方面如均衡、稳定、对比、比例、尺度等实际上是统一与变化在各方面的体现。

任何建筑物，无论是内部空间中还是外观形象上，都存在着统一与变化的因素。建筑物各组成部分由于功能不同，存在着空间大小、形状、结构等方面的差异，这自然反映到建筑外形上，这就是建筑形式变化的一面。同时，这些不同中又有某些内在的联系，如使用性质不同的房间在门窗处理、层高、开间及装修方面可采取一致的处理方式，这不仅不影响使用，而且能使结构受力、施工组织等更加合理。这种一致的处理方式，反映到建筑外形上，就是形式统一的一面。在建筑体型及立面设计中必须处理它们之间的相互关系，这是建筑构图中一个非常重要的问题。简单的几何形状本身就是个统一体；体量较复杂的建筑物可以突出主体，以陪衬求统一（图 8.39)。

(a) 某体育馆以简单几何形状求得统一

(b) 复杂建筑物主从分明,以陪衬求得统一

图 8.39　具有统一感的建筑示例

(2) 均衡与稳定

对一个较复杂的建筑物，体型组合还应注意体型的均衡和稳定问题。

均衡是指建筑物各体量在建筑构图中的左右、前后之间保持平衡的一种美学特征。

力学的杠杆原理表明，均衡中心在支点，根据均衡中心的位置不同可把均衡分为对称均衡和不对称均衡（图 8.40）。对称均衡具有庄严肃穆的特点；不对称均衡则显得轻巧活泼。

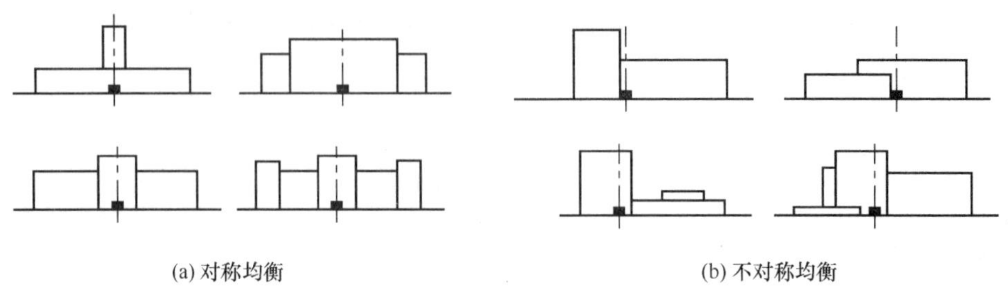

(a) 对称均衡　　(b) 不对称均衡

图 8.40　不同形式的均衡示例

稳定是建筑物在建筑构图上的上下之间的轻重关系。过去在人们的实际感受中，上小下大、上轻下重就能获得稳定感。随着科学技术的进步和人们审美观念的发展变化，利用新材料、新结构的特点，创造出了上大下小、上重下轻的新的稳定概念（图 8.41）。

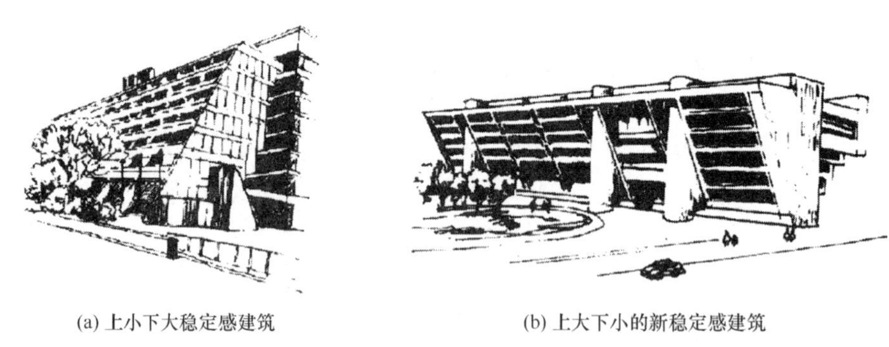

(a) 上小下大稳定感建筑　　(b) 上大下小的新稳定感建筑

图 8.41　具有稳定感的建筑示例

（3）对比

建筑物中各要素除按一定规律结合在一起外，必然存在各种差异，如体量大小、线条曲直粗细、材料质感色彩、立面的点线面等，这种差异就是对比。

对比可以相互衬托而突出各自的特点。在建筑构图中，恰当地运用对比手法，能取得对比强烈、感觉明显、和谐统一等效果。例如巴西议会大厦（图 8.42）的体型运

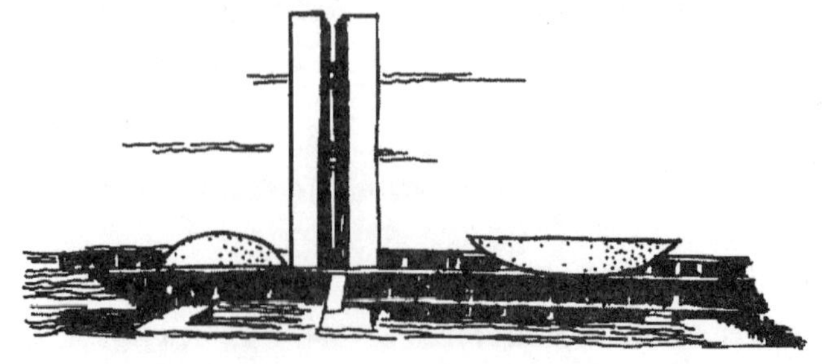

图 8.42　对比手法在巴西议会大厦中的应用

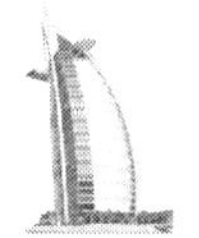

用了竖向的两片板式办公楼与横向体量的政府宫的对比，上院和下院一正一反两个碗状议会厅的对比，以及整个建筑体型的直与曲、高与低、虚与实的对比。此外，还充分运用了钢筋水泥的雕塑感和玻璃窗洞的透明感以及大型坡道的流畅感，从而协调了整个建筑的统一气氛，给人们留下了强烈的印象。

(4) 韵律

所谓韵律，是指建筑物各组成部分、各要素有规律地重复的一种特性。建筑物的体型、门窗、墙柱等的形状、大小、色彩、质感的重复和有组织的变化都可形成韵律来加强和丰富建筑形象，从而取得多样统一的效果（图 8.43）。

图 8.43　渐变韵律在建筑中的应用

(5) 比例

比例是指长宽高三个方向之间的大小关系，建筑物从整体到各体部及细部之间都存在着比例关系，如整个建筑的长宽高之比；各房间长宽高之比；立面中的门窗与墙面之比；门窗本身的高宽比等。在建筑设计中，要注意把握建筑物及其各部分的相对尺寸关系，比如大小、长短、宽窄、高低、粗细、厚薄、深浅、多少等，只有这样才能给人以美感。

在建筑外观上，矩形最为常见，建筑物的轮廓、门窗、开间等都形成不同的矩形，如果这些矩形的对角线有某种平行或垂直、重合的关系，将有助于探求和谐的比例关系（图 8.44）。对于高耸的建筑物或距观赏点较远的建筑部位，应该考虑因透视作用而使比例失调；相反，在设计中也可运用这一特征进行特殊处理。

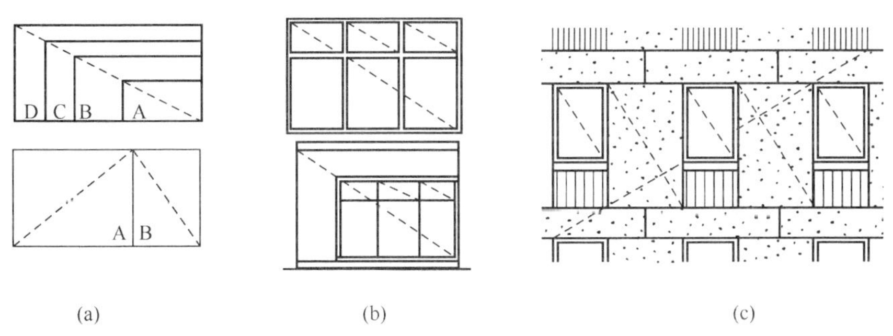

图 8.44　以相似比例求得和谐统一

(6) 尺度

尺度是研究建筑物的整体或局部给人感觉上的大小与真实大小之间的关系，用以表现建筑物正确的尺寸或者表现所追求的尺寸效果。

图 8.45 所示的几何形状本身并没有尺度，比例也只是一种相对的尺度。只有通过与人或人所熟悉的某些建筑构件（如踏步、栏杆等）作为尺度标准进行比较，才能体现出建筑物的整体或局部的尺度感，我们称之为自然尺度，大量性建筑都应体现这种

实际大小与给人印象大小相一致的自然尺度。但有些建筑也可采用夸张尺度和亲切尺度。夸张尺度即运用夸张手法有意将建筑的尺寸设计得比实际需要大些，使人感觉建筑物雄伟、壮观，一般用于纪念性建筑和一些大型的公共建筑。亲切尺度是将建筑物的尺寸设计得比实际需要小一些，使人们获得亲切、舒适的感受，一般用于园林建筑的尺寸确定。

图 8.45　建筑物的尺度感

8.3.2 建筑体形的组合

体形是指建筑物的轮廓形状，它反映出建筑物总的体量大小、组合方式及比例尺度等。不论建筑体形的简单与复杂，它们都是由一些基本的几何形体组合而成的。建筑体形设计，就是以建筑的使用功能和物质技术条件为前提，运用建筑构图的基本规律，将建筑各部分体量巧妙地组合成一个有机整体。

1. 体形组合方法

(1) 单一体形

这类建筑的特点是平面和体形都较完整单一，平面形式多采用对称式的正方形、三角形、圆形、多边形、风车形、“Y”形等单一几何形状，给人以统一、完整、简洁大方、轮廓鲜明和印象强烈的感觉。这种体形设计方法是建筑造型设计中常用的方法之一。

(2) 单元组合体形

单元组合体形是将几个独立体量的单元按一定方式组合起来，广泛应用于住宅、学校、幼儿园、医院等建筑类型。这种组合体形组合灵活，没有明显的均衡中心及体形的主从关系，而且单元连续重复，形成了强烈的韵律感。

(3) 复杂体形

由两个以上体量组合而成的叫复杂体形。这些体量之间存在着相互协调统一的问题，要根据各体量建筑内部功能要求、体量大小和形状遵循统一变化、均衡稳定、比例尺度等构图要点，将其主要部分、次要部分分别形成主体、附体，突出重点，主次分明，并将各部分有机地联系起来，形成完整的建筑形象。体形组合有对称和非对称两种（图 8.46），对称体形容易获得统一均衡的效果，非对称式要特别注意各部分的体量大小变化，以求得视觉上的均衡和统一。

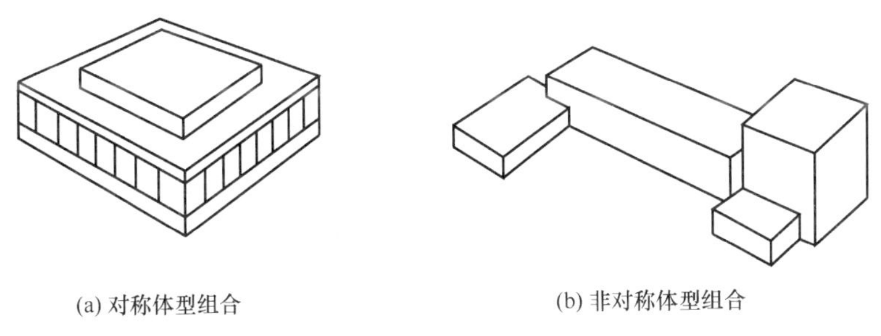

(a) 对称体型组合　　(b) 非对称体型组合

图 8.46　对称和非对称体型组合示意

2. 体形的转折与转角处理

体形的组合往往受到所处的地形和位置的影响，如在十字、丁字或任意转角的路口或地带布置建筑物时，为了创造较好的建筑形象及环境景观，必须对建筑物进行转折或转角处理，以保持与地形环境相协调。转折与转角处理中，应顺其自然地形，充分发挥地形环境优势，合理进行总体布局（图 8.47）。

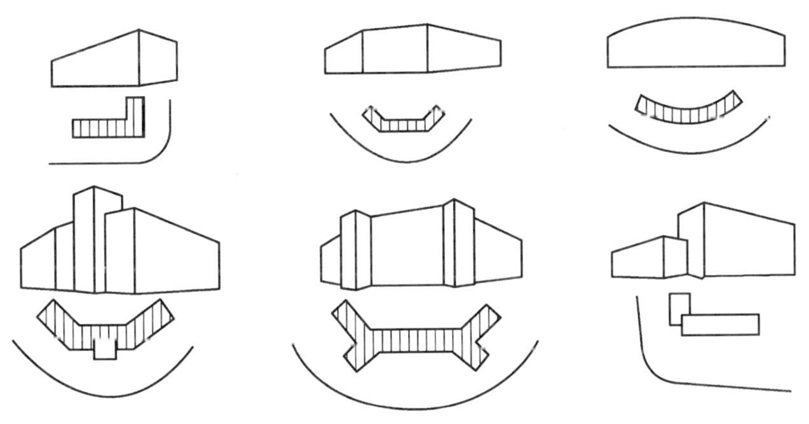

图 8.47　体型的转折与转角处理

3. 体量间的联系与交接

建筑体形的组合还要处理好各组成部分的连接关系，尽可能做到主次分明、交接明确。

各体量之间的联系和交接的形式是多种多样的，可归纳为两大类、四种形式：第一类是直接连接，有拼接和咬接两种形式，如图 8.48（a，b）所示，直接连接具有造型集中紧凑、内部交通短捷等特点；第二类是间接连接，有廊连接和连接体连接两种形式，如图 8.48（c，d）所示，间接连接具有建筑造型丰富、轻快、舒展、空透以及各体量各自独立、有利于庭园组织等特点。

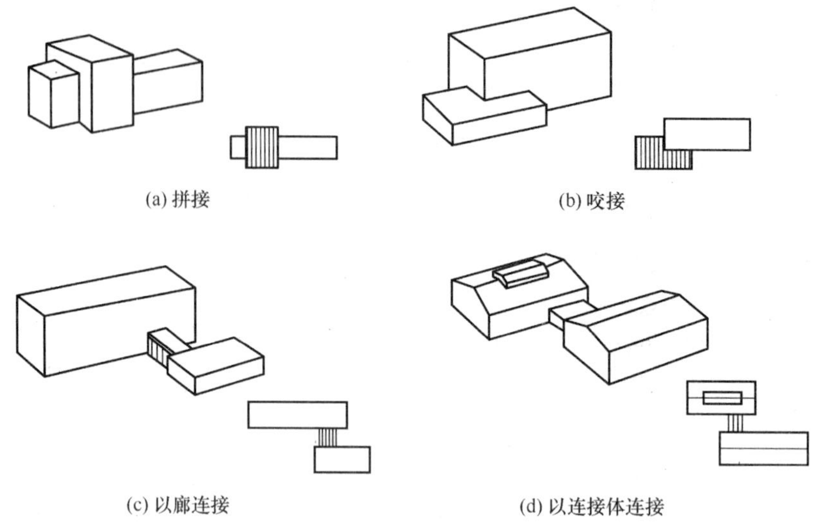

图 8.48　建筑体量间的交接形式

8.3.3 建筑立面设计

建筑立面表示房屋四周的外部形象。立面设计和建筑体型设计一样，也是在满足房屋使用要求的前提下，运用建筑造型和立面构图的一些规律，紧密结合平面、剖面的内部空间组合进行的。

建筑立面由许多构部件组成，如门、窗、墙、柱、雨篷、屋顶、檐口、台基、勒脚、凹廊、阳台、线脚、花饰等，立面设计就是恰当地确定这些组成部分和构部件的比例、尺度、材料质感和色彩等，运用构图要点，设计出与总体协调、与内容统一、与内部空间相呼应的建筑立面。

立面设计的步骤通常根据初步确定的房屋内部空间组合的平剖面关系，例如房屋的大小、高低，门窗位置，构部件的排列方式等，描绘出房屋各个立面的基本轮廓，作为进一步调整统一、进行立面设计的基础。设计时首先应推敲立面各部分总的比例关系，考虑建筑整体的几个立面之间的统一，相邻立面之间的连接和协调，然后着重分析各个立面上墙面的处理、门窗的调整安排，最后对入口门廊、建筑装饰等进一步做重点及细部处理。

1. 立面比例和尺度

立面各部分之间比例尺度以及墙面的划分都必须根据内部功能特点，在体型组合的基础上考虑建筑结构、构造、材料、施工等因素，仔细推敲，创造出与建筑性格特征相适应的建筑立面比例效果。如立面中窗的大小、形状，檐口方式、尺寸，阳台的长度与造型等，应借助比例尺度的手法，恰当加以运用。

2. 立面虚实与凹凸

立面的虚实、凹凸关系是对比处理中常用的手法之一。“虚”是指立面上的空虚部分，主要由玻璃、门窗洞口、门廊、空廊、凹廊等形成，能给人以不同程度的空透、开敞、轻盈的感觉；“实”是指立面上的实体部分，主要由墙面、柱面、檐口、阳台、雨篷、栏板等形成，能给人以不同程度的封闭、厚重、坚实的感觉。立面设计中对这些虚实、凹凸结合建筑功能、结构特点等加以巧妙处理，可给人留下强烈、深刻的印象。如图 8.49 为某纪念馆立面，运用虚实对比手法，增加了建筑的凝重气氛，同时又使入口突出，整个体型和立面简洁大方。

图 8.49　立面虚实关系处理举例

3. 立面线条处理

建筑的构成要素，如柱、遮阳、带形窗、窗间墙、挑廊等在立面上形成了若干方向不同、长短各一的线条。正确运用这些不同类型的线条，如粗细、长短、横竖、曲直、凹凸、疏密与简繁、连续与间断、刚劲与柔和等，对建筑立面韵律的组织、比例尺度的权衡都能带来不同的效果。如图 8.50（a）所示强调水平线条的建筑，给人以轻快、舒展、亲切的感受；图 8.50（b）所示强调垂直线条的建筑，则给人以挺拔、雄伟、庄严的感受。

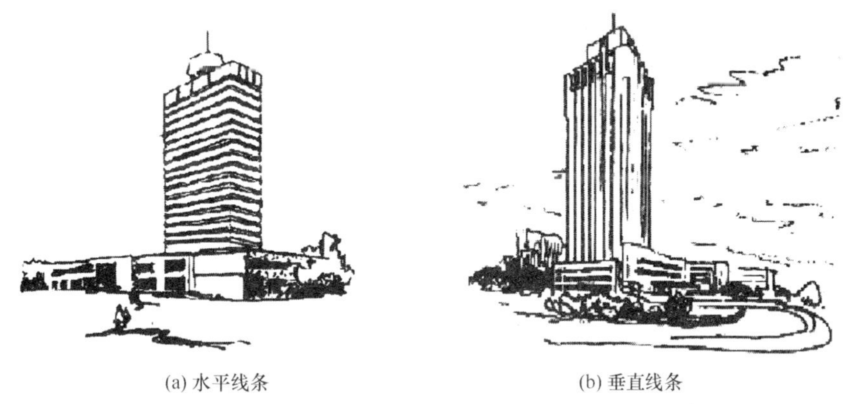

(a) 水平线条　　(b) 垂直线条

图 8.50　立面线条处理

4. 立面色彩与质感

色彩、质感是材料固有的特性。对于一般建筑而言，主要是通过材料色彩的变化使其相互衬托与对比来增加建筑的感染力。

建筑色彩的处理包括大面积基调色的选择和墙面上不同色彩构图两个方面的问题。一般建筑外形应有主色调，局部运用其他色调容易取得和谐效果。一般说来，以白色和浅色为主的立面色调常使人感觉明快、清新；以深色为主的立面又显得端庄、稳重。红、褐等暖色趋于热烈，蓝、绿等冷色使人感到宁静等。对于各种冷暖和深浅色彩进行组合和搭配，会产生各种不同的效果。色彩运用应与周围相邻建筑、环境气氛相协调。此外，色彩运用应适应气候条件，炎热地区多采用冷色调，寒冷地区宜采用暖色调；同时还应考虑天气色彩的明暗，如常年阴雨天多、天空透明度低的地区宜选用明朗、光亮的色彩。色彩构图应该有利于实现总的调子和气氛，要全面计划，弥补基调的某些不足。色彩构图主要是强调对比或是调和。对比可以使人感到兴奋，过分强调对比又使人感到刺激；调和则使人有淡雅之感，但过于淡雅又使人感到单调乏味。

建筑立面设计中材料的运用、质感的处理也是极其重要的。表面粗糙与光滑都能使人产生不同的心理感受，粗糙的混凝土和毛石表面显得厚重坚实，平整光滑的面砖、金属材料及玻璃表面则令人有轻巧细腻之感。立面设计应充分利用材料质感的特性，巧妙处理，有机组合，有助于加强和丰富建筑的表现力。

5. 重点与细部处理

突出建筑物立面中的重点，既是建筑造型的设计手法，也是房屋使用功能的需要。在建筑立面处理中，对一些位置（如建筑物主要出入口、建筑中心、商店橱窗等）进行重点处理，以吸引人们的视线，同时也能起到“画龙点睛”的作用，增强和丰富建筑立面的艺术效果。图 8.51 是住宅单元入口的几种处理方法，采用对比手法，使其与主体区分，如采用高低、大小、横竖、虚实、凹凸、色彩、质感等对比。

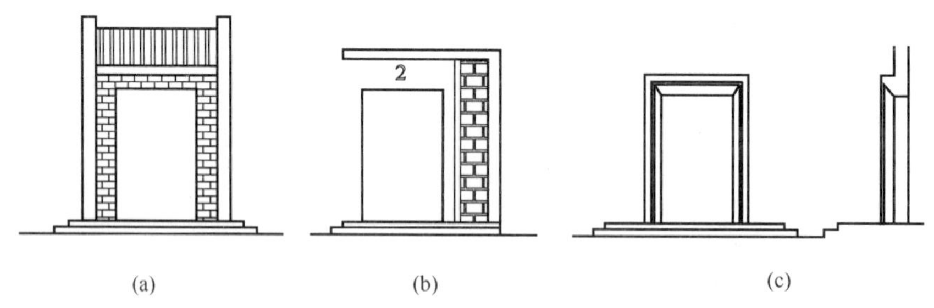

图 8.51　住宅单元入口重点处理

立面设计中对于体量较小、人们接近时能看得清的构件与细部装饰等的处理称为细部处理，如阳台、踏步、雨篷、大门、花台、檐口等局部，而其中每一部分都包括许多细部的做法。在造型设计上，首先要从大局着眼，仔细推敲，精心设计，才能使整体和局部达到完整统一的效果。图 8.52 为建筑立面上的儿种细部处理。

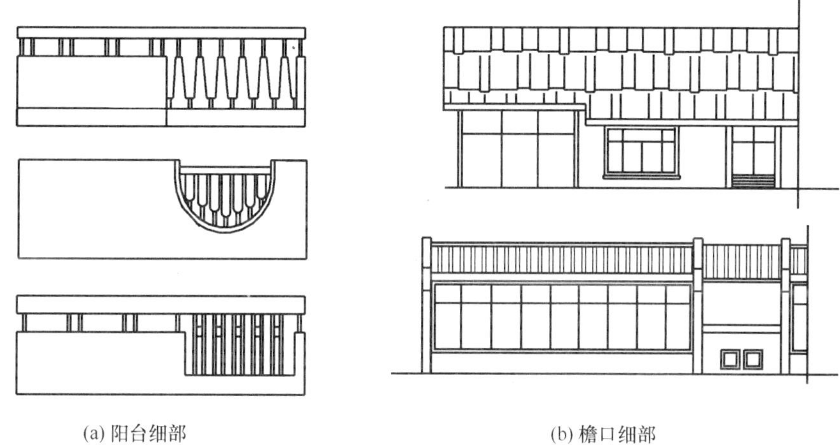

(a) 阳台细部　　(b) 檐口细部

图 8.52 建筑立面上的细部处理

小　结

1. 民用建筑的平面设计包括主要房间、辅助房间、交通联系部分的设计和平面组合设计。主要使用房间设计主要涉及确定房间的面积、形状、尺寸以及门窗的大小和位置。辅助用房的设备管线较多，设计中要注意房间的布置与其他房间的位置关系。建筑物内各房间之间需要交通联系空间来实现。平面的组合设计是在首先满足不同类型建筑的使用要求的基础上，进一步分析建筑的结构类型、设备管线、建筑形象、基地环境等来进行。平面组合方式有走道式、套间式、大厅式、单元式等。设计时应根据实际情况具体分析，灵活运用各种方式进行平面空间的组合。

2. 剖面设计主要是确定建筑在高度方向的尺寸和形式，包括房间剖面形状和房间各部分高度的确定，建筑层数的确定以及建筑空间的组合和利用。房间的剖面形状应考虑使用要求，结构、材料和施工，采光、通风和经济条件等的影响。层高与净高的确定主要考虑室内使用功能，采光、通风，空间比例，结构及构造，经济效益等因素的影响。建筑层数的确定应考虑建筑使用要求，结构、材料和施工的影响，基地环境和城市规划，防火及经济条件等的要求。建筑剖面的组合有单层、多层和高层、错层和跃层等方式。剖面空间的组合包括层高相同、层高相近、层高相差较大的房间之间的组合等。要充分利用楼梯间首层平台下和上部、走廊上部、房间内部等空间。

3. 建筑体型和立面设计应反映建筑功能、技术特点、城市规划及环境要求、社会经济条件，并要符合建筑造型和立面构图的一些美学原则，如统一与变化、均衡与稳定、韵律、对比、比例、尺度等。体型组合方法包括单一体型、单元体型和复杂体型的组合。在特定的环境下，体型组合应注意体型的转折与转角处理。体量之间联系和交接的形式有拼接、咬接、廊连接和连接体连接。立面设计应注意比例、尺度、虚实、凹凸、线条、色彩、质感以及重点与细部的处理。

思考与练习题

8.1 名词解释

（1）开间、进深：

（2）层高、净高：

（3）均衡、稳定：

（4）对比、韵律：

（5）比例、尺度：

（6）窗地面积比：

8.2 简述题

（1）建筑平面设计包含哪些内容？

（2）试举例说明如何确定房间面积和尺寸。

（3）厕所的平面设计应满足哪些要求？

（4）楼梯的宽度、位置如何确定？

（5）楼梯间有哪些形式？各用于哪些建筑？

（6）影响建筑平面组合的因素有哪些？平面组合形式有哪些？

（7）确定房间高度应考虑哪些因素？

（8）建筑层数与哪些因素有关？

（9）如何进行剖面空间的组合？

（10）建筑体型及立面设计要求有哪些？

（11）建筑体型组合的方法有哪些？

8.3 实训题

（1）找几幢身边的建筑物，分析它们的主要房间、辅助房间和交通联系部分是如何进行平面和竖向组合的；以造型中的美学原则为依据，分析一下它们的体型和立面，看哪些地方处理得好，哪些地方处理得不好。

（2）对校园内教学楼等建筑平面进行功能分析，了解建筑平面组合中各功能区是如何联系与分隔的。

设计4　单元式多层住宅初步设计

在理论教学和参观的基础上，通过单元式多层住宅的初步设计，学生可进一步了解民用建筑的设计原理，初步掌握建筑设计的基本方法与步骤，并提高绘图技巧。

一、设计条件

本设计为城市型住宅，位于城市居住小区内，平均每套建筑面积70～120m^2；套型及套型比自定，层数为五层，层高为2.8～3.0m，结构类型自定，房间组成及要求如下。

居室：包括卧室和起居室，卧室之间不宜相互串套。居室面积规定：双人卧室≥9m^2，单人卧室≥5m^2，起居室（厅）≥10m^2，兼起居的卧室≥12m^2。

厨房：每户独用，内设案台、炉灶、洗池。

卫生间：每户独用，内设蹲位、脸盆、淋浴（或浴盆）。

储藏设施：根据具体情况设置搁板、吊柜、壁柜等。

阳台：生活阳台 1 个，服务阳台根据具体情况确定。

其他房间：如书房、客厅、储藏室等可根据具体情况设置。

二、设计内容及深度要求

(1) 本设计按初步设计深度要求进行，两单元组合图，2 号图纸。

(2) 底层平面图 1 个，1∶100。

(3) 标准层平面图 1 个，1∶100。

(4) 立面图：主要立面图至少 2 个，1∶100。

(5) 剖面图 1 个，1∶100。

(6) 厨房、卫生间、阳台布置图及主要节点详图，比例自定。

(7) 简要说明。

1) 技术经济指标。

$$平均每套建筑面积=总建筑面积(m^2)/总套数$$

$$使用面积系数=(总套内使用面积/总建筑面积)\times 100\%$$

2) 设计依据、标高定位及用料做法。

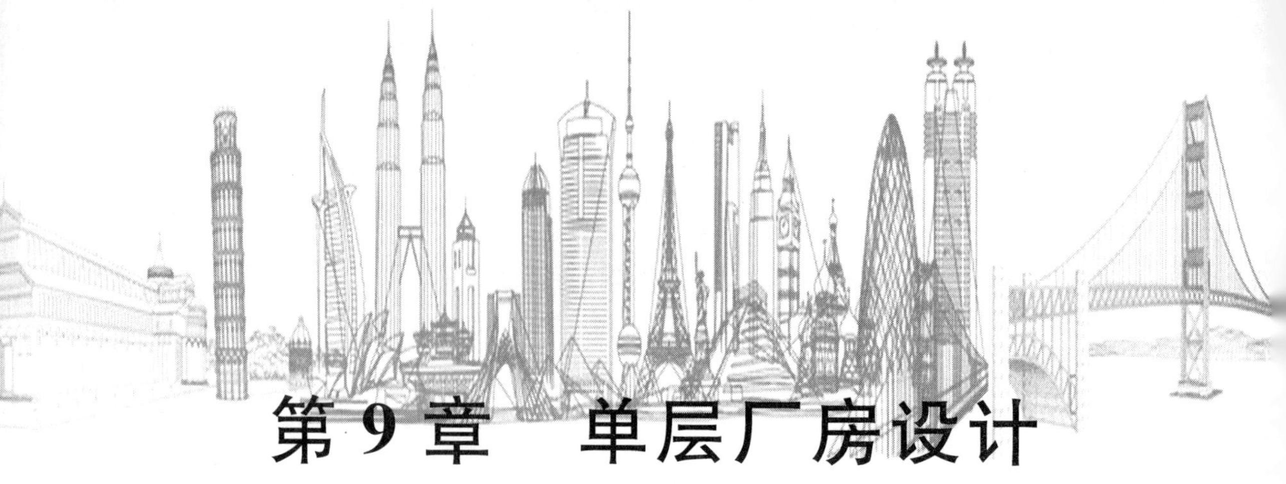

第 9 章 单层厂房设计

【知识点】

1. 工业建筑的特点与分类
2. 单层厂房的结构类型及排架结构的组成
3. 单层厂房平面设计
4. 单层厂房剖面设计
5. 单层厂房的定位轴线
6. 单层厂房立面设计

【学习要求】

1. 掌握单层厂房的结构类型及排架结构的组成
2. 掌握单层厂房平面设计和剖面设计
3. 掌握单层厂房定位轴线
4. 了解工业建筑的特点与分类
5. 了解单层厂房立面设计

9.1 工业建筑概述

9.1.1 工业建筑的特点

工业建筑是指用于工业生产及直接为生产服务的各种房屋，一般称厂房。工业建筑与民用建筑在设计原则、建筑技术及建筑材料等方面有许多相同之处，也有其独特之处：

1）厂房多以生产工艺设计为基础，应满足工业生产的要求，并为工人创造良好的劳动卫生条件，以提高产品质量和劳动生产率。

2）厂房内部有较大的面积和空间。

3）厂房的结构、构造复杂，技术要求高。在采光、通风、防水排水等建筑处理上以及结构、构造上都较一般民用建筑复杂。

9.1.2 工业建筑的分类

工业建筑的种类繁多，为便于掌握建筑物的特征和标准，进行设计和研究，常将工业建筑按用途、生产特征、层数进行分类。

1. 按厂房的用途分类

1）主要生产厂房。在这类厂房中进行着产品生产和加工的主要工序，例如机械制造厂中的铸工车间、机械加工车间及装配车间等。这类厂房的建筑面积较大、职工人数较多，在全厂生产中占重要地位，是工厂的主要厂房。

2）辅助生产厂房。它是为主要生产厂房服务的。例如，机械制造厂中的机修车间、工具车间等。

3）动力用厂房。这类厂房是为全厂提供能源的场所，如发电站、锅炉房、变电站、煤气发生站、压缩空气站等。动力设备的正常运行对全厂生产特别重要，故这类厂房必须具有足够的坚固耐久性、妥善的安全设施和良好的使用质量。

4）贮藏用房屋。贮藏各种原材料、成品或半成品的仓库。由于所贮物质的不同，在防火、防潮、防爆、防腐蚀、防变质等方面将有不同要求，设计时应根据不同要求按有关规范采取妥善措施。

5）运输用房屋。停放、检修各种运输工具的车间，如汽车库、电瓶车库等。

2. 按车间内部生产状况分类

1）热加工车间。这类车间在生产中往往散发出大量热量、烟火，如炼钢、轧钢、铸工、锻工车间等。

2）冷加工车间。这类车间的生产是在正常温度条件下进行的，如机械加工车间、装配车间等。

3）有侵蚀性介质作用的车间。这类车间在生产中会受到酸、碱、盐等侵蚀性介质的作用，从而会降低厂房的耐久性，因此在建筑材料选择及构造处理上应有可靠的防腐蚀措施，如化工厂和化肥厂中的某些生产车间、冶金工厂中的酸洗车间等。

4）恒温湿车间。这类车间的生产是在温、湿度波动很小的范围内进行的，室内除装有空调设备外，厂房也要采取相应的措施，以减少室外气候对室内温湿度的影响，如纺织车间、精密仪表车间等。

5）洁净车间。在生产过程中，产品对室内空气的洁净度要求很高，除通过净化处理，将空气中的含尘量控制在允许的范围内以外，厂房围护结构应保证严密，以免大气灰尘的侵入，以保证产品质量，如集成电路车间、精密仪表的微型零件加工车间等。

3. 按厂房层数分类

厂房按层数可分为单层厂房、多层厂房和混合层次厂房（图 9.1）。

1）单层厂房。广泛地应用于各种工业企业，约占工业建筑总量的 65%左右。它对于具有大型生产设备、振动设备、地沟、地坑或重型起重运输设备的生产有较大的适应性，如冶金、机械制造等工业部门。单层厂房便于沿地面水平方向组织生产工艺流程，生产设备荷载直接传给地基，也便于工艺改革。

2）多层厂房。适用于垂直方向组织生产和工艺流程的生产企业和设备及产品较轻的企业，多用于轻工、食品、电子、仪表等工业部门。因它占地面积少，更适用于在用地紧张的城市建厂及老厂改建。在城市中修建多层厂房，还易于适应城市规划和建

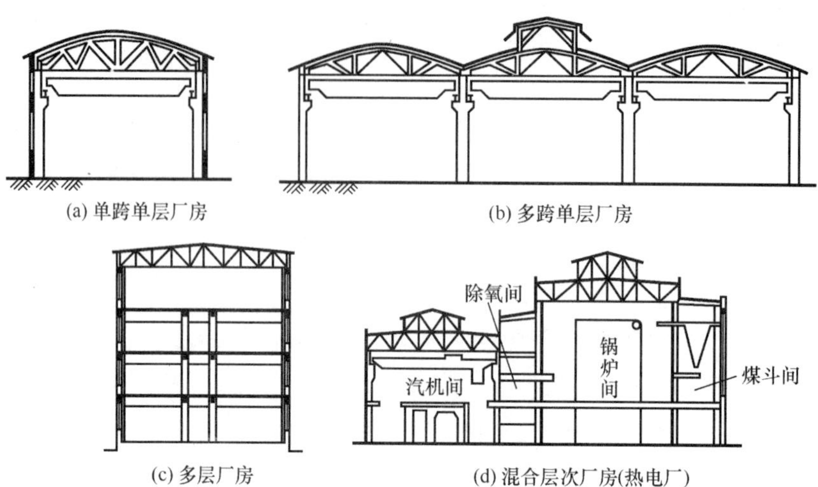

(a) 单跨单层厂房
(b) 多跨单层厂房
(c) 多层厂房
(d) 混合层次厂房(热电厂)

图 9.1 厂房按层数分类

筑布局的要求。

3）混合层次的厂房。厂房内既有单层跨，又有多层跨。

9.1.3 单层厂房的结构类型

单层厂房的结构类型很多，常用的是墙承重结构、框架结构、排架结构、钢架结构等。

1. 墙承重结构

墙承重结构由砖墙支撑屋架（屋面梁），这种结构构造简单，承载力和抗震性能差，一般用于跨度小于 15m、吊车起重量小的小型厂房。

2. 框架结构

钢筋混凝土框架结构单层厂房类似于民用建筑中的框架结构，一般采用现浇。

3. 钢架结构

单层厂房中的钢架结构主要是门式钢架，门式钢架是一种梁柱合一的结构形式，即将屋架（屋面梁）与柱子合并成为一个构件。柱子与屋架（屋面梁）连接处为一整体刚性节点，柱子与基础的连接节点为铰接节点（图 9.2）。钢架可用钢筋混凝土或钢结构制作，但钢架属于平面结构体系，不能承受较大的吊车荷载。

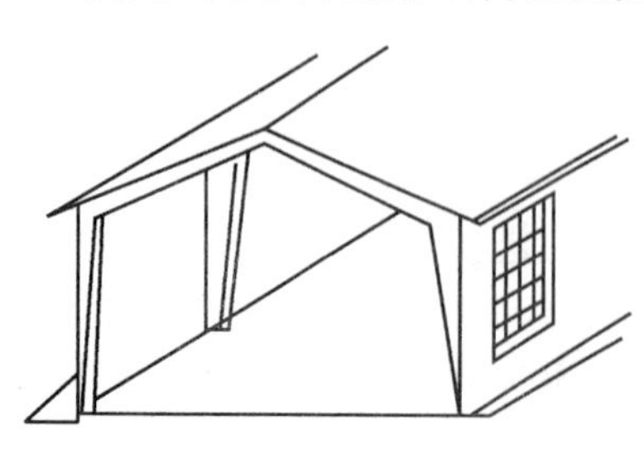
图 9.2 门式钢架结构

4. 排架结构

排架结构是单层厂房的常用结构形式，它承载力强、耐久性好，施工速度快，适用于各类工业厂房。排架结构是由柱子、基础、和屋架（或屋面梁）构成的一种骨架体系，可采用钢筋混凝土结构和钢结构。它的基本

特点是把屋架看成为一个刚度很大的横梁。屋架（屋面梁）与柱子铰接，柱子与基础的连接为刚接。柱子、基础、屋架（屋面梁）形成一榀排架，每榀排架之间通过吊车梁、连系梁、基础梁、屋面板以及支撑系统相连，以保证横向排架的稳定和协同工作，装配式排架结构单层厂房见图 9.3。

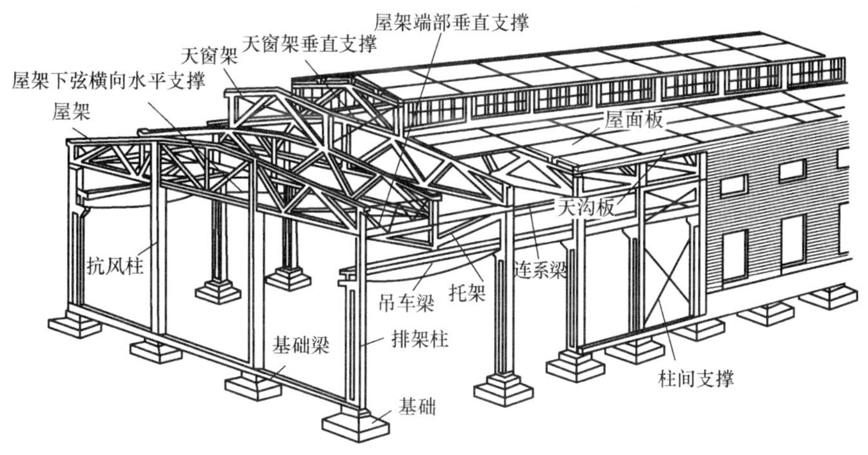

图 9.3　装配式排架结构单层厂房

9.1.4 排架结构单层厂房的组成

1. 基础

基础承受来自柱和基础梁的荷载，并把它们传给地基。柱下基础一般采用预制或现浇的杯口基础（图 9.4）。

2. 柱

柱子在排架结构中也称排架柱或列柱，它承受屋架、吊车梁、连系梁传来的各种荷载及作用于外墙上的风荷载，并将其传给基础。常用钢筋混凝土柱和钢柱。图 9.5 为单层厂房常见的儿种钢筋混凝土柱的类型。

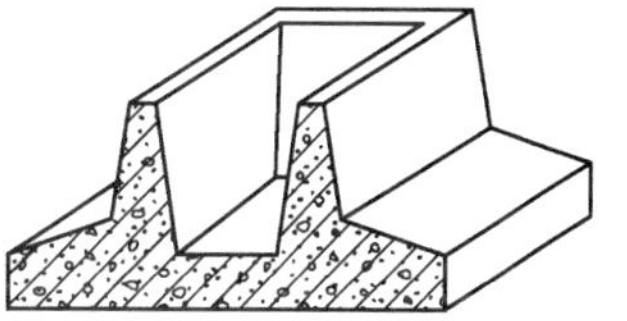

图 9.4　杯口基础

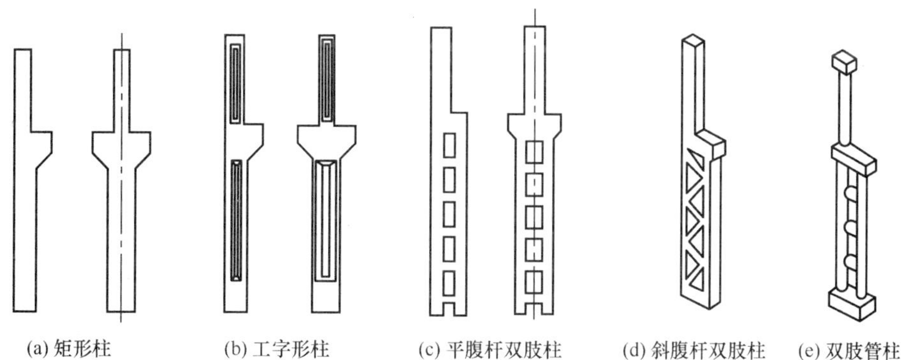

图 9.5　钢筋混凝土柱类型

3. 屋架与屋面梁

屋架（屋面梁）是排架结构的主要结构构件，承受屋面板、天窗架、悬挂式吊车的荷载，并将其传给柱子。常用钢筋混凝土和钢材，也可以是两种材料的组合。

4. 基础梁

基础梁可加强厂房的纵向刚度。排架结构的墙体为自承重墙（块材墙）时，为了保证墙体与排架体共同沉降，墙下不设基础，直接支承在基础梁上，基础梁搁置在基础杯口上，将墙体荷载传给基础。

5. 吊车梁

吊车梁承受吊车自重、被起吊重物以及吊车运行中产生的纵、横向水平冲力，并将其传给柱子，同时吊车梁起到加强厂房纵向刚度的作用。吊车梁的材料可用混凝土、钢材或它们的组合。

6. 连系梁

增强厂房的纵向刚度，当墙体较高时连系梁可以支承墙体荷载，并将其传给纵向列柱，减小基础梁的荷载。连系梁的间距为每隔 4～6m 高设置一道。

7. 支撑

支撑设置在屋架之间的称为屋盖支撑，屋盖支撑的种类见图 9.6（a）。设置在纵向柱列之间的称为柱间支撑，柱间支撑有上柱支撑和下柱支撑。支撑的主要作用是加强厂房结构的空间整体刚度和稳定性，传递水平荷载。

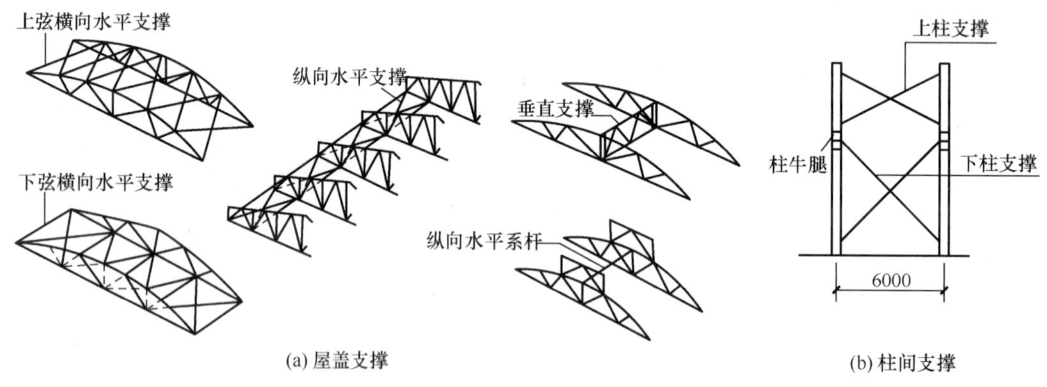

(a) 屋盖支撑

(b) 柱间支撑

图 9.6　支撑系统

8. 围护构件

单层厂房除了以上结构构件，其组成还有围护构件，包括屋面、天窗、外墙、门窗等，它们除了具有民用建筑相应构件的功能外，应能满足生产使用要求和提供良好的工作条件。

9.1.5 单层厂房内部的起重运输设备

单层厂房内需设置必要的起重运输设备，其中各种起重吊车应用最广，常用吊车主要有以下几种。

1. 单轨悬挂式吊车

在厂房屋架下弦悬挂单轨，单轨下设吊车（滑轮组，俗称“神仙葫芦”），吊车沿单轨运行或起吊重物（图 9.7）。它操纵方便，布置灵活，起重量不超过 5 吨，起重幅面不大。

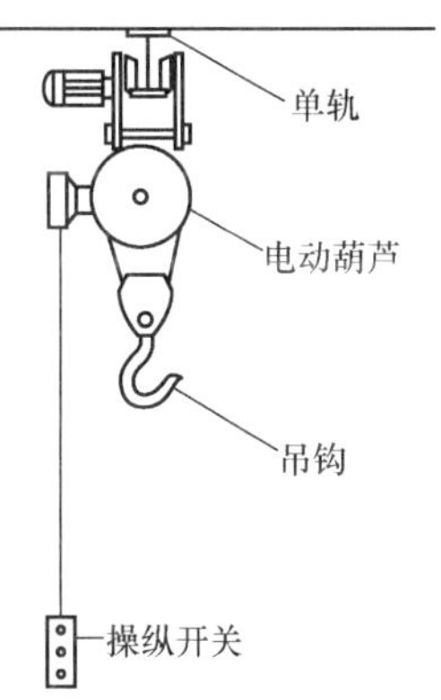

图 9.7　单轨悬挂吊车

2. 梁式吊车

梁式吊车一种是悬挂式吊车，在屋架下弦悬挂双轨，在双轨下部安装吊车；另一种是支承梁式吊车，在两列柱的牛腿上设吊车梁和轨道，吊车安装在轨道上，横梁沿厂房纵向运行，梁上的电动葫芦沿厂房横向运行和起吊重物(图 9.8)。梁式吊车起重量不超过 5 吨，起重幅面较大。

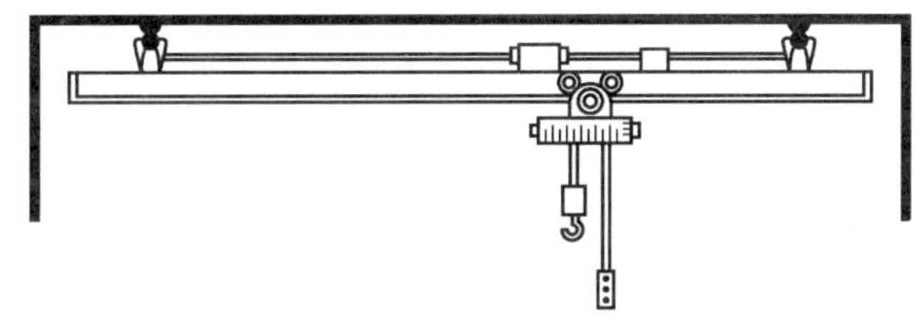

(a) 悬挂式

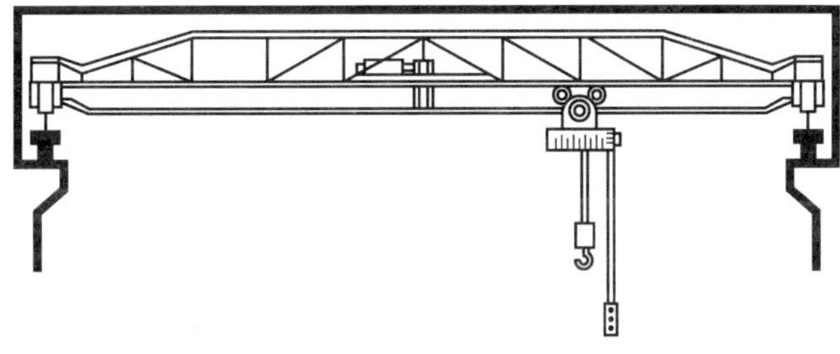

(b) 支承梁式

图 9.8　梁式吊车

3. 桥式吊车

桥式吊车由桥架和起重小车两部分组成。在厂房排架柱的牛腿上设吊车梁，吊车梁上安装轨道，轨道上放置能滑行的桥架，桥架上支撑起重小车（图 9.9）。桥架沿厂房纵向运行，起重小车沿厂房横向运行，驾驶室设在吊车下方。桥式吊车起重量从 5 吨到数百吨不等。

除上述几种吊车外，根据生产特点的不同，厂房内部还有各式各样的运输设备，如电动平板车、电瓶车、载重汽车、火车、吊链、传输带、气垫等。

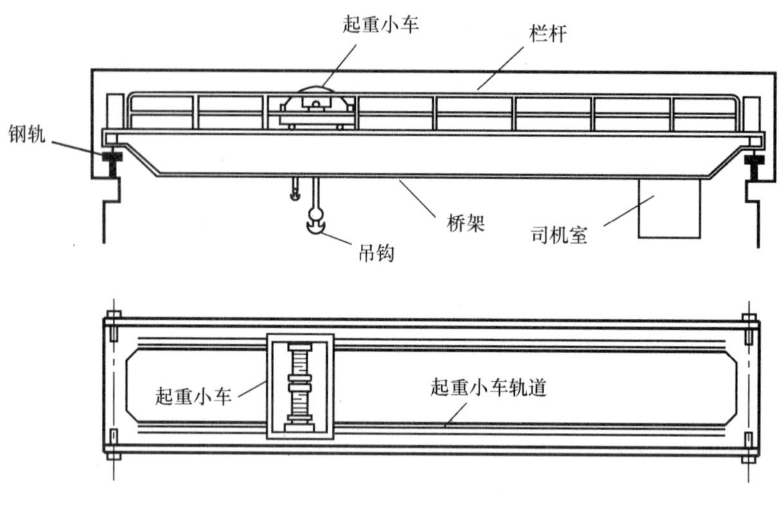

图 9.9　桥式吊车

9.2　单层厂房平面设计

单层厂房的平面设计主要包括平面形式的选择、柱网选择和生活间的设计等。

9.2.1　单层厂房平面形式的选择

厂房建筑平面设计和民用建筑是有区别的。民用建筑的平面及空间组合设计主要是由建筑设计人员根据建筑物使用功能的要求完成的，而厂房的平面及空间组合设计是先由工艺设计人员进行工艺平面设计，建筑设计人员在生产工艺平面图的基础上进行厂房的建筑平面及空间组合设计。所以说，生产工艺是工业建筑设计的重要依据之一，生产工艺平面决定着建筑平面形式。

1. 生产工艺流程布置方式

生产工艺流程设计常有直线布置、平行布置和垂直布置三种方式：

1）直线布置，即原料由厂房一端进入，而成品或半成品由另一端运出，生产线为直线形［图 9.10（a）］。这种布置的厂房内部各工段之间联系密切，结构简单，便于扩建，但会形成窄条状平面，不够经济。

2）平行布置，即两个或以上的工段布置在互相平行的跨间内。原料零件从厂房一端进入，产品由同一端运出［图 9.10（b）］。这种布置同样具有各工段之间联系密切、结构简单、便于扩建的优点。

3）垂直布置，即原料从厂房一端进入，经过加工，最后由与原料进入跨相垂直的装配跨装配成成品或半成品运出［图 9.10（c）］。这种厂房平面虽因跨间互相垂直，建筑结构较为复杂，但在大、中型车间中由于工艺布置和生产运输有其优越性，故应用也颇广泛。

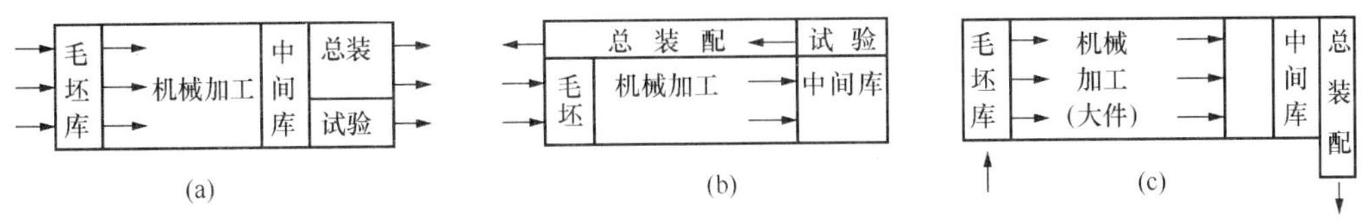

图 9.10　金工装配车间生产工艺流程示意图

2. 单层厂房常用的平面形式

厂房平面形式受工艺流程等的影响，常用的平面形式有矩形、方形、L 形、Π 形、Ш 形等（图 9.11）。

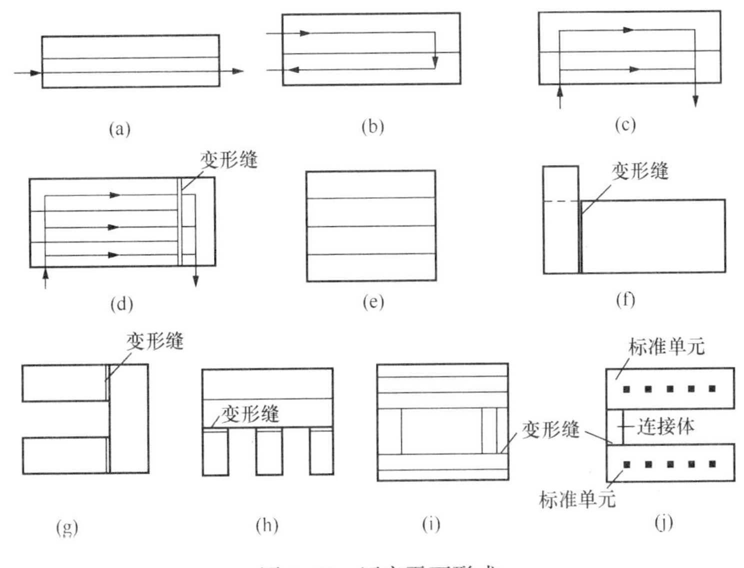

图 9.11　厂房平面形式

（1）矩形平面

矩形平面中最简单的是单跨［图 9.11（a）］，它是构成其他平面形式的基本单位。当生产规模较大，要求厂房面积较多时，常用多跨组合的平面，其组合方式多随工艺流程而异。

1）平行多跨组合平面。适用于直线式生产工艺流程，即原料由厂房一端进入，产品由另一端运出［图 9.11（c）］，同时它也适用于往复式的生产工艺流程图［9.11（b）］。这种平面形式规整，占地面积少；如整个厂房柱顶及吊车轨顶标高相同时，结构、构造简单，施工工期短，造价低；在宽度不大的情况下，室内采光通风都较容易解决。

2）跨度相互垂直布置组合平面。适用于垂直式的生产工艺流程［图 9.11（d）］。这种平面形式的优点是工艺流程紧凑，零部件至总装配的运输路线短捷。其缺点是跨度垂直相交处结构、构造复杂，施工麻烦。矩形平面的纵横边之比因工艺流程和厂房面积大小而异。当纵横边长接近时，就形成正方形或近似正方形平面［图 9.11（e）］。从建筑经济角度看，近似于正方形或正方形的平面较优越。因为在面积相同的情况下，正方形平面外围结构的周长较短，因此其造价要比矩形、L 形平面厂房的低。这些优点对冬季寒冷地区和夏季炎热地区更有利。由于外墙面积少，冬季可以减少通过外墙的热量损失，夏季可以减少室外气温及太阳辐射热对室内的影响，对防暑降温也有好处。因此，近年来方形或近似方形的平面形式发展较快，特别是在机械工业中应用较多。

(2) L形、Π形、Ш形平面

生产特征对厂房的平面形式影响很大，为了迅速排除某些车间生产过程中散发出的大量烟尘、余热，厂房必须具有良好的自然通风条件，厂房不宜太宽，一般将其一跨或两跨和其他跨相垂直布置，形成L形、Π形、Ш形平面，如图9.11（f～h）所示。

L、Π、Ш形平面的特点是厂房各部分宽度不大，外围护结构周长较长，在外墙上可以多设门窗，使厂房室内有良好的采光通风，从而改善了室内劳动条件。但这几种平面形式共同的缺点是各跨相互垂直，垂直相交处构件类型多，构造复杂；此外，由于平面形式复杂，地震时易引起结构破坏，所以必须设防震缝。同时，外墙长度较长，厂房内各种管线也相应增长，故造价及维修费均较矩形平面形式高。

9.2.2 柱网选择

在厂房中，承重结构柱子在平面上排列时所形成的网格称为柱网。柱网尺寸是由跨度和柱距组成的（图9.12）。跨度指屋架或屋面梁的跨度，柱距指相邻两柱子之间的距离。柱网的选择实际上就是选择厂房的跨度和柱距。柱网尺寸的确定需要考虑多种因素，主要有生产工艺的特征、结构形式、建筑材料特点、施工技术水平、基地状况、经济性以及有利于建筑工业化等。

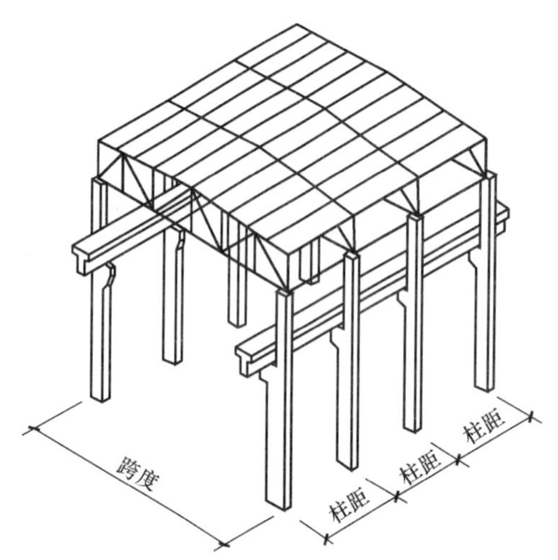

图9.12 单层厂房柱网尺寸示意图

1. 跨度尺寸的确定

跨度尺寸主要是根据以下因素确定的：

1）生产工艺中生产设备的大小及布置方式。设备面积大，所占面积也大，设备布置成横向或纵向，布置成单排或多排，都直接影响跨度的尺寸。

2）生产流程中运输通道、生产操作及检修所需的空间。不同类型的运输设备，如电瓶车、汽车、火车等所需通道宽度不同，不同生产工艺生产操作及检修所需空间不同，这些都直接影响跨度的尺寸。

3）根据1）、2）项所得的尺寸，调整为符合《厂房建筑模数协调标准》的要求。当屋架跨度≤18m时，采用扩大模数30M的数列，即跨度尺寸是18m、15m、12m、9m及6m；当屋架跨度>18m时，采用扩大模数60M的数列，即跨度尺寸是18m、24m、30m、36m、42m等。当工艺布置有明显优越性时，跨度尺寸亦可采用21m、27m、33m。跨度尺寸与工艺布置关系见图9.13。

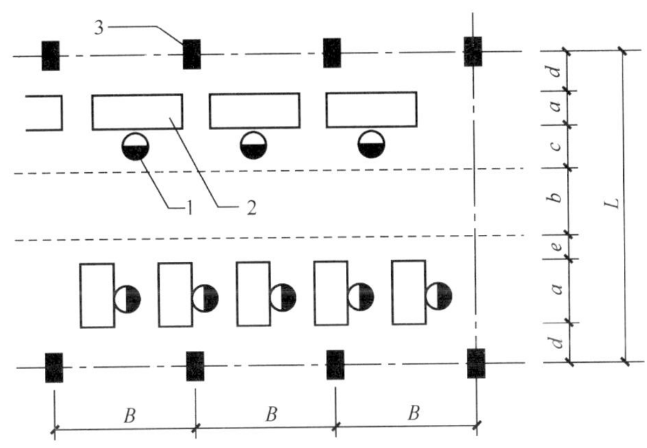

图 9.13 跨度尺寸与工艺布置关系示意

1. 操作位置；2. 生产设备；3. 柱子；*L*. 跨度；*B*. 柱距；*a*. 生产设备宽度或长度；*b*. 通道宽度；*c*. 操作宽度；*d*. 生产设备边缘至柱轴线的距离；*e*. 生产设备边缘至通道边缘的安全距离

2. 柱距尺寸的确定

(1) 基本柱距

我国单层厂房主要采用装配式钢筋混凝土结构体系，其基本柱距是6m，而相应的结构构件如基础梁、吊车梁、连系梁、屋面板、横向墙等均已配套成型，有全国通用的构件标准图集，设计、制作、运输、安装都积累了丰富的经验。这种体系至今仍广泛采用。

(2) 扩大柱距

随着科学技术的发展，厂房内部的生产工艺、生产设备、运输设备等也在不断地变化、更新，为了使厂房有相应的灵活性和通用性，宜采用扩大柱距，即柱距是6m的整倍数，如12m、18m等。

单层厂房采用扩大柱距后，屋顶承重方案有两种，即有托架方案和无托架方案(图9.14)。

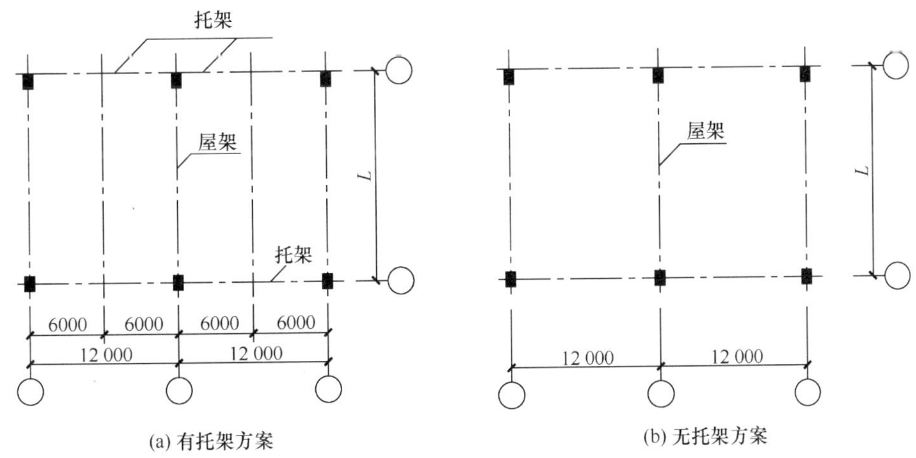

图 9.14 扩大柱距屋面承重方案

有托架方案是在扩大的柱距间设托架（托梁），屋架间距仍为 6m，屋面板、墙板都是 6m。这种方案除托架（托梁）及托架处的柱子与基础外，其他构件均与 6m 柱距系统一致。厂房总的构件数量及安装工程量均未减少，对促进建筑工业化的作用不大。

无托架方案是屋面板和墙板的跨度为扩大柱距。这种方案使厂房的结构形式简单，受力明确，构件数量少，有利于施工吊装及建筑工业化，技术经济指标比较优越。

9.2.3 生活间设计

生活间指为了满足工人在生产过程前后的生产卫生及生活上的需要而在车间附近设置的专用房间。合理的生活间设计可以给工人创造良好的劳动卫生条件，有助于提高劳动生产率，保证产品质量。

1. 生活间设计原则

1）生活间应尽量布置在车间主要人流出入口处，且与生产操作地点有方便的联系，并避免工人上、下班时的人流与厂区内主要运输线（火车、汽车等）的交叉。人数较多、集中设置的生活间以布置在厂区主要干道两侧且靠近车间为宜。

2）生活间应有适宜的朝向，使之获得较好的采光、通风和日照。同时，生活间的位置也应尽量减少对厂房天然采光和自然通风的影响。

3）生活间不宜布置在有散发粉尘、毒气及其他有害气体车间的下风侧或顶部，并尽量避免噪声振动的影响，以免被污染和干扰。

4）在生产条件许可及使用方便的情况下，应尽量利用车间内部的空闲位置设置生活间，或将几个车间的生活间合并建造，以节省用地和投资。

5）生活间的平面布置应面积紧凑、人流通畅、男女分设，管道尽量集中。

6）建筑形式与风格应与车间和厂区环境相协调。

2. 生活间的布置形式

生活间的布置形式有三种，即毗连式、独立式和内部式。

（1）毗连式生活间

毗连式生活间即生活间紧靠厂房外墙（山墙或纵墙）布置（图 9.15）。这种形式的生活间与车间联系方便，有利于行政管理及辅助生产用房的布置，占地面积少，生活间与车间之间只用一道墙，所以外围护结构长度缩短，有利于保温、隔热，节约能源，经济效果比较好。但生活间的布置会对车间的采光和通风造成一定的影响，在设计中要采取相应的措施，如在屋顶设置天窗等。另外，如车间内部有较大振动、噪声、余

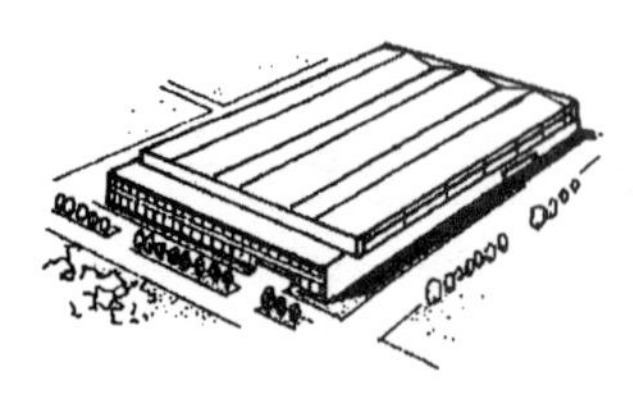

(a) 生活间紧靠厂房山墙

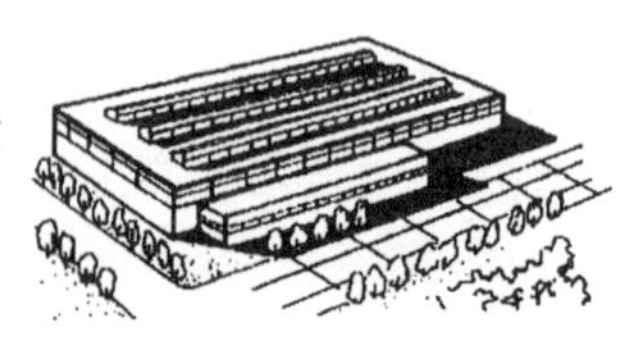

(b) 生活间紧靠厂房纵墙

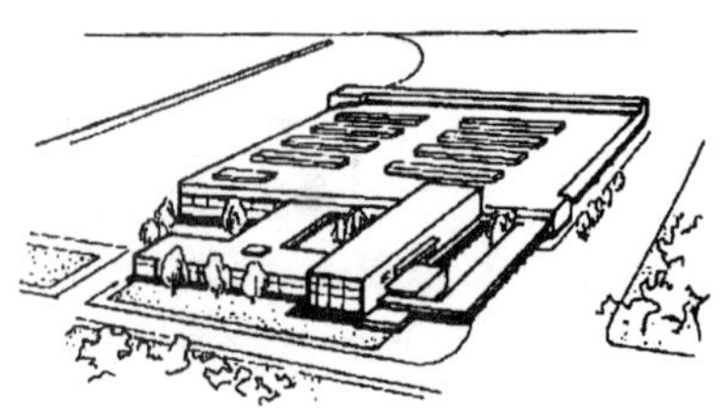

(c) 带庭院毗连式

图 9.15 毗连式生活间

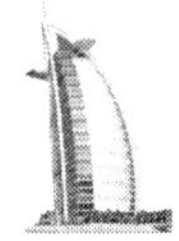

热、灰尘及有害气体时，对生活间危害较大。

毗连式生活间和厂房的结构方案不同，荷载相差也很大，所以在两者毗连处应设置沉降缝。

(2) 独立式生活间

独立式生活间即生活间距厂房有一定距离，分开布置。它适用于露天生产、不采暖车间、热加工车间以及运输频繁、振动较大等车间。由于生活间与车间分开布置，二者的采光、通风互不影响，生活间布置灵活，而且生活间与车间的结构方案互不影响，亦可几幢厂房合用（如设计成综合楼）。但独立式生活间占地多，造价较高，与车间联系不便。

独立式生活间与车间的连接方式可采用走廊连接、天桥连接和地道连接三种方式（图 9.16）。

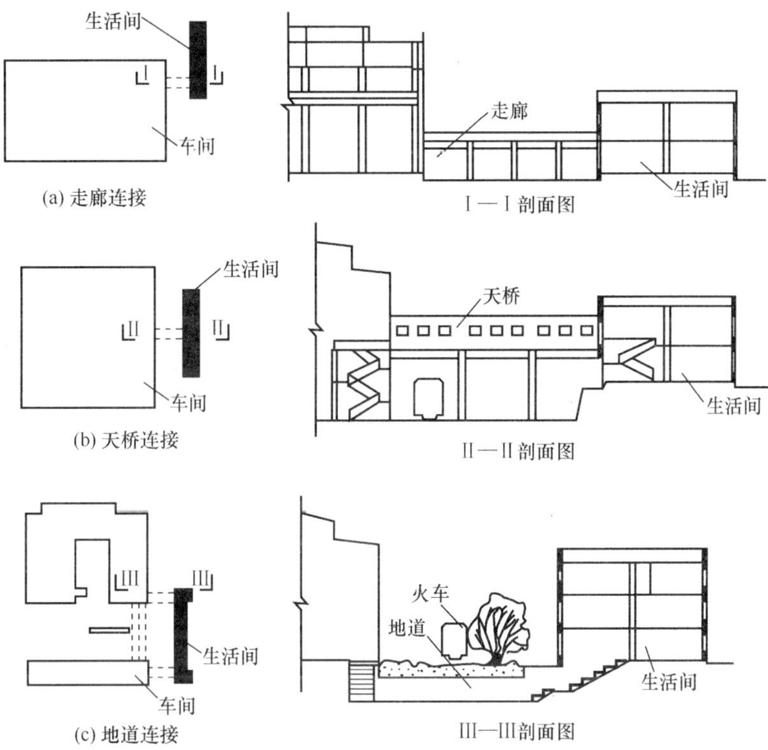

图 9.16　独立式生活间与车间的连接方式

(3) 厂房内部式生活间

厂房内部式生活间即在生产工艺和生产状况允许的前提下，生活间布置在车间内部的形式。它具有使用方便、节省建筑面积和体积、经济合理等优点，但车间的通用性会受到约束。内部式生活间通常可布置在车间以下部位：

1）边角、空余地段，如柱子与柱子之间、车间平台下的空间。

2）在车间上部设夹层。

3）车间一角。

4）地下室或半地下室。这种情况需设置机械通风、人工照明，构造复杂，费用较高，所以一般较少采用。

9.3 单层厂房剖面设计

单层厂房的剖面设计是单层厂房设计中的重要一环，它一般是在平面设计的基础上进行的，主要解决建筑空间如何满足生产工艺的各项要求，并为提高建筑工业化创造条件。剖面设计的主要任务是：合理确定厂房高度，使其有满足生产工艺要求的足够空间；解决好厂房的采光和通风，使其满足生产工艺的要求和具有良好的室内环境。

9.3.1 厂房高度的确定

厂房高度指厂房室内地坪到屋顶承重结构下表面之间的垂直距离。一般情况下，它与柱顶距地面的高度基本相等，所以单层厂房的高度常以柱顶标高来衡量。当屋顶承重结构是倾斜的，其计算点应算到屋顶承重结构的最低点。同时，柱子长度应满足模数协调标准的要求。

1. 柱顶标高的确定

(1) 无吊车厂房

柱顶标高通常是根据最大生产设备的高度和其使用、安装、检修时所需的净空高度确定的，同时必须考虑采光和通风的要求，以及避免由于单层厂房跨度大、高度低时给空间带来的压抑感，一般不低于 3.9m，柱顶标高应符合 300mm 的整倍数，若为砖石结构承重，柱顶标高应为 100mm 的倍数。

(2) 有吊车厂房

有吊车厂房的柱顶标高可按下式计算求得（图 9.17），即

$$\begin{cases} H=H_1+H_2 \\ H_1=h_1+h_2+h_3+h_4+h_5 \\ H_2=h_6+h_7 \end{cases} \tag{9.1}$$

式中：H——柱顶标高；

H_1——轨顶标高；

H_2——轨顶至柱顶高度；

h_1——需跨越最大设备，室内分隔墙或检修所需的高度；

h_2——起吊物与跨越物间的安全距离，一般为 400～500mm；

h_3——被吊物体的最大高度；

h_4——吊索最小高度，根据起吊物大小和起吊方式而定，一般大于 1000mm；

h_5——吊钩至轨顶面的最小尺寸，由吊车规格表中查得；

h_6——吊车梁轨顶至小车顶面的净空尺寸，由吊车规格表中查得；

h_7——屋架下弦至小车顶面之间的安全距离，主要应考虑到屋架下弦及支撑可能产生的下垂挠度，以及厂房地基可能产生不均匀沉降时对吊车正常运行的影响，最小尺寸为 220mm，湿陷性黄土地区一般不小于 300mm，如屋架下弦悬挂有管线等其他设施时还需另加必要的尺寸。

《厂房建筑模数协调标准》规定，钢筋混凝土结构柱顶标高 H 应为 300mm 的整倍数，轨顶标高 H_1 为 600mm 的整倍数，牛腿标高也应为 300mm 的整倍数。

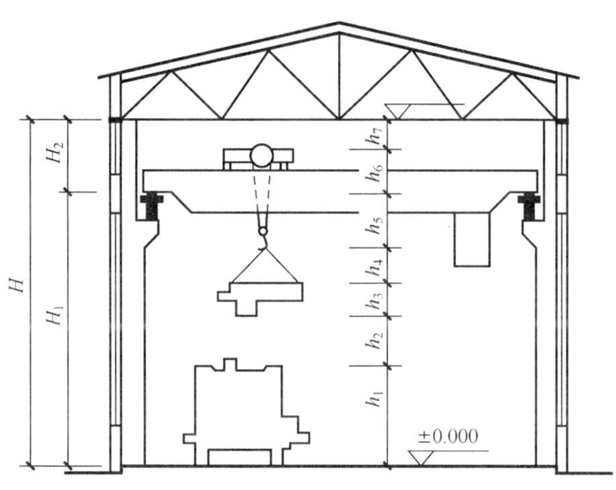

图 9.17　有吊车厂房高度的组成

2. 室内外地坪标高的确定

厂房室内外地坪的绝对标高是在厂区总平面设计时确定的，室内外高差的大小应考虑方便运输，防止雨水侵入等因素，常取 100～150mm，并在室外入口处设置坡道。

3. 厂房高度的调整

以上仅是单层厂房高度的确定原则，对于多跨厂房和有特殊设备要求的厂房，需做相应的厂房高度的调整，以达到经济合理，并能有效地节约和利用空间的目的。在实际工程中主要有以下几种情况：

1）在多跨厂房中，当高低跨相差较小，可提高低跨高度，变高低跨为等高跨，使构造简单，施工方便，有利于提高厂房的通用性，比较经济。

2）在工艺条件允许的情况下，把高大设备布置在两榀屋架之间，利用屋顶空间起到缩短柱子长度的作用，从而降低了厂房高度（图 9.18）。

3）在厂房内部有个别高大设备或需高空间操作的工艺环节时，可采取降低局部地面标高的方法，从而减小厂房空间高度（图 9.19）。

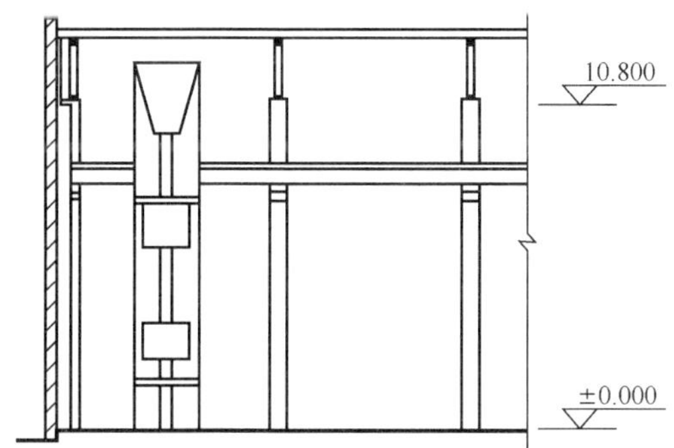

图 9.18　利用屋架间空间布置设备

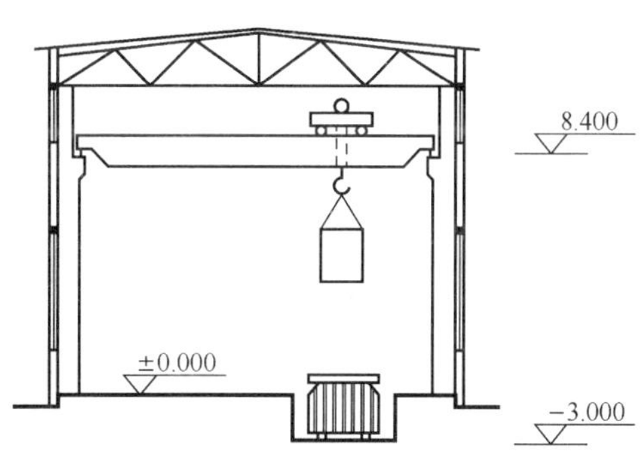

图 9.19　某厂房变压器修理工段剖面图

9.3.2 天然采光

天然光线的质量好，又不耗费电能，故单层厂房白天大多采用天然采光，仅在一些不能利用天然采光（如某些要求洁净、恒温、恒湿而又设计成无窗的厂房），或采光要求高，天然采光不能满足要求的情况下才采用人工照明或辅以人工照明。采光设计就是根据室内生产对采光的要求来确定窗口大小、形式及其布置，使室内获得良好的采光条件。

在建筑物中的外围护结构上开有窗扇的透明的孔洞，称为采光口。按采光口在外围护结构上不同的位置分为三种方式，即侧窗采光、顶部采光和混合采光。

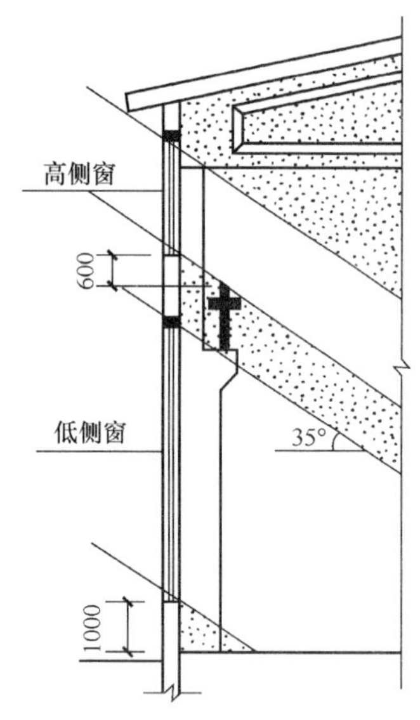

图 9.20 吊车梁遮挡光线与高低侧窗的位置关系

1. 侧窗采光

侧窗采光即采光口布置在厂房的侧墙上。它分为单侧采光和双侧采光两种方式。当房间较窄时，可采用单侧采光。单侧采光的有效进深约为侧窗口上沿至工作面高度的两倍，超越单侧采光的有效范围时就要采用双侧采光或辅以人工照明等方式。

在设有吊车梁的厂房中，在吊车梁处开窗是没有必要的。因此，常将侧窗分上下两段布置，下段高度大一些，称为低侧窗；上段高度小一些，称为高侧窗。高低侧窗结合布置，不仅是结构构件位置所分隔，而且有利于提高远窗点的照度和厂房天然采光的均匀度。为了方便工作（如检修吊车轨等）和不使吊车梁遮挡光线，高侧窗窗台宜高于吊车梁面约600mm，低侧窗窗台高度应略高于工作面高度，工作面高度一般取 1.0m 左右（图 9.20）。

在设计多跨厂房时，可以利用厂房高低差来开设高侧窗，使厂房的采光均匀(图 9.21)。

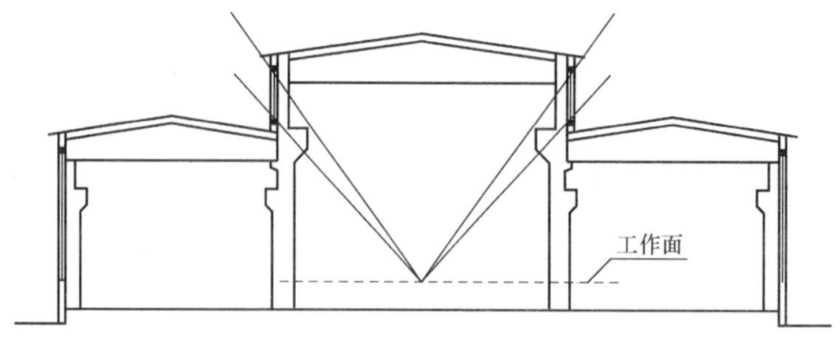

图 9.21 利用高低差处设高侧窗的厂房剖面

沿侧窗纵向工作面上光线分布情况和窗子及窗间墙宽度有关。窗间墙愈宽，光线均匀度愈差，所以设计时，根据采光均匀度的要求，要控制窗间墙的宽度或做带形窗。

2. 顶部采光

顶部采光即在屋顶处设置天窗。当厂房为连续多跨，中间跨无法通过侧窗满足工作面上的照度要求时，或侧墙上由于某种原因不能开设采光窗时可采用这种方式。顶部采光容易使室内获得较均匀的照度，采光率也比侧窗高，但它的结构与构造复杂，造价也比侧窗采光高（图 9.22）。采光天窗有多种形式，如矩形、梯形、锯齿形、三角形、下沉式、平天窗等（图 9.23）。

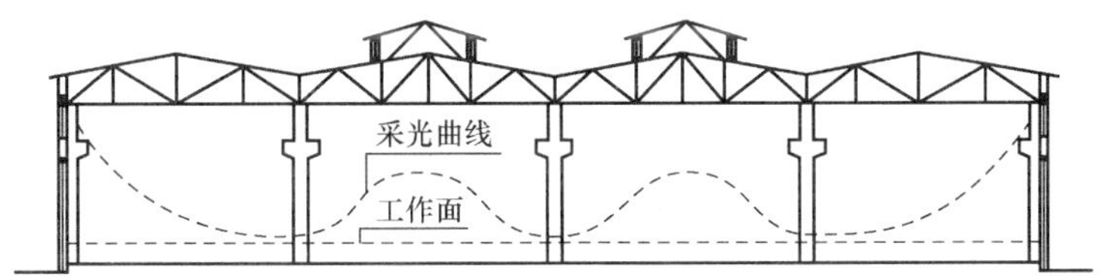

图 9.22　单层厂房顶部采光示意图

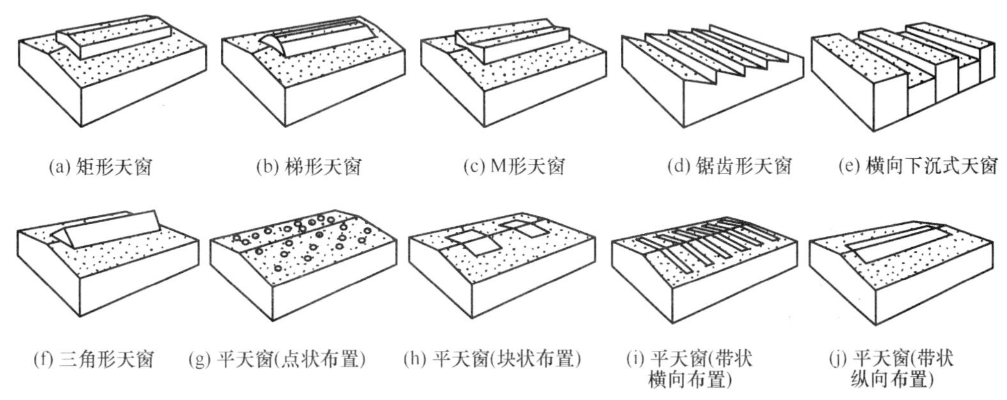

图 9.23　采光天窗形式及布置

3. 混合采光

当厂房很宽，侧窗采光不能满足整个厂房的采光要求时，则须在屋顶上开设天窗，即采用混合采光的方式。其特点是可以充分发挥侧窗采光和天窗采光的优点，采光效率高。

9.3.3 自然通风

1. 自然通风的基本原理

单层厂房自然通风是利用空气的热压作用和风压作用进行的。

(1) 热压作用

厂房内部由于生产过程中产生的热量和人体散发热量的影响，室内空气膨胀，密度减小而上升，室外空气温度相对较低，密度较大，便由外围护结构下部的门窗洞口进入室内，使室内外的空气压力趋于相等。进入室内的冷空气又被热源加热，变轻上升。由于热空气的上升，上部窗口内侧的气压大于天窗外侧的气压，使室内热气不断排出，如此循环，达到通风的目的。这种利用室内外冷热空气产生的压力差进行通风的方式称为热压通风。

(2) 风压作用

当风吹向建筑物时，房屋迎风面气流受阻，速度变慢，空气压力增大，超过大气压力，此区称为正压区，用“+”号表示；背风面的空气压力则小于大气压力，称为负压区，用“-”号表示。单层厂房中，在正压区设进风口，位置尽量低；而在负压区设排风口，位置尽量高，使室内外空气进行交换。这种由于风压的作用而产生空气压力差进行通风的方式称为风压通风。

2. 冷加工车间的自然通风

冷加工车间是靠风压作用形成自然通风的。冷加工车间室内外温差小，组织自然通风时可结合工艺与总平面设计进行，尽量使厂房纵向垂直于夏季主导风向或不小于45°倾角，厂房宽度限制在60m以内。在外墙上设窗，在纵横贯通的通道端部设门，以便组织穿堂风。为避免气流分散，影响穿堂风的流速，冷加工车间不宜设置通风天窗。但为了排除积聚在屋盖下部的热空气，可以设置通风屋脊。

3. 热加工车间的自然通风

热加工车间是靠风压和热压共同作用形成自然通风的。热加工车间生产时散发出大量的余热、有害气体和烟尘，在剖面设计中应合理布置进、排风口的位置，有效地组织好自然通风，提高通风效果。

(1) 进、排风口的布置

进风口的位置应尽可能低。南方炎热地区低侧窗窗台可低至0.4～0.6m，或不设窗扇而采用下部敞口进气；寒冷地区低侧窗可分为上下两排，夏季将下排窗开启，上排窗关闭；冬季将上排窗开启，下排窗关闭，避免冷风直接吹向人体。侧窗以立转窗通风效果最好。

排风口的位置尽可能高，一般设在柱顶处或靠近檐口一带，当设有天窗时天窗一般设在屋脊处。

(2) 通风天窗

以通风为主要功能的天窗称为通风天窗，通风天窗的类型主要有矩形通风天窗和下沉式通风天窗。

1) 矩形通风天窗。不设窗扇而设有挡风板的矩形天窗称为矩形通风天窗或避风天窗。

在迎风面距离排风口一定的位置设置挡风板，无论风从哪个方向吹来，均可使排风口始终处于负压区。当无风时，厂房内部靠热压通风；有风时，风速越大则负压区绝对值也越大，排风量也大。

2) 下沉式通风天窗。在屋顶结构中，部分屋面板铺在屋架上弦上，部分屋面板铺在屋架下弦上。利用屋架上弦与下弦之间的空间构成在任何风向下均处于负压区的排风口，这样的天窗称为下沉式通风天窗。

(3) 开敞式厂房

炎热地区的热加工车间除采用通风天窗外，外墙还可以不设窗扇而采用挡雨板，

形成所谓的开敞式厂房（图 9.24）。开敞式厂房具有通风量大、气流阻力小、散热快、构造简单、施工方便等优点，缺点是防寒、防雨、防风沙的能力差。

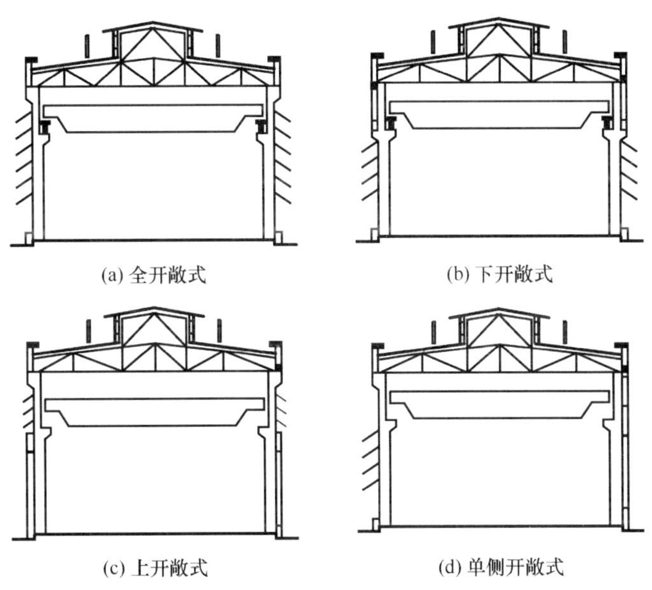

(a) 全开敞式　(b) 下开敞式

(c) 上开敞式　(d) 单侧开敞式

图 9.24　开敞式厂房形式

9.4　单层厂房定位轴线

单层厂房的定位轴线是确定厂房主要承重构件标志尺寸及其相互位置的基准线，也是厂房施工放线和设备安装定位的依据。为了减少厂房建筑主要构配件的规格，增加构件的互换性和通用性，提高厂房建筑工业化水平，厂房设计应执行我国现行的《厂房建筑模数协调标准》的有关规定。

与民用建筑相类似，厂房的定位轴线也分为纵向与横向。通常把与厂房长度方向相垂直的定位轴线称为横向定位轴线，横向定位轴线之间的距离称为柱距；与厂房长度方向相平行的定位轴线称为纵向定位轴线，纵向定位轴线之间的距离称为跨度（图 9.25）。

9.4.1 横向定位轴线

横向定位轴线用来标注厂房纵向构件，如屋面板、吊车梁、连系梁、纵向支撑等长度的标志尺寸，及其与屋架（或屋面梁）之间的相互关系。

1. 中间柱与横向定位轴线的联系

除横向变形缝处及山墙端部柱外，中间柱的中心线应与柱的横向定位轴线相重合。在一般情况下，横向定位轴线之间的距离也就是屋面板、吊车梁长度方向的标志尺寸（图 9.26）。

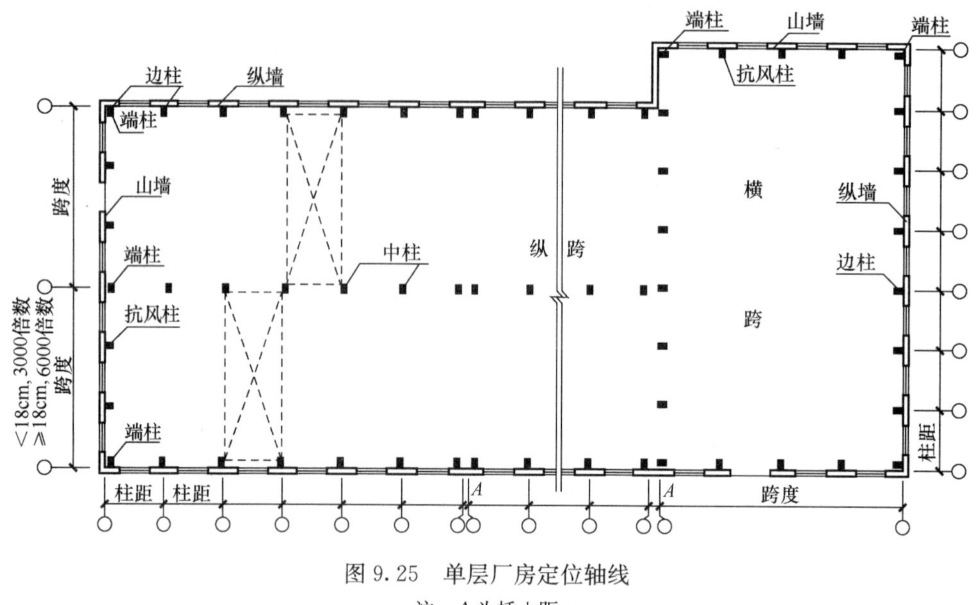

图 9.25 单层厂房定位轴线

注：A 为插入距

2. 变形缝处柱与横向定位轴线的联系

在单层厂房中，横向伸缩缝、防震缝处采用双柱双轴线的定位方法，柱的中心线从定位轴线向缝的两侧各移 600mm，双轴线间加插入距 A 等于伸缩缝或防震缝的宽度 C（图 9.27）。这种方法可使该处两条横向定位轴线之间的距离与其他轴线间柱距保持一致，不增加构件类型，有利于建筑工业化。

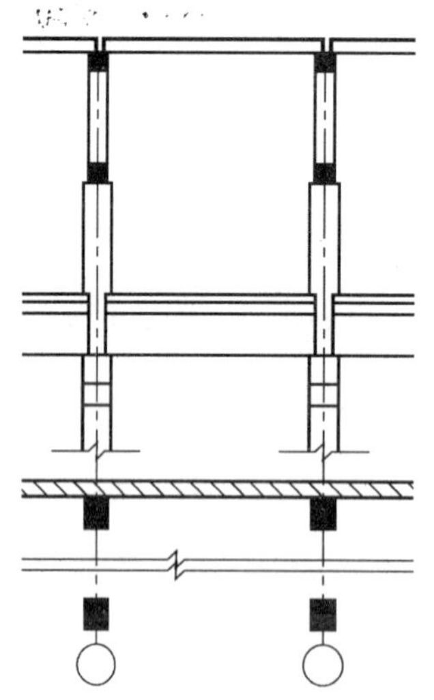

图 9.26 中间柱与横向定位轴线的联系

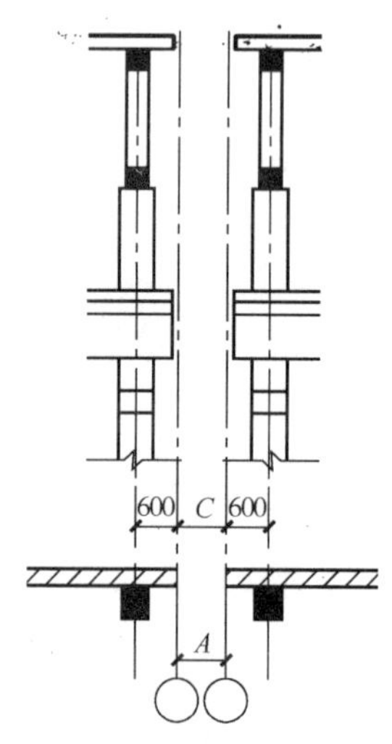

图 9.27 横向伸缩缝兼作防震缝时柱与横向定位轴线的联系

A. 插入距；C. 防震缝宽度

3. 山墙与横向定位轴线的联系

排架结构单层厂房的山墙常采用非承重墙，墙内缘与横向定位轴线重合，端部柱

的中心线从横向定位轴线内移 600mm，这样做是由于山墙一般需设抗风柱，该柱通至屋架上弦或屋面梁上翼缘处，为避免与端部屋架或屋面梁发生矛盾，端部屋架或屋面梁与山墙间应留出抗风柱通上去的位置，同时也与横向变形缝处柱离开轴线 600mm 的处理一致（图 9.28）。

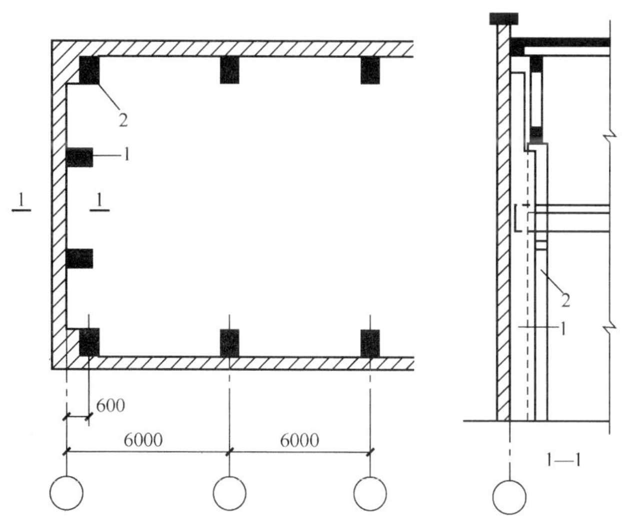

图 9.28　非承重山墙与横向定位轴线的联系

1. 山墙抗风柱；2. 厂房排架住（端柱）

9.4.2 纵向定位轴线

纵向定位轴线用来标注厂房横向构件如屋架（或屋面梁）长度的标志尺寸和确定屋架（或屋面梁）、排架柱等构件间的相互关系。

1. 外墙、边柱与纵向定位轴线的联系

在有吊车的厂房中，为了保证吊车安全运行，以及使厂房结构与吊车规格相协调，吊车跨度与厂房跨度之间应满足以下关系式，即

$$L=L_k+2e \tag{9.2}$$

式中：L——厂房跨度，即纵向定位轴线之间的距离；

L_k——吊车跨度，即吊车轨道中心线的距离（也就是吊车的轮距）；

e——吊车轨道中心线与纵向定位轴线之间的距离，一般为 750mm，当吊车为重级工作制而需要设安全走道板，或者吊车起重量大于 50t 时采用 1000mm。

图 9.29 为吊车跨度与厂房跨度的关系，从图中可知

$$e=h+K+B \tag{9.3}$$

式中：h——上柱截面高度；

K——吊车端部外缘至上柱内缘的安全距离；

B——吊轨中心线至吊车端部外缘的距离，可从吊车规格表中查到。

由于吊车形式、起重量、厂房跨度、柱距不同，以及是否设置安全走道板等因素，

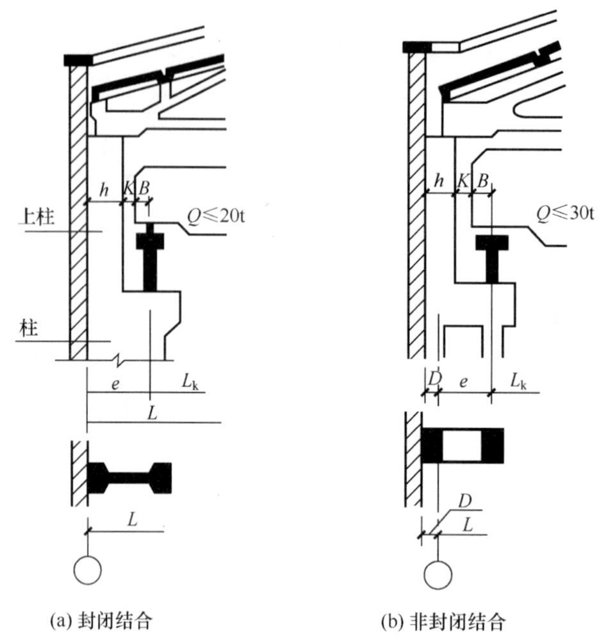

(a) 封闭结合　　(b) 非封闭结合

图 9.29　外墙、边柱与纵向定位轴线的联系

外墙、边柱与纵向定位轴线的联系有以下两种情况。

（1）封闭结合

当纵向定位轴线与柱外缘和墙内缘相重合，屋架和屋面板紧靠外墙内缘时，称为封闭结合［图 9.29（a）］，它适用于无吊车或吊车起重量 $Q\leqslant 20$t 的厂房。当吊车起重量 $Q\leqslant 20$t 时，查吊车规格表可得出 $B\leqslant 260$mm，$K\geqslant 80$mm。在一般情况下，上柱截面高 $h=400$mm，此时 $e=750$mm，则 $K=e-(h+B)=90$mm，能满足 $K\geqslant 80$mm 的要求。

封闭结合具有构造简单、无附加构件、施工方便、造价经济等优点。

（2）非封闭结合

当纵向定位轴线与柱子外缘有一定距离 D，屋面板与墙内缘之间有一段空隙 D 时称为非封闭结合［图 9.29（b）］，它适用于起重量 $Q\geqslant 30$t 的厂房。当吊车起重量 $Q=30$t/5t 时，查吊车规格表可得出 $B=300$mm，$K\geqslant 100$mm。上柱截面高度 h 仍为 400mm，$e=750$mm，若按封闭结合的情况下考虑，则 $K=e-(B+h)=750-(300+400)=50$mm，不能满足 $K\geqslant 100$mm 的要求，这时需将边柱从定位轴线向外移一个距离，这个值称为联系尺寸，用 D 表示，此时 $e+D=h+k+B$。

在吊车为重级工作制的厂房，吊车运行中可能需设安全走道板，或者当起重量大于 50t 时，e 值取 1000mm。

非封闭结合构造复杂，施工不便，吊车荷载对柱的偏心距也较大，厂房占地面积增大，成本较高。

2. 中柱与纵向定位轴线的联系

在多跨厂房中，中柱有平行等高跨和平行不等高跨两种形式，且有设变形缝与不设变形缝两种情况，这里仅介绍不设变形缝的中柱与定位轴线的关系。

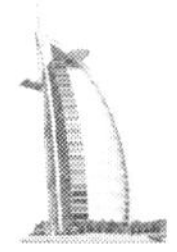

(1) 平行等高跨中柱

当厂房为平行等高跨时，通常设置单柱和一条定位轴线，柱的中心线一般与纵向定位轴线相重合［图 9.30 (a)］。当等高跨中柱需采用非封闭结合时，仍可采用单柱，但需设两条定位轴线，在两轴线间设插入距 A，并使插入距中心与柱中心相重合［图 9.30 (b)］。

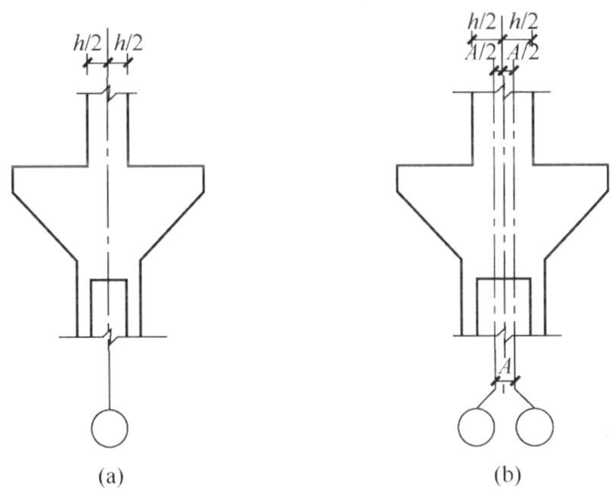

图 9.30　平行等高跨中柱与纵向定位轴线的联系

(2) 平行不等高跨中柱

平行不等高跨中柱与纵向定位轴线的关系主要有以下几种形式：

1) 单轴线封闭结合。高跨上柱外缘与纵向定位轴线重合，纵向定位轴线按封闭结合设计，不需设联系尺寸［图 9.31 (a)］。

2) 双轴线封闭结合。高低跨都采用封闭结合，但低跨屋面板上表面与高跨柱顶之间的高度不能满足设置封墙的要求，此时需增设插入距 A，其大小为封墙厚度 B［图 9.31 (b)］。

3) 双轴线非封闭结合。当高跨为非封闭结合，且高跨上柱外缘与低跨屋架端部之间不设封闭墙时，两轴线增设插入距 A 等于轴线与上柱外缘之间的联系尺寸 D［图 9.31 (c)］；当高跨为非封闭结合，且高跨柱外缘与低跨屋架端部之间设封墙时，则两轴线之间的插入距 A 等于墙厚 B 与联系尺寸 D 之和［图 9.31 (d)］。

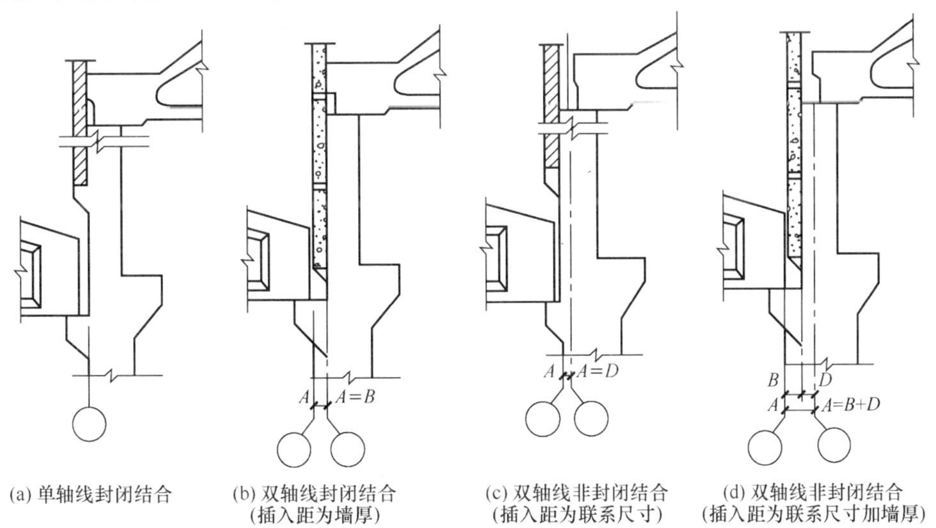

图 9.31　无变形缝平行不等高跨中柱纵向定位轴线

9.4.3 纵横跨相交处柱与定位轴线的联系

厂房的纵横跨相交时，常在相交处设变形缝，使纵横跨在结构上各自独立。纵横跨应有各自的柱列和定位轴线，两轴线间设插入距 A。当横跨为封闭结合时，$A=B+C$ [图 9.32 (a)]；当横跨为非封闭结合时，$A=B+C+D$ [图 9.32 (b)]。

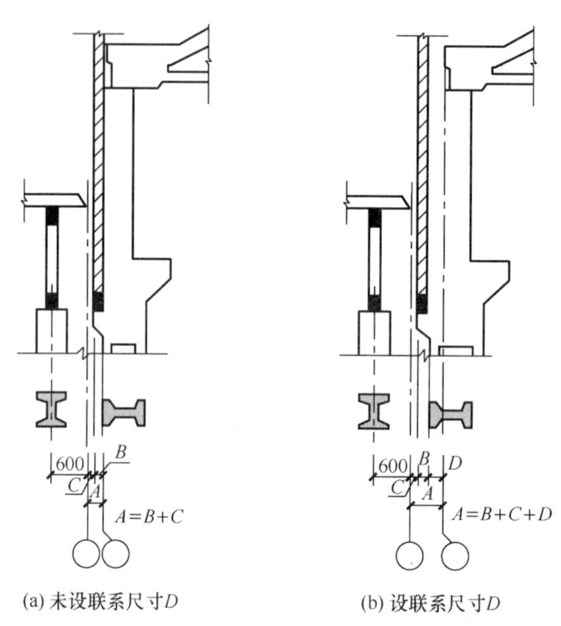

(a) 未设联系尺寸D　　(b) 设联系尺寸D

图 9.32　纵横跨相交处柱与定位轴线的联系

9.5　单层厂房立面设计

单层厂房的体型是由生产工艺、平面形状、剖面形式和结构类型所决定的，而立面处理是在建筑体型的基础上进行的，所以厂房的立面设计受到的限制要比民用建筑多得多。而单层厂房的主体车间又往往具有较大的体量和尺度，占据外环境的主要空间，成为外环境的主体，对人们有明显的吸引力和一定的强制性，因此主体车间的好坏直接影响外环境的质量。

9.5.1 影响立面设计的因素

1. 使用功能的影响

工业建筑类型较复杂，从重工业到轻工业，从小型到大型，从冷加工车间到热处理车间……可以说，它们的选型基本上都是由内部的生产工艺决定的。外部造型在构成上一般成规则式、等跨、等高等，很少有复杂的进退变化，体现了它的秩序性，造型的处理也反映了具有理性的逻辑。图 9.33 是某无缝钢管厂的金工车间，屋顶有锯齿形天窗，通过天然采光来解决厂房内有吊车、空间较高、面积较大的要求而产生的光照问题。竖向布置的预应力夹心墙板具有明显的垂直方向感，有规律相间布置的条形窗、条形墙和锯齿形屋顶都富有节奏韵律感。

图 9.33　某无缝钢管厂的金工车间

2. 结构形式的影响

结构形式对厂房的体型影响较大，而屋顶形式在很大程度上决定着厂房的体型。图 9.34 是意大利某造纸厂车间，它采用两组 A 形钢筋混凝土塔架，钢缆通过塔架顶部将厂房屋顶的四根纵向钢梁悬挂起来。车间的外墙悬挂在屋盖的边梁上，与屋顶不连接，车间内没有柱子，空间灵活。今后，厂房根据需要可在任一端按同样结构扩建，并可与原厂房隔开。该厂房运用新型的结构使工业建筑造型产生了一种独特的形象，是工业建筑的一个杰作。

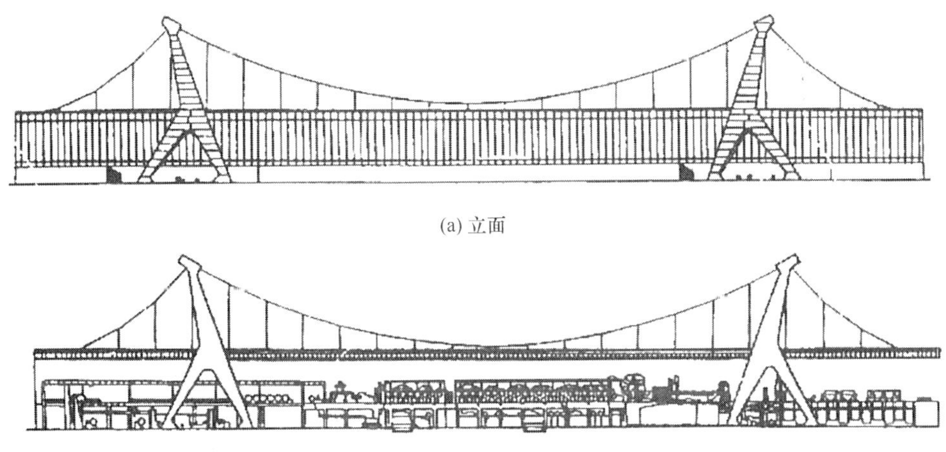

(a) 立面

(b) 纵剖面

图 9.34　意大利某造纸厂

3. 气候、环境的影响

太阳辐射强度、室外空气的温度与湿度等因素对立面设计均有影响。寒冷地区的厂房要求防寒保暖，窗口面积不宜过大，空间组合集中，给人以稳重、深厚的感觉；

炎热地区的厂房为了满足通风散热的要求，常采用开敞式外墙，空间组合分散、狭长，反映出轻巧、明快的个性。

9.5.2 立面处理方法

在单层厂房的立面设计中，应合理确定各构件的比例、尺度，把握好节奏和虚实对比，同时通过装饰材料的质感及色彩的变化设计出具有现代气息的工业建筑形象。

1. 墙面划分

墙面在单层厂房外墙中所占比例与厂房的生产性质、采光等级、室外照度等因素有关，因此墙面处理的关键在于墙面如何划分，主要是安排好门、窗的位置，墙面色彩的搭配以及窗墙的合适比例。厂房立面设计是在已有的体型基础上利用柱子、勒脚、窗台线、遮阳板、雨篷等部件，结合建筑构图规律进行有机的组合与划分，使立面简洁大方、比例恰当，达到完整匀称、节奏自然、色调质感协调统一的效果。

在实践中，立面设计常采用水平划分、垂直划分和混合划分等手法（图 9.35）。

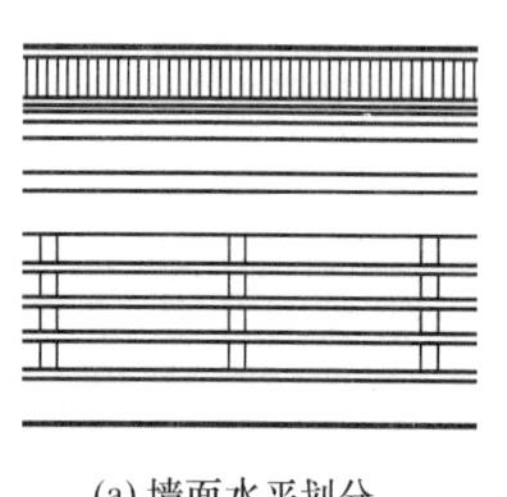
(a) 墙面水平划分

(b) 墙面垂直划分

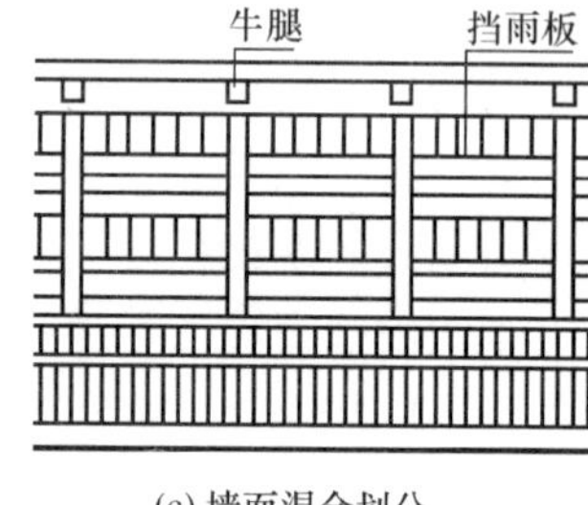

(c) 墙面混合划分

图 9.35　墙面划分方法

（1）水平划分

墙面水平划分的处理方法主要采用带形窗，使窗洞口上下的窗间墙构成水平横线条；用通长的窗楣线或窗台线将窗连成水平条带；或采用悬挑的水平遮阳板，利用阴影的作用，使水平线条的效果更为显著。亦可采用不同材料、不同色彩处理水平的窗间墙，使厂房立面显得明快、大方。

（2）垂直划分

根据结构构造的特点及其合理性，利用承重的柱子、壁柱、略为凸出的垂直窗间墙和竖向组合的侧窗等构件，有规律地重复，使立面具有垂直的方向感。这种组合大多以柱距为重复单位。单层厂房的纵向外墙面大多是扁平的长条形，采用垂直划分，可以改变单层厂房扁平的比例关系，使厂房立面显得庄重、挺拔、有力，给人以节奏感。

（3）混合划分

立面的垂直划分与水平划分经常不是单独存在的，一般都是结合运用，而以其中某一种为主；或将上述两种处理方法混合运用，互相结合，互相衬托，没有明显的主次关系，从而构成了垂直与水平的混合划分。在设计中，要处理好垂直与水平的关系，达到互相渗透，而取得生动和谐的效果。

2. 墙面的虚实处理

厂房立面中，窗洞面积的大小是根据采光和通风要求来确定的。窗与墙的比例关系不同，会产生不同的艺术效果。当窗面积大于墙面积时，立面以虚为主，显得明快、轻巧；当窗面积小于墙面积时，立面以实为主，显得稳重、敦实；当窗面积接近墙面积时，虚实平衡，显得安静、平淡，运用较少。

小　　结

1. 单层厂房的结构类型常用的有墙承重结构、框架结构、排架结构、钢架结构等。排架结构是由柱子、基础和屋架（或屋面梁）构成的一种骨架体系。装配式排架结构单层厂房由承重构件和围护构件组成。承重构件由基础、柱子、屋架、基础梁、吊车梁、连系梁、支撑构件等组成。屋架、柱、基础组成厂房的横向排架。连系梁、基础梁、吊车梁、大型屋面板和支撑构件均为纵向联系构件，它们将横向排架联成一体，组成坚固的骨架结构系统，共同承受各种动荷载。单层厂房的围护结构构件主要有屋面、天窗、外墙、门窗等。

2. 单层厂房内需设置必要的起重运输设备，其中各种起重吊车应用最广，常用吊车主要有单轨悬挂式吊车、梁式吊车和桥式吊车。

3. 单层厂房的平面设计主要包括平面形式的选择、柱网选择和生活间的设计等。生产工艺流程设计常有直线布置、平行布置和垂直布置三种方式。厂房平面形式受工艺流程等的影响，常用的平面形式有矩形、方形、L 形、Π 形、Ш 形等。柱网的选择实际上就是选择厂房的跨度和柱距。跨度尺寸主要是根据生产工艺中生产设备的大小、布置方式以及生产流程中运输通道、生产操作及检修所需的空间确定的，常用 12m、18m、24m、30m 等 6m 的整倍数；柱距有 6m 的基本柱距和 6m 的整倍数的扩大柱距。生活间是厂房的重要组成部分，其布置形式有毗连式、独立式和内部式三种。

4. 单层厂房的剖面设计一般是在平面设计的基础上进行的，主要解决建筑空间如何满足生产工艺的各项要求，并为提高建筑工业化创造条件。剖面设计的主要任务确定合理的厂房高度、解决好厂房的采光和通风等。

5. 厂房高度指厂房室内地坪到屋顶承重结构下表面之间的垂直距离，常以柱顶标高来衡量。天然采光按采光口在外围护结构上不同的位置分为侧窗采光、顶部采光和混合采光三种方式。厂房的通风方式有自然通风和机械通风两种方式，单层厂房自然通风是利用空气的热压作用和风压作用进行的。以通风为主要功能的天窗称为通风天窗，主要有矩形通风天窗和下沉式通风天窗。

6. 单层厂房的定位轴线是确定厂房主要承重构件标志尺寸及其相互位置的基准线，也是厂房施工放线和设备安装定位的依据。厂房的定位轴线分为纵向与横向，横向定位轴线之间的距离称为柱距，纵向定位轴线之间的距离称为跨度。横向定位轴线用来标注厂房纵向构件如屋面板、吊车梁、连系梁、纵向支撑等长度的标志尺寸，及其与屋架（或屋面梁）之间的相互关系。纵向定位轴线用来标注厂房横向构件如屋架（或屋面梁）长度的标志尺寸和确定屋架（或屋面梁）、排架柱等构件间的相互关系。

思考与练习题

9.1 名词解释

(1) 排架结构：

(2) 跨度、柱距：

(3) 单层厂房高度：

9.2 填空题

(1) 在排架结构中，________、________和________组成了横向排架；纵向联系构件有________、________、________、________、________等。

(2) 单层厂房的支撑包括________和________。

(3) 单层厂房内的起重吊车常用的有________、________和________。

(4) 我国基本柱距为________，扩大柱距为________的整倍数。跨度为________的整倍数。

(5) 厂房生活间的布置方式有________、________及________三种。

(6) 根据采光口在外围护结构的位置分为________、________及________三种方式。

(7) 厂房外墙面划分方法有________、________及________。

9.3 简答题

(1) 单层厂房的结构类型有哪些？

(2) 排架结构单层厂房的横向排架由哪些构件组成？纵向联系构件有哪些？

(3) 单层厂房的起重吊车有哪些类型？其起重量有何不同？

(4) 单层厂房平面形式有哪些？各有何特点？

(5) 什么是柱网？如何确定柱网的尺寸？

(6) 生活间有哪几种布置形式？

(7) 厂房高度如何确定？为什么要进行厂房的高度调整？

(8) 天然采光方式有哪几种？常用采光天窗及其布置方式有哪些？

(9) 自然通风的基本原理是什么？热加工车间的进、排气口如何布置？

(10) 通风天窗有哪些？

9.4 实训题

在一装配式排架结构单层厂房中，识别柱子、屋架、基础梁、吊车梁、连系梁、天窗架、支撑等构件；目测厂房的跨度和柱距分别是多少；有无变形缝，如果有，该处构件如何移动；厂房采用何种吊车；采用何种采光和通风方式。

设计 5 单层厂房平面设计及定位轴线布置

一、设计条件

某金工装配车间平面轮廓见图 9.36。车间采用支座式桥式吊车，中级工作制，吊车起重量及轨顶至柱顶高度分别为：Q=10t，h_6=2.1m；Q=20t/5t，h_6=2.4m；Q=30t/5t，h_6=3.0m。平面轮廓图中有“▲”符号处应设通行汽车大门，门洞宽×高=

3300mm×3300mm。低侧窗可在每个 6m 柱距内设一樘或两樘，或做带形窗。

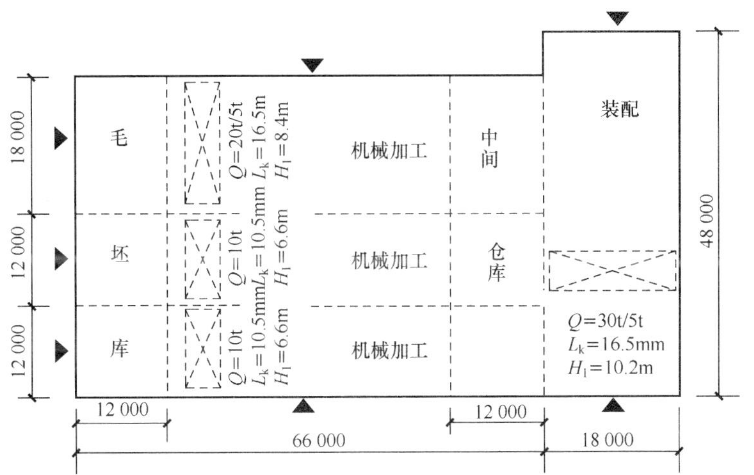

图 9.36　某金工装配车间工艺平面图

二、图纸内容

(1) 平面图（比例 1∶200）。

1）布置柱网。

2）划分定位轴线。

3）确定围护结构及门窗的位置。

4）每个入口设坡道，墙脚设散水。

5）表示吊车轮廓、吊车轨道中心线，标明吊车吨位 Q、吊车跨度 L_k、吊车轨顶标高 H_1、柱与轴线的关系以及吊车轨顶中心线至纵向定位轴线的水平距离、室内外地坪标高。

6）标注局部剖面图索引号。

7）标明各工段名称。

8）标注三道尺寸、室内外标高。

9）注写图名和比例。

(2) 局部剖面图（比例 1∶20）。

“局部剖面图”在此表示牛腿及以上部分（以下折断），包括柱、外墙、吊车梁、高侧窗、屋架（中间部分折断）以及相关的围护结构等与定位轴线的联系。局部剖面图的内容包括：

1）平行不等高跨中列柱与定位轴线的联系。

2）外墙、纵向边列柱与定位轴线的联系。

3）纵横跨交接处与定位轴线的联系。

三、设计要求

(1) 绘出外墙、柱、吊车梁、高侧窗、屋架。

(2) 标明定位轴线与屋架端部标志尺寸的关系、插入距 A、联系尺寸 D、沉降缝宽度 C 及封墙厚度 B。

(3) 吊车轨顶中心线至定位轴线的水平距离 e。

(4) 标明索引号及比例。

第 10 章　单层厂房构造

【知识点】

1. 单层厂房屋面构造
2. 单层厂房天窗构造
3. 单层厂房外墙构造
4. 侧窗、大门的构造

【学习要求】

1. 结合民用建筑掌握屋面、天窗、外墙的构造做法
2. 了解各组成构件的构造原理
3. 了解联系民用建筑了解侧窗、大门等的构造做法

10.1　屋面构造

屋面是厂房重要的围护结构，其主要特点是屋面面积较大，在多跨厂房中屋面构造较复杂，还要受到吊车的冲击荷载和机械振动的影响，因此屋面要解决好防水、排水、保温、隔热等问题，并且要具有足够的强度和刚度。

10.1.1　厂房屋面的组成

单层厂房屋面由基层和面层组成，面层部分常常称为屋面。屋面基层分为无檩体系和有檩体系两种结构类型（图 10.1）。无檩体系是将各种大型屋面板直接搁置在屋架或屋面梁

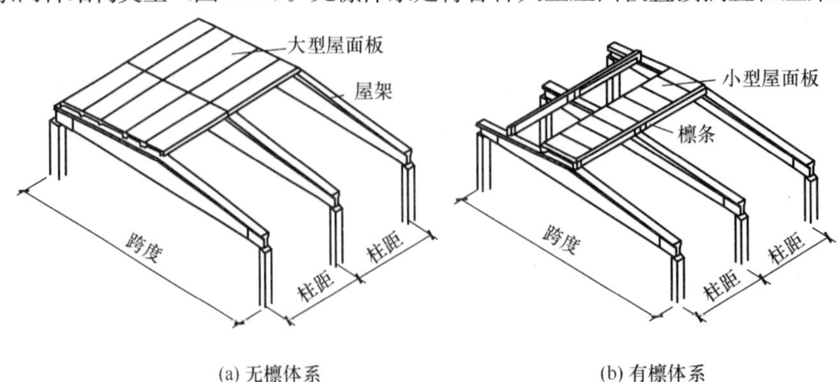

(a) 无檩体系　　(b) 有檩体系

图 10.1　屋面的结构类型

上；有檩体系是将小型板、波瓦等搁置在檩条上，檩条则支承在屋架或屋面梁上。

10.1.2 屋面排水

1. 屋面排水坡度

排水坡度的选择主要取决于屋面基层的类型、防水构造方式、材料性能、屋架形式及当地气候等因素。卷材防水屋面坡度要求较平缓，以免气温较高时卷材下滑或沥青流淌；非卷材防水屋面则要求排水快。各种不同防水材料的屋面坡度可参考表 10.1。

表 10.1　屋面坡度选择参考

防水类型	卷材防水	构件自防水		
		嵌缝式	板	石棉瓦等
选择范围	1∶4～1∶50	1∶4～1∶10	1∶3～1∶8	1∶2～1∶5
常用坡度	1∶5～1∶10	1∶5～1∶8	1∶4～1∶5	1∶2.5～1∶4

2. 屋面排水方式

屋面排水分为有组织排水（外排水和内排水）和无组织排水（自由落水）两种。

无组织排水适用于在少雨地区或较低的厂房中，构造简单，降低造价。对可能有大量积灰的屋面以及有腐蚀性介质的厂房，更应优先采用无组织排水。

有组织内排水是将屋面汇集的雨水引向中间跨和纵墙天沟处，经雨水斗进入厂房内的雨水竖管及地下排水管网［图 10.2（a）］。内排水的优点是不受厂房高度限制，排水组织灵活，在严寒地区可防止因冰冻引起屋檐和外部雨水管的破坏。其不足之处为构造复杂，造价和维修费用高，与地下管道、设备基础等易发生矛盾，需妥善解决。

有组织外排水适用于冬季室外气温不低的地区。多跨厂房用水平悬吊管将雨水斗连通到外墙的雨水竖管处。温暖气候地区雨水竖管设在墙外，寒冷地区雨水竖管设在墙内侧，从墙脚处穿出墙外。水平悬吊管一般沿屋架横向布置［图 10.2（b）］。

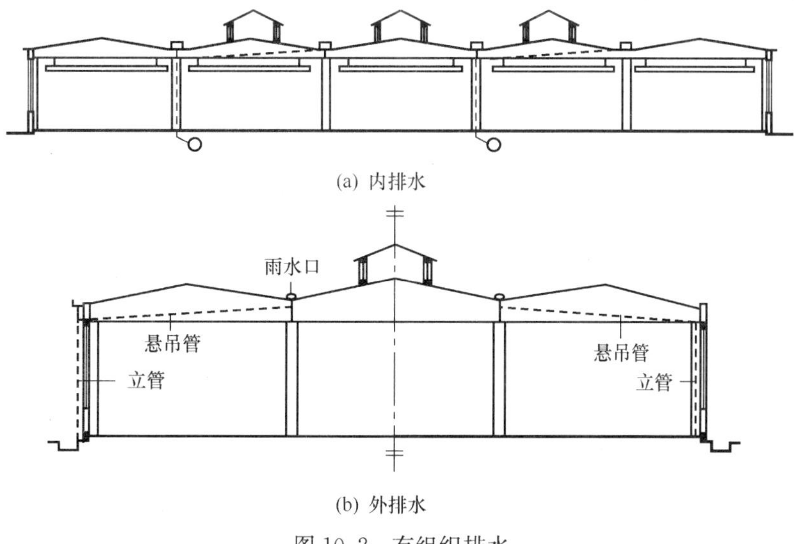

图 10.2　有组织排水

10.1.3 屋面防水

单层厂房的屋面面积大、天沟长、积水量大、冲刷力强，而且由于厂房内部的振动、高温的影响，屋面的接缝易开裂、渗漏。因此，屋面防水、排水构造设计及施工质量的好坏是确保屋面防水功能和耐久性的关键。

1. 卷材防水屋面

卷材防水屋面的构造原则和做法与民用建筑相同，不再赘述。但由于厂房中的吊车及生产设备的运行会引起厂房的振动，对卷材屋面是不利的。据调查，屋面防水层在横向板缝处的开裂是较普遍的，纵缝也有开裂，但较少。产生横向裂缝的主要原因有：

1）温度变形。屋面板受外界气温变化及内部生产热源影响，板面和板底产生温差，因而产生了板端的角变形。

2）挠度变形。屋面板在荷载作用下产生挠度下垂，引起横缝处板端的角变形，致使屋面开裂。

3）结构体系的变形。地基的不均匀沉降、吊车的运行及刹车力的影响造成屋面振动，促使屋面裂缝的开展。

在以上因素的作用下，横缝处的油毡被拉伸，当超过油毡本身的极限抗拉强度时油毡就会被拉裂。防止横缝处卷材开裂的措施有：

1）增强屋面基层的刚度和整体性，以减小屋面变形。如选择刚度大的板型，保证屋面板与屋架的焊接质量，填缝要密实，合理设置支撑系统等。

2）选用性能优良的卷材。选用卷材时应首先考虑其耐久性和延展性，要优先选用改性沥青油毡等新型防水材料。

3）改进油毡的接缝构造。在无保温层的大型屋面板上铺贴油毡防水层时，先将找平层沿横缝处做出分格缝，缝中用油膏填充，缝上先干铺宽为300mm左右的油毡条作为缓冲层，然后再铺油毡防水层。

2. 构件自防水屋面

构件自防水屋面是利用屋面构件（如屋面板、F形屋面板、槽瓦、折板等）自身的防水性能达到防水的目的（有时板面加刷涂料）。这种屋面具有施工简单、造价低廉、减轻屋面重量的优点。为了防止混凝土暴露在大气中易引起风化和碳化、板面产生后期裂缝引起渗漏等不足，应提高施工质量，增强混凝土的密实性，板面刷涂料防止风化和碳化等。

构件自防水屋面防水的关键是板缝的处理，常用的有嵌缝式、脊带式和搭盖式。

嵌缝式防水是利用大型屋面板做防水层，板缝嵌油膏防水（图10.3）。

为提高其防水效果，可在嵌缝上再粘贴一层卷材或玻璃布做防水层，则成为脊带式防水（图10.4）。

搭盖式防水是用F形屋面板做防水构件，板纵缝上下搭接，横缝和脊缝用盖瓦覆盖（图10.5）。这种屋面安装简便，但板型复杂，不便制作，盖瓦在振动影响下易滑脱，屋面易渗漏。接缝处需进行防水处理，其做法是用水泥砂浆嵌缝。注意不能在缝内填满砂浆，以免引起“爬水”。

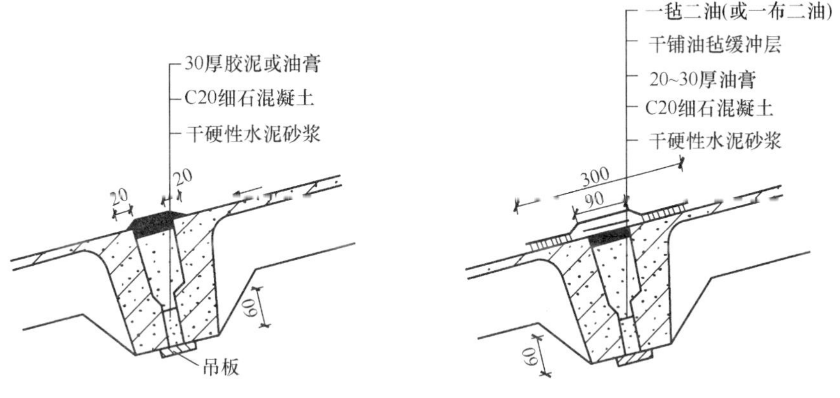

图10.3　嵌缝式防水构造　　　　图10.4　脊带式防水构造

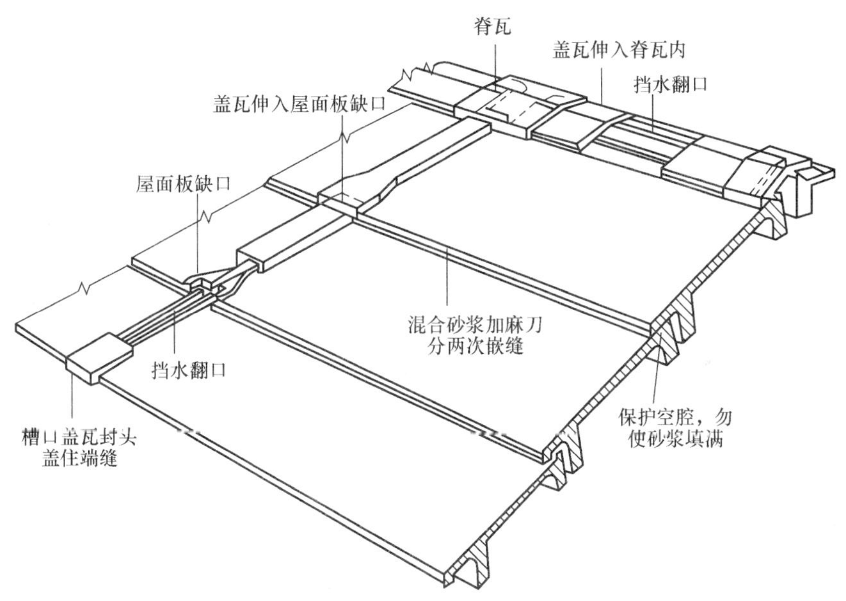

图10.5　F形板搭盖式防水构造

3. 波形瓦（板）屋面

常用的波形瓦屋面有石棉水泥波瓦、镀锌铁皮波瓦和彩板等。

(1) 石棉水泥波瓦屋面

石棉水泥波瓦屋面的优点是重量轻、施工简便，其缺点是易脆裂，耐久性和保温隔热性差，所以主要用于一些仓库及对室内温度状况要求不高的厂房中。

石棉水泥波瓦的规格有大波瓦、中波瓦和小波瓦三种。在厂房中常采用大波瓦，屋脊用脊瓦。石棉水泥瓦直接铺设在檩条上，檩条间距应与石棉瓦的规格相适应，一般是一块瓦跨三根檩条。石棉水泥瓦与檩条用挂钩固定，用卡钩保证变位。每块瓦上挂钩数量不超过2个，挂钩的位置应设在石棉水泥瓦的波峰上，并应预先钻孔，以利变形和安装。瓦面与挂钩螺丝间设橡皮垫圈。镀锌卡钩可免去钻孔、漏水等缺点，但不如挂钩连接牢固，因此除檐口、屋脊部位外，其余最好用卡钩与檩条连接(图 10.6)。石棉水泥瓦横向搭接一个半波，搭接方向应顺主导风向，以防风和保证瓦的稳定。瓦的上下搭接长度不小于 200mm，檐口处挑出长度不大于 300mm。

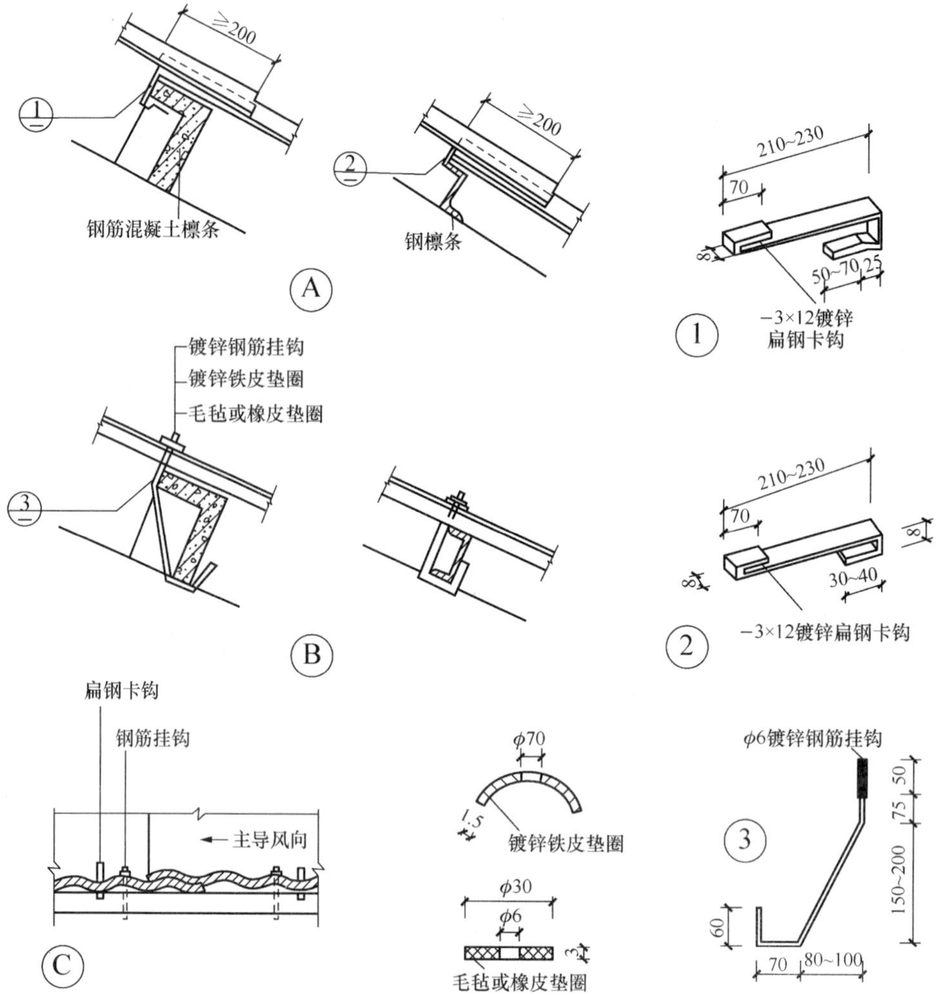

图 10.6　石棉水泥波瓦的固定与搭接

(2) 彩板屋面

彩板屋面即压型钢板屋面（图 10.7），是近十几年来在大跨度建筑中广泛采用的高效能屋面。它自重轻、强度高、施工安装方便，而且彩板色彩绚丽、质感好，大大增加了建筑艺术效果。

彩板根据功能构造分为单层彩板和保温夹心彩板。单彩板只有一层薄钢板，用它作屋面时必须在室内一侧另设保温层。保温夹心板是由彩色涂层钢板作表层，自熄性聚苯乙烯泡沫塑料或硬质聚氨酯泡沫作芯材，通过加压加热固化制成的夹心板，具有防寒、保温、体轻、防水、装饰、承力等多种功能，主要用于公共建筑及厂房的屋面。

彩板断面形式有波形、梯形、带肋梯形等。彩板屋面大多数将彩板直接支撑于檩条上，当屋面板波高超过 35mm 时，屋面板应先连接在铁架上，铁架再与檩条连接。

檩条间距视屋面板型号而定，一般为 1.5～3.0m。彩板与檩条的连接构件是不锈钢的螺栓、螺钉。螺钉一般在彩板的波峰上。为了不使连接松动，钉帽均要用带橡胶垫的不锈钢垫圈，防止钉孔处渗水。

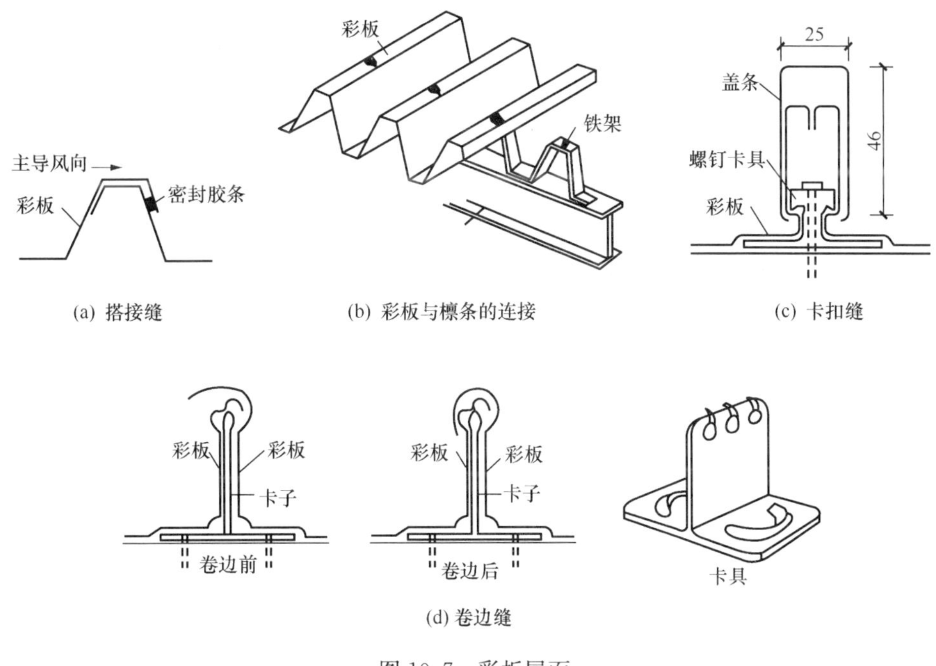

图 10.7　彩板屋面

10.1.4 屋面保温与隔热

1. 屋面保温

屋面保温层的构造做法与民建屋面保温有所不同，根据保温层所处位置可分三种：

1）保温层位于屋面板下部。主要用于构件自防水屋面。一种是将水泥拌和的保温材料如水泥膨胀蛭石直接喷涂在屋面板下部［图 10.8（a）］；另一种是将轻质保温材料如聚苯乙烯泡沫塑料、玻璃棉毡、铝箔等固定或吊挂在屋面板下部［图 10.8（b）］。这两种做法施工均较复杂，容易局部脱落。

2）保温层位于屋面板上部［图 10.8（c）］。常用于柔性防水屋面。

3）保温层位于屋面板中间［图 10.8（d）］。这种夹心保温屋面板具有承重、保温、防水三种功能。其优点是能叠层生产、减少高空作业、施工进度快，部分地区已有使用。它的缺点是易产生板面裂缝和变形，存在着“冷桥”等问题。

2. 屋面隔热

厂房的屋面隔热措施与民用建筑相同。当厂房高度大于 8m，且采用钢筋混凝土屋面时，屋面对工作区的辐射热有影响，屋面应考虑隔热措施。通风屋面隔热效果较好，构造简单，施工方便，在一些地区采用较广。也可在屋面的外表面涂刷反射性能好的浅色材料，以达到降低屋面温度的效果。

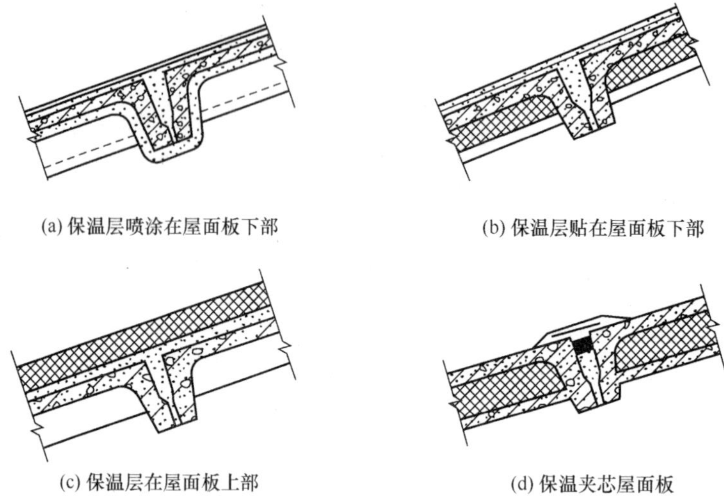

图 10.8　保温层设置

10.2　天窗构造

10.2.1　矩形天窗

矩形天窗应用比较普遍。一般是沿厂房纵向布置，在厂房屋面两端和变形缝两侧的第一个柱间不设天窗。这样一方面可简化构造，另一方面还可作为屋面检修和消防的通道。在每段天窗的端壁应设置上天窗屋面的检修梯。

矩形天窗主要由天窗架、天窗端壁、天窗屋顶、天窗侧板与天窗扇等组成(图 10.9)。

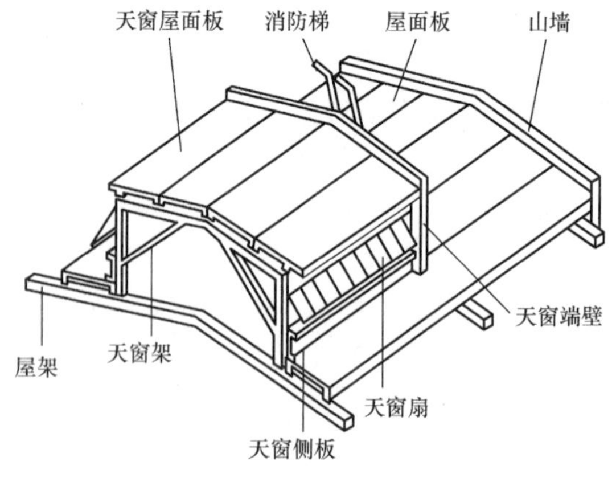

图 10.9　矩形天窗组成

1. 天窗架

天窗架是天窗的承重结构，它直接支承在屋架上。天窗架的材料与屋架相同，常用钢筋混凝土天窗架和钢天窗架。天窗架的宽度根据采风和通风要求，一般为厂房跨度的 1/3～1/2，且应尽可能将天窗架支承在屋架的节点上。目前常采用的钢筋混凝土天窗架的宽度为 6m 和 9m 两种。天窗架的高度应根据采光和通风的要求，并结合所选用的天窗扇尺寸确定，一般高度为宽度的 0.3～0.5 倍。

钢筋混凝土天窗架通常由 2～3 个三角架拼装而成，制作及安装均较方便。钢天窗架多与钢屋架配合使用。因为其重量轻，故适用于较大的天窗宽度，有时也用于钢筋混凝土屋架上，如图 10.10 所示。

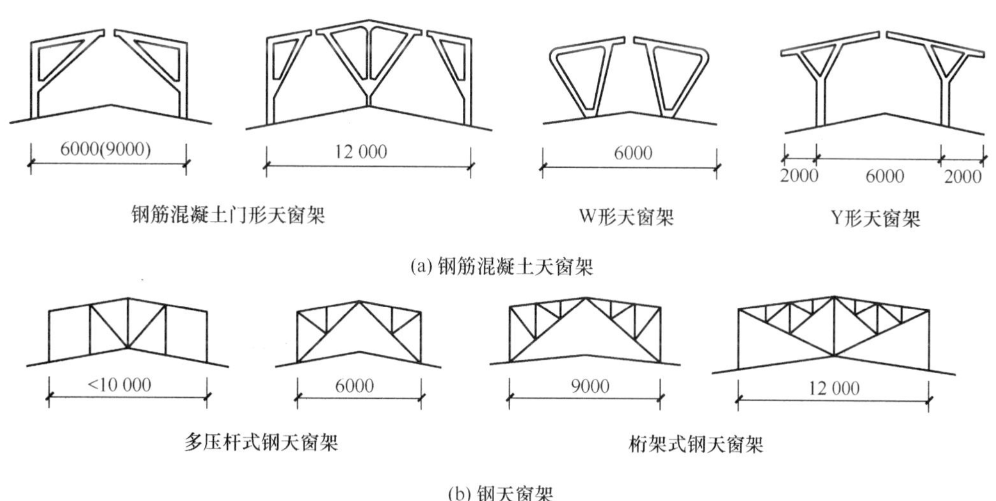

图 10.10　天窗架形式

2. 天窗扇

天窗扇有钢制和木制两种。钢天窗扇具有耐久、耐高温、重量轻、挡光少、不易变形、关闭严密等优点，因此工业建筑中多采用钢天窗扇。

(1) 上悬钢天窗扇

上悬钢天窗扇高度有 900mm、1200mm 和 1500mm 三种，由开启扇和固定扇等基本单元组成，可以布置成通长窗扇和分段窗扇（图 10.11）。通长窗扇是由两个端部固定窗扇及若干个中间开启扇连接而成，用机械开关器能同时启动。分段窗扇是在每一个柱距内设置能独立启闭的天窗扇。不管是通长的还是分段的窗扇，在开启扇之间以及开启扇与天窗端壁之间均设置固定窗扇来起竖框的作用。为防止从开启扇的两端飘进雨水，可在固定窗扇后侧面安装 600mm 宽的固定挡雨扇。

上悬钢天窗扇由上、下冒头和边梃组成。窗扇上冒头为槽钢，它挂在统长的弯铁上，弯铁用螺栓固定在窗框上，窗框通过一个短角钢与天窗架连接。窗扇的下冒头为“⟅”形断面，关闭时搭在下档或中档上。边梃为角钢。当设置两排以上的窗扇时，在上下两排窗扇之间设置角钢中档。

(2) 中悬钢天窗扇

中悬钢天窗扇只能分段设置（图 10.12），每个柱距内设一个窗扇，窗扇的构造是上、下冒头及边梃均为角钢，只有垂直窗楞为“⊥”形。每个窗扇之间设槽钢作竖框，窗扇转轴固定在竖框上。中悬钢天窗在变形缝处窗扇是固定的。

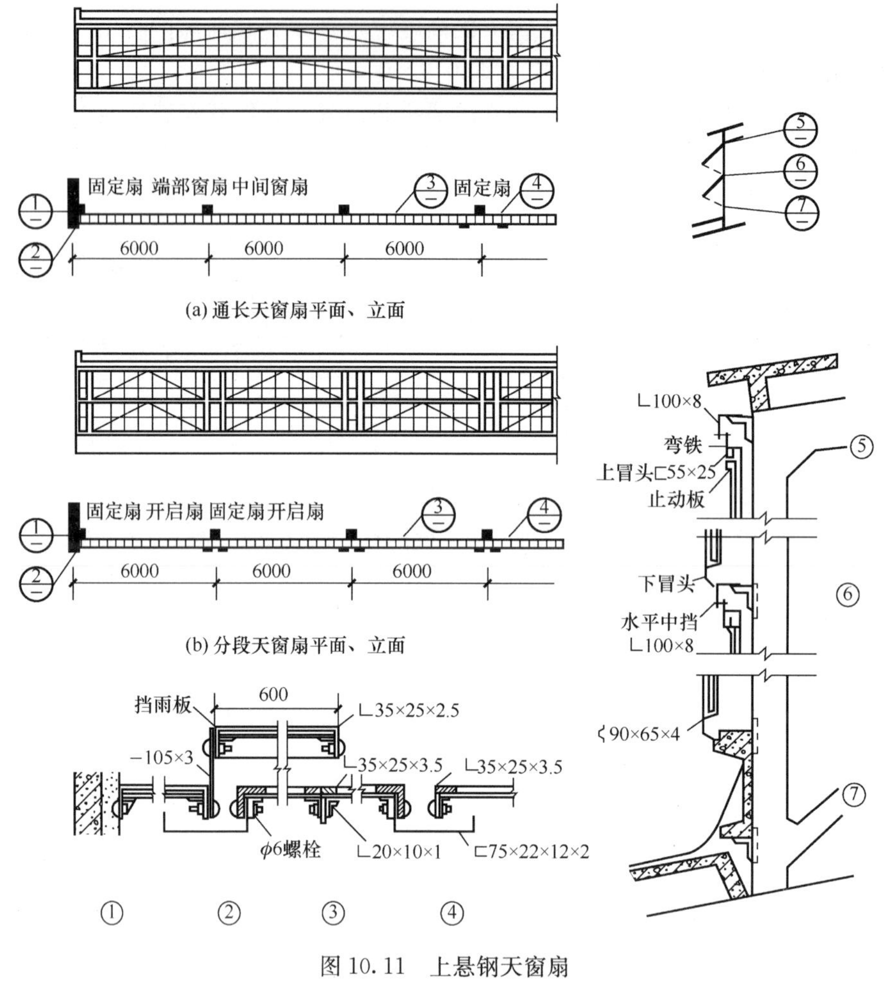

图 10.11 上悬钢天窗扇

钢窗玻璃一般为 3mm 厚，安装玻璃之前应先铺底灰，用玻璃卡子将玻璃固定后再嵌外面油灰。

3. 天窗檐口

一般情况下天窗屋面的构造与厂房屋面相同。天窗檐口常采用无组织排水，由带挑檐的屋面板构成，挑出长度一般为 300～500mm（图 10.13）。

4. 天窗侧板

天窗侧板是天窗窗口下部的围护构件，其主要作用是防止屋面上的雨水流入或溅入室内。天窗侧板应高出屋面不小于 300mm。

钢筋混凝土侧板与屋面板长度一致，侧板与屋面交接处应做好泛水处理。保温和不保温屋面侧板构造见图 10.13，图（a）为门型钢筋混凝土天窗架，屋面和侧板都有保温构造；图（b）为 W 形钢筋混凝土天窗架，厂房无保温要求的侧板构造。

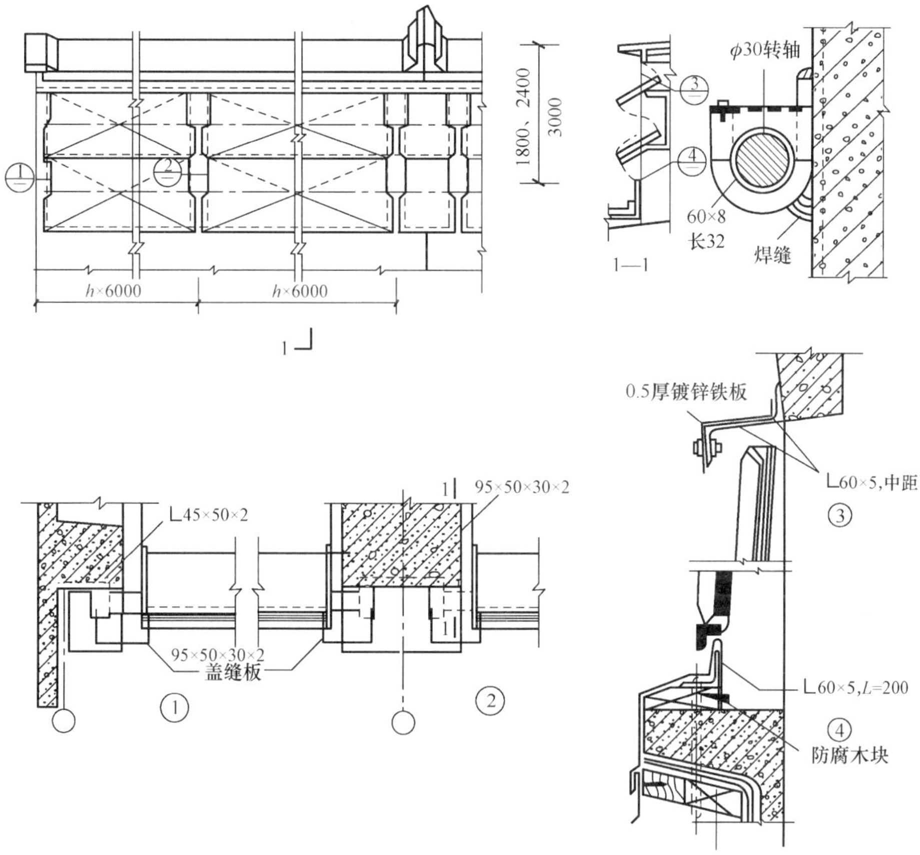

图 10.12　中悬钢天窗扇

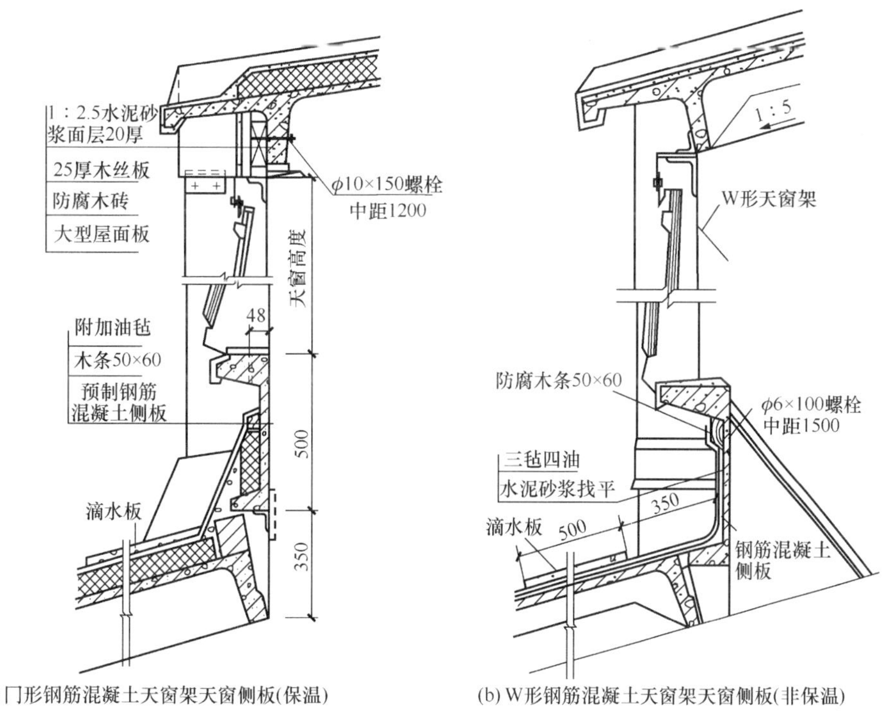

(a) 门形钢筋混凝土天窗架天窗侧板(保温)　(b) W形钢筋混凝土天窗架天窗侧板(非保温)

图 10.13　天窗檐口及侧板

5. 天窗端壁

天窗端壁有预制钢筋混凝土端壁和石棉水泥瓦端壁。

预制钢筋混凝土端壁板常做成肋形板，它代替端部的天窗架支承天窗屋面板（图 10.14）。端壁板由两块或三块预制板拼接而成，端壁板通过焊接固定在屋架上弦。端壁板顶部与天窗屋面板之间的缝隙用砖填实并做压檐，端壁板下部与屋架相交处应做好泛水处理。在需要保温的厂房，端壁板内侧填以保温材料，然后在保温材料表面钉以钢丝网，再抹 20mm 厚的水泥砂浆。

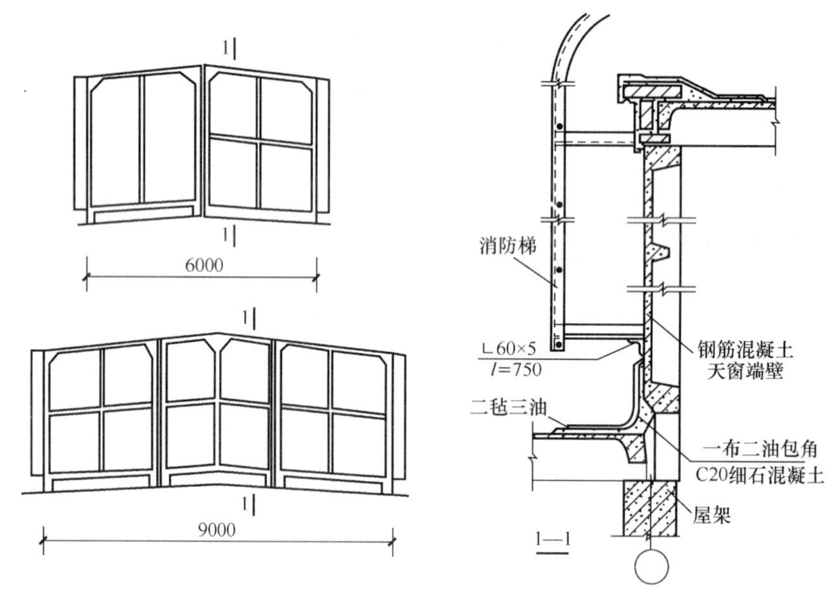

图 10.14　钢筋混凝土端壁板构造

10.2.2 矩形通风天窗

矩形通风天窗是在矩形天窗两侧加设挡风板构成（图 10.15），主要用于热加工车间。矩形通风天窗挡风板高度不宜超过天窗檐口。挡风板与屋面之间应留空隙，便于排出雨雪和积灰。挡风板的端部必须封闭，中间是否设置隔板则根据天窗长度、风向和周围环境等因素而定。在挡风板上还应设置供清灰和检修时通行的小门。

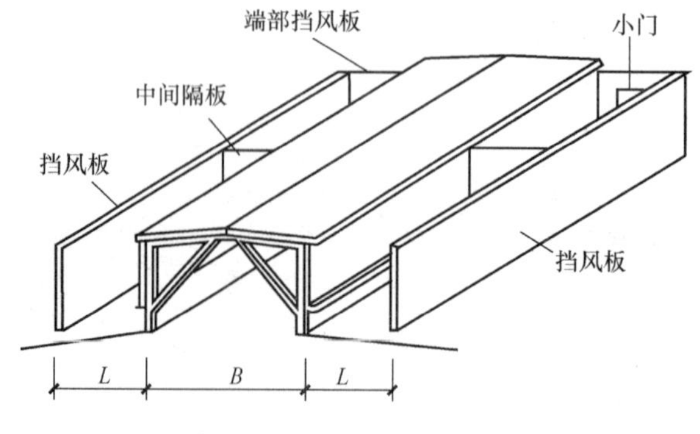

图 10.15　矩形通风天窗示意

1. 挡风板的形式

挡风板的形式有立柱式（直或斜立柱式）和悬挑式（直或斜悬挑式）（图 10.16）。

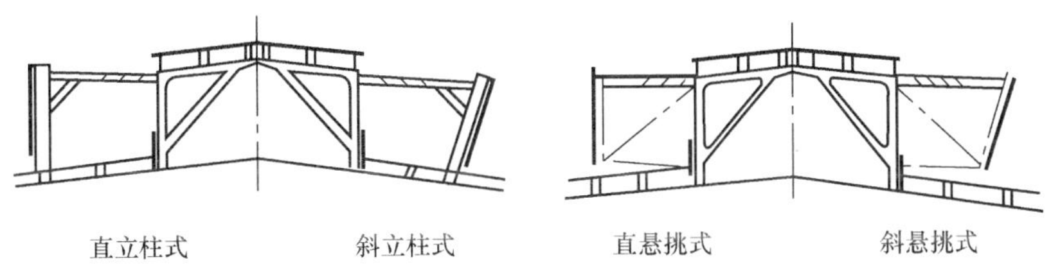

图 10.16　挡风板形式

立柱式是将立柱支承在屋架上弦的柱墩上，用支撑与天窗架相连，结构受力合理，但挡风板与天窗之间的距离受屋面板排列的限制，立柱处防水处理较复杂。

悬挑式的支架固定在天窗架上，挡风板与屋面板脱开，处理灵活，适用于各类屋面，但增加了天窗架的荷载，对抗震不利。挡风板可向外倾斜或垂直设置，向外倾斜的挡风板倾角一般与水平面成 50°～70°，当风吹向挡风板时可使气流大幅度飞跃，从而增加抽风能力，通风效果比垂直的好。

2. 挡雨设施

矩形通风天窗常用于热加工车间，为了提高通风效率，除寒冷地区外，这种天窗常不设窗扇。为防雨水飘入，必须考虑挡雨设施。挡雨设施有三种：屋面做大挑檐，水平口设挡雨片，垂直口设挡雨板（图 10.17）。

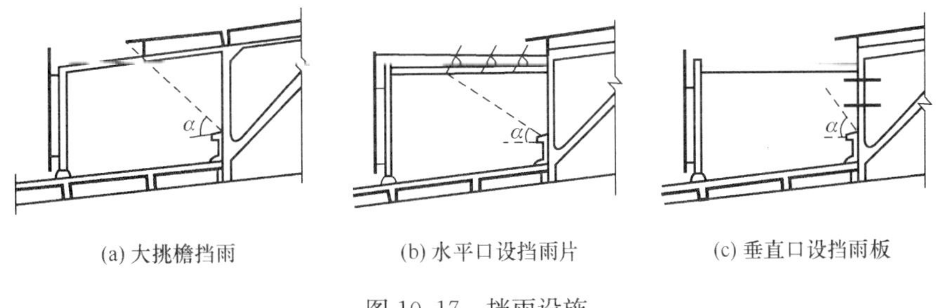

图 10.17　挡雨设施

设大挑檐方式，使水平口的通风面积减小。垂直口设挡雨板时，挡雨板与水平夹角越小通风越好，但不宜小于 15°。水平口设挡雨片时，通风阻力较小，是较常用的方式，挡雨片与水平面的夹角多采用 60°。挡雨片高度一般为 200～300mm。

10.2.3 井式天窗

井式天窗是将一个柱距内的部分屋面板下沉（支承在屋架下弦上），利用上下屋面板之间的高差作通风和采光口，从而取消了天窗架和挡风板。这样布置，在屋面上形成若干凹陷的天窗井。天窗井的位置可以根据需要灵活布置，有一侧布置、两侧布置和跨中布置等形式。跨中布置天窗井时，排水和清灰都较困难，因此一般布置在厂房的一侧或两侧。

井式天窗的构造组成包括井底板、井底檩条、井口空格板或檩条、挡雨设施、挡风墙以及排水设施等（图 10.18）。

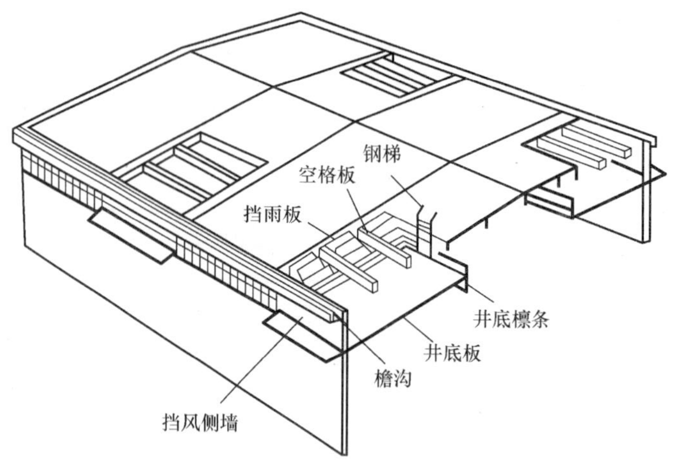

图 10.18　井式天窗的组成

1. 井底板

井底板位于屋架下弦，搁置的方法有两种，即横向铺板和纵向铺板。

（1）横向铺板

井底板平行于屋架布置，屋架下弦上搁置檩条，在檩条上铺设井底板。为防止雨水溅入车间，井底板边缘应做不低于 300mm 高的泛水。横向铺板施工吊装较方便，井底板的长度受屋架下弦节点间距所限，灵活性较小。为了争取较多的天窗垂直口的通风面积，充分利用屋架上下弦之间的净空，檩条常采用下卧式、槽形、L 形等形式。屋面板放在檩条的下翼缘上，不但可争取到 200mm 天窗净高，同时槽形和 L 形檩条的上部又可以兼起泛水作用（图 10.19）。

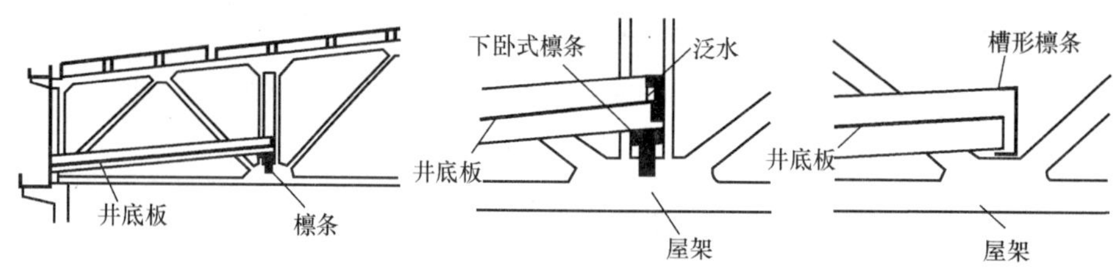

图 10.19　井式天窗底板横向铺板

（2）纵向铺板

井底板直接放在屋架下弦上（图 10.20），既省去檩条，又增加了天窗的垂直口净空高度。井底板有时会与屋架腹杆相碰，井底板须做成异形的卡口板或出肋板。这种形式铺板吊装较困难，故只有在跨中布置井式天窗时才采用。

2. 井口板及挡雨设施

井式天窗通风口一般做成开敞式，不设窗扇，但井口必须设置挡雨设施。做法有：

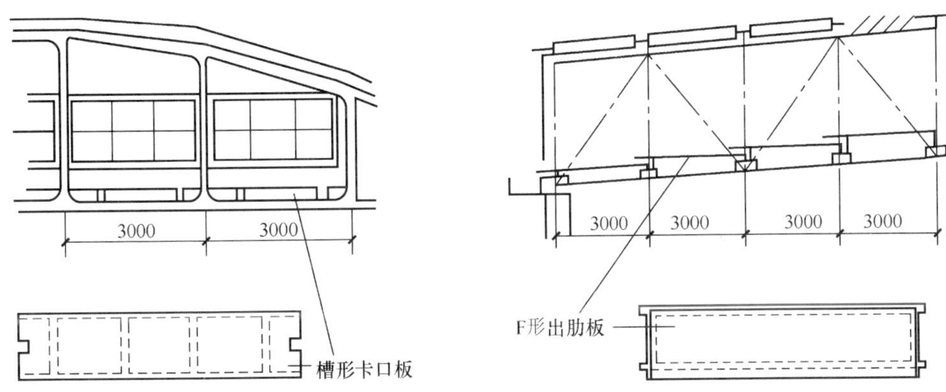

图 10.20 井式天窗底板纵向铺板

井上口挑檐、设挡雨片、垂直口设挡雨板等。井上口挑檐，影响通风效果，因此多采用井上口设挡雨片的方法。

井上口设挡雨片（图 10.21），是在井上口铺设空格板，挡雨片固定在空格板上。挡雨片的角度常用 60°，材料一般用石棉瓦、钢丝网水泥片、玻璃等。

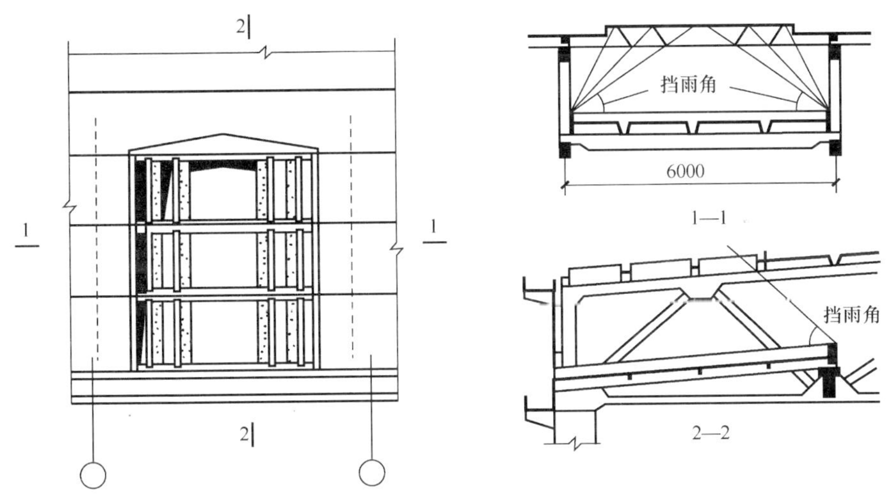

图 10.21 水平口设挡雨片

3. 窗扇设置

如果厂房有保暖要求，可在垂直井口设置窗扇。沿厂房纵向的垂直口可以安设上悬或中悬窗扇。采用中悬窗，通风好，开启方便，但构造复杂；采用上悬窗紧靠屋架布置，但通风较差。

4. 排水措施

(1) 外排水

井式天窗因有上下两层屋面，排水处理较复杂。当井式天窗布置在厂房屋面的边部时，可以采用外排水，如图 10.22 所示。

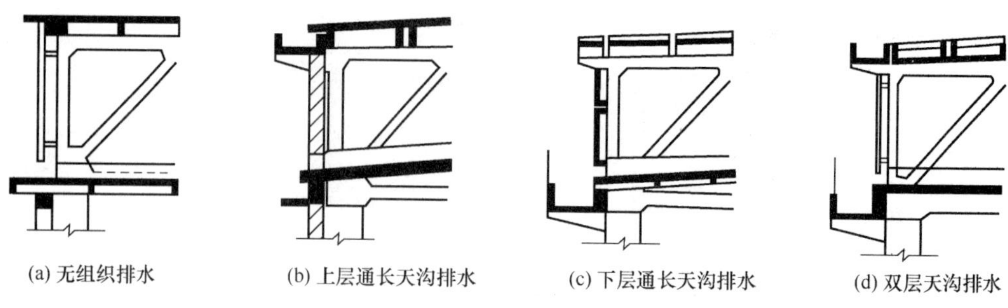

图 10.22　边井式天窗外排水

1）无组织排水。上下层屋面均做无组织排水，井底板的雨水经挡风板与井底板的空隙流出，构造简单，施工方便，适用于降雨量不大的地区。

2）单层天沟排水。上层屋檐做通长天沟，下层井底板做自由落水，适用于降雨量较大的地区。另一种是下层设置通长天沟，上层自由落水，适用于烟尘量大的热车间及降雨量大的地区。天沟兼作清灰走道时，外侧应加设栏杆。

3）双层天沟排水。在雨量较大的地区，灰尘较多的车间，采用上下两层通长天沟有组织排水。这种形式构造复杂，用料较多。

（2）内排水

连跨布置及跨中布置的井式天窗均采用内排水。连跨布置时可根据厂房雨量和灰尘情况，选择上下间断天沟或上下通长天沟，也可选择上层间断下层通长天沟，见图 10.23。

（3）井口及板底泛水

为使屋面雨水不流入井内，在井上口周围做 150～200mm 高的泛水。同理，为防止雨水溅入或流入车间，井底板周围也应设泛水，高度不小于 300mm。泛水可用砖砌，外抹水泥砂浆（图 10.24）。

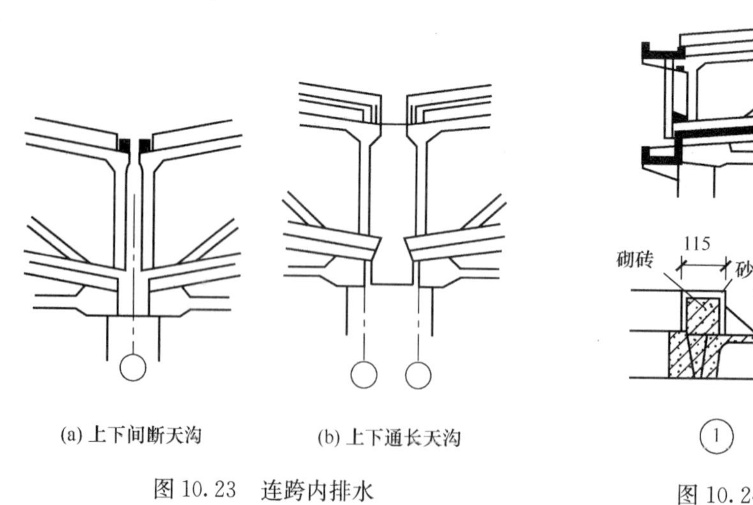

图 10.23　连跨内排水

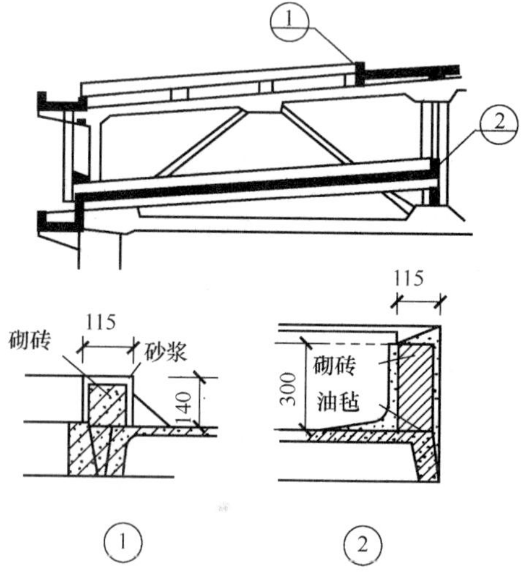

图 10.24　井口及板底泛水构造

10.2.4　平天窗

平天窗与一般屋顶侧面采光的天窗不同，它是利用屋顶水平面来进行采光的。平

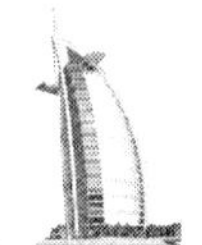

天窗的类型有采光板、采光罩和采光带三种。采光板是在屋面板上留孔，装设平板透光材料。采光罩是在屋面板上留孔装弧形透光材料，如弧形玻璃钢罩、弧形玻璃罩等。采光带是指采光口长度在 6m 以上的采光口，根据屋面结构的不同形式可布置成横向和纵向。采光板的构造组成见图 10.25。

1. 泛水

平天窗在采光口周围做井壁泛水（图 10.26），井壁上安放透光材料。泛水高度一般为 150～200mm。井壁有垂直和倾斜两种。井壁可用钢筋混凝土、薄钢板、塑料等材料制成。

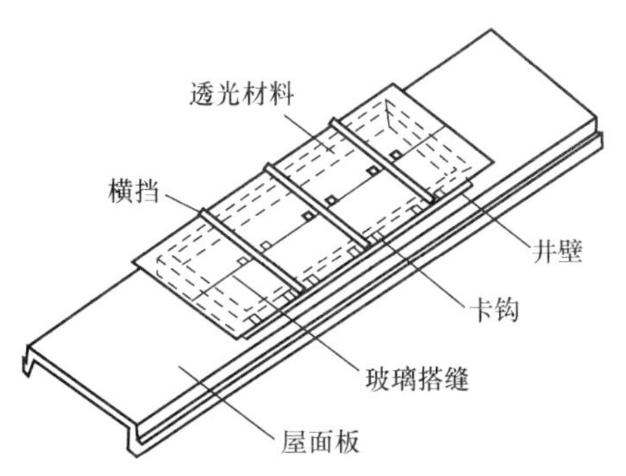

图 10.25　平天窗（采光板）的构造组成

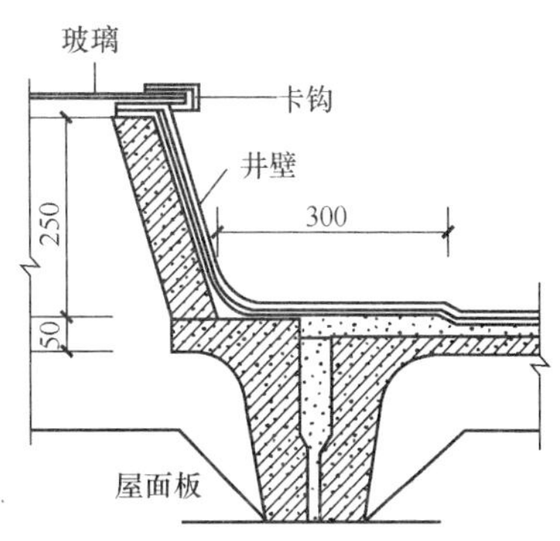

图 10.26　井壁泛水

2. 防水

玻璃与井壁之间的缝隙是防水的薄弱环节，可用聚氯乙烯胶泥或建筑油膏等弹性较好的材料垫缝（图 10.27），不宜用油灰等易干裂材料。

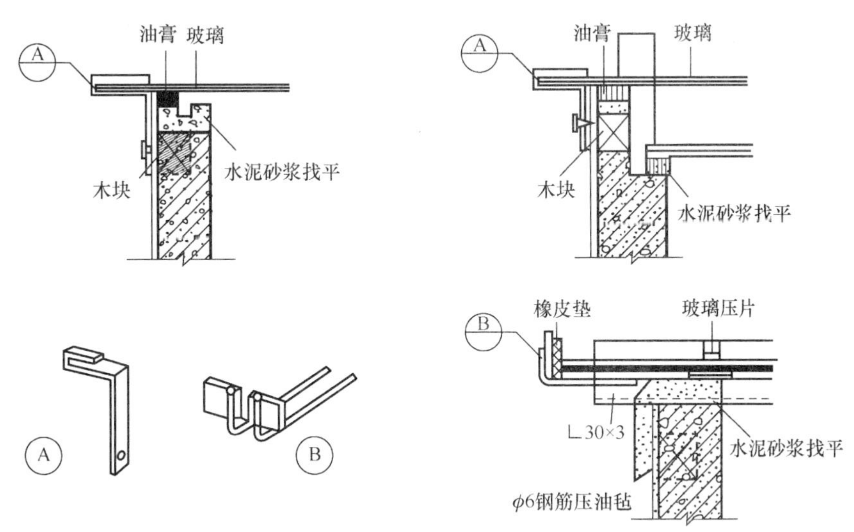

图 10.27　井壁与玻璃连接的防水构造

玻璃搭接部位也易漏水，须特别注意。

玻璃左右搭接处横挡构造如图 10.28 所示，其中图（a）构造简单，但易漏水；

图（b）设有排水沟，用料较多，但防水好；图（c）用中空玻璃以隔热。

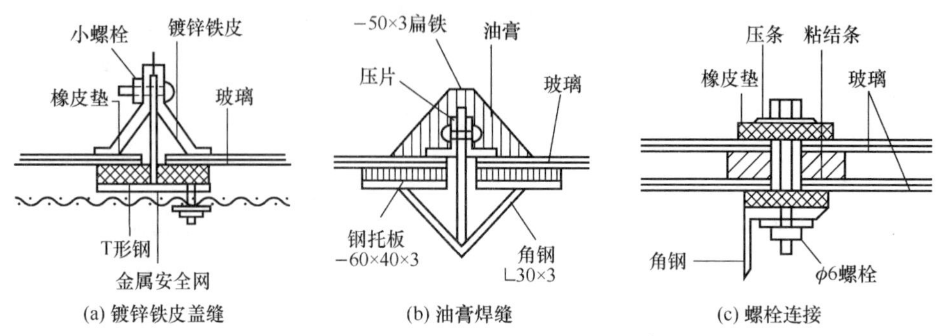

图 10.28　玻璃左右搭接构造

玻璃上下搭接一般不小于 100mm。为了防止雨雪和灰尘渗入，可用油膏、胶管等柔性材料嵌缝（图 10.29）。

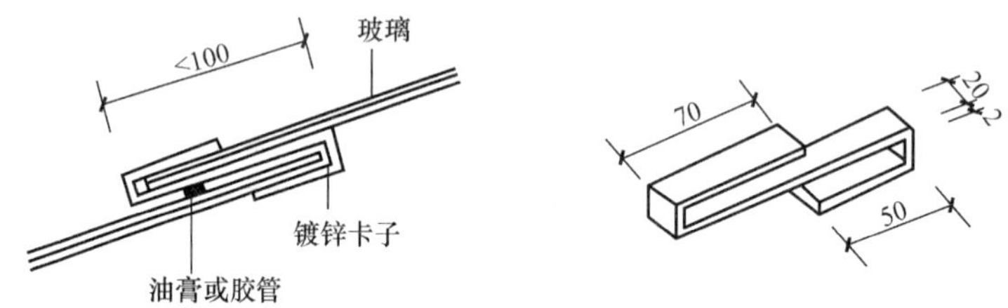

图 10.29　玻璃上下搭接构造

3. 防太阳辐射和眩光

平天窗受直射阳光强度大，时间长，应优先选用扩散性能好的透光材料，如磨砂玻璃、乳白玻璃、夹丝压花玻璃、玻璃钢等。也可在玻璃下面加浅色遮阳格卡，以减少直射光，增加扩散效果。中空玻璃也能起到一定的隔热和保温效果，并可减轻或避免严寒地区或高温采暖车间玻璃内表面的冷凝水。另外，还可采用一些先进的防辐射热的透光材料，如吸热玻璃、热反射平板玻璃、变色玻璃等。

4. 安全防护措施

防止冰雹或其他原因破坏玻璃，保证生产安全，可采用夹丝玻璃。若采用非安全玻璃（如普通平板玻璃、磨砂玻璃、压花玻璃等），须在玻璃下加设一层金属安全网。

5. 通风问题

南方地区采用平天窗时，必须考虑通风散热措施，使滞留在屋盖下表面的热气及时排至室外。目前采用的通风方式有两类：一是采光和通风结合处理，采用可开启的采光板、采光罩或带开启扇的采光板，既可采光又可通风，但使用不够灵活；二是采光和通风分开处理，平天窗只考虑采光，另外利用通风屋脊解决通风，构造较复杂。

10.3 外墙构造

钢筋混凝土排架或钢排架结构的外墙只起围护作用。单层厂房的外墙本身的高度与跨度都比较大，又要承受较大的风荷载，还要受到生产及运输设备振动的影响，因此要求外墙具有足够的刚度和稳定性。

根据使用要求、材料和施工等条件，厂房外墙可采用块材墙、板材墙、波形瓦（或压型钢板）墙及开敞式外墙等。

10.3.1 块材墙

1. 墙与柱的相对位置

块材墙与柱子的相对位置有两种方案。一种是墙体砌筑在柱的外侧，它具有构造简单、施工方便、热工性能好、基础梁与连系梁便于标准化等优点，一般单层厂房多采用此方案。另一种方案是将墙体砌筑在柱的中间，它可增加柱子的刚度，对抗震有利，在吊车吨位不大时可省去柱间支撑，但砌筑施工不便，基础梁与连系梁的长度要受到柱子宽度的影响，增加构件类型（图 10.30）。

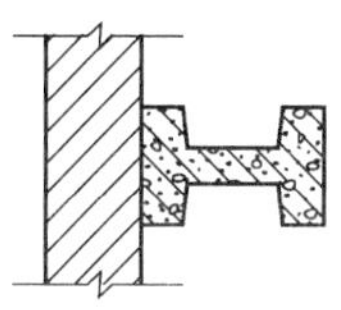

(a) 墙体在柱外侧

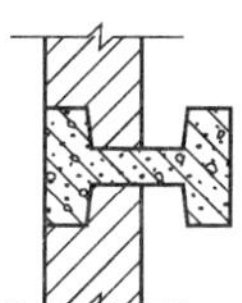

(b) 墙体外缘与柱外缘重合

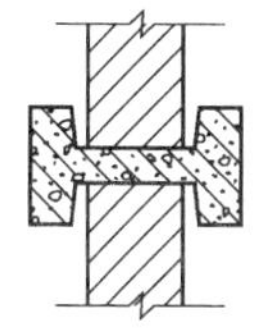

(c) 墙体在柱中

图 10.30 墙与柱的相对位置

2. 墙的一般构造

为了使块材墙与排架柱保持一定的整体性及稳定性，墙体与柱子之间应有可靠的连接。通常的做法是沿柱子高度方向每隔 500～600mm 伸出两根 $\phi 6$ 的钢筋（伸出长度 450mm），砌墙时砌入墙内。山墙、女儿墙处，须在每块屋面板的纵缝内设置 $\phi 6$ 钢筋，砌入女儿墙（图 10.31）。

3. 基础梁与连系梁

排架结构的墙体为自承重墙，墙下不设基础，直接支承在基础梁上，基础梁搁置在基础杯口上，将墙体荷载传给基础。基础梁可直接搁置在杯口上；当杯口较深时，可在杯口上设置混凝土垫块，或将基础梁搁置在高杯口基础或柱牛腿上（图 10.32）。基础梁的截面形状有梯形、矩形和 T 形几种。基础梁顶面标高至少应低于室内地坪 50mm，以免影响开门。基础梁底的回填土不需要夯实，应留有不小于 100mm 的空隙，以备随基础一起沉降。

当墙体高度超过一定限度时，墙体的强度不足以承受其自重，则应在墙中设置连

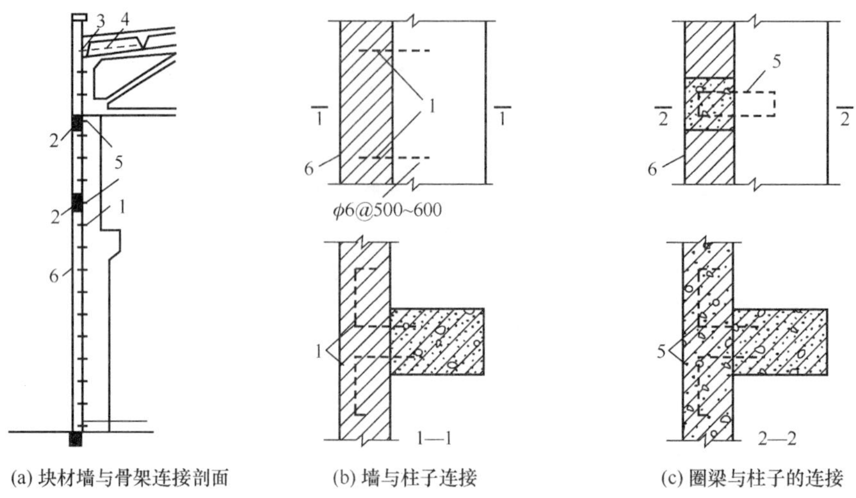

图 10.31 块材墙与柱的连接

1. 墙柱连接筋；2. 圈梁兼过梁；3. 檐口墙内加筋 1φ12；
4. 板缝加筋 1φ12，与墙内加筋连接；5. 圈梁与柱连接筋；6. 外墙

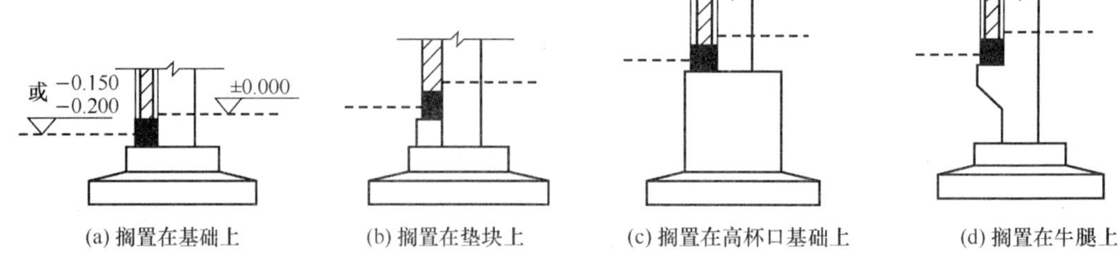

图 10.32 基础梁的搁置方式

系梁，连系梁支承在柱子牛腿上，将其上墙体重量传给柱子。同时，连系梁还起到加强厂房纵向连系的作用。连系梁的断面形式有矩形和 L 形两种，连系梁与柱的连接方式有螺栓连接和焊接两种（图 10.33）。

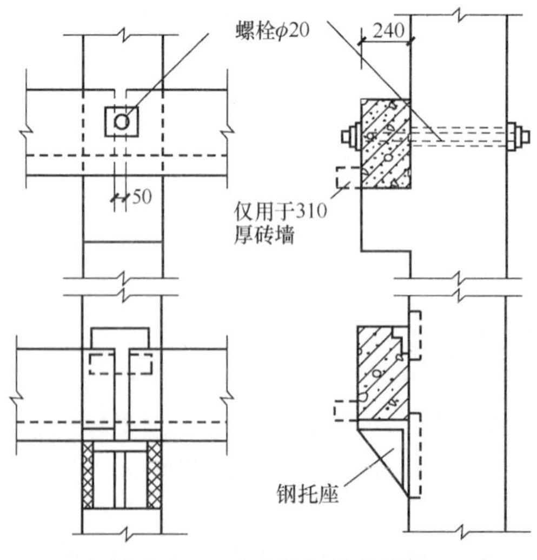

图 10.33 连系梁与柱的连接

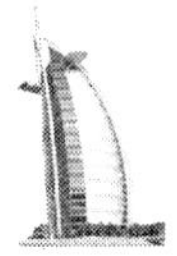

10.3.2 重质板材墙

重质板材墙是用大型墙板来做工业厂房的围护结构，这是实行墙体改革、促进建筑工业化、加快建设速度的有效途径之一。它还具有利用工业废料、减轻自重、节省土地、抗震性能好等优点。

1. 墙板的类型和尺寸

墙板按其构造和材料可分为钢筋混凝土槽形板、空心板、配筋轻混凝土墙板、复合墙板等（图 10.34）。

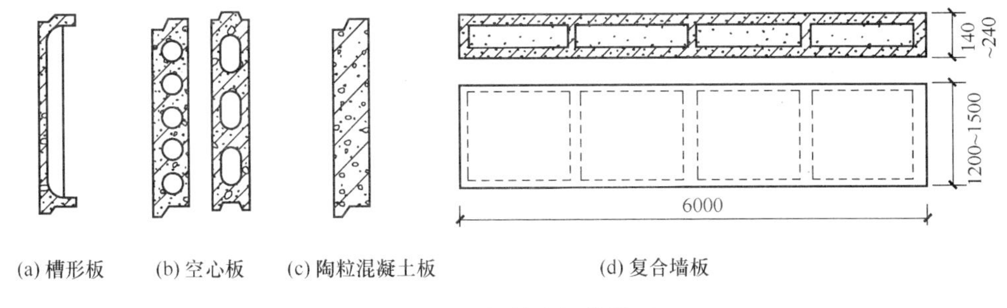

图 10.34　板材墙板的类型

1）钢筋混凝土槽形板、空心板。这类板的优点是耐久性好、制造简单、可施加预应力。槽形板也称肋形板，其钢材、水泥用量较省，但保温隔热性能差。空心板材料用量较多，但双面平整，并有一定的保温隔热能力。

2）配筋轻混凝土墙板。这种板种类较多，如粉煤灰硅酸盐混凝土墙板、加气混凝土墙板等，它们的共同特点是比普通混凝土和砖墙轻，保温隔热性能好。其缺点是吸湿性较大，故必须加水泥砂浆等防水面层。

3）复合墙板。这种板是用钢筋混凝土、塑料板、薄钢板等材料做成骨架，其内填以矿毡棉、泡沫塑料、膨胀珍珠岩板等轻质保温材料而成。其特点是材料各尽所长，性能优良，主要缺点是制造工艺较复杂。

墙板的长和高采用 300mm 为扩大模数，板长（mm）有 4500、6000、7500（用于山墙）和 12 000 四种，可适用于 6m 或 12m 柱距及 3m 整倍数的跨距；板高（mm）有 900、1200、1500、1800 四种；板厚以 20mm 为模数进级，常用厚度为 160～240mm。

2. 墙板的布置

墙板排列的原则是应尽量减少所用墙板的规格类型。墙板可从基础顶面开始向上排列至檐口，最上一块为异形板；也可从檐口向下排，多余尺寸埋入地下；还可以柱顶为起点，由此向上和向下排列。

墙板在墙面上的布置方式有横向布置、竖向布置和混合布置三种（图 10.35）。横向布置时板型少，以柱距为板长，板柱相连，可省去窗过梁和连系梁，板缝处理也较易；还可将板做成带窗板，预先装好窗扇，现场进行安装。竖向布板是把墙板嵌在上下墙梁之间，安装比较复杂，且竖缝较多，处理不当易渗水、透风。混合布置时板型较多，优点是立面处理较灵活。

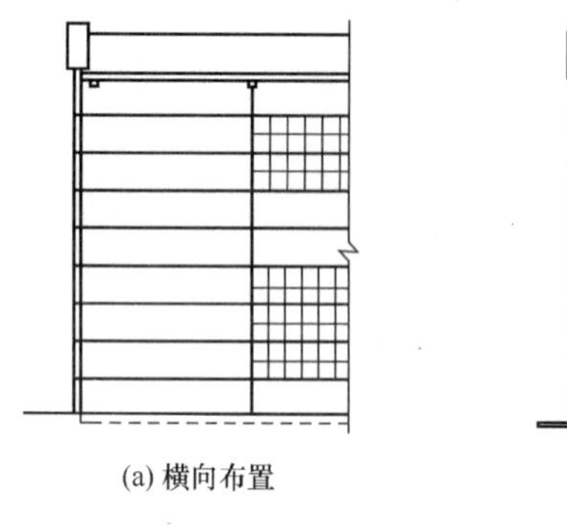
(a) 横向布置

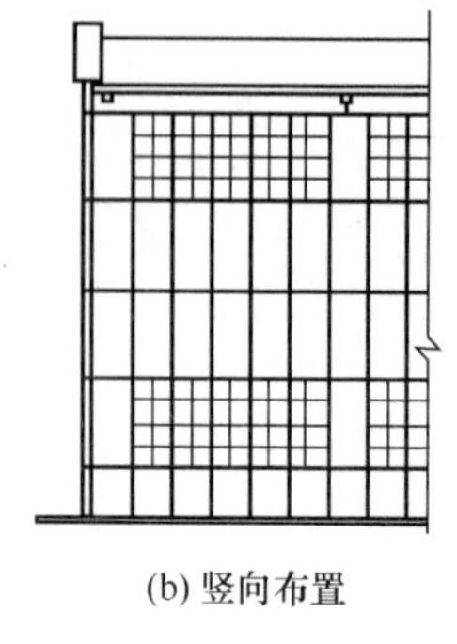
(b) 竖向布置

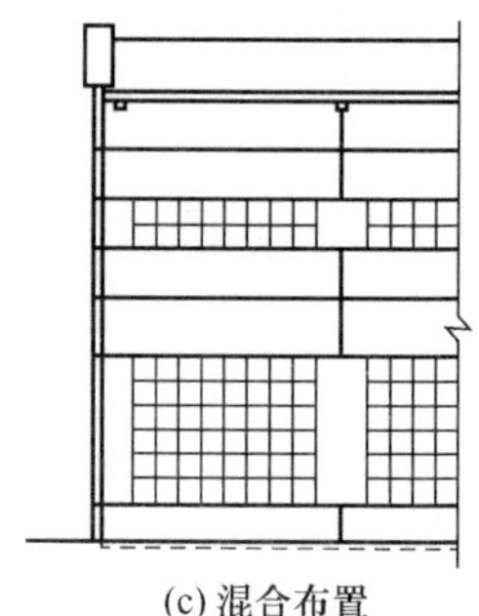
(c) 混合布置

图 10.35　墙板布置方式

3. 墙板与柱的连接

墙板与柱子的连接有柔性连接和刚性连接两种（图 10.36）。

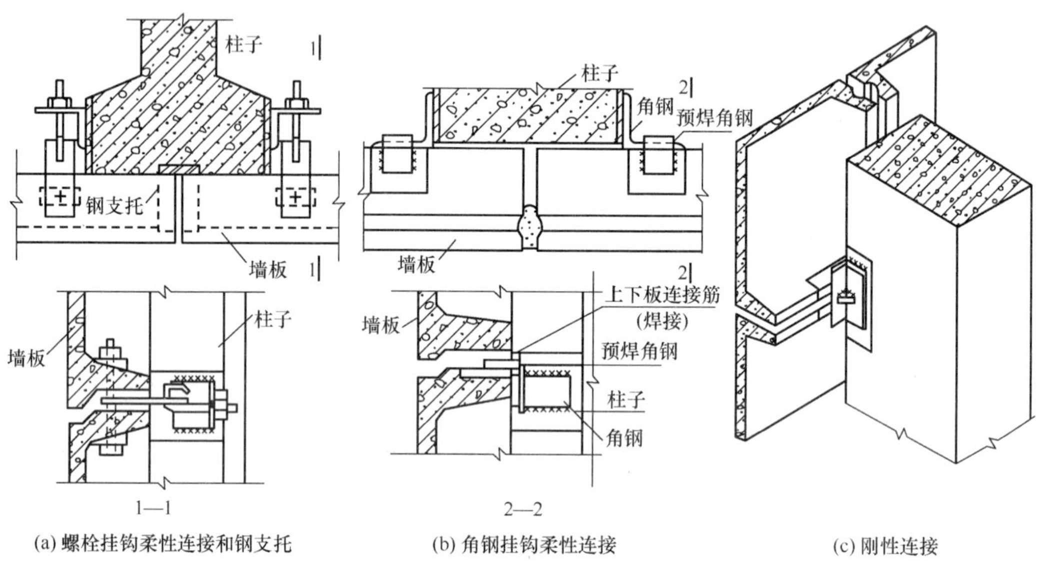

(a) 螺栓挂钩柔性连接和钢支托　(b) 角钢挂钩柔性连接　(c) 刚性连接

图 10.36　墙板与柱连接

（1）柔性连接

墙板在垂直方向由钢支托支撑，水平方向用螺栓挂钩拉结固定。墙板与厂房骨架以及板与板之间在一定的范围内可相对独立位移，能较好地适应振动及地震等引起的变形。这种连接无焊接作业，维修换件较容易，不足处为用钢量多、腐蚀环境，应采取防锈措施。柔性连接的另一种做法是用角钢挂钩连接，即在柱和墙板上预埋铁件，并在铁件上焊接角钢，安装时将板挂在柱子的角钢上。

（2）刚性连接

在墙板和柱子上设置预埋件，安装时用角钢将其焊接在一起，无需钢支托。刚性连接的优点是连接件少。但由于刚性连接失去了相对位移的条件，并能传递振动和不均匀沉降引起的荷载，容易使墙板产生裂缝等破坏，刚性连接对不均匀沉降或振动大的地方较敏感。

(3) 檐口、女儿墙、勒脚及转角构造

板材墙檐口可采用有组织或无组织外排水。做女儿墙时，要保证女儿墙的连接可靠（图 10.37）。

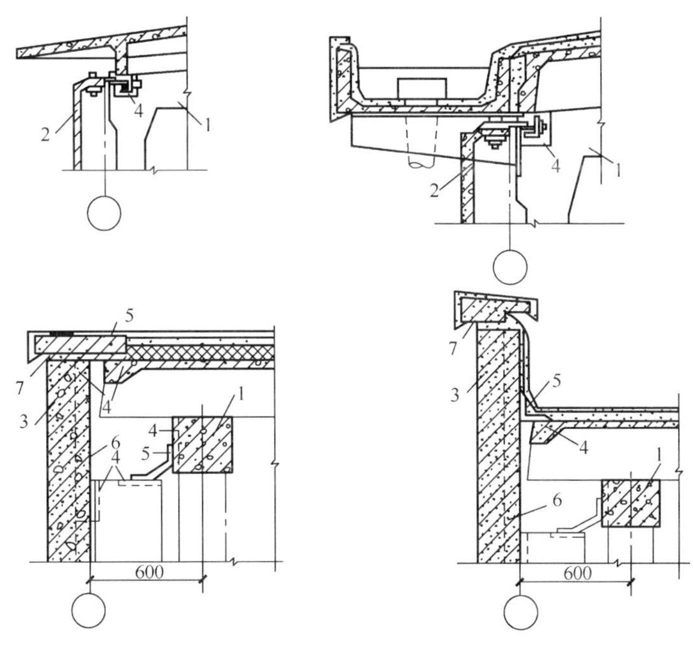

图 10.37　檐口、山墙板材连接

1. 屋架；2. 檐口墙板；3. 山尖墙板；4. 预埋铁件；5. 连接铁件；6. 小钢柱；7. 压顶板

勒脚处墙板埋入地下部分应进行防潮处理。轻混凝土墙板不宜埋入地下，可将墙板支承在混凝土墩上或基础梁上，板下表面位于室内地面以下 50mm。墙板转角处的处理方法是，在柱与墙板之间设构造柱，纵向或横向板为加长板（图 10.38）。

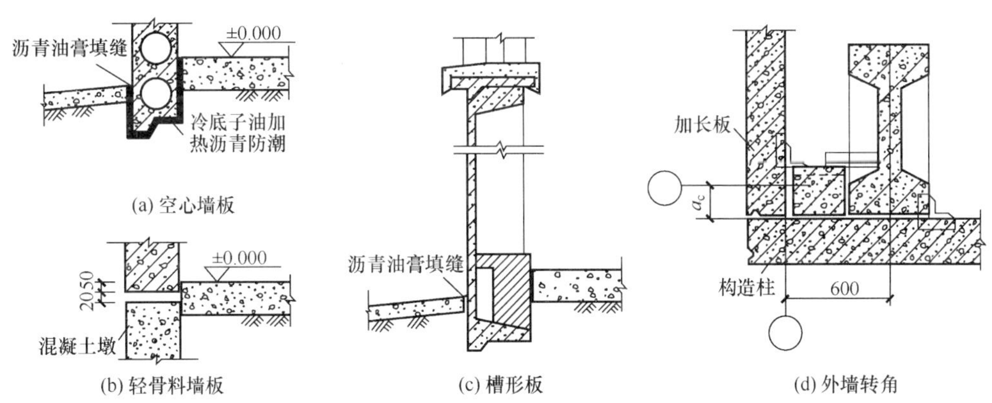

图 10.38　勒脚、外墙转角墙板连接构造

4. 板缝处理

板缝的处理应满足防水、防风、保温、便于制作、施工方便、坚固耐久等要求。板缝通常采用构造防水的处理方法。

1）水平缝。主要是防止沿墙面下淌的雨水渗入内侧。做法是用憎水材料（油膏、聚氯乙烯胶泥等）填缝，将混凝土等亲水材料表面刷防水涂料，并将外侧缝口敞开，使其不能形成毛细管作用。为阻止风压灌水或积水，并考虑墙板制作时脱模方便，可制成开敞式高低缝。防水要求不严或雨水很少的地方可采用简单的平缝或有滴水的平缝（图 10.39）。

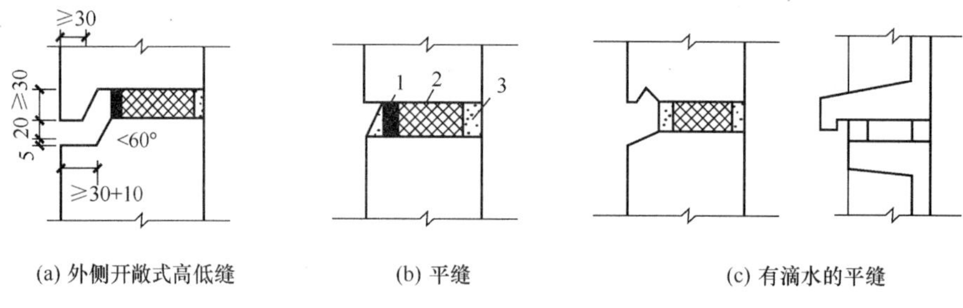

图 10.39 水平缝构造

2）垂直缝。主要是防止风将水从侧面吹入和墙面水流入。由于垂直缝的胀缩变形较大，单用填缝的办法难以防止渗透，常配合其他构造措施加强防水。图 10.40 为几例做法，其中图（a）适用于雨水较多且要保温的地方；图（b）是有空腔的垂直缝，适用条件与图（a）同；图（c）适用于不保温处。

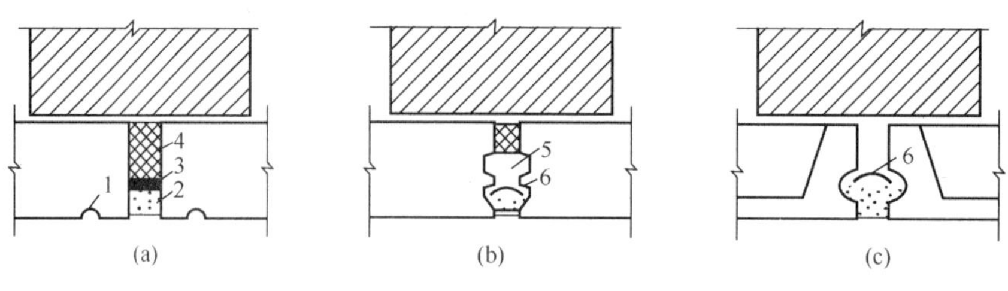

图 10.40 垂直缝构造

1. 截水沟；2. 砂浆；3. 油膏；4. 保温材料；5. 垂直空腔；6. 塑料挡雨板

10.3.3 轻质板材墙

轻质板材墙的材料有石棉水泥瓦、镀锌铁皮波瓦、压型钢（铝）板、塑料、玻璃钢波瓦等，它们主要用于一些不要求保温的热加工车间、防爆车间和仓库的外墙，轻质板材墙仅起围护作用。它们的连接构造基本相同，现以压型钢板为例作简要介绍。

压型钢板是将薄钢板压制成波形断面而成。压型钢板一般在施工现场通过成型冷轧机压制，可根据需要切割成任意长度，从而减少了接缝处理与雨水的渗透途径。压型钢板还可根据设计要求采用不同的彩色涂层，既可增强抗腐蚀能力，又有利于建筑艺术处理。

图 10.41 为压型钢板外墙示例。它是在厂房骨架上设置墙梁（檩条），压型钢板用自攻螺丝固定在墙梁上，墙角及门框等部位一般要用附加钢板加以处理。

10.3.4 山墙抗风柱

单层厂房的山墙由于面积较大，所受到的风荷载也很大，因此要在山墙处设置抗

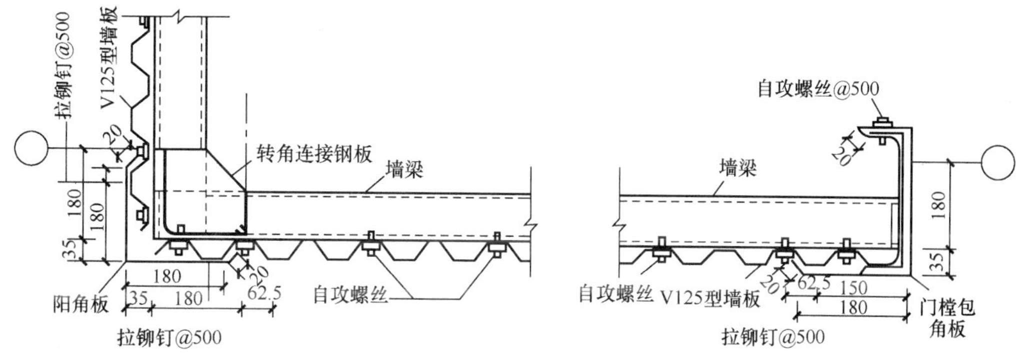

图 10.41 压型钢板外墙示例

风柱来承受风荷载。墙面上的风荷载一部分由抗风柱上端通过屋盖系统传到厂房纵向柱列上去，一部分由抗风柱直接传到基础。

抗风柱间距常取 6m 或 4.5m。抗风柱上柱截面比下柱小。柱顶一般与屋架上弦铰接。抗风柱与屋架的连接必须满足两个要求：一是柱顶在水平方向应与屋架上弦（下弦）有可靠的连接，保证有效地传递风荷载；二是在竖向应能使屋架和抗风柱之间有一定的相对竖向位移的可能性，以防止抗风柱与厂房沉降不均匀时屋盖的竖向荷载传给抗风柱，对屋盖结构产生不利影响，所以屋架与抗风柱间在竖向应留有不小于 150mm 的空隙。屋架与抗风柱一般采用竖向可以移动、水平方向又具有一定刚度的弹簧板连接（图 10.42）。

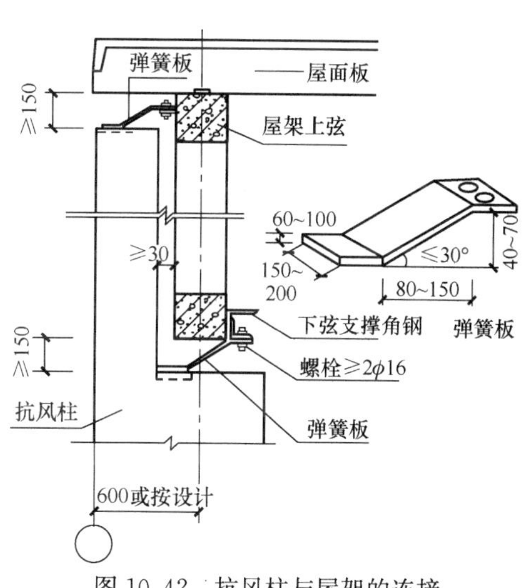

图 10.42 抗风柱与屋架的连接

10.4 侧窗与大门构造

10.4.1 侧窗

1. 侧窗的作用与类型

在工业厂房中，侧窗不仅要满足采光和通风的要求，还要根据生产工艺的需要，满足其他一些特殊要求。如有爆炸危险的车间，侧窗应便于泄压；要求恒温恒湿的车间，侧窗应有足够的保温隔热性能；洁净车间要求侧窗防尘和密闭等。由于工业建筑侧窗面积较大，在进行构造设计时，应在坚固耐久、开关方便的前提下节省材料，降低造价。

工业厂房的侧窗可用木材、钢材等材料制成，常用钢侧窗。

工业建筑侧窗常用的开启方式有平开窗、中悬窗、固定窗、垂直旋转窗等。

平开窗通风效果好，构造简单，开关方便，便于做成双层窗，常用在外墙下部，作为通风的进气口。

中悬窗的窗扇沿水平中轴转动，开启角度可达 80°，并可利用自重保持平衡，便于采用一般的机械开关器控制开关，因此常用于外墙的上部。其缺点是构造较复杂，由于开启扇之间有缝隙，易产生飘雨现象。中悬窗还可作为泄压窗，调整其转轴位置，使转轴位于窗扇中心之上，当室内达到一定的压力时便能自动开启泄压。

固定窗的构造简单，节省材料，常用在侧窗的中部，既可采光，又可使通风的进、出口分隔明确，便于更好地组织通风。

垂直旋转窗的窗扇沿垂直轴转动，通风好，可以根据不同的风向调整开启角度，适合于要求通风良好、密闭要求不高的车间，常用于热加工车间的侧窗下部。

根据车间通风的要求，还可将平开窗、固定窗或中悬窗组合在一起（图 10.43）。组合窗在同一横向高度内应采取相同的开关方式。

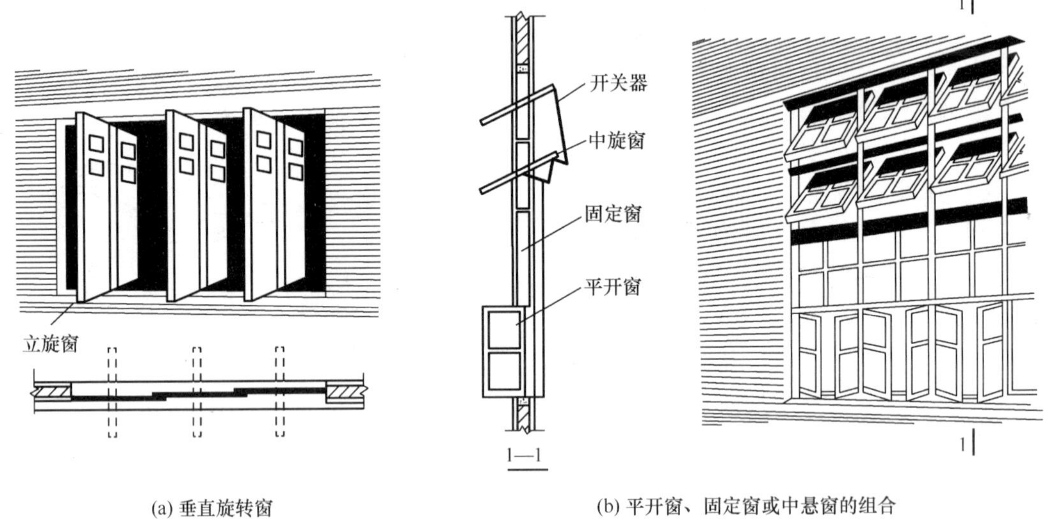

(a) 垂直旋转窗　(b) 平开窗、固定窗或中悬窗的组合

图 10.43　侧窗的类型及组合

2. 钢侧窗构造

钢窗具有坚固耐久、防火、耐湿、密闭性好、透光率高等优点，是一般工业厂房侧窗的优选品种。目前我国主要采用实腹钢窗。

实腹钢窗有三种窗料规格，即 24mm、32mm、40mm，工业建筑中一般用 32mm。为便于制作和安装，基本钢窗的尺寸一般不宜大于 1800mm×2400mm（宽×高）。大面积的钢侧窗须由若干个基本窗拼接而成，即组合窗。宽度方向组合时，左右窗框间须加竖梃。高度方向组合时，两个基本窗之间须加横档。组合窗中所有竖梃和横档两端必须插入窗洞四周墙体的预留洞内，并用细石混凝土填实。组合实腹钢侧窗构造见图 10.44。

10.4.2 大门

1. 大门的尺寸

厂房大门主要是供生产运输车辆及人通行、疏散之用。门的尺寸应根据所需运输

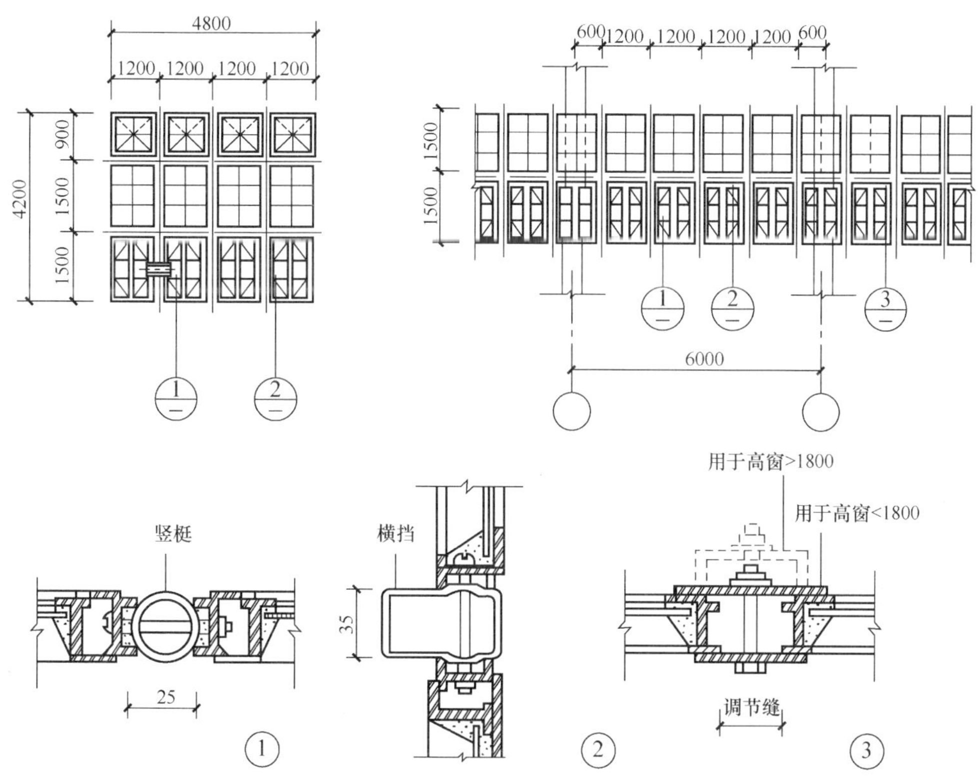

图 10.44　组合实腹钢侧窗构造

工具、运输货物的外形并考虑通行方便等因素而定。一般门的宽度应比满载货物的车辆宽 600～1000mm，高度应高出 400～600mm。大门的尺寸以 300mm 为模数。

2. 大门的类型与构造

厂房大门按用途分有供运输工具通行的大门，有保温及防风沙等要求的大门，还有防火门、隔声门、冷藏库门、射线防护门等。

按材料分有木门、钢木门及钢板门等。门宽在 1800mm 以内时采用木制的，尺寸较大时，为防止门扇变形和节约木材，常采用型钢作骨架的钢木大门或钢板门。高大的门洞采用各种钢门或空腹薄壁钢门。

按门的开启方式分有平开门、推拉门、折叠门、升降门、卷帘门及上翻门等(图 10.45)。

(1) 平开门

平开门构造简单，但尺寸过大时易产生下垂或扭曲变形。门向外开时门洞应设雨篷。门向内开占用车间面积，也不利人流疏散，故常向外开。当大门不需要经常开启时，可在大门上开设供人通行的小门。

平开门的洞口尺寸一般不宜大于 3.6m×3.6m，当门的面积大于 5m^2 时宜采用角钢骨架。大门门框有钢筋混凝土和砖砌两种。门洞宽度大于 3m 时，采用钢筋混凝土门框，在安装铰链处预埋铁件。洞口较小时可采用砖砌门框，墙内砌入有预埋铁件的混凝土块，砌块的数量和位置应与门扇上铰链的位置相适应，一般每个门扇设两个铰链。

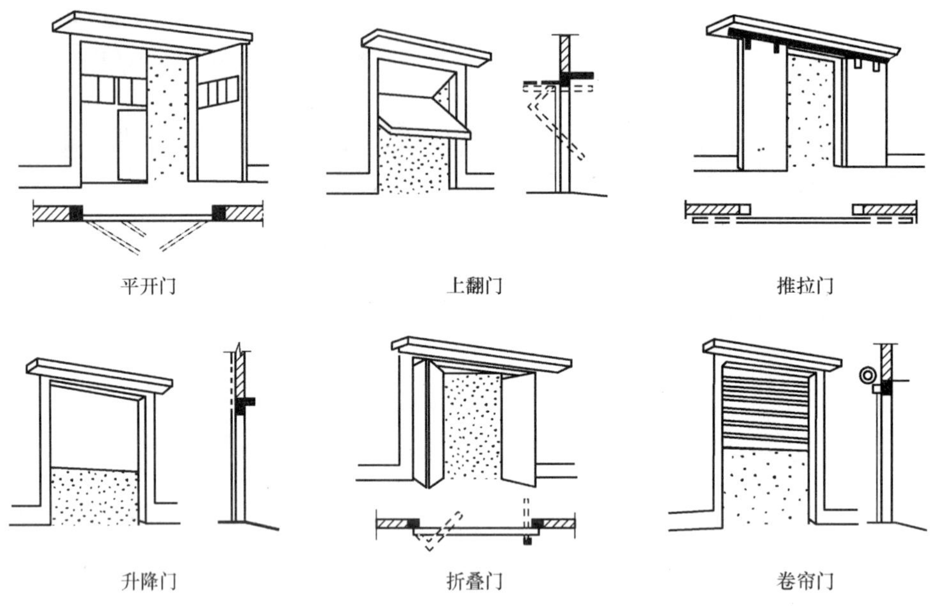

图 10.45　大门开启方式

常用钢木大门的门扇由角钢作骨架，15mm 厚木板作门芯板，为防止门扇变形，中间设有角钢横撑和交叉支撑以增强门的刚度。寒冷地区要求保温的大门可用双层木板中间填以保温材料。在门扇下沿与地面空隙处，门扇与门框、门扇与门扇之间的缝隙处加钉橡皮条，以防风砂吹入（图 10.46）。

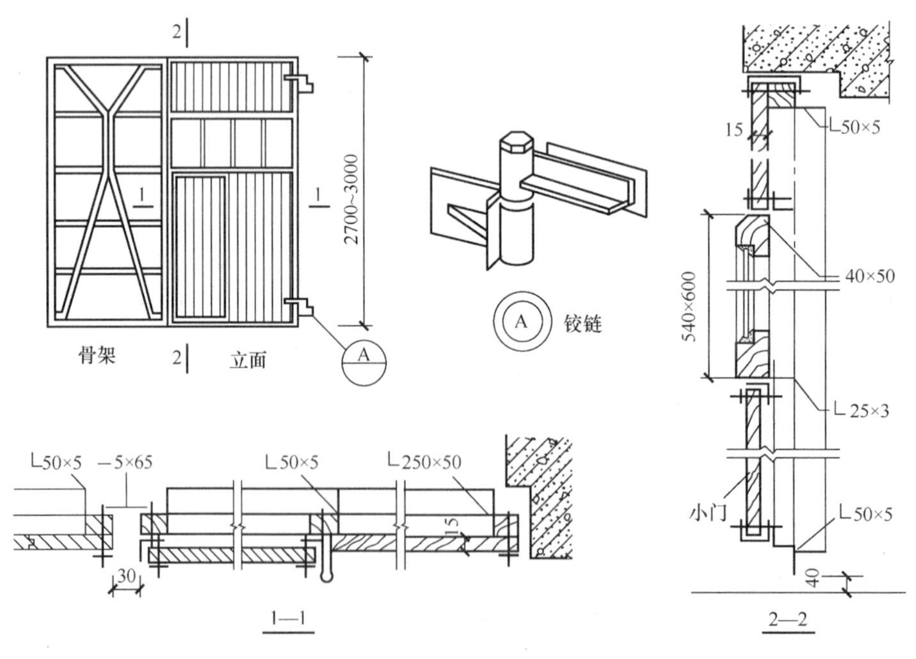

图 10.46　钢木平开大门

（2）推拉门

推拉门开、关是通过滑轮沿着导轨向左右推拉，受力合理，构造简单，不易变形。

门扇设在内侧时，受到柱距的限制，故常设在墙的外侧。雨篷沿墙的宽度最好为门宽的两倍。推拉门不宜用于密闭要求高的车间。

推拉门由门扇、门轨、地槽、滑轮及门框组成。门扇可采用钢板门、钢木门、空腹薄壁钢门等。每个门扇的宽度不大于 1.8m，根据门洞的大小可做成单轨双扇、双轨双扇、多轨多扇等形式，常用单轨双扇。推拉门支承的方式有上挂式和下滑式两种，当门扇高度小于 4m 时采用上挂式，即门扇通过滑轮挂在洞口上方的导轨上，门扇高度大于 4m 时；多用下滑式，在门洞上下均设导轨，门扇沿上下导轨推拉，门扇的重量由下导轨承受。当门扇设在墙外时，门顶应设雨篷，长度应大于轨道长度，出挑宽度应使滑轮不受雨淋。

上挂式钢木推拉门（图 10.47），门扇通过滑轮悬挂在导轨上，导轨通过支架与钢筋混凝土门框的预埋铁件连接。门扇下面有导向装置，也可安装地滑轮，沿地槽左右移动。为防止滑轮脱轨，在导轨尽端设门挡。推拉门门扇尺寸应比洞口宽 200mm 为宜。

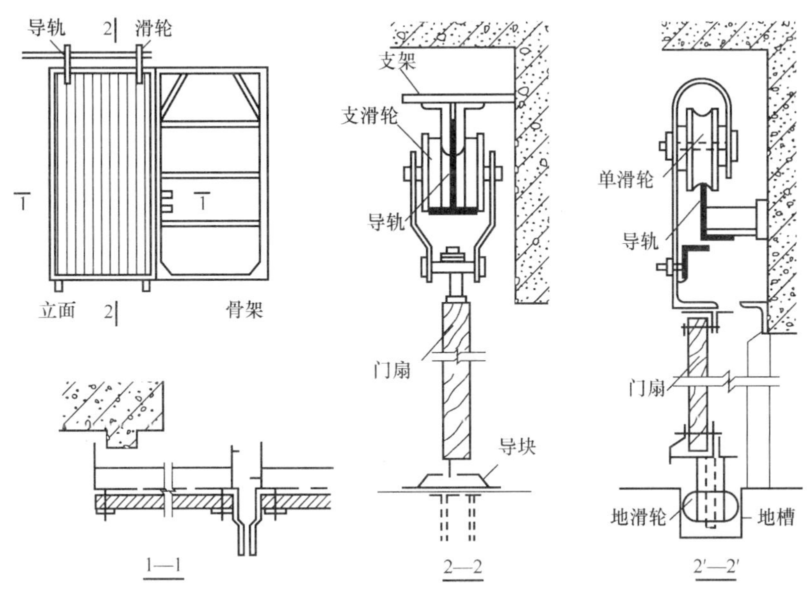

图 10.47　上挂式推拉门

(3) 折叠门

折叠门是将较大的门分成几个小的门扇，相互之间以铰链连接而成。开启时通过门扇上下滑轮沿着导轨移动。开启时几个门扇折叠在一起，所以折叠门占用的空间较少，适用于较大的门洞。折叠门有侧挂式、侧悬式和中悬式三种，见图 10.48。侧挂折叠门用普通铰链，靠框的门扇如为平开门，在其侧面只挂一扇门，只适用于较小的门洞。侧悬式和中悬式折叠门在洞口上方有导轨，各门扇间除下部用铰链连接外，门扇顶部还装有带滑轮的铰链，下部装地槽滑轮，开闭时上下滑轮沿导轨移动，带动门扇折叠。它们适用于较大的门洞。

(4) 升降门

开启时门扇沿导轨向上升起。这种门不占使用空间，只需门洞上方留有足够的上升高度，开启方式有电动和手动两种。

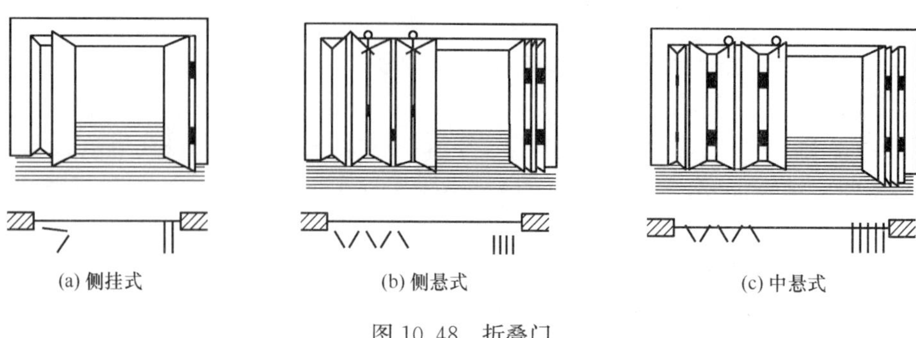

图 10.48 折叠门

(5) 卷帘门

卷帘门是用冲压成型的金属页片连接而成，开启时由门洞上部的转动轴将页片卷起。它适用于 4～7m 宽的门洞，高度不受限制。卷帘门有手动和电动两种，适用于非频繁开启的高大门洞。这种门制作复杂，造价较高。

(6) 上翻门

只设一个门扇，开启时整个门扇沿水平轴上翻到门顶过梁下面。这种门可避免门扇被碰损，但门扇尺寸不宜过大，常用于车库大门。

小 结

1. 屋面是厂房重要的围护结构。单层厂房屋面的结构类型有两种，即无檩体系和有檩体系。屋面排水分为有组织排水（外排水和内排水）和无组织排水（自由落水）两种。卷材防水屋面的构造原则和做法与民用建筑相似。构件自防水屋面是利用屋面构件自身的防水性能达到防水的目的。构件自防水屋面防水的关键是板缝的处理，常用的有嵌缝式、脊带式和搭盖式。

2. 矩形天窗主要由天窗架、天窗端壁、天窗屋顶、天窗侧板与天窗扇等组成。矩形通风天窗是在矩形天窗两侧加设挡风板构成，主要用于热加工车间。井式天窗是将一个柱距内的部分屋面板下沉，利用上下屋面板之间的高差作通风和采光口，从而取消了天窗架和挡风板。平天窗是利用屋顶水平面来进行采光的，有采光板、采光罩和采光带三种类型。

3. 排架结构单层厂房的外墙为非承重墙体。非承重墙体应与承重构件有可靠的连接，块材墙通过连系梁与基础梁将荷载传递给柱和基础；板材墙通过焊接或螺栓连接直接作用于柱子。单层厂房的山墙面积较大，所受到的风荷载也很大，因此要在山墙处设置抗风柱来承受风荷载。

4. 在工业厂房中，侧窗不仅要满足采光和通风的要求，还要根据生产工艺的需要，满足其他一些特殊要求。工业建筑侧窗常用的开启方式有平开窗、中悬窗、固定窗、垂直旋转窗等。厂房大门主要是供生产运输车辆及人通行、疏散之用，门的尺寸应根据所需运输工具、运输货物的外形并考虑通行方便等因素而定。厂房大门按开启方式分有平开门、推拉门、折叠门、升降门、卷帘门及上翻门等。

思考与练习题

10.1 填空题

(1) 单层厂房屋面的结构类型有________和________两种。

(2) 屋面排水分为________和________两种。

(3) 构件自防水屋面的板缝常用的有________、________和________等处理方法。

(4) 矩形天窗主要由________、________、________、________及________等构件组成。

(5) 平天窗的类型有________、________、________等三种。

(6) 矩形避风天窗的挡风板的支承方式有________和________两种。

10.2 简答题

(1) 卷材防水屋面与民用建筑比较有哪些特点?

(2) 简述构件自防水屋面的种类与构造要点。

(3) 矩形天窗、矩形通风天窗、井式天窗、平天窗的组成及构造要点是什么?

(4) 砖墙与柱、屋架如何连接?

(5) 重质板材墙与柱的连接方法有哪些?板材墙垂直缝和水平缝如何防雨?

(6) 轻质板材墙与柱如何连接?板材之间如何连接?

(7) 厂房侧窗有何特点?其形式及适用范围是什么?

(8) 平开大门及推拉大门的构造是什么?

10.3 实训题

在一排架结构单层厂房中,识别排架柱的形式及其与其他构件如何连系;抗风柱如何与屋架连系;找出都有哪些屋盖支撑和柱间支撑,它们是如何设置的;天窗采用何种形式;墙体材料及其与柱、屋架等的连系构造等。

主要参考文献

单层厂房建筑设计教材编写组．1980. 单层厂房建筑设计［M］．北京：中国建筑工业出版社.

《建筑设计资料集》编委会．1996. 建筑设计资料集 3、4、5［M］．北京：中国建筑工业出版社.

李必瑜．2000. 房屋建筑学［M］．武汉：武汉工业大学出版社.

王崇杰．2002. 房屋建筑学［M］．北京：中国建筑工业出版社.

杨金铎．2003. 房屋建筑构造［M］．北京：建材工业出版社.

张文忠．2005. 公共建筑设计原理［M］．北京：中国建筑工业出版社.

赵键．2005. 建筑节能工程设计手册［M］．北京：经济科学出版社.

中国建筑标准设计研究所．2003. 规划・建筑［M］．北京：中国计划出版社.

中华人民共和国公安部．2006. 建筑设计防火规范（GB 50016—2006）［S］．北京：中国计划出版社

中华人民共和国公安部．2012. 建筑设计防火规范（送审稿）（GB 50016—2012）［S］.

中华人民共和国公安部．2005. 高层民用建筑设计防火规范（GB 50016—2005）［S］．北京：中国计划出版社

《中小型民用建筑图集》编写组．1999. 中小型民用建筑图集（第三集）［M］．北京：中国建筑工业出版社.

中华人民共和国国家标准. 2005. 民用建筑设计通则（GB 50352—2005）［S］. 北京：中国建筑工业出版社.

中华人民共和国国家标准. 2011. 住宅设计规范（GB 50096—2011）［S］. 北京：中国建筑工业出版社.

中华人民共和国住房和城乡建设部强制性条文协调委员会．2013. 工程建设标准强制性条文：房屋建筑部分（2013年版）［M］．北京：中国建筑工业出版社.